MARTINI BUCERI
OPERA LATINA

STUDIES
IN MEDIEVAL AND
REFORMATION THOUGHT

EDITED BY

HEIKO A. OBERMAN, Tucson, Arizona

IN COOPERATION WITH

THOMAS A. BRADY, Jr., Berkeley, California
ANDREW C. GOW, Edmonton, Alberta
SUSAN C. KARANT-NUNN, Tucson, Arizona
JÜRGEN MIETHKE, Heidelberg
M. E. H. NICOLETTE MOUT, Leiden
ANDREW PETTEGREE, St. Andrews
MANFRED SCHULZE, Wuppertal

VOLUME LXXXIII

MARTINI BUCERI OPERA OMNIA

SERIES II

OPERA LATINA

VOLUMEN V

MARTINI BUCERI AUSPICIIS OPERA ORDINIS THEOLOGORUM
EVANGELICORUM ARGENTINENSIS EDITA

MARTINI BUCERI OPERA LATINA

VOLUMEN V

DEFENSIO ADVERSUS AXIOMA CATHOLICUM ID EST CRIMINATIONEM R.P. ROBERTI EPISCOPI ABRINCENSIS (1534)

EDITED BY

WILLIAM IAN P. HAZLETT

BRILL
LEIDEN · BOSTON · KÖLN
2000

This book is printed on acid-free paper.

Library of Congress Cataloging-in-Publication Data

Library of Congress Cataloging-in-Publication Data is also available

Die Deutsche Bibliothek - CIP-Einheitsaufnahme

Bucer, Martin:
[Opera Latina] Martini Buceri Opera Latina / opera Ordinis Theologorum
Evangelicorum Argentinensis ed. Ed. William Ian P. Hazlett. – Leiden ;
Boston ; Köln : Brill

Vol. 5. Defensio adversus Axioma Catholicum id est criminationem
R.P. Roberti episcopi Abrincensis (1534). - 2000
  (Studies in medieval and reformation thought ; Vol. 83)
  ISBN 90–04–11965–5

ISSN 0585-6914
ISBN 90 04 11965 5

PRINTED IN THE NETHERLANDS

TABLE OF CONTENTS

I. 1. LIST OF ILLUSTRATIONS

1. Title page of Bucer's *Defensio*.
2. Title page of Ceneau's *Axioma catholicum*.
3. Sample page of Bucer's Tract, f. H3v – H4r.
4. Sample page of Ceneau's part response: *Appendix ad Coenam Dominicam*, f. biiijv – bvr.

DEFENSIO

ADVERSVS AXIOMA CATHOLI/
cum, id est criminationem R. P. ROBERTI
EPISCOPI Abrincēsis, in qua is impiæ
nouationis in cunctis Ecclesiæ cum do/
gmatis, tum ritibus. peculiariter aūt
circa Sacrosanctam Euchariſtiam
importune accusat, quotquot
Chriſti doctrinam sectari
studēt, ab ijs hominum
cōmentis, quæ cum
illa pugnant, re
purgatam.

HIC VIDEBIS CHRISTIANE LE/
ctor, nos nihil prorſus uel in doctrinam, uel
ritus Ecclesiarū noſtrarū admiſiſſe, quod
non pulchre conueniat, & cum ſcri/
ptis orthodoxorum Patrum, & cum
obſeruatione Ecclesiæ catholicæ.

PER MARTI. BVCE.

CATALOGVS EORVM
de quibus hic diſputatur, eſt in
ſequenti pagina.

Title page of Bucer's *Defensio*

AXIOMA CATHOLI-
CVM, SEV INSTITVTIO CHRI:
stiana, qua asseritur & probatur presen
tia corporis Christi in eucharistia, ad
uersus Bucerū Berengarianę he
resis instauratorem, editum a
Reuerendo in xp̄o patre
domino Roberto ab:
rincensi Epo:do:
ctore, ordine
& origine
Parisi:
ensi.

PARISIIS.
1534.
Veneunt Apud Petrum Gaudoul in monte
Hilario sub scuto Britannico.

Cum priuilegio.

Title page of Ceneau's *Axioma catholicum*.

nis & uini nõ remanere. Sed qua inqs cõsequũ
tia istuc poster? Hac. Domin? dixit bibã nouũ.
Quid aliud ergo Chrit? uoluit, qz qz suã cũ dũ
scipulis cõmunionẽ differre usqz posi ipsã resur
rectionẽ? Itẽ. An aliqs sanẽ mẽtis ex his uerbis
aliud intelligeret Hẽc Epitcop? Sic eni colligũt
uidetes Episcopi, ad nos cęcos hẽreticos. At ue
ro nouũ, ut dixi, D. Chrysostomus hic idem ua
lere fcribit, acqz nouo quodã modo, imõ inaudi
to, acqz mirabili. Nõ em inquit, pasfibile corpus
habens, sed immortale & incorruptibile, alimen
to, acqz nõ indigẽs, surrexit. Alij sancti patres, istuc
cõ qz nõ indigẽs, ut Theophyla.tus fcribit, de plena
diuinitatis reuelatione in sęculo futuro. Perinde
firmũ & illud, qz Episcopus fcribit, implere, sig
nificare promifi impletionem. Chriftus afcen
dit super omnes cœlos, ut implere omnia, idest
perficeret. Impletur fides, gaudium, lex, mensu
ra peccatorum, in his quid promifi?

  Porro cum apud Lucam habeatur, donec cũ
pleat Pascha, donec ueniat regnũ Dei, oftẽdo
biter, istuc, donec, ex senõ inferre Dominũ post
illã cœnã comedifle & bibifle, id tamen alijs lo
cis aperte memorari: idqz in hoc folum moneo,
ne ex hac dictione, donec, & alijs locis, ubi idqz
perã fieret, ultra expreffam negationẽ inferat af
firmano uel cõtra: istuc Epifcopus dignum pura
uit, quod plurimis argutꝝ & conuitijs exagi
taret. Sed forfan hæ funt Epifcoporum delicæ.
Illud fenfis, ex eo non bibam poft hac de hoc

gemmineuitis, donec bibam illud nouũ, recte
colligi, manere in Eucharistia uerum unum &
fui unum, etiam panẽ. actꝗ euanefcere quod con
finxerunt de transfubstantiatione. Refponde er
go, nouum idem ualere quod innouatum, ut
pote tranfimutatum in fanguinem. Ne autem ui
deatur hoc fola fiua autoritate dicere, adiert fimi
le, ut uideriuult. Cum guftaffet tridinus aquã,
uinũ factũ. Item. Virga Mofeuorauit uirgas
magorum. Hic quod erat uinum, aqua. & uir
ga dicitur, qui erat coluber. Ait em ex ufu fcrip
turæ comparatum effe, ut res in aliam uerfa, fu
um nomen illi communicet. Sed ubi fcriptura,
quæ ita refetur panem in corpus, & uinum in
fanguinẽ Chrifti mutari. ut exfat fcriptura de eo,
qz aqua fuit imutata in uinũ, uirga in colubrũ?
Nouũ? Scholã hanc cõmentifui adferre ratio
nem. Panis non poteft effe id quod Dominicor
pus, iam is dixit, hoc eft corp? meũ, hoc, ergo de
mõftrato entẽ fub fpecie panis, uel, hoc ens, &
panis eft in corp? Dñi tranffubftãtiatũ. Sed hic
Magi. N. παραλογισμος εϛ α τω πολλων,
χν αγνοιαν. Nec em cũ ueritate huꝰ orationis,
hoc eft corp? meũ, pugnat corp? Dñi, cũ pane
demõftrari hic effe & exhibiti. Nec eo qz d im
poffibile eft, panẽ id effe, qd corp? Dñi, necefle
eft, panẽ in corp? Domini trãffubftãtiari: Alia
eft em ratio orationẽ fymbolicarũ, quibus cũ
figno & p fignũ, res monftrãtur & exhibentur.

H 4

se accusat sponsa Christi ecclesia communis omniū mater, quum te facias patronū, ac defensorem Luteri, Oecolam-padij, qui nominatim manifesta ecclesiæ auctoritate, editis etiā in hoc diplomatibus hæretici damnati sunt, & ita dāna-ti, vt iam non dicantur, noui erroris inuentores, sed veterem iampridem damnatorum instauratores. Quid igitur? annō satis erate proprio errore laborare, nisi te quoq; ipsum orbi traduceres, alienis etiā aspersum maculis? Hoc auē Chri-stianum pectus ferre quomodo possit, nisi cui forsan cornea fibra est, quod tu de hæreticis catholicos, deq; catholicis hæ-reticos facere moliris. Confers Luterū, & Oecolampadiū cum Hieronymo, & Augustino, hoc est impios cum pijs, peruicaces, cū modestis, viros deploratissimos, cū sanctissi-mis. Qui tibi adhærent etiā boni sunt, qui te admonent per-ditissimi, quibus gratius nichil esse potest, q̄ a te, tuisq; simillis lus vituperari. quos enī putas denigrare, dealbas. Si Lu-therus nūq̄ a via diuertit, cur igitur in Iohannem sub Cory-phęi nomine, eū cōuellis. Cur tot argutiis quarū tamē pars maxima vana est, errorem errore reuellere, Sathana sathanā expellere, fatagis, & qui etū nominatim carpere nō audes, in Lutheranos suos, tuariū ratiuncularum aciem dirigis, quod dico, omnes agnoscent, qui modo tua in Iohānem scripta le-gerint, & tamen putas istas laruas, vel diu, vel multis impo-nere posse. Si ita existimas, pfundo errore deciperis. Satius tibi fuerit Bucere, his abiectis fumis, ad purissimam lucem venire. ¶ Oecolapadius, & Zvvinglius, viri deplorati, & ex professo hęretici, a venerando patre Roffensi episcopo, dura increpatione coherciti, ac vix satis p meritis flagellati sunt, nō aliā ob causam, q̄ quod negargant presentiā corporis

Christi in sacramēto, quodq; deveritate figurā, symboliq; faccrent, quod quia tota hac tua criminatione, aut impudicter negrare, aut astue numū, & vafre dissimulare videris, vt vul-lus in ea re superfit dubitādi locus, en tibi pfero Oecolapa-dū illū tuū sua verba resonātem. Quę (vt verius dicā) nō tā sua sunt, quā olim & Vvaldensium, & Vvicleffi (vti cōstat ex quadā responsione per Vvaldenses factā ad Henricū impe-ravoē, & Augustinū doctoreē) qui acerrime Vvaldensiū, & fermen, & germen nomenq; infectatus est, vt in quadā excer ptione Aeneā Siluiū postmodū pōtifice fumū, collectā te girū? Oecolapadij hęc verba fūr q̄ apud Roffensem legū. ¶ Neq; opus fuerit vt pluribus agatur, quādoquidem editis „ libellis Suedricus, Zvvinglius, Tigurine ecclesię antistes in „ dūo, ex hoc, & aliis dictis, neruose cōuincat, pascī nos fide in „ corpus Christi, nō sub pane illo visibili inuisibiliter, vt vulę ,„ gus sentit, manducatur, „

¶ Habes vtrunq; mentis impurę dānata dogmata, quorū impietatem, nec totius vnda pelagi abluere, nec toto huius cœli velamine tegere possis. Quid, quod alio loco dicit.

¶ Si sanguis adest iā cruēa seruitus est, mox vero subfūgit. „ Amiciamus nō solū morē, sed resurrectionē, & in excelos „ ascensionem, quo colliquescat illic non esse corpus. „

¶ Vb; nūc tua frons, vbi pudor, quis fucus, quę larua, po-test hęc tam manifestā fatere? Annō hinc manifeste nen-dacij cōuinceris: ęquo igitur animo ferasoportet, seuerā, sed tiuerā reprehēsione, magis cura, ne vltra, in tui criminis de-fensione perseueres. Deinceps nō sis ita exęcatus, vt hęc tā manifesta, aut inficiari, aut dissimulare audeas. Ea enim oīa apud Roffensem, ex dictis Oecolāpadij, passim habētur, q̄

b v

Sample pages of Ceneau's part response: *Appendix ad Coenam Dominicam*, f. biiijv - bvr.

I. 2. ACKNOWLEDGEMENTS

My gratitude to the British Academy is considerable. This body awarded me a *Wolfson Fellowship* enabling me to spend time in Paris doing much of the spadework for this edition as well as exploring the French dimension of its context.

I am also indebted to the Faculty of Divinity of the University of Glasgow which kept faith in this project by granting me a number of study leave periods to expedite its completion. Text-editing of this nature is labour intensive and very much a long game somewhat alien to the current publish or perish ideology; fortunately, the University did not harass me in this respect.

Thanks are also due to the staff of various libraries I used. In particular, the warm and accommodating natures of M. le pasteur Gustave Koch and Mme Marcella Azaguirre Pug-Lagos, librarians at *La Bibliothèque de la Collège de St Guillaume* (the 'Stiftbibliothek') at Strasbourg certainly facilitated my work considerably. However, the daily bread nourishing this edition has been Glasgow University Library, in particular the Department of Special Collections with its wide-ranging holdings from the Late Mediaeval and Reformation eras.

Further, I should mention other individuals whose moral support has been appreciated, notably M. Marc Lienhard (chairman of the Bucer *Opera latina* project and ex-convenor of GRENEP = *Groupe de recherches sur les non-conformismes du XVIe siècle et l'histoire du protestantisme*), and especially the late, definitely lamented M. Jean Rott. To the Revd. Fr. Marijn de Kroon and Prof. Pierre Fraenkel, both *doctores litterarum theologiaeque egregii*, I owe a huge debt in the area of Reformation text-editing. Prof. Dr. Heiko A. Oberman willingly accepted the edition into the SMRT series, and not only that, he generously and helpfully proof-read certain important sections of the manuscript. And to a highly gifted emerging Bucer scholar, Dr. Nicholas Thompson, currently Church History assistant in Glasgow, I am indebted for his precious assistance with bibliographical matters as well as the preparation of the first three indices.

William Ian P. Hazlett
Faculty of Divinity
University of Glasgow

St. Patrick's Day, 2000.

This work is dedicated to my daughter, Mara-Naomi

I. 3. INTRODUCTION

The occasion of Bucer's 'Defensio'

Martin Bucer's *Defensio adversus axioma catholicum*[1], published soon after the 25th of August 1534[2], was an immediate riposte to a work written
earlier that summer by Robert Ceneau (ca. 1483-1560), the bishop of
Avranches in Normandy, and Doctor of the Paris University Faculty of
Theology. This last title qualified him for the epithet of 'Sorbonniste'. At
the time and in much of subsequent literature, Bucer's *Defensio* has been
often referred to as *Contra Abrincensem*[3], something that not infrequently
causes bibliographical confusion. The tract published by Ceneau had explicitly targetted Bucer, and was entitled[4]:

> *Axioma catholicum, seu institutio christiana, qua asseritur et probatur
> praesentia corpus Christi in eucharistia, adversus Bucerum Berengari-
> anae haeresis instauratorem, aeditum a Reverendo in christo patre
> domino Roberto abrincensi Episcopo, doctore, ordine et origine Pa-
> risiensi.*

About a couple of months after its publication, Ceneau's book was given
the seal of approval and of Catholic orthodoxy by the French religious cen-
sors, which meant the Faculty of Theology at the University of Paris[5].
Ceneau was to be the first in a long catena of notable Catholic controversialists to publish against Bucer in the subsequent 25 years, including Eck,
Cochlaeus, Pighius, Latomus, Gropper, Engelbrecht, Gardiner, van Aesch,
and Witzel[6]. The earliest mention of the salvo in Bucer's correspondence is
found in a letter of his to the Constance Reformer, Ambrose Blarer, on the
10th of July 1534. He expresses the opinion that Ceneau's recently published and learned offensive against him, based on the pretext of heresy, is

---

[1] Cf. Bibl. 1, no. 35; Bibl. 2, no. 45; Adams, *Catalogue*, no. 3027; Baum, *Capito und Bucer*, no.
33; Chrisman, *Strasbourg Imprints*, P3.11.26; *Index aureliensis*, Pt 1, 5, p. 419, no. 126.298;
Muller, *Bibliographie* 3, BBAur 105, p. 382 (s. v. 'Apiarius', no. 12); Panzer, *Annales* 6, 124,
no. 860; Pegg, *Catalogue, Swiss*, BBAur 99, no. 596; Ritter, *Répertoire*, Pt 2, 1, no. 369; *ibid.*,
Pt 4, no. 1153; Roth, 'Die Buchdruckerfamilie Apiarius', AGDB 17, 26ff., no. 4; STC, 161; VD
16-1, 3, B8866.
[2] See the end of the Dedication (VII. Calendas Septembris); this is more likely the date of completion rather than of publication. The date of actual publication seems to have been a week or
two later than that, as would be expected; see n. 9 below.
[3] Also by Bucer himself, see letter to Jean Sturm, April 1535, TB 8, 145 (ad fin.); *Kasseler
Gespräch*, BDS 6/1, 67,5-6, etc.
[4] Cf. Bernard, *De vita et operibus*, no. 5; Féret, *La Faculté* 2, 44; Farge, *Biographical Register*,
82; Renouard/Moreau, *Inventaire chronologique* 4, no. 914. Copies of the work are rare, even
within France, where there seem to be only three accessible locations – at the Municipal Library
of Amiens, the Mazarine Library in Paris, and the Library of the Arsenal in Paris.
[5] 7th Sept. 1534; see Farge, *Registre des Conclusions* 2, 28 (session 32B).
[6] See Erichson, 'Verzeichnis', *passim*; Bibl. 2, 78-80.

motivated by anxiety over sympathy for the Reformation among leading and worthy figures of sound judgement in France[7]. Five weeks later, on ca. 20th of August, Bucer wrote again to the same Blarer stating that he could not visit Constance at the moment since he was preoccupied with the completion of his reply to Ceneau; that in this, he aspired to presenting the French with a more positive image of Reformation eucharistic thought[8]. (Internal Reformation sacramental discord was something that Ceneau had not failed to highlight.)

In the event, Bucer's tract was completed five days later. Accordingly, these two letters to Blarer reveal that Bucer composed his response within about five or six weeks. This was when he was already engaged in other pressing tasks, such as responding to a French diplomatic mission on the subject of church reunion possibilities; establishing the bases of a general concord among Lutherans and Zwinglians on the eucharistic question; particular involvement in the establishment of the Reformation in Wurttemberg at this time as a test case of inner-Reformation harmony; composing a catechism for the Strasbourg Church; and advancing his substantial Commentary on Romans. Inevitably therefore, Bucer's tract reveals many of the traits of precipitous and untidy composition and printing induced largely by the (frustrated[9]) desire to have it available at the Frankfurt Book Fair.

Ceneau's polemical, even inflammatory piece of controversial theology is built on a specific step by step attempt to refute Bucer's exposition of the Last Supper in his Commentary on the Synoptic Gospels[10] of 1527 (BSyn) as seriously heterodox. This material was republished by Bucer in his Commentary on the Four Gospels[11] of 1530 (BEv). However, it does seem that the text before Ceneau's eyes in 1534 was BSyn rather than BEv. This hypothesis rests on the fact that there is no allusion by the bishop to Bucer's expansion on his characteristic eucharistic views up till 1530 as found notably in his Commentary on John's Gospel of 1528[12] (particularly

---

[7] "Scripsit in me librum confidentissimum et plane magistralem Robertus, episcopus Abrincensis, praecipue mea flagellans. Quae scripsi in XXVI. Matth. in haereseos causam multis tractat – quae videntur ei dissolvenda propter tam multos viros optimos Galliarum", *Schieß* 1, 508.

[8] "Ego nunc detineor responsione ad Gallum episcopum, qui nos nominatim de eucharistia impetiit, quam notam velim apud Gallos dispunctam." *Ibid.*, 527. Cf. Bucer to Luther, 25th Aug. 1530, WABr 5, 569,40-66, and to Landgrave Philip of Hesse 27th Aug. 1530, *Lenz* 1, 25 (in both: the Reformation abroad is handicapped by the damage done by the eucharistic dispute). See also Hazlett, 'A pilot-study', 516.

[9] It would have been touch and go for him to meet this deadline, since the fair ran usually from 15th August to 8th Sept., cf. Thompson, *Frankfort Book Fair*, 45. However a letter to Blarer on ca. 10th Sept. shows that the deadline was missed: "Liber est impressus ... Sic proditus est, nec tamen ad mercatum venit", *Schieß* 1, 541. Cf. n. 115 below (Calvin's captious critique).

[10] Bibl. 2, no. 14.

[11] Bibl. 2, no. 28.

[12] Edited by I. Backus in BOL 2.

to John 6), and published again together with the Synoptics Commentary to form the BEv of 1530. In both Ceneau's tract and Bucer's reply, John 6 is accorded little or no attention. In the interim, however, Ceneau did acquire and read Bucer's John Commentary. He reveals this in his response to Bucer's *Defensio* later in 1534, *Appendix ad coenam*, noting that his reading of that has provided fuller substantiation of Bucer's overall (quasi-Berengarian) eucharistic theology[13].

Be that as it may, the fact that Ceneau was arguing on the basis of eucharistic ideas Bucer had enunciated seven or eight years earlier did pose a problem for the Strasbourger. In 1527, he had had an oppositional attitude to the eucharistic theology of Wittenberg and was at least allied with the Swiss and Zwinglian theologians. By 1534 however, he had developed to the extent that he was committed to concord and substantive consensus with the Lutherans without wishing to abandon his Swiss friends. Accordingly, while Bucer's reply to Ceneau vindicates the substance (according to his own perception) of what he wrote in 1527, changed circumstances meant that he had to do this in a way reflecting his evolving peace and concord theology of the mid-1530s[14].

Yet Bucer's task was made somewhat easier by the nature of Ceneau's argumentation. Firstly, as will be seen in the text below, the bishop recognizes a relatively distinctive position in Bucer, and does not see it as simply 'Zwinglian', or 'sacramentarian', even though he does designate it as 'Berengarian'. Secondly, since Ceneau attacks not only Zwingli, Oecolampadius and Bucer on the issue, but Luther as well, accentuating their mutual disagreements, Bucer was provided with a golden opportunity to advertize his sacramental concord theology and advance it further. Not only that, he seized the chance in his tract to initiate another kind of concord or via media theology, namely that of suggesting areas of accommodation between the theologies and praxis of the Reformation and those of Catholic church tradition. Indeed, the *Defensio* accords priority to this issue which underlies the first two thirds of the text (Part I). This aspect of Bucer's response has rarely been taken much notice of, due to the almost exclusive significance ascribed to the eucharistic material in it.

---

[13] "Quis enim credat te non in eadem fuisse sententia in Matthaeum et in Iohannem? Atqui tui in Iohannem commentarii posteriores sunt his quos in Matthaeum commentus es, ego ut oportuit sequentia cum praecedentibus conferens, unum ex omnibus scopum compegi", *Appendix ad coenam*, Dvi r; cf. Ev r, Fviii v, Gvii r, Hii v (there: further references to BJoh).

[14] Bucer's vision of both sacramental concord and substantive consensus originates in 1528/9 with his *Vergleichung D. Luthers und seins gegentheyls, vom Abentmal Christi. Dialogus*, in BDS 2, 305ff. Cf. Hazlett, *The Development*, 249-57. The seven years' Sisyphean hard labour of manufacturing an agreement culminating in the Wittenberg Concord of 1536 is referred to in a letter of Bucer to Peter Martyr, 20th June 1549: "Exploravi autem ex scriptis, et coram verbis quam plurimos toto illo septennio, quo quasi saxum Sisyphi volvens, concordiam ecclesiarum sum, quod ad hanc causam attinet, molitus", SA, 547.

Robert Ceneau (1483–1560)

Who then was Robert Ceneau[15]? Bucer too was initially in the dark about this 'Robert, bishop of Avranches' who had written against him. There was no reason why he or anyone else in Strasbourg could have known much about the bishop at this time. Although 51 years of age, and so eight years older than Bucer, Ceneau had as yet no wide literary reputation. He had previously done some editorial work in the fields of formal logic and scholastic theology. He had also declared an historical interest by publishing a work on the history of weights and measures[16] in France with a view to encouraging uniformity. Not until the publication of the tract against Bucer in 1534 did Ceneau launch his not inconsiderable career in the field of controversial theology and Roman Catholic apologetics[17].

Internal evidence from Bucer's *Defensio* shows that since his priority was to publish a reply as soon as possible, he proceeded before being able to acquire more information about Ceneau, about whom he consequently speculated in his tract. In fact, it was not until a few days after the *Defensio* was completed that Bucer seized an oppportunity to make further inquiries. This followed a self-introductory letter of 27th August 1534 that Bucer received from a well-connected French Protestant exiled in Basle since that year, Antoine Morelet du Museau (Maurus Musaeus)[18]. Morelet's pretext

---

[15] Orthographically variable as Ceneau, Céneau, Senac, or Senart, and Latin as Cenalis, Caenalis, Coenalis, or Senalis. For basic biographical and bibliographical information, see Bernard, *De vita et operibus Cenalis*; Bernard-Maître, 'Les théologastres', BHR 27, 254, no. 96; Cioranesco, *Bibliographie*, 192; *Contemporaries of Erasmus* 1, 288; *Catalogue de la Bibliothèque nationale* 25, 668-71; DBF 8, 48; DHGE 12, 134-5; DThC 2, 2100-2101; Doublet, 'Robert Céneau', ASEP (1906), 139-148; Dupin, *Nouvelle bibliothèque* 16, 30-31; Elie, 'Quelque maîtres', AHDL (1951), 220-221; *Enciclopedia Vniversal* 12, 1027-8; Farge, *Biographical Register*, 79-84; Férét, *La Faculté* 2, 42-51; Fisquet, *La France pontificale,* 388-393; Fleury, *Histoire ecclésiastique*, vol. 31; *Gallia christiana* 1, 1715; 3, 1725; 4, 407, 497; 11, 1759; *Hierarchia catholica* 3, 91, 284, 328; Jacqueline, 'La réforme pastorale', RAPG 49, 81-100; Klaiber, *Kontroverstheologen*, 59-60; Moreri, *Grand dictionnaire* 3, 385-6; Musselin, 'R. Ceneau: notice biographique', RAPG 49, 242-6; Nicole, *Histoire chronologique*, 77-82; Piton, *L'idéal épiscopal en France*, 411-439; Vautier, *Etude sur la vie de R. Cenalis*; Wanegffelen, 'Un sorbonniste', RHPhR 73, 24-25.

[16] *De liquidorum leguminumque mensuris*, Paris 1532, and subsequently reissued several times. In 1534, an edition was published in Strasbourg with an appendix related to weights and measures in the city; ironically, the publisher was Matthew Biener (Apiarius), who also published Bucer's *Defensio* against Ceneau! See Muller, *Bibliographie strasbourgeoise* 3 (= BBAur 105), 381ff., no. 1. A. – 135.127.

[17] "Einer der ausgezeichnetsten Sorbonnisten dieses Zeitalters", Werner, *Geschichte der apologetischen und polemischen Literatur* 4, 293. See also Wanegffelen, *Ni Rome ni Genève*, 130-131, where Ceneau is characterized as "Conciliariste farouche" and "Representatif de l'intransigeance de la réformation catholique".

[18] On him, cf. *Herminjard* 1, 248-9, n. 1; *Contemporaries of Erasmus* 2, 460-461. See also Rott, *Correspondance, Liste alphabétique*, 63 (three letters to Bucer in 1534).

for writing to Bucer[19], encouraged by Simon Grynaeus in Basle, was to express scepticism about Philip Melanchthon's leaked response[20] (*Consilium*) to the French religious concord initiative[21] launched in the spring of 1534. This initiative, which also envisaged the participation of Bucer (and Caspar Hedio), was sponsored by King Francis I following his reconciliation with the Papacy and was pursued by his special envoys, Guillaume du Bellay and Ulrich Chelius (Geiger). The latter conveyed Melanchthon's memorandum to Bucer early in August 1534.

It was in his reply[22] (now evidently lost) defending Melanchthon that Bucer also asks Morelet for information on the 'bishop of Avranches'. Morelet indicates[23] that while he is unacquainted personally with the bishop, who is called Ceneau, he does have some knowledge of him: he is a doctor of the Sorbonne; when he, Morelet, himself was at the Royal Court, he heard Ceneau preach a few times, since he was chaplain to the queen-mother and then Regent, Louise of Savoy; he is a career-bishop, first provided for with sees (Vence, and Riez) in the south of France, and now in Normandy; he is unable to be more specific about Ceneau's theology, but he considers that Ceneau has no great name among the "French" (by which he arguably means humanists and evangelicals); he probably is highly regarded in Scholastic circles, where doctrine and learning are assessed in accordance with one's (academic) rank; lastly, his public standing has been above criticism, for in marked contrast to that of most bishops, his life-style is characterized by rectitude[24].

This information arrived too late to have any impact on Bucer's response. It is not an especially hostile image that Morelet conveys and is circumscribed simply by the limitations of his knowledge of Ceneau. The only significant information not included (because Morelet would hardly have known about it) was that Ceneau was not just a loyalist defender of the old order and received theology, he was by now a zealous reforming bishop (one of a handful in France). Further, reinforced by the decisions of the

---

[19] Cf. *Herminjard* 3, 198-200.

[20] CR 2, 741ff., but cf. *Pollet* 2, 490, n. 3; 492, n. 4, and Seidel, *Frankreich und die deutschen Protestanten*, 15-18.

[21] Cf. *Pollet* 2, 488-509; Seidel, *op. cit.*, 19ff.; Hazlett, *The Development*, 384-7; id., 'A pilot-study', 517, n. 24 (there: further older literature on the episode, to which add N. Weiss, *Jean du Bellay, les protestants et la Sorbonne 1529-35*, Paris 1904); Farge, *Orthodoxy and Reform*, 150-159; Tallon, *La France et Trente*, 85-86.

[22] Morelet to Bucer, 16th Sept. 1534: "Nunc mihi ad posteriorem epistolae tuae partem respondendum est, in qua scribis, ut te certiorem faciam, an mihi sit cognitus Robertus, Abrinc[ensis] episcopus", *Herminjard* 3, 207.

[23] *Ibid.*, 207-208.

[24] "Nemo posset de homine male sentire, illius enim vita non est offendiculo, ut multorum et fere omnium episcoporum", *ibid.*, 208.

French Catholic reforming synods at Lyons, Bourges, and Sens/Paris in the late 1520s, he was committed to residence in his diocese.

The essence then of Ceneau's profile is fivefold. First, he was a university theologian, and so a 'Scholastic', having become a Paris doctor in 1514. Second, he was a bishop, initially absentee of Vence, but then resident of Riez, and finally of Avranches in Normandy from 1532, where he rigorously implemented synodal reforms. (As a bishop, he was also to attend the Council of Trent at Bologna in 1547/48, where he actively contributed to the reaffirmation of transubstantiation[25]). Third, he was a vigorous reformer of the Christian and church life, and so an exemplar of Catholic renewal. This was no surprise in view of his early education at the puritan Collège de Montaigu under Standonck. Fourth, he was (or was to become) an uncompromising literary controversialist dedicated to refuting and extirpating perceived Protestant heresy lock, stock, and barrel; in the future, among his polemical works[26] was a book against Calvin as well as one opposing the 1548 *Interim*. Lastly, his homiletic and oratorical talents clearly enhanced his preaching, writing, and episcopal oversight, enduing his militant commitment with formidable form and structure. In short, Ceneau is to be placed firmly on the honourable and activist religious right of the times. He had a close affinity and relationship with the leading militant 'Sorbonniste', Noël Beda[27], but prudence, his episcopal office, and possibly his Court connections shielded him from the troubles with the authorities that Beda landed himself in. Other strongly conservative writers and 'Sorbonnistes' with whom Ceneau is associated were Jerôme de Hangest[28] and Pierre Cousturier (Sutor)[29]. However, in the historiography of Catholic apologetics in France during the early Reformation era, the role and contribution of these four has been overshadowed by that of the more illustrious, prolific, and 'moderate' Josse Clichtove[30].

Ceneau's spiritual, intellectual, and political provenances are significant. On the spiritual side, his formation was received at the famous Montaigu College, initially under Jan Standonck[31], and then under his successor, the controversial Beda. Under Standock's regime, the College adopted and continued a radical form of the *Devotio moderna* which became a blueprint

---

[25] Cf. Farge, *Biographical Register*, 81; Hefele/Leclercq, *Histoire des Conciles* 9/1, 263; Tallon, *La France et Trente*, Annexe II ('Liste des participants français au Concile de Trente'), 838. On other aspects of Ceneau at the Council, see Tallon, *op. cit.*, 121, n. 21, 151, 168, 198, 206, n. 75, 331, n. 181, 432, 502-3, 510-11, 650, 652, 653, 656, 681-2, 750-51.

[26] Cf. Farge, *Orthodoxy and Reform*, 100, 102; Wanegffelen, *Ni Rome ni Genève*, 130, n. 3.

[27] Cf. Farge, *Biographical Register*, 31-35.

[28] *Ibid.*, 217-221. On him see also De la Garanderie, *Christianisme* I, 209-226.

[29] Frage, *Biographical Register*, 129-121.

[30] *Ibid.*, 89-104. Cf. Massaut, *Josse Clichtove*.

[31] See Renaudet, 'Jean Standonck', BSHPF 57, 1-181.

for spiritual renewal and reform in monastic and diocesan contexts in the Paris region and beyond. The influence of such austere discipline on Ceneau cannot be underestimated. After all, he lived at the College for at least 13 years as a student and then as a tutor.

In the academic milieu, the chief direct influence on Ceneau came from a seminal thinker, the Franco-Scottish scholastic philosopher, John Mair (or Major)[32] (1467-1550). Broadly Nominalist, Mair taught at Montaigu and was also a member of the Paris Faculty of Theology. The tangibly intimate bond between Ceneau and Mair is evidenced in a number of ways. Firstly, Mair's very first publication in 1499, the *Exponibilia*, was logic lectures given to students including Ceneau. Secondly, in a volume of philosophy lectures[33] he published in 1506, Mair cited in his preface a group of pupils to whom he was especially attached, namely Jacques Almain, Peter Crockaert (of Brussels), the Scot, David Cranston, and Robert Ceneau. Then, in 1516, in cooperation with another Scot in the Mair circle, George Lokert, Ceneau edited a volume of Mair's lectures on the Fourth Book of the Sentences. This included a dedicatory preface of Ceneau to Mair[34] Lastly, in the Gospels Commentary published by Mair in 1529, the dedication[35] of the commentary on John is to Ceneau. This expresses Mair's high estimation of his pupil, acknowledging Ceneau's potential as a learned and orthodox Catholic bishop, since as a true theologian he was well-qualified to propagate the Word.[36].

Mair's avowed concern for (Conciliar) orthodoxy – he was a particular admirer of Gerson – a vehement detestation of heterodoxy and heretics[37], a biblical hermeneutic grounded in the 'catholica veritas' and exegetical tradition, as well as his reforming spirit, were all to leave their mark on Ceneau.

Lastly, Ceneau's political connections are significant. As long as the king, Francis I, was keen to patronize Renaissance Humanism and the New Learning, religious traditionalists were worried that this would facilitate the

---

[32] See Farge, *Biographical Register*, 304-311; Mackay, 'A Life', lix, xcii; DSCHT, 540-41. Cf. Melanchthon: "Vidi Iohannis Maioris commentarios ... quem nunc inter Lutetiae theologos regnare aiunt", *Adversus furiosum Parisiensium theologastrorum decretum*, CR 1, 400.

[33] *Inclitarum artium ... libri.*

[34] 'Robertus Senalis Ioanni Maiori theologo doctori maximo praeceptori', *J'is M'ais in quartum librum sententiarum*, Aai v.

[35] 'Reverendo in Christo patri ac domino Roberto Senali ... meritissimo', *In quatuor Evangelia expositiones*, ccxl r (in *Prefaces*, 445-6).

[36] "Tu ut ille [sc. John the disciple] Theologus ... inter paucos meruisti et esse et vocari Theologus et, quod amplissimum est, etiam vere episcopus, nam quod episcopi quasi peculiare est officium, divini Verbi seminare semen, id ita deples, ut neque frequentius neque felicius quisquam", *ibid.*, ccxl r,42-45 (see also *Prefaces*, 446).

[37] The Preface to *In quatuor Evangelia* (see also *Prefaces*, 447-8) denounces Luther and the Reformation, and much of the work is designed to assist the rebuttal of Protestant doctrines.

infiltration of unwelcome new theology and heresy. The religious tensions and unrest that marked France since the early 1520s were therefore related to a certain ambiguity in the ultimate power in the land, the monarch. The successful suppression of heresy depended on close cooperation between diocesan inquisitors, the judiciary, the Paris *Parlement*, the university faculty of theology, and the monarch. Should any one of these bodies default, then the appearance of 'toleration' could hearten religious dissidents. Francis' characteristic vacillation, plus the fact that his sister, Margaret of Navarre, openly patronized Christian Humanists, Catholic Evangelicals, and pseudo-Protestants, seems to have engendered a more permissive religious atmosphere, even if ephemeral. But it was enough to allow an *entrée* for new religious ideas.

In the mid-1520s, the chief political counterpoise in an unambiguous, traditional Catholic sense was provided by the court of the queen mother, Louise of Savoy[38] (1470-1531), sometime Regent. Her court was the influential centre of strict Catholic loyalism. The French Chancellor and cardinal-archbishop in this era, Antoine Duprat[39] (1463-1535), who kept a firm conservative hand on ecclesiastical policy and so was hostile to religious innovation, originated from this circle[40]. The ultimate basis of his entire career was that he had been a client of Louise even before her son became king; she had gained for him the chancellorship; and during her regency in 1525/6 she procured for him the prestigious archbishopric of Sens. It was to this milieu, especially vigilant in religious matters, and which included the hardline President of the Paris Parlement, Pierre Lizet, that Ceneau belonged[41]. He was in fact a protégé of Louise, whose chaplain and almoner he had become in 1522. This secured his place in the religio-political establishment of the kingdom, and the provision of benefices and bishoprics for him reflect this. As in the case of Duprat however, Ceneau was no mere careerist. Militant Catholic ideological commitment underpinned his entire position.

Context and content of Ceneau's 'Axioma catholicum'

There has been some speculation[42] about why Ceneau chose to write at this particular time (summer 1534) on the specific topic of the Reformers' eucharistic ideas, those of Bucer in particular. It is reasonable to see his tract

---

[38] Cf. *Contemporaries of Erasmus* 3, 201-202.

[39] On Duprat, see section below: *The dedicatory epistle to Duprat.*

[40] Before Louise's death in 1531, periods of religious persecution in France were attributed to the influence of her and Duprat; cf. Erasmus, letter no. 2038, *Allen* 7, 468,34–469,1. Erasmus also remarks on Duprat's clericalist zeal, cf. letter no. 2042, *ibid.*, 472,14-16. See also Buisson, *Le Chancelier*, 279ff.

[41] Cf. Farge, *Orthodoxy and Reform*, 258.

[42] See Hazlett, *The Development*, 384-7; *Wanegffelen*, 'La controverse', 343-4.

as a symptom of alarm in conservative Catholic quarters in France about Francis I's new policy of accommodation and concord with the German Protestants, initially with the idea in mind of alliance with the Schmalkald League. In 1533, Francis had made his peace with the Papacy and its incumbent, Clement VII; ironically Bulls emanating from this agreement furnished Francis with greater theoretical powers and more efficient means to punish heresy in the kingdom[43]. The agreement in general strengthened his hand against the main international rivals of the French, the Hapsburgs. An understanding with the German and Swiss Protestants would strengthen Francis' position in this respect even more. Further, a general concord or Church reunion would obviously help resolve the religious problem in France herself. Such a policy would obviously require negotiations between Catholic and Reformation theologians. Envisaged consequently was such an international religious colloquy or conference to be held in Paris – possibly pre-empting a general church council dominated by the Emperor. The various missions of Du Bellay and Chelius to churches in Germany and Switzerland were part of the preparatory peace process.

For Catholic traditionalists in France however – and especially the 'Sorbonnistes' – the only legitimate encounter with the Protestants can be one where they submit in advance to the authority of the Church and recant their heresies. This stance is expressed unambiguously in Ceneau's *Axioma catholicum*. It was clearly out of line with current royal policy. Was Ceneau's tract then a sort of protest, an attempt to undermine Francis' policy, an effort to harden public opinion against such an uncatholic enterprise? Not to be forgotten are Ceneau's close links with Beda who at this time was on a serious collision course with the king and the Court due to their patronage of Christian humanists in connection with the new Trilingual Royal College, and to the toleration of the reforming and evangelical preaching in Paris of Gerard Roussel[44], a client of the king's sister, Margaret of Navarre. The concord policy of the king was supposed to be still a secret in mid-1534; yet bearing in mind the nature of Ceneau's status and links, it is hard to imagine him not being aware of the plan.

Another consideration may well have galvanized the traditionalists. Across the Channel in England, both the Church leadership and King Henry VIII were by June 1534 committed to the royal supremacy in the Church. The potential for such a model – a national schismatic church with a modified theology – to influence developments in France with its Gallican and Conciliarist traditions, was obvious[45]. To churchmen like Ceneau, such an eventuality would be a Trojan horse of heresy.

---

[43] See Müller, *Die römische Kurie*, 249-259; Albanès, *Nouvelles pièces,* 218-222.
[44] Cf. Farge, *Orthodoxy & Reform*, 201-203; Zeller, *La Réforme*, 216-7.
[45] See Wanegffelen, 'La controverse', 344-5.

Apart from these wider national and international considerations, Ceneau already had good reason as bishop of Avranches to take up his pen against Protestant Reformation ideas. Avranches was part of the archdiocese of Rouen in Normandy, a region where Reformation manifestations 'pullulated'[46], even if rather as groups of Erasmian Humanists, *Bibliens* or *Evangéliques* associated with Jacques Lefèvre and Guillaume Briçonnet, the bishop of Meaux. Specific Norman concentrations were found at Alençon, Rouen, Caen university, Cotentin, Coutances, Caux etc.[47] The chief evidence that Ceneau also had this regional situation in mind when he wrote against Bucer is the fact that the 'Epistola nuncupatoria'[48] of his tract is addressed to the Rouen city magistrates. Since the early 1520s both the Rouen *Parlement* and the cathedral chapter had been engaged in repressive measures against 'Lutheranism' and bookshops selling Protestant literature. Francis I's new understanding with the Pope and Clement VII's Bull in August 1533 enabling a speedier and more efficacious punishment of heretics in France had led to an intensification of persecution (if selective) in the second half of that year. In Rouen, the climax of this was the execution of a priest, Etienne Lecourt, after a long trial there[49].

In 1534, Ceneau and likeminded colleagues in the Church were determined that there should be no relaxation of procedures against dissidents, particularly in light of signs of a change in royal policy and the outrageous prospect of parleying with the Lutherans[50]. Further steps needed to taken to demonstrate to the educated elite the radically heretical nature of the Reformation theology. To this end Ceneau picks out eucharistic doctrine, one of the focal points of religious protest. And the fact that he chose to try to refute the understanding of Bucer on the subject in his Commentary on the Synoptics does suggest Bucer had a definite readership and influence among the clergy and humanists in France.

As regards the contents of *Axioma catholicum*, the basic structure of it is as follows:

---

[46] See Oursel, 'La Réforme en Normandie'; Weiss, 'Note sommaire'; Prentout, 'La Réforme en Normandie'; Nicholls, 'Inertia and Reform'.

[47] Cf. Bucer's oft-quoted remark to Luther: "In quadam Normandiae regione adeo multi iam Evangelium profitentur, ut hostes coeperint eum vocare 'parvam Alemaniam', August 1530, *Herminjard* 2, 271; WABr 5, 569.

[48] *Axioma catholicum*, Aj r–Aiiij r. A piece high in rhetoric, Protestants are depicted as enemies of the divine and cosmic orders, and whose threat is of apocalyptic proportions. Published as separate offprint as well, see Panzer, *Annales* 8, 181, no. 2399.

[49] See especially Oursel, *art. cit.* One of the charges against Lecourt was translating into French some material from Zwingli's Latin version of the minutes of the Disputation of Berne of January 1528.

[50] Florimond de Raemond recounts that Cardinal François de Tournon, Archbishop of Lyons, presented the king with a copy of Irenaeus' *Adversus omnes haereses* in order to discourage him from any accommodation with the Protestants; see his *L'histoire de l'hérésie*, 1268-9.

Aj r–Aiiij r: Dedication to the 'Senate and people' of Rouen.

2r–7v: 'Preface to the Berengarians'. This announces the main themes of the tract and declares Ceneau's diagnosis. The 'symbolist' views of the eucharist, as pre-eminently expounded by Oecolampadius[51], and now adopted by Bucer, may be categorized in terms of similar, if not identical views of Berengar (ca. 1005-1088)[52] condemned as heresy by the Church in the pre-Scholastic era. The only resolution is for the new apostates to return to the obedience of the Church, where they will be instructed by the true Spirit of God as found in the Church Fathers and safeguarded by the Church.

The main text runs from 8r–47r, and is further subdivided as follows.

8r-11r: This surveys the heterodox eucharistic teaching of the Reformers. Luther is blamed for provoking the Berengarian heresy due to his alleged 'impanation' doctrine, which he corroborated with the notion of the communication of idioms. In the wake of Luther came Oecolampadius, Zwingli, and Bucer – 'the most arrogant of all' (10r). Fundamentally, their heresy is not new, it is the revival of an old symbolist and discredited one. Ceneau then announces that he will attempt to refute point by point Bucer's exegesis of Matthew 26, 26ff. in the Synoptics Commentary. It is now Bucer's turn, he points out, to be exposed as a false teacher on the eucharist, just as the English Catholic apologist, John Fisher, has already refuted both Luther and Oecolampadius[53]. The substantive argument will proceed on the basis of scriptural exegesis which will however verify the teaching of the Church.

11v-15v: This deals with the exegesis of Mt 26,29 in particular ("I shall not drink again of the fruit of the vine until that day when I drink it new with you in my Father's kingdom"). The exegetical principle of the literal sense is stated, opposed here and throughout the tract to the tropical or figurative sense adopted by Bucer in this connection[54]. The literal sense dispels all obscurity. In regard to Mt 26,29, Ceneau concludes that "in my Father's kingdom" refers to the resurrected Christ who then distributes his true impassible body and blood in the eucharist. In other words, the Last Supper is not really the first eucharist or mass, rather an anticipation of it.

16r-29r: This discusses themes such as 'transubstantiation' (or 'transmutation' or 'conversion'), the double mode of eating Christ's body, both spiri-

---

[51] Notably *De genuina verborum Domini ... liber expositione*, 1525.
[52] For sources and literature cf. Jean de Montclos, art. 'Berengar von Tours', TRE 5,598-601.
[53] *Defensio regiae assertionis*, 1525 (defence of the Mass as sacrifice against Luther), and *De veritate corporis* (defense of corporal presence against Oecolampadius). See Rex, *Theology of Fisher*, 129-147.
[54] Cf. Wanegffelen, 'Un sorbonniste', 29-31; Lardet, 'La rhétorique revendiquée', 60-62.

tual and sacramental, and the truth of unworthy eating by unworthy believers.

29r-33v: This identifies three different (heretical) interpretations of *hoc est
corpus meum*. First, 'this bread is my body', and so the alleged impanation
of Luther. Second, 'this signifies or is a figure of my body', the view of
Zwingli and Oecolampadius. Third, the (radically Augustinian) separation
of the sign or symbol from the reality (*res*) of the body with the result that
there remains only one manducation of Christ's body, the spiritual one of
faith. This is Bucer's view, according to Ceneau.

33v-40v: In the course of this section Ceneau expands on his hermeneutical
and exegetical principles. Against Bucer's use of metaphorical and figurative senses in expounding the eucharistic passages of Scripture, he reiterates the primacy of the literal and germane sense in all scriptural interpretation (38r), aided with *rationis lux, veritas lux,* and *rationis lumen*; Ceneau
claims that this is reflected in the Church Fathers, verified by the Church
Councils and guaranteed by Church tradition. Thereby he echoes the way
shown to him by Mair[55]. Ceneau's axiom is: "Sic ergo fides traditioni debetur, sicut scripturae" (36r). Bucer's folly and pertinacity (a sure mark of
heresy[56]) consists in imagining that one can interpret scripture properly
while circumventing the authentic exegetical tradition of the Church; he
confuses his own spirit with God's Spirit, and identifies his personal view
with that of the saints and the elect; in short, Bucer presumptuously imagines he has the truth directly from God[57], and this accounts for the hot air
he generates[58].

41r-43r: Here Ceneau affirms that Bucer's objection to transubstantiation is
based on confusing such a conversion with transposition or local motion.
This is turn is due to his inadequate understanding of Aristotle. The scandal
is that 'sacramentarians' like Bucer try and turn the Fathers into sacramentarians as well; the Fathers may not have used the language of philosophy
and metaphysics, but they firmly adhered to a corporal eucharistic presence
of Christ.

43r-46r: Here Ceneau draws attention to the well publicized discord between Luther and Bucer over the sacrament (in relation to the Postils
translation controversy, also discussed in BSyn). Moreover, the matter of
the eating of the unworthy is again considered: appealing to 1Cor 11, 27f.,

---

[55] Cf. Mair, *In Joannem*: "Adhaerendum est germanu sensui sacrae paginae, sententiis patrum in
conciliis trutinatis, conformibus sanctis qui omnem suam operam scripturae intelligentiae im-
ponderunt", in: *In quatuor Evangelia*, 278v, lines 59-61,
[56] Cf. Altenstaig, *Lexicon theologicum*, s.v. 'haereticus' (there: error, pertinacity, and heresy are
sure bedfellows, and inimical to Catholic truth).
[57] "Induas personam pharisaei quasi veritatem a deo intellexeris", *Axioma*, 42r. Cf. Roussel,
'Bucer exégète', 50-51.
[58] "Sartago loquendi in linguas", *ibid.*, 34v.

Ceneau asserts that the unworthy are fellow-Christians weak in faith and love, or indeed strong in faith but lacking love; when they receive the sacramental signs, they dishonour the body of Christ which the latter convey. The unworthy are not simply to be equated with the "infideles" (46r).

46r-47r: The final brief section urges a return to the obedience of 'mother church'. It also urges that no hearing be granted to the heretics other than one where they have confessed their error in advance, having subjected themselves to the authority of the Church and its *magisterium*. Again explicit reference is made to John Fisher's book against Oecolampadius[59]. This was the chief immediate source of Ceneau's substantive argumentation. Almost certainly with an eye to the current concord policy of the king as well as to developments in England, the tract ends with a warning against any compromise theology, whereby 'one has one foot in the Church and another out of it'.

Throughout Ceneau's able argumentation in the tract, his polemical diatribe involves the intermittent demonization and abuse of Bucer as insane, inadequately educated, a natural rebel, inept, related to the Antichrist, a liar, an apostate blasphemer etc.[60] "aut saxo tunendum, aut ferro secandum, aut urendun incendio" (42v).

Context, structure, subject-matter and significance of Bucer's 'Defensio'

Bucer's immediate aim was to vindicate himself in the face of Ceneau's attack and disprove his affirmations and allegations. Simultaneously however he used his reply to advance other agendas. One was his concern for general Reformation concord on the eucharist – not just mutual toleration, but positive doctrinal accommodation between Lutherans, Zwinglians and the middle ground position represented by himself and others. He had been working actively for this cause since 1530 at least, and indeed had been making considerable progress, especially with the Lutherans, Melanchthon in particular, though less so with the Swiss[61]. Bucer had had a vision of this since Luther's *Vom Abendmahl Christi, Bekenntnis* of 1528, and a vision which the Strasbourger expressed in his *Vergleichung* of the same year, without initially being able to convert all that many others. It was Luther's use of the concept of a [62]'unio sacramentalis' as explained by the figure of a 'synecdoche'[62] that Bucer believed would help cut the Gordian knot and end the unseemly strife. From the time of the Diet of Augsburg in 1530, much travel undertaken by him in connection with negotiations, various

---

[59] See Wanegffelen, 'Un sorbonniste', 26-29.
[60] *Ibid.,* 30-33.
[61] See Hazlett, *The Development*, 227-384.
[62–62] On Bucer's exploitation of the concord potential of these concepts see below, Pt II, c 1, n. 16, 22 et seq.; c 2, nn. 21-22; c 3, nn. 164, 166-167. See especially Lardet, 'La rhétorique revendiquée', 62-73 (the section sub-titled: 'La synecdoque chez Bucer ou l'art du compromis').

writings, memoranda, and a plethora of experimental formulae to advance
the project was yielding positive results. Part II, cc 1-2 of the *Defensio*, a
vindication of first Luther and then Zwingli and Oecolampadius on the
eucharist, reveals Bucer's conviction that the theology of all three is com-
patible, not only with each other and himself, but also with Scripture and
the Church Fathers. The aim of this was to convince the French readership
that in reality there was no deep division or strife among the Reformers
anymore on the issue.

The chief remaining theological stumbling block by mid-1534 was the
matter of the sacramental manducation of Christ's body by the 'unworthy'.
As long as Bucer continued to deny the reception of Christ's body by the
'unworthy' (since for him the unworthy were unbelievers intrinsically in-
capable of receiving or enjoying Christ), then Lutherans would still have
reservations about any compatibility with the Strasbourg theology. In the
course of the lengthy, detailed and complex exegetical argumentation in Pt
II, c 3[63], corroborated with a variety of patristic and medieval scholastic
testimonies, the idea is engendered (as yet somewhat inchoate) of a threefold eating and reception by worthy believers (*pii*), unworthy believers (*indigni*), and unbelievers (*impii*); the last-named, being without faith, receive
the bread or the sign only, and so not the body of Christ *cum pane*. The
catalyst for this refinement was not so much any pressing exigency for concord with the Lutherans as Bucer's reaction to the combination of patristic
and Ceneau's own exegesis, as the text notes will show. This was to gain
Bucer the credit from the Lutherans he needed, as did his use now for the
first time of a previously shunned word like "substantialiter"[64]. And it goes
without saying that the importance of the *Defensio* is to be evaluated in this
respect as a key step on the tortuous road to the Wittenberg Concord of
1536[65].

This however ought not blind us to Bucer's second and usually over-
looked agenda in the *Defensio*. For if one looks at the entire contents, it
turns out that the eucharistic material comprises only part of the tract, just
over one third. Contemporary public and subsequent historiographical pre-
occupations help account for the blinkered traditional perception[66]. The one
notable recorded exception, as we shall see below, was Calvin, whose as-
sessment covered the entire spectrum of the tract's contents. For later gen-
erations, the republication of the *Defensio*'s eucharistic material only (Pt II,

---

[63] For a detailed summary of the eucharistic exposition in the *Defensio*, see Köhler, *Zwingli und Luther* 2, 326-330.

[64] Cf. Hazlett, *The Development*, 392.

[65] *Ibid.,* 330. Cf. id., 'Les entretiens', 212.

[66] Reinforced masssively in the modern era in Köhler, *Zwingli und Luther* 2, 326ff.

cc 1-3) by Conrad Hubert in his *Scripta anglicana*[67] Bucer edition, reinforced the impression that the tract was essentially a eucharistic one. Modern studies have almost invariably focussed on this aspect as well.

Bucer, however, decided that his reply to Ceneau would not just deal with
eucharistic matters, but also embrace a much wider field of currently con-
troverted doctrine, practice, and usages (see Pt I, cc 1-13). That is to say, he
would avail of the opportunity to propagate a wider range of Reformation
theology and practices in an apologetic, but irenic form designed to appeal
at least to wavering Catholics. When one considers the contents, there are
indeed three important chapters on the eucharist (Pt II, 1-3) of which chapter 3 is the longest in the entire tract. Yet the second longest chapter in the
work is not either of the other two on the eucharist, rather the one on the
intercession of the saints (Pt I, c 8).

The unique structure then of the tract is explained[68] by Bucer in his relatively long dedicatory epistle to the French Chancellor, Antoine Duprat.
The work will consist of "three parts". The first will demonstrate, claims
Bucer, that in both dogmas and rites, it is wrong to assert that "we" have
seditiously seceded from the body of Christ, have withdrawn from ecclesiastical obedience, and that our theology is innovative and so unorthodox.
To this end then, he will explain some heads of doctrine and some practices. To be noted here is that by "we", Bucer does not just mean himself or
the Strasbourg church, but the churches of the Augsburg Confession as
well (a confession which was by now also accepted in Strasbourg alongside
the Tetrapolitan Confession). Accordingly he adopts the role of being an
unofficial spokesman of the Reformation.

Part I is composed of 13 chapters or sections. The basic concern is to
demonstrate that the Reformation is not a movement of novelty and arbi-
trary innovation in doctrine and practice. The bulk of the material covers
doctrinal areas like justification, faith and works, intercession of the saints,
and the Mass, as well as pieces on heresy and a church council. The others,
on images, vows of celibacy and fasting do not in a sense merit being
called "chapters", since they are little more than a paragraph or two of
notes. It is hard to know if it is more than coincidence that out of the 13
topics dealt with here, 10 were also pronounced upon in the *decreta fidei* of
the Council of Sens in France in 1528[69].

In Bucer's first chapter, any link with heresy and innovation is rejected;
in the Reformation confessions of faith, he maintains, alignment with biblical and patristic testimony is clearly expressed. On justification, the point is

[67] Pp. 613-631. Cf. Bibl. 2, no. 45a. Restricted to extracts from the eucharistic chapters was also
Verpoortenns, *Commentatio historica*, 63-67.
[68] Cf. *Defensio*, A8v–B1v (there: 'Partitio defensionis').
[69] Cf. *Mansi* 32, 1161-1202; Labbé, *Sacrosancta concilia* 14, 444-459.

made that while the Sorbonne may damn Reformation teaching, it is agreeable not only to Scripture, but also the Fathers and the more sensible (*saniores*) among the Scholastics. On grace, free will, and merits there is no serious difference of opinion with patristic or recent Scholastics either. There is a substantive difference of opinion, however, on the theology surrounding the notion of works of supererogation and its embodiment in the business of indulgences. On satisfaction for sins, it is agreed that the Church has been entrusted with the power of the keys to be exercised by the ministry. In this connection Bucer discusses the nature of true penance as contrasted with the traditional Church's prescriptive penitential practices, and calls for the restoration of authentic Early Church discipline. Chapters 6 and 7 revert to the dogmatic plane by considering faith. In the one, he disputes Scholastic notions of the incertitude of faith, and in the other, he argues strongly for the notion of justification *fide sola*, and much more forcefully than Melanchthon in his *Consilium*[70]. The relationship between faith and works in justification is conceived here as strictly disjunctive – good works follow from justification, but they have no constitutive role in it. (Of note here is the unacknowledged but verifiable source of his patristic testimony on *sola fide* as well as on others throughout the tract, namely a patristic anthology assembled by the English Lutheran exile in Wittenberg, Robert Barnes[71].)

Later on in this very same tract, however, the signs are (notably in as short excursus on faith and love at the end of Part II) that Bucer was beginning to think of integrating faith and works more positively into justification, so characteristic of the later Bucer. The lengthy chapter on the intercession of the saints argues for honouring the (famous) saints as exemplars of faith and virtue, but denies that they in any way supplement the work of Christ; yet those who invoke the saints should not be damned. Anyway, "saints" being also terrestial co-believers, the best way to honour them is through Christian service and ministry. This is followed by a discussion of the Mass. The use of the word 'sacrifice' in this respect is legitimate according to patristic testimony, but it is no repetition; rather Bucer has recourse to Thomas's notion of the Mass as an *imago representativa* of the original sacrifice. The chapter includes strong polemic against current popular abuse of the Mass. There follow small sections on images, vows of celibacy and fasting. A tension in Bucer's thought is perceptible in this regard: on the one hand he tends towards a Lutheran voluntarist principle in accordance with Christian freedom, on the other, where there is abuse or

---

[70] See n. 21 above, and to n. 73 below, and cf. *Appendix*.

[71] *Sentenciae*, Preface by Bugenhagen, Wittenberg 1530. Cf. Anderson, *Robert Barnes*, 143-146; Rupp, *Studies*, 38-41. See Pt 1, c 7 below, to nn. 14, 16, 17. Bucer seems to have already used this florilegium in the composition of the *Apology of the Tetrapolitan Confession* (ACT).

undesirable usage as in the case of images, the Church or Magistrate should intervene, regulate and if necessary, prohibit. This is more typical of the Swiss and south German urban Reformations.

A concluding chapter discusses the need for a Church council to reform abuses, an idea floated both by Erasmus and himself in 1533; in regard to Ceneau's point about the binding nature of previous Church council legislation, Bucer rejects the claim that such canons are immutable and that their reassessment is ultra vires in the subsequent and continuing Church.

Part II (see above) is described by Bucer as a refutation of the gross misrepresentation of his eucharistic theology as 'Berengarian', that is, denying the Real Presence. This will take the form (though he does not say it here) of firstly, a defence of Luther (also excoriated by Ceneau); then of Oecolampadius and Zwingli; and lastly but chiefly, of his own exposition of the Lord's Supper in his Matthew commentary (in light however of subsequent new perspectives). The point by point refutation of Ceneau mirrors the bishop's own method. It is in these three chapters, but above all in cap. 3, that Bucer develops ideas enhancing the compatibility of his sacramental theology with that of the Lutheran party; this helps prepare the ground for the Wittenberg Concord in 1536. In his own mind however, this entails no abandonment of Zwingli and Oecolampadius, so that Part II exudes a definite concord and via media flavour. While fundamental to Bucer's methodology is scriptural exegesis, this is strongly supplemented with verbatim quotations from the Church Fathers, not as authorities who are somehow autonomous and independent of scripture, but wholly dependent on it. He strongly believes that the Fathers are unanimous on the matter, a belief driven by dogmatic necessity rather than empirical evidence. At the end of Part II, there is a small excursus on the relationship between faith and love in the light of dogmatic tradition. The brief discussion in this excursus – in response to a throwaway remark by Ceneau that the Reformers simply abolish good works or 'love' – does signal the beginnings of a development in Bucer which achieved fuller expression in the 1536 edition of his Gospels Commentary[72]; this was the attempt to integrate good works into the process or occurrence of justification as such, and to an extent that faith and good works are inseparable and mutually coinherent.

Part III turns out to be disproportionately small (*brevis*) compared to the other two, and serves as a kind of postscript. It is described by Bucer as a reply to Ceneau's "farrago conviciorum et maledictorum". In addition, he mocks Ceneau's suggestion that the precondition for the Reformers to gain a serious hearing (by the hierarchy) is to recant, seek pardon, and submit unconditionally to Church authority.

---

[72] Cf. Irena Backus, BOL 2, xvii, xxxix-xl.

That Bucer extended the scope of his reply to include topics other than the Eucharist was not wholly due to a personal flash of inspiration. Indeed it seems to have been a decision he took in the course of writing on the eucharistic material that would have been his initial priority. Since he had read Ceneau's tract early in July, one can assume that during the rest of July he was at work on his reply. But then early in August he was visited by the French envoy, Ulrich Chelius, in connection with Francis I's soundings among the Reformation churches about the possibility of negotiated reunion with the Catholic church. Chelius had come from Melanchthon in Wittenberg. He gave Bucer a copy of Melanchthon's optimistic memorandum, as well as other letters[73]. The intention was that Bucer should draw up his own propositions in a range of topics and communicate them to the French authorities. This he did – sometime in the second half of August[74] – with a text known as the *Consilium*[75].

In view of the broad thematic parallels between Bucer's *Consilium* and that of Melanchthon, and the same approximate order of topics[76], it is safe to assume that Bucer composed his text with one eye on Melanchthon's. Yet while he shares the notion of the primacy of Scripture, as well as the idea of the secondary authority of the patristic testimony, distinctive in Bucer's text is the appeal to his former Order's patron, Thomas Aquinas. In the latter he envisages possibilities for establishing common ground and a theology of conciliation[77], notably on the mass and eucharist.

What however has been generally unnoticed till now is that the themes and ideas in Bucer's *Consilium* have been reproduced and expanded in Part I of the *Defensio*, in order to endow his response to Ceneau with an unexpected irenic dimension. The footnotes in the edition will then regularly cite areas of thematic and verbal correspondence in order to illustrate this. While it is impossible to be absolutely certain, it looks as if Bucer's procedure was this: he was well advanced in the composition the eucharistic section of the *Defensio* (Pt II) when he received Melanchthon's text, in the first week of August 1534. He then drafted his own *Consilium*. He subse-

---

[73] On the sequence of events, sources etc. see *Pollet* 2, 491ff. For (unsatisfactory) published versions of Melanchthon's *Consilium*, cf. CR 2, 741ff.; but see *Pollet* 2, 490, n. 3; 492, n. 4.

[74] Possibly 17th August. On that day Bucer wrote to Chelius saying that the Strasbourgers welcomed Melanchthon's *Consilium* with which they comprehensively agreed, cf. TB 7, 172. The same sentiment is expressed in very similar language at the end of Bucer's own *Consilium*, cf. *Pollet* 2, 518,14-16. Rott dates it 27th August; see his *Correspondance, Liste*, 28.

[75] *Ibid.*, 509-518. Cf. Appendix, below 143-154.

[76] Melanchthon's order: Church polity / justification / the Mass / invocation of saints / vows of celibacy.

[77] On this, with rich illustration, see *Pollet* 2, 495 and notes there. Ceneau however suggests that Bucer's knowledge and understanding of Thomas is superficial: "quem vel de cortice saltem agnovisse videris – eum perlegendo non didiceris", *Appendix ad coenam*, Diii r. Cf. Leijssen 'Bucer und Thomas'.

quently decided to write an expanded version of this as a prelude to the eucharistic material in the *Defensio*; only the initial material on episcopal church government is omitted. The task was completed within about three weeks; he seems then to have returned to the dedicatory epistle written earlier, and added a section about the layout of the final version of his tract. The short time span surely accounts for the lack of balance and hurried nature of the presentation in Part I; at the end of chapter 1, he uses the telltale verb, *percurro,* to describe his approach to the material. As for Part III, it barely gets off the ground at all.

The significance of Bucer's Part I was not just ephemeral. It reveals an evolving Bucer who was more conservative and so more willing to accommodate to Catholic tradition and custom, a tendency which was initiated in his Psalms Commentary of 1529. This has led to familiar suggestions of insincerity and being economical with the truth, for example by one of the few writers in recent centuries who seems to have read Bucer's Part I and the dedicatory epistle, namely Ignaz Döllinger[78]. Be that as it may, in the early and mid-1530s, Bucer was encouraged to rethink his theological position by his reactions to the Anabaptist terrors of Münster as well as his troubles with radicals in Strasbourg like Schwenckfeld, Hoffman, Ziegler, Servetus etc[79]. A further factor may have been the simple failure of the early Reformation to reform the lives of the people. The Bucer that was now emerging was the one prepared to negotiate with the Catholics in the religious colloquies at the end of the 30s.

The end-product is a peculiar hybrid tract, no literary masterpiece. However as a typical occasional writing composed spontaneously in the heat of pressures and new developments, it is absolutely authentic in its imperfections.

The Dedicatory Epistle to Duprat

Antoine Duprat (1463–1535)[80], to whom Bucer addresses the *Defensio*, was the most powerful figure in church and state in the French kingdom after the monarch. Not only was he Chancellor, but also effective primate as Cardinal archbishop of Sens, as well as papal legate *a latere*. As indicated above, he represented the strictly conservative Catholic interest which had earlier centred on the court of the queen-mother, Louise of Savoy. Though hostile to the Reformation, he was not opposed to church reform as

---

[78] *Die Reformation* 2, especially pp. 21-54. Döllinger estimates that Bucer's tract is an attempt "den Protestantismus wieder in das Gewand der katholischen Kirche zu kleiden", and so deceive the French, *ibid*. 37-8.

[79] See Greschat, *Martin Bucer*, 129-134; Gerbert, *Sektenbewegung*, passim.

[80] Cf. Buisson, *Le Chancelier*; *Contemporaries of Erasmus* 1, 412-3; DBF 12, 503-5; DHGE 14, 1144-46; Larousse, *Grand dictionnaire* 9, 1417; *Grande Encyclopédie*, 15, 91-2; Vellet, *De la marchandise à la prélature*.

such, as his participation in the provincial reforming Council of Sens reveals. To Duprat, along with other figures at the head of public life in France, like Pierre Lizet of the Paris Parlement, and Anne de Montmorency, the Constable of France and so head of national security, French national identity, the monarchy, and loyalty to Roman Catholicism were inseparable.

Why then did Bucer select such an unpromising subject to address his *Defensio* to? His knowledge of him did not go beyond the reputation of the French Chancellor as an able diplomat. Indeed subsequently, Morelet du Museau informed Bucer that he would get nowhere with Duprat, since he knew him well and as one wholly unsympathetic to flexibility in religion[81]. It can also be pointed out that the Council of Sens, at which Duprat obviously assisted, exhorted Christian rulers [82]"ut elaborent pro haereticis exterminandis". The truth is that there were serious limitations to Bucer's political and religious intelligence about France, a country he had never visited. [83]His conception of it was inevitably schematic and in part illusory, based on his contacts with a handful of aristocrats, 'évangeliques', and Erasmian Humanists interested in Church reform, notably those connected with the court of Margaret of Navarre such as Lefèvre, Gerard Roussel, and Michel d'Arande, and even the Dean of the Strasbourg Cathedral Chapter, Sigismond of Hohenlohe, Margaret's pro-Reform cousin et al. Like others, Bucer was a victim of disinformation, such as that King Francis was fundamentally predisposed towards the Reformation and true religion. Only later did he begin to form more realistic views about the religious situation in France due to contacts with figures like Farel, Du Museau, Louis du Tillet, Jean Sturm, Antoine de la Fumée, Calvin et al.[83]

In the Epistle, Bucer adopts the attitude of a humble and wronged litigant pleading for justice. To this end, he adopts a high register, near asiatic rhetorical style. He is not addressing Duprat as a person, but representatively as head of the French judicial system and also as the king's chief minister. His appeal to the Chancellor is fundamentally at the level of jurisprudence and legal first principles. The aim is to persuade the French authorities to grant the Reformation a proper hearing in France, rather than being dismissed as a criminal heresy in the manner of the bishop of Avranches and the Sorbonne. Coming at a time when he knew that Francis I was already

---

[81] "Apud illum vix aliquid proficies ... nisi Dominus immutet et illuminet cor illius ... Ego hominem intus et in cute novi. Est in his prorsus caecus et iniquus iudex", TB 7, 268; *Herminjard* 3, 208, n. 11. Cf. Gerdesius: Duprat was "intensissimus Reformationis hostis", *Introductio* 4, 61.

[82] Cf. *Mansi* 32, 1180.

[83–83] Cf. Hazlett, ' A pilot-study', 513-4, 521 (there: further literature in notes). Contact in 1524 with a French convert and refugee in Strasbourg, François Lambert d'Avignon, stimulated Bucer's interest in the Reformation in France; see Rott, *Investigationes* 1, 253-4, 277-80.

considering such a possibility in the form of a religious conference or colloquy, Bucer's intervention at this stage was not irrelevant.

In regard to the Epistle, three salient features appear. Firstly, Bucer does not envisage that the French monarchy or supreme court should exercise a kind of theological *magisterium* to adjudicate and decide on the religious question. Rather, he is asking the Magistracy to enable a procedure of talks and negotiations to be set up so that those specifically competent in the issues can strive for agreement.

Secondly, allusions and references make it evident that in Bucer's mind, competent in this area are only the *pii,* the *docti,* and the *boni,* in other words, well-educated sincere Christians of good moral standing[84]. The implication is that bishops, clergy and university doctors, not being ex officio effectively righteous, do not necessarily have such qualifications, unlike many godly and erudite lay people.

Lastly, underlying the entire prefatory Epistle is an awareness of the contemporary debate in jurisprudence[85]. This was over the relationship between justice (law) and equity. In France, jurists and humanists like Andrea Alciati (at Bourges university 1529-33) and Guillaume Budé (royal librarian) had done much to revive the Aristotelian concept of equity[86]. Both writers had a tangible influence on Bucer[87]. Equity (magnanimity, impartiality) according to them was a higher moral principle accompanying positive imperfect law and fallible prescriptive justice. On this basis, Bucer then could suggest to Duprat that the Reformation case had a sound claim to a proper hearing, even though current law as such, church and civil, prejudged it as an indictable and indefensible crime of heresy. Moreover, he hoped thereby to show that the narrow legalism of Ceneau[88] and his citation of 'equity' was inadequate. Accordingly, religious persecution in France should be terminated in order for a true Christian church reunion to materialize. The reasoning behind this was one of the most original arguments in the entire tract.

Impact of the 'Defensio'

A rejoinder from Ceneau was immediate with the publication of his *Appendix ad coenam dominicam* before the end of 1534, republished in January and again in March 1535. Its subtitle was *Catholicorum responsio in Buceri offensionem* and – ironically echoing the main divisions in Bucer's

---

[84] Melanchthon thought similarly, see *Pollet 2*, 492, at n. 5. Cf. *ibid.,* especially p. 497 (there: significance of this in Bucer). Cf. Epistola dedicatoria, to n. 55.

[85] See Kisch, *Erasmus und die Jurisprudenz*, 108-32, 181-226, 194-226.

[86] ἐπιείκεια, *Nichomachean Ethics* 5, 10.

[87] See De Kroon, *Obrigkeitsverständnis*, 43-48.

[88] Ceneau: "Dum haec tam impia, confusa, absurda, iuri etiam naturae adversae, audebatis attentare, ubi fas? ubi lex? Ubi ius et aequitas?" *Axioma*, 5r.

tract – consists of 'three parts'. Bucer's *Defensio* is characterized as an "atrox vindicta" from an "imitator erroris"[89]. The tract is partly a further point by point refutation of Bucer's exegesis, partly an array of knock-down arguments against the *Defensio*'s use of patristic evidence. The *Appendix* also reveals more about Ceneau's mindset. [90]He defends his personal religious vocation; he stands up for his educational background, particularly in the 'Sorbonne' (how is it, he asks, that everyone who despises that institution is invariably a heretic?); he stands firmly by the theology of the Conciliarist councils; he expatiates on the nature of the 'veritas catholica' and heresy in relation to the relationship between Scripture, Tradition (written and unwritten, patristic and scholastic), and (conciliar) church authority[90]. And from such perspectives he proceeds not only to tackle Bucer on the sacramental question, but also on the other topics discussed by him in Part I of the *Defensio*

The Dedication this time was to Francis I. It urged him to do his duty and take stern measures against the "Lutheranae seditiosa pernicies"[91], a key symptom of which is the assault on the dogma of the Real Presence. To be borne in mind is that this response was written after the brouhaha of the Placards Affair in October 1534. That fateful incident provided the Catholic controversialists in France like Ceneau and de Hangest[92] with a propaganda gift in the effort to dissuade the king from considering accommodation with the Protestant Reformers. Ceneau could then by implication depict Bucer as one of the theological godfathers who helped generate outrages like the desecration of the Mass and the Placards Affair.

As regards methodology, striking in Ceneau's *Appendix* is the much more explicit recourse to the Church Fathers (with the acknowledged aid of Fisher's works), in response manifestly to Bucer's extensive use of the patristic testimony in his *Defensio*. For Ceneau of course, this was not just a methodological issue. To him, Bucer's use of the Church Fathers was abuse and an attempt to make them appear like heretics.

Another outcome of Bucer's tract was that after the dust of the Placards Affair had settled, and Francis set in motion again the idea of a religious conference by inviting Melanchthon to Paris in 1535, Bucer was not invited, as had originally been planned. Instead Hedio was[93]. Irrespective of how moderate and restrained[94] Bucer's *Defensio* was compared to Ceneau's pieces, he had been compromised. Not that it mattered in the end, since the

---

[89] *Appendix*, f. Bi r; Iiii v.

[90-90] *Ibid.*, C ii v–D v r.

[91] *Ibid.*, Aiii r.

[92] See Wanegffelen, 'La controverse', 347-8.

[93] See *Pollet* 2, 504, to n. 6.

[94] Bucer's real view of Ceneau's *Axioma* is expressed to Blarer, 20th Sept. 1534: "sordide et mendose scriptum, sordidius et mendosius impressum", *Schieß* 1, 810.

entire concord project was ultimately aborted anyway. But as long as there was hope, the Strasbourgers never abandoned their lobbying with the French authorities. In February 1535, in the name of the Strasbourg City Senate, Bucer wrote directly to Francis I underscoring the city's support for what had been said in the *Defensio*, not least because it accorded with both scriptural and patristic testimony[95]. There was evidently going to be no public polemical reply to Ceneau from Bucer. This also corresponded to the wishes of sympathizers and Bucer fans in Paris like Jean Sturm, since public strife would make things worse, as he presently indicated in a letter to the Strasbourger[96].

In Reformation church circles in south Germany, the *Defensio* was well received. Martin Frecht of Ulm informed Bucer that Ambrose Blarer in Constance had told him that the tract should be commended to all reformed ministers[97]. Soon afterwards Frecht wrote enthusiastically to Capito about the tract, and that he had sent a copy to Wolfgang Musculus in Augsburg. He also reckons that its succinctness will make it a convenient compendium of Reformation theology[98]. Johannes Schwebel wrote from Zweibrücken that writings like the *Defensio* were good publicity for the Reformation faith[99].

There is evidence as well from Bucer himself that he himself saw his *Defensio* (along with the *Bericht* earlier in 1534) as quick guides to his thought on a wide range of current theological issues. This he affirms in a letter to Margaret and Thomas Blarer[100]. And in his dedication to the

---

[95] "Apud nos id de sacra Eucharistia docent quod scriptura habet et omnes sancti patres. Id quod videre est in libello quodam quem nuper M. Bucerus unus ex nostris ecclesiasticis ad criminationem Episc. Abrincensis scripsit et cancellario M. V. dedicavit", TB 8, 56. Cf. *Pollet* 2, 495, n.1.

[96] 18th Nov. 1535: "Abrincensis libellum [sc. *Appendix*] nondum vidi ... Satius est illos homines silentio contemnere, aut ita respondere ut non magis alienentur, et ut satisfiat piis", *Herminjard* 3, 366. Sturm, later founder of the Strasbourg Academy, was a naturalized French citizen of Luxembourg origin. He moved in the circles of the Parisian Humanist elite, and was converted to the Reformation through reading Luther, Melanchthon and Bucer. Of Bucer he was "l'admirateur and le partisan fervent". In Paris he was party to the Church reunion initiative of the King and Du Bellay, but eventually moved away after the Placards affair, 1534/5; cf. Rott, *Jean Sturm*, ix-x, 92, n. 5.

[97] 25th Sept. 1534: Blarer "ad me scripsit ut abs te apologiam contra Abrincensem episcopum acceperit librum omnibus Verbi ministris commendandum", TB 7, 238. Cf. BDS 6/1, 67, n. 46.

[98] 30th Sept. 1534: "unice commendo omnibus patribus qui Enchiridionis loco habere debent hanc *defensionem* solide et breviter exhibentem ea quae alii solent argutius et loquatius dare", TB 7, 246. Cf. Millet, *Correspondance de Capiton*, 182, no. 539.

[99] "Donabimus *Defensionem* tuam Galliae, quae utinam Cardinali ad quem epistolam a te scriptum legi et regi persuadeat doctrinam nostram non tam abhorrere a religione christiana", TB 7, 226.

[100] 25th July 1535: "In libro Monasteriensi [viz. *Bericht*] et contra Abrincensem exposui fidem meam in omnibus quae praecipue nobis controvertuntur, tam contra papistas quam contra anabaptistas et omnes erroneos. In his persisto". Täuferakten 8/2, 472; *Schieß* 1, 721.

Bishop of Hereford, Edward Fox, of his revised Gospels Commentary of 1536, Bucer indicates that the views on the intimate relationship between the external Word and the sacraments as expressed in this commentary are already found not only in his Romans Commentary, but also in his *Defensio*[101]. Most interesting perhaps of all is the status that Bucer accords his tract alongside the *Tetrapolitan Confession*, its *Apologia*, the *Bericht*, and the 1534 *Catechism*, as one of the cluster of five writings more or less embodying his definitive views on the faith[102].

The tract's reputation as a key factor in the process that led to the eucharistic agreement among the German Reformation churches in the Concord of Wittenberg (1536) is well grounded, though it is nearly always linked with the *Bericht*[103]. The agreed minute of the Cassel Conversations (December 1534) between Bucer and Melanchthon on concord refers to the wide satisfaction expressed with the sacramental ideas in the two 1534 tracts[104]. And in his tract against the militant Lutheran, Nicholas Amsdorf, Bucer reiterates that the twin tracts are significant for the shaping of the eucharistic concord theology[105].

As for the slightly sceptical Swiss, we know that Bucer sent a copy of the *Defensio* to Henry Bullinger in Zurich (who was also au fait with the French plan for a religious colloquy) in late September 1534, with the request for an opinion[106]. In his reply, Bullinger reckons that Luther will have reservations about the *Defensio* on the grounds that it does not sufficiently express the oral manducation of Christ's body[107]. Overall, however, Bullinger is complimentary about the tract[108], though he is critical about what it

---

[101] "Oro etiam et obtestor omnes quicunque mea scripta legunt, ut quae de externo verbo et sacramentis in illis extant, ea omnia intelligant ad hanc veritatem, quam hic, et in hisce enarrationibus, item antea in Enarrationibus in Epistola ad Romanos, in Defensio doctrinae Christianae contra episcopum Abrincensem, confiteor et defendo". BEv 1536, Preface, *5r.

[102] *Axiomata apologetica*: "Quos [libros] nos quidem hac de re nuperrime emisimus, sunt confessio nostrae rei publicae ... in comitiis augustanis oblata et eius apologia, de oeconomia ecclesiae ad monasteriensem, expositio symboli ... apologia doctrinae christianae contra Abrincensem". BDS 6/1, 29-32.

[103] See Hazlett, 'Eucharistic communion', 72ff.

[104] Cf. *Vergriff seiner Handlung*: "Nun erzelete meinung von dem h. sacrament zu halten vnd leren, die wyr im buchlin an die zu Munster vnd dem nach auch in ... contra Abrincensem weytleuffiger dargethon, haben ... furneme prediger *beider teylen* gefallen lossen ... wie sy all vns das selb zugeschryben haben". BDS 6/1, 67, 4-9. Cf. *ibid.*, 70,1-3. See also Hazlett, 'Les entretiens', 210, n. 17; 212, n. 26.

[105] "Nam in utroque libro, quae nostra sit de sanctissima Christi coena sententia, quam etiam esse eorum, a quibus visi sumus hac in re dissentire et cur in idem venire utramque iudicemus, quam licuerit simpliciter et clare exposuimus", BDS 6/1, 84,1-4. For other references by Bucer to the *Defensio* at these times, see *Ob zuverhoffen, ibid.*, 109,13-23; *An die fratres zubringen, ibid.*, 146,1-2; *An den Rat von Konstanz, ibid.*, 266,13-14.

[106] BullBr 4, 328,1-2.

[107] 28th Oct. 1534. *Ibid.*, 380,53-58.

[108] "Facile coniectabis, ut nobis placuerit *Defensio* illa tua". *Ibid.*, 380,71.

has to say on the intercession and invocation of saints due to ambiguity and lack of scriptural corroboration[109]. Then in a letter to the Zurich church leader on 29th January 1535 (in the course of a discussion about the relationship between the bread and the body, the visible sign and the invisible reality signified, both of which are given in the sacrament, and about the relationship between Christ and the distributing minister in the Supper), Bucer refers Bullinger to the treatment of this matter in the *Defensio*[110] – and to which he did not object earlier.

Lastly, just to signal a few other contemporary and future references: in a letter to Boniface Amerbach in November 1534, Erasmus refers in a non-committal manner to the *Defensio* as the latest example of how Strasbourg has been orchestrating the eucharistic issue[111]. And on writing to Melanchthon on 6th June 1536, he reckons that Bucer's tract promises optimistically much more than it can deliver, in so far as his claim to be in accord with the doctors of the Church including scholastics like Thomas Aquinas is far-fetched; further, that Bucer draws false conclusions of an agreed (mere) spiritual presence from Ceneau's denial of a physical, quantitative presence of Christ's body in the eucharist[112].

However, one of the most perceptive, though controversial and decidedly alternative contemporary assessments is found in the widely quoted (and widely misunderstood) letter[113] of the (still young) Calvin to Bucer, dated 12th January 1538. The bulk of this letter deals with topics such as the contemporary situations in Geneva and Berne, Anabaptists, and the idea of eucharistic concord with the Lutherans which embraces the Swiss (on which Calvin expresses scepticism about the prospects of success). It is towards the end of the letter that Calvin offers some bold critique of Bucer in general[114] – to be noted however that this is not just on his own behalf, but "meo et collegarum meorum nomine" in Geneva. Highlighted is the perceived character of Bucer's theological approach. Some see this as putting Christ, the Gospel, and ordinary ("simpliciores") believers at risk, namely with the spirit and method of moderation, accommodation, and inclusiveness, even to the extent of accepting some kind of papacy. Calvin (accurately) suggests that this (conservative) trend in Bucer's approach and thought originates in his Psalms Commentary (1529). Two aspects are sin-

---

[109] *Ibid.*, 380,73–381,84. Cf. *Pollet* 2, 285, n. 9.

[110] BullBr 4, 72,37–73,53.

[111] "Negocium Eucharistie quam moderati sunt Argentoratenses iam puto te ex Apologia Buceri adversus Episcopum Abrincensem cognovisse", *Allen* 11, 46,12-14.

[112] *Ibid.*, 333,21-32.

[113] Cf. *Herminjard* 4, 338-349; CR 38, no. 87. See Van't Spijker, 'Bucer und Calvin', in: Bucer, *Actes* 1, 464; id. 'Reformatie tussen Patristiek en Scholastiek', 45-47; Augustijn, 'Calvin in Strasbourg', 175.

[114] *Herminjard* 4, 346-349; CR 38, 142-144.

gled out. Firstly, Bucer's flexibility on the invocation and intercession of the saints is cited; this echoes Bullinger's similar remarks on the topic, as indicated above. Secondly, Bucer's use of and deference to the Church Fathers entails the risk of reinstating 'human' authority over against that of the Word of God. It is no accident that both these aspects have a strong profile in the *Defensio*. In fact, Calvin proceeds to cite precisely the *Defensio* as encapsulating all these regrettable features! [115]He claims that the *pii* have found it "unworthy", since the Gospel has been clouded in it. The work is undoubtedly erudite, skilfully presented and well written, even if it is abundant in errata and corrigenda[115]. Nonetheless, despite continuing problems and attitudes in both sides, Bucer's work of advancing the eucharistic concord to its maximum extent is given limited approval. There is no criticism by Calvin of the substantive sacramental passages in the *Defensio*, just as there had been none from Bullinger. Moreover, as indicated passim in the footnotes to the dedicatory epistle of Bucer's tract below, it is evident that Calvin availed of various arguments and points there in his own 'Epistle to the King' – something evidently not acknowledged previously.

That Bucer's relatively distinctive eucharistic theology was not to lose its identity by apparently being absorbed into Lutheran parameters in the Wittenberg Concord is evident from the thought and activity of a 'Bucer pupil' of the younger generation like the Frisian, Albert Hardenberg[115a]. Bucer gifted him a copy of the *Defensio* which still survives. In his ministry in north-west Germany and Frisia, Hardenberg claimed to represent the sacramental theology of Bucer.

Further evidence for the discussion of the tract later in the century comes from England. At an Oxford University disputation on the Lord's Supper involving Peter Martyr Vermigli in 1549[116], Martyr and one of his three Catholic opponents, Morgan, argue about the meaning of the metaphorical interpretation of *quod pro vobis frangitur*[117] [1Cor 11,24]. That discussion made specific reference to Bucer's treatment of the passage in the *Defensio*[118].

[115-115] "Ut vero coepit tuus ille adversus Cenalem libellus legi, nemo fuit piorum qui non aperte clamaret, rem esse indignissimam, a tali Evangelii praecone, Evangelium tot involucris obscurari. Liber est, quo nemo inficiatur, reconditae eruditionis refertissimus, eximia arte et labore non mediocri conscritpus, sed tot naevis aspersus, ut plurimi una litura correctum cupiant." *Ibid.*, 347-8.

[115a] See Janse, *Albert Hardenberg*, 356, 437-439, 443-4. Cf. *Pollet* 1, 208 ff., 219.

[116] See McLelland, *Visible Words*, 17-23; id., *Life & Eucharistic Writings*, 111-116.

[117] "Frangitur" > ErNT. Cf. Metzger, *Textual Commentary*, 562.

[118] Cf. Martyr, *Disputatio de eucharistia*, 54v-55r: "'Frangere' est metaphora satis idonea, pro eo quod est intueri, menteque recolere passionem Christi. Nam Paulus habet, *Hoc est corpus meum, quod pro vobis frangitur*. Et Bucerus Contra Abrincensem Episcopum recipit 'frangi', metaphorice posse dici de corpore Christi".

On the Roman Catholic side, Bucer's tract reached the zenith of notoriety with its indexation when the Counter-Reformation began to organize itself. Accordingly it appeared on the Indexes of Louvain University, the Portuguese Inquisition, Rome, and the Spanish Inquisition[119].

Finally, early in the seventeenth century, the *Defensio* was mentioned in passing by Scultetus in his study of the period 1526-1536 – but again, simply in the context of concord with the Lutherans[120], a perception which by now was normative. In the first decade of the eighteenth century, Bucer's thinking on the eucharist was recovered temporarily from oblivion with Verpoortenns' (not especially sympathetic) *Commentatio historica de Martino Bucero, eiusque de coena domini sententia*. This work contains select (and very selective!) extracts from Bucer's *Defensio*[121].

Editorial procedures

There being only one edition, there are no variants, although the reprint of Part II by Hubert in *Scripta Anglicana* yields a few minor corrections and variations. There is however a modest first apparatus, a—z, to indicate errata and corrigenda of various kinds, omissions, additions etc. Minor typographical errors have been corrected tacitly.

A basic editorial task has been the presentation of the bare and economically printed text. The original is densely printed in a relentless flow with few obvious subdivisions. There is also heavy use of abbreviation that has been resolved in all cases. The 'Catalogus' (see below, after the bibliographical description), i.e. the original accompanying contents-page, is in reality only an approximate guide to what is within. It is more likely the creation of the printer, Apiarius, than of Bucer. Therefore the "contents" of the text as laid out on the contents-page of this edition have been reconstructed in order to correspond more precisely to the actual lay-out of the material. The various sections and topics (indicated in the original among the marginalia) within Bucer's very unequal "Three Parts" have been designated numerically and presented as "chapters". All marginalia have been moved into the text between diamond brackets < >.

The text has been broken up into short paragraphs. Often lengthy sentences have been broken up into two or three shorter ones, or otherwise modified by punctuation. Transcription of certain consonants and vowels has been standardized. The original punctuation has been largely modernized. Accordingly the text here presented is not literally true to the original

---

[119] See *Index des livres interdits*, v. 2, nos. 62, 161 (Louvain); v. 4, no. 324 (Portugal); v. 6, no. 447 (Spain); v. 8, no. 218 (Rome).

[120] "Scribit ad Robertum Episcopum Abrincensem, et ex quo modo cum Luthero concordare possit, indicat." *Annalium*, 459.

[121] *Op. cit.*, 63-67.

in every detail. Were readers to glance at the sample original text page included by way of illustration, they would hardly wish this edition to be
strictly faithful to the version of the Apiarus publishing house.

As one would expect from a Reformer committed to theologizing as far
as possible within the parameters of scriptural concepts and language, the
text is profoundly suffused with biblical language, largely of the Vulgate,
but also occasionally of Erasmus' Latin version of his Greek New Testament. Biblical quotations, precise or approximate, appear in italics, with an
accompanying reference in square brackets, following the abbreviation
system of Weber's *Vulgata* edition (with the exception of 1Cor, 2Cor etc.].
Recognizable biblical paraphrases and allusions have also been sourced in
this way. Psalms however have been numbered according to the Massoretic
text.

The chief technical editorial problem was Part II, c 3, the longest chapter
in the tract and the one of traditional special interest. In an ideal world, the
way to present this would have been to produce synoptic parallel texts of 1)
Bucer's text in BSyn, 2) Ceneau's text in the *Axioma*, 3) Bucer's text in the
Defensio, 4) Ceneau's relevant text in his *Appendix*. In the *Defensio* there is
acute intertextuality between not only the first three here indicated, but also
biblical, patristic and scholastic texts. The absence of inverted commas, in-
denting etc. often made the demarcation hard to identify, and makes for a
text of acute density.

While in general the annotation has been indicative, it is also often illus-
trative, partly because Bucer's text, especially in Part I, is uncharacteristi-
cally cryptic and concentrated, reminiscent of lecture notes he may well
have used. This calls for his unspecified references and allusions to be not
just identified but also illustrated for modern readers who do not have a
cartload of tomes, texts and editions beside them. Where I have done this
most liberally is in Part II, c 3, out of fairness to Ceneau, whose text is not
easily accessible. I thought this was preferable to my own paraphrasing of
him.

Indications of Bucer's sources (other than Ceneau in Part II, c 3) have
been signalled by the conventional 'Ap:' abbreviation. Occasionally these
have been illustrated as well when adjudged desirable. How Bucer uses a
putative or specified source is indicated with (*a*) = abridgement, (*e*) = extract, (*i*) = idea, (*p*) = paraphrase, (*r*) = reference to author or work or both,
(*t*) = identical text quoted by Bucer and his source. Also used has been > ,
to indicate the ultimate source or derivation of a quotation, phrase, expression or word etc. and when it is obvious that Bucer is reproducing such a
text at second or third hand. This of course sometimes includes material or
references, especially patristic, from earlier tracts of his own. Bearing in
mind the hurried circumstances in which Bucer wrote this tract, he in all

probability plucked many of his references and quotations from whatever was easy to hand, as well as his own memory. As an alternative however, sometimes 'Ap:' (to indicate the ultimate source which Bucer may well have originally consulted) with 'via' is used. Single inverted commas mean either an approximate or a fictitious quotation.

Lastly, since the real thesaurus of Bucer's ideas on most matters are his (still mostly unedited[122]) biblical commentaries, many of the references in the footnotes are to them. And as many of his other writings (whether published or unpublished at the time) are now available in the various modern critical editions, there has been considerable cross-referencing with them, justified by their easy accessibility.

---

[122] Edited by Irena Backus has been BJoh in BOL 2.

I. 4. BIBLIOGRAPHICAL DESCRIPTION

D E F E N S I O / ADVERSVS AXIOMA CATHOLI-/cum, id est crimi-nationem R. [everendissimi] P. [atris] ROBERTI / EPISCOPI Abrince[n]sis, in qua is impiae / nouationis in cunctis Ecclesiae cum do-/gmatis, tum ritibus, peculiariter aut[em] / circa Sacrosanctam Eucharistiam / importune accusat, quotquot / Christi doctrinam sectari / stude[n]t, ab ijs hominum / com[m]mentis, quae cum / illa pugnant, re-/purgatam. [below:] HIC VIDEBIS CHRISTIANE LE-/ctor, nos nihil prorsus uel in doctrinam, uel / ritus Ecclesiaru[m] nostraru[m] admisisse, quod / non pulchre conueniat, & cum scri-/tpis orthodoxorum Patrum, & cum / obseruatione Ecclesiae catholicae. [below:] PER MARTI. [num] BVCE. [rum]. [below:] CATA-LOGUS EORVM / de quibus hic disputatur, est in sequenti pagina.

In -8°, 80 unn. ff., 110 x 68 mm., 29 lines per page, quires A-K^8, foliation (except [A]) 1-5 (F2 twice), antiqua (+ occasional Aldine cursive Greek), catchwords (ff. 6-8 recto only), running short-title (nine errata), marginalia, corrigenda.

[A1]r: Incipit 'DEFENSIO' – 0.8mm high. [A1]v: [Catalogus], arabic 1-13, mixed single and triple spacing. A2r: Dedicatory address (nine ff.) to Cardinal and Chancellor Duprat: REVERENDIS. [simo] DOMINO AN-tonio à Prato Cardinali & Legato / CANCELLARIO Fran-/ciae MARTINUS BV-/CERCVS .S. [alutem] .D. [icit], text commencing with a three-line drop initial bold 'E', followed by capital 'X' and lower case 'imiam'. B2v, after line 12: ARGENTORATI VII. / Calendas Septembris. / AN[no] M.D.XXXIIII. B3r: Text, commencing with four-line drop initial bold 'P', followed by capitalized 'RIMO'. [K7]v, at end of text: A M E N. [below:] DEFENSIONIS DOCTRINAE / Christianae, aduersus axioma catho-/licu[m] Roperti Episcopi Abrince[n]sis, / F I N I S. [K8]r: ERRATA QUAE OB-REPSE-/runt, ubi singulas paginas, suis signa-/tis numeris, ita castigabis. Bottom of page, colophon: Argentorati per mathiam / Apiarium. / ANNO M D XXXIIII., (verso blank).

Library Locations:

Basle:	Öffentliche Universitätsbibliothek
Berlin:	Deutsche Staatsbibliothek
Berne:	Stadt- und Universitätsbibliothek
Cambridge:	Emmanuel College Library
Cambridge:	University Library
Emden:	Bibliothek der Grossen Kirche
Freiburg i. Br.:	Universitätsbibliothek
Geneva:	Musée historique de la Réformation
Harvard:	Andover-Harvard Theological Library
Herborn:	Evangelisch-Theologischcs Seminar

London: British Library (two copies)
Mainz: Stadtbibliothek
Munich: Bayerische Staatsbibliothek
New York: Union Theological Library
Nuremberg: Stadtbibliothek
Oxford: Bodleian Library
Paris: Bibliothèque nationale
Schaffhausen: Stadbibliothek
St. Gall: Vadian'sche Sammlung
St. Petersburg: Saltykov-Shchedrin State Public Library
Strasbourg: Bibliothèque nationale et universitaire
Strasbourg: Bibliothèque de la Collège St. Guillaume
Utrecht: Universiteitsbibliotheek
Vatican: Bibiotheca Apostolica Vaticana
Vienna: Österreichische Nationalbibliothek
Zurich: Zentralbibliothek

[A2r]   [Catalogus]

1   Defensionem nostram in publicum admittendam. [A2r-B2v]
2   Quid catholicum, quidve faciat haereticum. [B3r-B5v]
3   In quo iustificatio. [B5v-B7r]
4   De gratia, libero arbitrio, et meritis. [B7r-C1r]
5   De operibus supererogationis. [C1r-C6r]
6   De satisfactione pro peccatis. [C1r-C6r]
7   Quid valeant aliena merita. [C8r-C8v]
8   Quid proprie fides, an ea admittat incertitudinem. [C8v-D5v]
9   De intercessione divorum. [D6r-E7v]
10 De votis*. [E7v-F1r]
11 De missa. [F1r-F4v]
12 De imaginibus. [F4v-G2r]
13 De eucharistia, et primum defensio M[artini] Lutheri, deinde eorum quos facit adversarius berengarianos. [G2r-K7v]

---

* Erratum for 'oratione', designated as such within the previous topic. Alternatively, it may refer to a section 'De votis et coelibatu' which follows 'De imaginibus', see Reconstruction on Contents page.

I. 5. INDEX OF ABBREVIATIONS AND SHORT REFERENCES

ACA	*Apologia Confessionis Augustanae*
ACT	*Apologia Confessionis Tetrapolitanae*
AEPHE.R	*Annuaire. Ecole pratique des hautes etudes: section des sciences religieuses*, Paris 1893–
AGDB	*Archiv fur Geschichte des deutschen Buches*, Leipzig 1878–1921.
AHC	*Annuarium historiae conciliorum*, Amsterdam etc. 1969–
AHDL	*Archives d'histoire doctrinale et littéraire du moyen-âge*, Paris 1926–
AKuG	*Archiv für Kulturgeschichte*, Berlin 1901–
Allen	*Opus epistolarum ... Erasmi*, ed. Allen
ARC	*Acta Reformationis Catholicae*, ed. Pfeilschifter
ARG	*Archiv für Reformationsgeschichte*, Berlin, Gütersloh 1903–
ASD	*Opera omnia ... Erasmi*, Amstersdam 1969–
ASEP	*Annales de la Société d'Etudes Provençales*
BBAur	*Bibliotheca bibliographica Aureliana*, Baden-Baden 1959–
BBBw	*Beiträge zum Buch- und Bibliothekswesen*, Wiesbaden 1954–
BCor	*Correspondance de Martin Bucer (=Martini Buceri opera omnia,* ser. III)
BCTH.HP	*Bulletin du comité des travaux historiques et scientifiques: Section d'histoire et philologie*, Paris 1884–.
BDS	*Martin Bucers Deutsche Schriften (=Martini Buceri opera omnia,* ser. I)
BEFAR	*Bibliothèque des écoles françaises d'Athènes et de Rome*, Paris 1877——
BEph	Bucer, *Epistola D. Pauli ad Ephesios commentarius*
BEv	Bucer, *In sacra quatuor evangelia, Enarrationes perpetuae* 1530, 1536.
BEvTh	*Beiträge zur evangelischen Theologie*, Munich 1940–
BFChTh	*Beiträge zur Förderung christlicher Theologie*, Gütersloh 1897–
BFPUL	*Bibliothèque de la faculté de philosophie et lettres de l'université de Liège*, Liège 1897–
BFSMA	*Bibliotheca franciscana scholastica medii aevi*, Quaracchi 1904–
BGLRK	*Beiträge zur Geschichte und Lehre der reformierten Kirche*, Neukirchen 1937–
BHR	*Bibliothèque d'humanisme et Renaissance*, Paris & Geneva 1941–

BHRef	*Bibliotheca humanistica & reformatorica*, Nieuwkoop 1972–
BHTh	*Beiträge zur historischen Theologie*, Tübingen 1929–
Bibl.1	*Bibliographische Zusammenstellung der gedrückten Schriften Butzer's*, ed. Mentz
Bibl. 2	*Bibliographia Bucerana*, ed. Stupperich
BIHR	*Bulletin of the Institute of Historical Research*, London 1923–
BJoh	Bucer, *Enarratio in Evangelion Iohannis*
BOL	*Martini Buceri opera latina (=Martini Buceri opera omnia*, series II)
BPs	Bucer, *Sacrorum Psalmorum libri quinque* ... 1532 edn.
BRN	*Bibliotheca Reformatoria Neerlandica*, s'-Gravenhage, 1903–1914.
BRom	Bucer, *Metaphrasis et enarratio in epistolam D. Pauli* ... *ad Romanos*
BSGRT	*Bibliotheca scriptorum Graecorum et Romanorum Teubneriana*, Leipzig 1913–
BSHPF	*Bulletin de la société de l'histoire du protestantisme français*, Paris 1852–
BSLK	*Die Bekenntnisschriften der evangelisch-lutherischen Kirche*
BSoph	Bucer, *Tzephaniah* ... *commentario explanatus*
BPs	Bucer, *Sacrorum Psalmorum libri quinque* ... 1532 edn.
BrWF (1)	Brenz, *Werke, Frühschriften*, Tübingen 1970–
BSyn	Bucer, *Enarrationum in evangelia Matthaei, Marci et Lucae libri duo*
Bucer, *Actes*	*Martin Bucer and Sixteenth Century Europe*, ed. Krieger & Lienhard
BullBr	*Heinrich Bullinger Werke*, 2. Abteilung: *Briefwechsel*
CA	*Confessio Augustana*
CCath	*Corpus Catholicorum: Werke katholischer Schrifsteller im Zeitalter der Glaubensspaltung*
CC.CM	*Corpus Christianorum*, Continuatio medievalis
CCL	*Corpus Christianorum*, Serie Latina
CH	*Church History*, Chicago etc. 1932–
CHAGB	*Les Classiques de l'Humanisme: Association Guillaume Budé*
CLRC	*Courtenay Library of Reformation Classics*, Abingdon 1964–
CMAPL	*Carmina medii aevi posterioris latini*, Göttingen 1959–
ConfCA	*Confutatio Confessionis Augustanae*

ConfCT	*Confutatio Confessionis Tetrapolitanae*
CR	*Corpus Reformatorum*
CT	*Confessio Tetrapolitana*
CRThPh	*Cahiers de la Revue de théologie et de philosophie*, Genève, Lausanne & Neuchâtel 1977–
CSEL	*Corpus Scriptorum ecclesiasticorum Latinorum*, Wien 1866–
CThM	*Calwer theologische Monographien*, Stuttgart 1972–.
DBF	*Dictionnaire de biographie française*, Paris 1923–
Decreti	See under *Friedberg*
DHGE	*Dictionnaire d'histoire et de géographie ecclésiastique*, Paris 1912–
DS	*Enchiridion symbolorvm definitionvm et declarationvm*, ed. Denzinger-Schönmetzer
DSCHT	*Dictionary of Scottish Church History & Theology*, Edinburgh 1993
DSp	*Dictionnaire de spiritualité*, Paris 1932–
DT	*Divus Thomas. Jahrbuch für Philosophie und spekulative Theologie*, Freiburg, Schweiz 1914–1967.
DThC	*Dictionnaire de théologie catholique*, Paris 1903–
EHPhR	*Études d'histoire et de philosophie religieuse*, Paris etc. 1922–
ErNt	Erasmus, *Novum Testamentum*, 1516 ff.
ErAd	Erasmus, *Adagia*
EThL	*Ephemerides theologicae Lovaniensisi*, Louvain etc. 1924–
ETR	*Études theologique et religieuses*, Montpellier 1926–
Friedberg	*Corpus Iuris Canonici. Decretum Gratiani ... decretalium collectiones*, ed. Friedberg
FACA	*Fragments des anciennes Chroniques d'Alsace*, 4 vols., Strasbourg 1887-1901
FSÖTh	*Forschungen zur systematischen und ökumenischen Theologie*, Göttingen 1962–
GCS	*Die griechischen christlichen Schriftsteller der ersten drei Jahrhunderte*, Berlin 1897–
HDG	*Handbuch der Dogmengeschichte*, ed. Schmaus & Grillmeier
HDTG	*Handbuch der Dogmen- und Theologiegeschichte*, ed. Andresen
Herminjard	*Correspondance des réformateurs dans les pays de langue française*, ed. A.-L. Herminjard
HJ	*Historical Journal*, Cambridge etc. 1958–

Horizons	*Horizons Européens de la Réforme en Alsace*, ed. De Kroon & Lienhard
IR	*The Innes Review: Scottish Catholic Historical Studies*, Glasgow 1950–
HThR	*Harvard Theological Review*, Cambridge (Mass.), 1908–
HumB	*Humanistische Bibliothek*, Munich 1972–
JEH	*Journal of Ecclesiastical History*, London etc. 1950–
JLW	*Jahrbuch für Liturgiewissenschaft*, Münster 1921–1941
JTS	*Journal of Theological Studies*, Oxford 1899–
KIG	*Die Kirche ihrer Geschichte*, Göttingen 1961–
KLK	*Katholisches Leben und Kirchenreform im Zeitalter der Glaubensspaltung*, Münster (1927–) 1967–
KLT	*Kleine Texte für theologische und philologische Vorlesungen und Übungen*, Bonn 1902–
LASRK	*Leben und ausgewählte Schriften der Väter und Begründer der reformierten Kirche,* Elberfeld 1857–1863
LB	Lugduni Batavorum [Leiden] edn. by J. Clericus of Erasmus' *Opera omnia*, 1703–1706
Lenz	*Briefwechsel Landgraf Philipps des Großmütgen von Hessen mit Bucer*, 3 vols, ed. Lenz
Leonina	S. *Thomae Aquinatis ... Opera omnia iussu ... Leonis XIII ... edita*
Livy	Titus Livius, *Ab urbe condita libri*
LLDJ	*Lateinische Literaturdenkmaler des xv. und xvi. Jahrhunderts*, Berlin 1891–1912
Loc. com.	*Loci communes* (Melanchthon)
Loeb	The Loeb Classical Library
LThK	*Lexikon für Theologie und Kirche*, 2nd edn, Freiburg Br. 1957–1965
Luther	*Luther. Mitteilungen der Luther-Gesellschaft*, Berlin etc. 1919–
Mansi	*Sacrorum conciliorum nova et amplissima collectio,* ed. Mansi
MWA	*Melanchthons Werke in Auswahl*
Mentz	*Bibliographische Zusammenstellungen der gedruckten Schriften Butzer's,* ed. Mentz
MPG	*Patrologiae cursus completus*, ser. graeca, ed. Migne
MPL	*Patrologiae cursus completus*, ser. latina, ed. Migne
MVG	*Mittheilungen zur vaterländischen Geschichte*, St. Gall 1862–
NBT	*Neues Berner Taschenbuch*, Berne 1896–
NDBA	*Nouveau dictionnaire de biographie alsacienne*

NRHDF	*Nouvelle revue historique de droit français et ètranger,* Paris 1877–1921
NSGTK	*Neue Studien zur Geschichte der Theologie und der Kirche,* Berlin 1908–1927
ÖTh	*Ökumenische Theologie,* Gütersloh
Paetzold	*Die Konfutation des Vierstädtebekenntnisses,* ed. A. Paetzold
PBNUS	*Publications de la Bibliothèque nationale et universitaire de Strasbourg*
PFLUS	*Publications de la Faculté des Lettres de l'Université de Strasbourg,* ser. 2, Strasbourg 1926–
Pol. Cor.	*Politische Correspondenz der Stadt Straßbur*g, eds. Virck & Winckelmann
Pollet 1,2	*Martin Bucer: Études sur la correspondance,* ed. Pollet
PPSA	*Publikationen aus den k. Preussischen Staatsarchiven,* Leipzig 1878–1894
PScHS	*Publications of the Scottish History Society,* Edinburgh 1887–
PTR	*Princeton Theological Review,* Philadelphia, 1902-1929.
PTS	*Patristische Texte und Studien,* Berlin 1964–
QFRG	*Quellen und Forschungen zur Reformationsgeschichte,* Gütersloh 1921–
QULPM	*Quellen und Untersuchungen zur lateinischen Philologie des Mittelalters,* Munich 1906–
RAPG	*Revue de l'Avranchin et du pays de Granville,* 1882–
RAls	*Revue d'Alsace,* Strasbourg 1850–
RE	*Real-Encyklopädie für protestantische Theologie und Kirche,* ed. Hauck, 24 vols., 3rd edn., Leipzig 1896–1913.
RFHL	*La revue française d'histoire du livre,* Bordeaux 1971–
RGST	*Reformationsgeschichtliche Studien und Texte,* Münster 1906–
RH	*Revue historique,* Paris 1876–
RHDF	*Revue historique de droit français et étranger,* Paris 1922–
RHE	*Revue d'histoire ecclésiastique,* Louvain 1900–
RHEF	*Revue d'histoire de l'église de France,* Paris 1910
RHPhR	*Revue d'histoire et de philosophie religieuses,* Strasbourg 1921–
RnR	*Renaissance and Reformation,* Toronto 1977–
RSR	*Recherches de science religieuse,* Paris 1910–
RThPh	*Revue de théologie et de philosophie,* Lausanne, Genève 1868–
SA	*Martini Buceri Scripta Anglicana,* ed. Hubert

Schieß	*Briefwechsel der Brüder Ambrosius und Thomas Blaurer,* ed. Schieß
SCH(L)	*Studies in Church History*, London 1964–
SCJ	*Sixteenth Century Journal*, Kirksville, Mo. 1972–
SDGSTh	*Studien zur Dogmengeschichte und systematischen Theologie,* Zurich 1952–
SGM	*Schweizerische Gutenberg-Museum*
SGTK	*Studien zur Geschichte der Theologie und der Kirche,* Leipzig 1897–1908
SHCT	*Studies in the History of Christian Thought,* Leiden 1966–
SMRT	*Studies in Medieval and Reformation Thought,* Leiden 1966–
SpicBon	*Spicilegium Bonaventurianum*, Quaracchi 1963–.
SRTH	*Studies in Reformed Theology and History*, Princeton 1993–
SSARE.C	*Société savante d'Alsace et des régions de l'Est: Collection 'Grandes publications'*, Strasbourg 1977–
SSL	*Spicilegium sacrum Lovaniense*, Louvain 1922–
STC	*Short-title catalogue of books ... in German-speaking countries*, London 1962
S th	Thomas Aquinas, *Summa theologiae*
SThZ	*Schweizerische theologische Zeitschrift*, Zurich 1889–1920.
StIr	*Studia Irenica*, Hildesheim 1972–
SVRG	*Schriften des Vereins für Reformationsgeschichte*, Gütersloh etc. 1883–
Täuferakten	*Quellen zur Geschichte der Täufer,* ed. Krebs & Rott
TB	Thesaurus Baumianus. Bibliothèque nationale et universitaire de Strasbourg, Ms. 660–683.
ThLZ	*Theologische Literaturzeitung*, Leipzig 1876–
THR	*Travaux d'humanisme et Renaissance*, Geneva 1950–
ThZ	*Theologische Zeitschrift*, Basle 1945–
TRE	*Theologische Realenzyklopädie,* ed. Krause & Müller
TU	*Texte und Untersuchungen zur Geschichte der altchristlichen Literatur,* Berlin 1882–
UCL.D	*Universitas Catholica Lovaniensis: Dissertationes*, Louvain
UKG	*Untersuchungen zur Kirchengeschichte*, Witten 1965–
Vadian	*Vadianische Briefsammlung,* ed. Arbenz & Wartmann
VAls	*Vie en Alsace*, 1923–1929.
VAM	*Veröffentlichungen der Archivschule Marburg*, Marburg 1961–
VarCS	*Variorum Collected Studies Series*, London 1970–
VD16	*Verzeichnis der in deutschen Sprachraum erschienenen Drucke des sechzehnten Jahrhunderts*, Stuttgart 1981–

VIEGM	*Veröffentlichungen des Instituts für europäische Geschichte, Mainz*
Vg	*Biblia Vulgata*
WA	*D. Martin Luthers Werke, kritische Gesamtausgabe*: Werke. Weimar 1883–
WABr	*D. Martin Luthers Werke*: Briefwechsel
ZKG	*Zeitschrift für Kirchengeschichte*, Stuttgart 1877–
ZPK	*Zeitschrift für Protestantismus und Kirche*, NS, Erlangen 1841–
ZThK	*Zeitschrift für Theologie und Kirche*, Tübingen 1891–
Zwing.	*Zwingliana: Beiträge zur Geschichte Zwinglis, der Reformation und des Protestantismus in der Schweiz*, Zurich 1897–

II. Text

[EPISTOLA DEDICATORIA]

[DEFENSIONEM NOSTRAM IN PUBLICUM ADMITTENDAM]

[A2r] Reverendis[simo] domino [1]Antonio à Prato, cardinali et legato, cancellario[1] Franciae[2], Martinus Bucerus s[alutem] d[icit].

Eximiam ingenii acrimoniam, mirificam obeundi publica negocia dexteritatem denique singularem in regnum vestrum pietatem – magno tibi consensu tribuunt[3] non cives modo, sed etiam peregrini, quibus fuit quod tecum tractarent. Hisce dotibus tuis praestantibus fretus, et quod cancellarii, hoc est, summi praesidis [4]iustitiae et aequitatis[4] munus adminstras in hoc regno (quod cum multis modis florentissimum[5] hodie sit, 'christianissimi' quoque titulo[6] piis hominibus suspiciendum merito haberi debeat), te[7] praecipue delegi, cui patrocinium deferrem innocentiae, non meae solum sed multorum iuxta principum et civitatum[8] – imo *doctrinae Christi*[9] [2Io 9], quam synceram et illibatam profitemur.

Evulgavit enim nuper in nos librum[10] Robertus[11], Abrincensis[12] episcopus, "ordine et origine parisiensis" (hunc sibi ipse titulum fecit[13]), in quo

---

[1-1] On Duprat, see Introduction.

[2] Instead of 'Gallorum' or 'Gallicorum' or 'Galliarum'. Perhaps ap: Budé, *In Pandectas*, 3, 275 (*i*). Cf. Potter, *Hist. of France*, 17-32.

[3] Cf. Buisson, *Le Chancelier,* 131-2 (negative); Sadoleto, *In Pauli ep. ad Rom.*, 193 (positive).

[4-4] Ap: Budé, *In Pandectas* 1, 9-18 (*i*). Cf. Calvin, 'Epistola ad regem', *Opera selecta* I, 36; III, 30,17; CR 29, 26 (there: appeal to 'iustitia' and 'aequitas'). See Beyerhaus, *Studien*, 7; Kisch, *Erasmus*, 108-32, 181-226, 194-226; De Kroon, *Obrigkeitsverständnis*, 37ff.

[5] That is, Renaissance culture, cf. Jacquart, *Francois I*[er], 303-29; Baumgartner, *France*, 97-113.

[6] 'Rex christianissimus', and so sacral. Cf. Gaguin, *Compendium*, p. LVr (Charlemagne as exemplar); Zwingli, *De vera et falsa relig.*, CR 90, 629,9f. See Schramm, *Der König* 1, 185-6, 199, 239, 241-2, 253, 265; Doucet, *Les Institutions* 1, 72-3, 87-8; Zeller, *Les Institutions*, 75-6; Beaune, *Birth*, 70-89; Knecht, *Renaissance Warrior*, 88-90; Ford & Jondorf, *Humanism*, 35-9.

[7] For Bucer on the religious duty of the magistracy, see BPs, Dedication, BCor 3, 302-6, French by Hobbs, RFHL 50 (1986), 217-32; BEv 1536, Preface *2v, 428D–430D; BRom 1536, 483-489; *Epistola apologetica*, BOL 1, 111-117; CT, to a (XXIII)/24, BDS 3, 163-8; ACT, to a 1, *ibid.*, 210-212; 'Dokumente zur Synode 1533', no. 6: *Widerlegung von Engelbrecht*, BDS 5, esp. 483-491; ditto, no 3: *XVI Articles of the Strasbourg Synod*, nos. 14-16, *ibid.*, 392, with 'Erklärung', *ib.* 398-401; *Vom Ampt der oberkait* [Augustine], B's Preface and Conclusion, BDS 6/2, 27-38; *Dialogi, ibid.,* 48-188; *De regno Christi*, BOL 15, 98-102. Cf. Schultz, *Butzer's Anschauungen*; De Kroon, *Obrigkeitsverständnis*, 1-9; id., *Bucer und Calvin*, 179-86, 210-19.

[8] German princes and cities subscribing to the Augsburg Confession.

[9] See title of *Defensio* in Introduction. Cf. Bucer to Beatus Rhenanus, BCor 1, 88,111 (applied to Luther's teaching); *ib*. 2, 32,32; Erasmus, *Ratio,* LB 5, 105C; *Paraclesis*, LB 5, 140B. On the usage in Augustine, see Winkler, *Ausgewählte Schriften: Erasmus* 3, pp. XXI-XXIII. Cf. Krüger, *Bucer u. Erasmus*, 72-81.

[10] *Axioma catholicum*, Paris 1534.

[11] Robert Cencau. See Introduction.

[12] Avranches, in Normandy.

[13] In title of *Axioma*. For authorization by the Paris Faculty, see Farge, *Registre* 2, 28.

accusat extremae [14]"impietatis" et perversitas, quodamque conviciorum ac
maledictorum omne genus quasi oceano adobruit omnes eos – qui tamen
nihil quam ipsum *evangelium Christi* [1Cor 9,12], [15]sed repurgatum
ab[A2v] iis [16]pseudoecclesiasticorum commentis[16], quae illi modis omnibus adversantur, sectandum susceperunt[15].

<AD QUOS HAEC CRIMINATIO PERTINEAT> Inter quos sunt aliquot claris-
simi idemque religiosissimi principes et res publicae, pietatis et humanita-
tis nomine admodum celebres. Eos dico, qui coram serenissimo atque in-
victissimo principe Carolo V[17], rom[ano] imperatore[18], rege catholico[19], et
omnibus s[ancti] romani imperii proceribus [20]Augustae Vindelicorum[20] in
comiciis[21], aeditis utraque lingua libellis[22], hoc ipsum *evangelium Christi*
[2Cor 4,4] confessi sunt.

<QUO NOMINE BUC[ERUM] PECULIARITER IMPETIT> Peculiariter quidem
me impetit hic episcopus criminoso illo suo libello, facitque [23]"berengarianae
haereseos[23] instauratorem" ac simul nullo non impietatis ac vesaniae
genere perditissimum – iuxta tamen quam saevissime invehitur in eos omnes, qui non romani pontificis et vulgi sacrificulorum omnia, "alba (quod
aiunt) amussi"[24], recipiunt, observant, adorant. Hos, vir clarissime, univer-
sos, non me solum, inauditis, et religioso animo multo gravissimis crimi-
nationibus importunissime exagitare, proscindere et dilacerare hic episcopus in animum induxit.

<QUID HIC DEFENDATUR> Hos ipsos ego defendendos hic suscepi, non
me ipsum, imo ne hos quidem – sed causam ipsam, quam ego cum quam

---

[14] Ap: *Axioma*, 3v, 7v, 8r.

[15-15] Cf. title of the *Defensio*.

[16-16] The title of the *Defensio* refers rather to the "commenta hominum". Cf. Zwingli, *Von Klarheit*, CR 93, 377,27–378,8; 379,21-30. Bucer defines "pseudoecclesiastici" elsewhere as those
ignoring scriptural norms and the ecclesiastical canons, see BRom 1536, 487, cols 1-2. Cf.
"pseudotheologi", to n. 76. See Hoven, *Lexique*, 292.

[17] Charles V (1500-1558), King of Spain, 1516 ff.

[18] Holy Roman Emperor, 1519-1556.

[19] Honorific title inherited from Charles' grandfather, Ferdinand, to whom it had been accorded
by Innocent VIII.

[20-20] Augsburg.

[21] Imperial Diet of Augsburg, 1530.

[22] Augsburg Confession (Confessio augustana), composed in both Latin and German.

[23-23] Cf. title-page of *Axioma*. See also the heading of the main body of Ceneau's text, 8r: 'De
caena dominica axioma, seu instituto (sic!) christiana adversus impietatem Berengarianam,
olim explosam et damnatam, nuper vero a Bucero, non tam propriis (sic!) erroris inventore,
quam veteris instauratore restitutam'. On the use of the epithet "Berengarian" in these times,
see Part II, c 3, n. 17.

[24] 'With an unmarked rule' or 'with a blank ruler', *met*: 'indiscriminately', 'without understanding', ap: Erasmus, *Adagiorum Chiliades*, ADS II-I, nr. 488, pp. 559-60 (*t*). Erasmus cites
as his source Aulus Gellius, *Noctes Atticae* [Praefatio 11]. But Gellius used the word 'linea'
rather than 'amussis'. Erasmus adopted 'amussis' from Politianus, *Epistolarum libri*, xi, 20.
Bucer also knew the original form, see BCor 3, 29,32. Cf. Otto, *Sprichwörter*, no. 51(2).

plurimis, synceram et orthodoxam profiteor, quamque illi principes et respublicae[25] ut indubitatem *Christi doctrinam* [2Io 9] amplexi sunt, et sequendam sibi proposuerunt. Haec enim doctrina id unum est, cuius causa et in illos [A3r] et in me sic grassandum, sic debacchandum sibi episcopus hic putavit.

<QUO NITITUR DEFENSIO> Ineptus quidem ego patronus, si consyderes, quae vel mihi est dicendi inopia, vel eorum pro quibus dicendum, amplitudo et prospecta religio. At quia causa ipsa quae hic agitur, *non in sermone*, sed *virtute* [1Cor 4,21] *Domini nostri Iesu* [1Cor 5,4] Christi consistit, quam *Pater coelestis* [Mt 6,14] *sapientibus et prudentibus* solet *abscondere, revelare* autem νηπίοις [Mt 11,25], id est, carne pueris et infantibus [cf. 1Cor 1, 26] .

Ad quam agendam Deus ab initio non multos sapientia et eloquentia praestantes, sed *piscatores* [Lc 5,2] et imperitos [cf. Mt 10,6] sermone, quique mundo huic plane pro stultis habentur, delegit [cf. 1Cor 1,27-8][26]. Confido de *bonitate* et *misericordia* Domini [cf. Ps 24,1,7] Iesu, ipsum suae causae (etiam me agente) haudquaquam defuturum, utcunque ad istiusmodi actionem ideoneus sum minime, non id quidem ob penuriam eruditionis et facundiae (quae penuria in hac causa minimum, imo nihil officit), sed nimiam cum fidei imbecillitatem, tum studii vitae sanctioris remissionem.

At cum visum sit ei, qui operatur *omnia in omnibus* [1Cor 15,28], et id optime, ut hic episcopus me nominatim[27] provocaret – sibique ea praecipue incessenda et criminanda desumeret, quae ego ad elucidandum *Christi doctrinam* [2Io 9] utcunque ineleganter[28], vere tamen et pie scripsi[29] – spe sum bona, eundem etiam in hac causa *elegisse stulta mundi*, ut eos qui sibi videntur *sapientes confundat, infirma, ut pudefaciat fortia* [1Cor 1,27]. Scio namque et ego, [A3v] qualis qualis sum, gratia Domino nostro Iesu Christo [cf. 1Cor 15,9-10], *cui credidi* [2Tim 1,12], novi *eius* esse *doctrinam* [Mt 7,28], cui me addixi. Certus sum in *huius* me *administratione*

---

[25] German princes and cities subscribing to the Augsburg Confession.

[26] Ap: BPs, 44B–45A (*ip*). Cf. BEv 1536, 377A–378C. Simliarly Calvin, *Institutio*, 'Epistola ad regem', *Opera selecta* I, 23; III, 11,16-20; CR 29, 11.

[27] See title of *Axioma*.

[28] Not just false modesty. Bucer was aware of his lack of literary finesse. In BPs, Preface, he refers to his "barbaries", his "rusticitas et scabrities sermonis", and his deficiency in "oratio pura et elegans", A 6v. Yet some Humanists estimated that he and others could have been counted among the "classis poetarum ... si se in bonis tantum litteris continere voluissent et non plus sapere quam oporteret et non potius cum Martino Luthero populos ad novae religionis sectam suscipiendam", Lilio Gyraldus, *De poetis*, 69,27-34.

[29] As in BSyn, published originally with a French (and Italian) readership "praecipue" in mind, Preface, A5 a; BEv 1530, 10; *Lang,* 380.

[2Cor 9,12] hoc quaerere, ut ipse quam latissime regnet [cf. Lc 1,17], hoc est, ut ipsum *salvatorem* [Io 4,42] quam plurimi experiamur.

Faciet ergo iuxta promissionem [cf. Io 14,26], ut quominus aliis uti possum praesidiis. Ipse suum hoc benignius adflet Spiritum, qui in hac Defensione mentem sic informet, verba ideona suppeditet [cf. Lc 12,11-12]. Instituat et moderetur omnia, quo ii, qui student facere *voluntatem Patris* [Mt 7,21], qui *quae Christi sunt, non quae sua quaerunt* [Phil 2,21], eoque iudicare de *doctrina Christi* [2Io 9] valent, nullo negotio intellecturi sint (quamlibet imperitus ego, et ineptus ad agendum), eos quos hic episcopus (inter minima[30] crimina et maledicta) "amentes", impiis doctrinis perditos, "haereticos, ecclesiae" Christi "desertores et hostes" appellat[31], nihil quam ea [32]Christi dogmata[32] agnoscere, profiteri, sectari, quae nos sacrosancta [33]ecclesia Christi[33] [cf. Eph 5,24f.] a prima aetate docuit.

Quae nemo qui Christianus haberi cupit, non profitetur, quae in ipsis sacris literis sic extant, ut pueris quoque orthodoxe institutis decantata sint [cf. Ps 8,3; Mt 21,15-16]. Sic vero cum res nostrae habeant, quominus est opis, minus fiduciae, extra causam et favorem Domini nostri Iesu Christi, hoc plus benevolentiae debebunt mihi, qui *Christi* [1Cor 10,33] esse volunt.

<QUIBUS ADMINCULIS EXTRA CAUSAM ACCUSATOR FRETUS> "Ordine et origine parisiensi" est adversarius, hoc est, ut equidem hunc, quo se ipse insignivit, titu-[A4r]lum intelligo, Parisiis et natus et literis institutus[34]. Haec vero urbs aliquot iam saeculis id esse multis creditur, quod erant olim Athenae, imo quod Hierosolyma. [35]Sacrae namque scientiae summam sibi authoritatem vindicant – et quasi rei publicae christianae nomophylaces[36]

---

[30] Ceneau's *maxima* invective is omitted, e.g.: "Huius Luciferanae arrogantiae, ac temeritatis diabolicae flosculis, scatet pernitiosa illa doctrina Buceri" ... Vide de quo dementiae delapsus es, et de quo pacto iam Antichristi personam indueris", *Axioma*, 10r, 34r. Cf. Wanegffelen, 'Un Sorbonniste', esp. 31-33.

[31] *Ibid.*, Aiij r-v, 23v, 34v, 43r. Cf. 7v: "Singulae Buceranae dementiae sententiae, quae ... imposturis et erroribus scalent, atque adeo blasphemiis et impietatibus". Bucer regularly complained about such hostile though traditional rhetoric, see ACT: "Confutatores ... ipsissima Christi dogmata impietatis et haereseos traducunt, nos vero secessionis a sancta Catholica ecclesia, defectionis a syncera fide religioneque Christi ad ... errores ... accusant", BDS 3, 197,19-25. Cf. ConfCT, *Paetzold*, 2-4 / 71-3.

[32-32] > Augustine, e.g. *Ep.* 118, 10, perh. ap: Erasmus, *Paraclesis*, LB 5, 144A. Cf. CT, Exordium, BDS 3, 41,21, & a 1, *ib.*, 43,9; and previous note. See Hoffmann, *Erkenntnis*, 75, n. 9.

[33-33] > Cyprian, *De ecclesia catholica*, 8, 215, perh. ap: Erasmus, e.g., *Ratio*, LB 5, 105C; *Modus orandi, ibid.*, 1123F.

[34] See Introduction.

[35-35] The Paris faculty's status made it a quasi-arbiter of doctrine. Cf. Rashdall, *Universities of Europe* I, 56, 60, 518, 525-6, 546-8; Doucet, *Les Institutions*, 797; Farge, *Orthodoxy* 1, 115-59. 'Sorbonne' is a traditional misnomer, see Farge, *Index*, 34, n.3.

[36] Gk: 'guardians of the law' (here: of doctrine). Ap: Budé, *In Pandectas*, 276-7, 283 (*it*).

et Areopagitae[37] qui hic regnant theologi[35], haberi postulant. Iam ad hos titulos, plurimis minime inanes, accedit tantum non adoranda episcopalis infula[38].

Et parum haec omnia: pontifex romanus et summus, caeteri primores ecclesiarum praesides, praecipui quoque et reges et principes, et ut verbo dicam, quicquid pontificis summi expetit oscula pedum (quod sane infinitum est), in ea ferme sententia sunt, ut si quid librorum aut doctrinae parisini theologi notent erroris, eos [39]ilico certo[39] condemnatos habeant. Nefariumque iudicent, si quis eorum, quae illi infamarunt, defensionem meditetur[40].

<QUAM INIQUE SORS HIC REORUM[41]> Nos autem contra – sic volente Domino nos cum apostolis suis (quanquam fide et innocentia illis nimium impares) *excrementa, et omnium reiectamenta*[42] *mundi facere* [1Cor 4,13], et agentibus id quibusdam hominibus, qui sibi cum ecclesiarum luculentissimis damnis, et praesulum verissima ignominia, sua compendia et gloriosos titulos quaesierunt – eo loci venimus, ut maxima hominum pars simul atque nomen nostrum audiunt, existiment ambas sibi aures obturandas, [43]coelum quoque infici[43] si de nobis, in bonam dumtaxat partem verba fiant? [A4v] Solos dignos putent. Quos accusent, condemnent. Perdant omnes. Audiat, defendat, et pro innocentia nostra nos adserat nemo[44].

Vides, vir cordatissime, quam inique comparati simus. Accusator tam ubique gratiosus, tanta apud homines pro se autoritate subnixus, tantis fretus contra nos praeiudiciis, nos vero non iam rei (utpote de quorum re disceptetur), sed antea condemnati quam accusati – quos tanta orbis portio indignos iudicat, qui audiamur. Quid? qui pridem quam plurimis habemur [45]"sacri et intestabiles"[45]. Sed iam cottidie expereris hominum perversita-

---

[37] Law officers of the Areopagus, the Athenian Supreme Court.

[38] Fillet or headband, *met.*: 'insignia'.

[39-39] 'There and then beyond all doubt'.

[40] Allusion to Luther's appeal to and condemnation by the Paris Faculty in 1521, as well as the responses of Luther and Melanchthon – "one of the last occasions the University stands forth as the theological oracle of Europe", Rashdall, *ibid.,* 555. Cf. Zwingli, *De vera et falsa religione,* CR 90, 635.

[41] The content of the following paragraphs – the unjust persecution of Reformation sympathizers due to an Establishment conspiracy and campaign of vilification – is echoed in Calvin, 'Epistola ad regem', *Opera selecta* I, 21-24; III, 9-14; CR 29, 9-14.

[42] Ap: ErNT

[43-43] Cf. Terence, *Heauton timorumenos,* 719: "Quid si nunc caelum ruat?"

[44] Cf. Calvin: "Nullus interim prodit, qui talibus furiis patrocinium suum opponat", 'Epistola ad regem', *Opera selecta* I, 22; III, 11,15-16; CR 29, 11.

[45-45] 'Infamous and execrable', > Horace, *Satires,* 2, 3, 8, ap: *Digesta,* 28, 1, 26. In civil and canon law, such an alleged reputation excluded a person from being a legal witness, cf. Viollet, *Histoire du droit,* 373-4. For Bucer, prejudice and ignorance in France precluded the Reformation party from testifying at a public judicial hearing.

tem, eam ad calumnias cum credendas, tum excogitandas facilitatem. Sic perspectam habes ordinis cum theologici tum ecclesiastici sanctimoniam, ut non dubites fore longe iniquissimum, si quis ad horum accusationem, tam praeclaros principes et respublicas inauditos et indefensos, condemnandos existimet – aut a defensione repellendos.

<QUAE FORTUNA CAUSAE CHRISTI IN HOC SAECULO> Denique quis Christo vero deditus ignoret, ingenium pietatis[46] sic esse, ut in mundo qui semper Deum odio habet [cf. Io 15,18-25], et in malo totus[a] positus est, nihil audiat peius, nihil hominum odia incurrat gravius, nihil diriore dignum persecutione et crudelitate iudicetur?[47] Idque non modo in me et in mei similibus, qui graviter etiamnum cum vitiis et peccatis luctamur, sed in ipsis quoque sanctissimis Domini vatibus, apostolis et Filio Dei ipso. Sed et hoc nulli vere credentium Christo non com-[A5r]pertum tanto impietatem ferri furore, non qui se de hoc mundo esse fatentur – sed qui in *regno Dei* [Mt 6,33] primi [cf. Mc 9,35], non ipsis modo, sed tantum non toto orbi adorantur[48]. Huius certe erant existimationis qui occiderunt apostolos, qui crucifixerunt Dominum Iesum Christum[49].

Magna itaque necessitas, ut nunc passim et docetur et vivitur, etiam apud 'doctissimos' et 'sanctissimos'[50] (uti illi vulgo habentur) mentem omnem a dignitate personarum, in ipsam quae agitur causam, convertendi, et si in ulla alia, in hoc summopere elaborare, quaeque huc facere possunt, maximo studio comparare et promovere – ut quid in ea meriti sit, penitus tandem cognoscatur. Non hic multorum opes, non fama, non vita denique corporis – sed facultates vitae beatae, *nomen inscriptum in coelis* [Lc 10,20], *vita* denique *aeterna* [Rm 6,23] agitur. Sic quoque in omnem vitam mortalium errores irrepserunt. Eae invaluerunt tenebrae, sic fermentata, confusa, et perturbata sunt omnia, ut nemo profecto monitor contemni debeat. In supremo navis periculo, quis non advocatur in consilium? In de-

---

[a] toto

[46] Key word in Bucer's religious conception, see BEph, 40B–41A. See also BEv 1536, Index, BOL 2, 585, col 2. Cf. De Kroon, *Obrigkeitsverständnis*, 114-22 (there: contrast to Erasmian usage, critique of Koch, *Studium Pietatis*); id., *Bucer und Calvin*, 125-69.

[47] Cf. BJoh: "Observandum: nos mundo, si vere Dei sumus et negotium eius agimus, non posse non haberi odio et esse intolerabiles, quando ille nulli unquam magis infensus fuerit, quam Christo Domino omnium optimo", BOL 2, 455.

[48] That is, Church leaders. Cf. *Consilium*, *Pollet* 2, 510,1; Appendix, 144.

[49] Cf. BJoh: "Observandum: sic a Patre esse comparatum ut, cum propter ipsius gloriam patimur, mundus existimet se nos tanquam hostes Dei in gratiam ipsius mactare. Sic et Christus ipse, non ut Dei Filius sed ut hostis, fuit cruci suffixus", BOL 2, 461.

[50] Cf. BJoh, where in regard to the educated and pious Nathaniel, who was not appointed to the apostolic office, Bucer affirms "ut non sit pietas vel foelicitas metienda ab officiis", BOL 2, 104-5, 108. Cf. Calvin, 'Epistola ad regem' (1539 edn.): "Quid autem hodie in cornutis suis episcopis mundus veneratur, nisi quoniam sanctos esse religionis praesules autumat quos celebribus urbibus videt praesidere?", *Opera selecta* III, 24,28-30.

ploratis mortis, quis non rogatur? Militiae, ubi res desperatae sunt, quis tam gregarius, quis adeo tiro, quem fastidiant monitorem summi etiam duces?

Ergo causa ipsa [51]pietatis et ingenium eius – labes istae et corruptelae, quae in primis quoque ecclesiae ordinibus tam palam extant[52], tam miseranda verae religionis[51] ubique et ruina, et pe-[A5v]riculum, in hac gravi dogmatum concertatione (quae denique hic legis, quanquam inconcinna, tamen veritatis indubitatae), moveant te et cancellarium et cardinalem – ut id iuris nobis in Gallia vestra (quae religionis et aequitatis nomine multis saeculis optime audiit), impetrare studeas – quod nullis quamlibet etiam extremorum scelerum deprehensis et manifestis, vel apud barbarissimas gentes, negatur – ut nimirum et nostra, ad tam diras, nec minus falsas episcopi huius criminationes legi publice possit Defensio.

Quid enim foret iniquius, quid a laudibus Galliarum aeque alienum, quid magis indignum titulo 'christianissimi regis', quam licere huic episcopo, tot principes et res publicas, eundem Christum adorantes, et ob id coelesti cognitione vobis fratres, deinde civilis etiam societatis atque foederis consortes (nam rex christianissimus hos quoque principes et res publicas amicos et confoederatos[53] appellat), eiusmodi criminibus, quibus perniciosiora et atrociora ne fingi quidem possunt, appetere, idque non apud Galliarum modo, sed totius Europae iudicium? Et id omne tam procul ab omni veritate, imo veri specie, quam summa et incomparibili cum immanitate – ipsis vero fratribus, commembris, amicis, et confoederatis, negari locum defensionis tam verae, tamque religiosae, quam necessariae?

<DEFENSIO HAEC NIHIL HABET PRAVORUM DOGMATUM> In qua si quid vani, si quid impii admiscuerimus, imprecamur iam ipsi nobis, ut [A6r] Deus perfidiae admissae in causa non nostra, sed sua, qua nihil ulciscendum gravius, poenas eo exemplo sumat – ut toti orbi monimento simus, in causa veritatis ex vero agendi, et in negotio religionis profani nihil admiscendi[54].

[51-51] Cf. Zwingli, *De vera et falsa religione*, CR 90, 639-40.

[52] Cf. BEv 1536: 'Ecclesiasticorum imperitandi libido perstringitur', 145A, 146D; 'Episcopi non evangelizantes notantur', *ibid.*, 277B. See also *Consilium*: "Iam quid vulgus praesulum et ecclesiasticorum vivit, proh dolor, nimis in aperto est", *Pollet* 2, 509,6-7; Appendix, 143.

[53] The Schmalkald League (plus Bavaria), with which Francis had confirmed an anti-Hapsburg alliance at Augsburg, following an earlier treaty in 1532. Cf. *Collection des ordonnances: Catalogue des Actes de François I*, 28 January 1534, "pour la conservation des droits du Saint-Empire, la liberté de la Germanie et la süreté et conservation du royaume de France". The very next day, Francis authorized a further anti-Lutheran edict, *ibid.*, 29 January 1534. Cf. Seidel, *Frankreich*, 13.

[54] While appealing to French association with the Schmalkald League, Bucer suggests that religious policy should not be determined by secular ulterior motives. A year later he urged divorcing religion and politics regarding France in a letter to Jean Sturm, BSHPF 49 (1900) 479-94. Cf. Seidel, *Frankreich*, 166-9.

<PROBANTUR HAEC ANTEQUAM A VULGO PERMITTANTUR> Ne desit autem iusta vobis cautio, non postulamus, ut haec nostra Defensio in publicum, nondum a viris vere piis et iudicare in his valentibus, excussa et explorata prodeat, ita ut crudelissima et impientissima ista episcopi accusatio erupit. Legatur antea et iudicetur a [55]piis doctisque viris[55], iis quibus est aliquis Numinis[56] metus, apud quos valet *studium* aliquod *Dei* [Rm 10,2], quibus est nonnullum de rebus Christi iudicium – qui non ex omni vita sua ipsi de se dare testificantur, quod *quae Dei sunt* [Mt 16,23], non ignorant modo, sed ne ferre quidem possunt – et scilicet vivendi instituto mancipati, quod nemo non videt praeceptis Christi modis omnibus adversum et repugnans[57].

Verum enimvero ubi vos videritis hic nihil non ex sententia Domini nostri Christi dici, nihil non syncerum, germaneque christianum afferri (et quae forsan adhuc disputantur apud aliquos, sic proponi modeste, sic expendi religiose, ut inde nemo non ad simplicissimam *Christi cognitionem*[b] [Phil 3,8] invitetur), tum quod non modo absque noxa, sed cum certa pietatis accessione a bonis piisque vulgo legi posse iudicaveritis – id ne arceatur publico, neu bonorum lectione interdicatu. Pro viribus obsecro des operam, factu-[A6v]ram, facturus eo indubie quod debes Christo Domino, quem qui etiam in *minimis* [Mt 25,40] eius, quorum in haec saeculo [58]οὐδεὶς λόγος[58], non agnoverit, colueritque, hunc ipse quoque *negabit coram Patre* [Mt 10,33] suo.

Debes hoc aequitati quorumlibet animis impressae, quae reo[59] plus etiam favoris quam accusatori[60] deferre suadet. Debes nomini et existimationi re-

---

[b] cognitionum

[55-55] "Docti" or "boni viri" = educated, worthy men, not necessarily clergy or theologians, see Oberman, in Hallensleben & Iserloh, *Confessio Augustana,* 60. Cf. Zwingli, *De vera et falsa religione,* Address to the King, CR 90, 635,19-20 ("genus doctorum, quod res coelestes callet"); *Consilium:* "Ergo ex ordine ecclesiasticorum ii deligendi sunt, de quibus boni viri possint sibi polliceri, quod quaerant Dominum ... synceriter. Adhibendi his ex proceribus et doctis, quos eodem teneri studio vita eorum testatur", *Pollet* 2, 509,8-11; Appendix, 143. And he requests that "primum aliquot docti et boni conveniant ... inter se amice ac diligenter conferant, ad ... publicam causae disceptationem nos semper obtulimus", *ibid.,* 518,5-9. So too Erasmus and Melanchthon, see Seidel, *Frankreich,* 19; Kantzenbach, *Das Ringen,* 82f., 95f.

[56] 'The Deity'.

[57] Cf. Calvin: "Nemo vel minimam sinceri zeli dat significationem", 'Epistola ad regem', *Opera selecta* I, 25; III, 14,25-6. CR 29,14.

[58-58] 'Of no account'. Ap: Budé, *Commentarii linguae graecae,* 220,2-4.

[59] In Classical Roman Law, the bias in criminal procedure was decidedly towards the defence, see Schulze, *Principles of Roman Law,* 204-5. Cf. Act 25,16.

[60] Adv: Ceneau, "Dum haec tam impia, confusa, absurda, iuri etiam naturae adversa, audebatis attentare, ubi fas? ubi lex? ubi ius et aequitas?" *Axioma,* 5r. Sixteenth-century French criminal justice was criticized also by native jurists because of "l'impuissance où se trouvait l'accusé", Doucet, *Les Institutions* 2, 540. Lay people accused of heresy were tried by the secular courts, where procedures tended to be summary. Cross-examination of witnesses by the accused was

gis christianissimi, cui quid accidat indignius et aeque pudendum, atque repelli in eius regno a defensione amicos et confoederatos? – et eos, tam saeva et importuna, nec minus conficta et mendaci criminationi impetitos, idque in causa religionis, qua nulla potest esse maior. Debes id et dignitate tuae, splendiorique muneris tam praecellentis. Debes denique hoc ipsi humanitati[61], quae cum "nihil humani a se alienum"[62] ducit. Haudquaquam putabit negligendam, et famam et salutem tot principum et civitatum, quae hic episcopus in gravissimum discrimen adducit. Hoc vero quod toties commemoro, nec patior hanc [63]privatim meam causam[63] esse. Sed facio eam, ut profecto est, tam multorum, ne inde esse suspiceris, quod vel [64]postulem multitudinis apud te rationem haberi[64], quam modo confessus sum deteriora fere sequi – aut quod causae diffisus, in multitudine simul errantium mihi quaeram latibulum[65] – vel certe cupiam fulgore magnificorum nominum, quominus mea cernatur impietas, oculos vobis praestringere.

Haec ipsa certe apologia fidem tibi faciet, nihil me sen-[A7r]tire, [66]nihil docere, nihil admittere, quod non sicut in divinis scripturis aperte continetur[66], ita diserte confessi sunt, aeditis utraque lingua suae confessionis huius libellis[67], principes et civitates – illi qui hodie inter Germanos a traditionibus pontificis ad puriorem christianismi observantiam concesserunt. Vere igitur non tam meam[68] hanc, quam omnium istorum causam defendendam suscepi.

Una fides [Eph 4,5] est – eadem de religione sententia, commune periculum[69]. Si iam piis vel unum quem libet abiectum hominem affici iniuria abominandum, quid eis esse debeat, ubi adeo intolerabilibus iniuriis atque calumniis petuntur tam multi – et inter hos minime [70]pauci, quos

---

not permitted. And despite various instances of appeal, the absence of a bail system meant that appellants could be imprisoned *sine die*. See Schulze, *Principles,* 534-41.

[61] Bucer here is appealing not to any personal qualities Duprat might have, but to a concept that infused classical Roman Law and justice, resulting in the strict operation of fair-play in legal procedures, cf. Schulze, *Principles*, 189-222. Duprat was himself an LL.D, see Buisson, *Le Chancelier,* 51.

[62] > Terence, *Heauton timorumenos* 77. Cf. Cicero, *De officiis* 1, 9, 30, and Ambrose, *De officiis* 3, 7, 5. Otto, *Sprichwörter*, 165-6, (4).

[63-63] Cf. Calvin: "Neque hic me privatam defensionem meditari existimes", 'Epistola ad regem' *Opera selecta* I, 22; III, 10,35–11,1; CR 29,11. Cf. n. 66.

[64-64] That is, no *argumentum ad populum*.

[65] 'A safe house' or 'retreat'.

[66-66] Cf. *Consilium*: "Nihil ... amplexi sumus, quod non in ipsis divinis literis apertissime continetur", *Pollet* 2, 517,27-8; Appendix, 152.

[67] The Augsburg Confession.

[68] And so not 'eygenrichtigkeyt', cf. ACT, BDS 3, 217,15; BEv 1530, A3a (there: "caro").

[69] 'Endeavour'.

[70-70] Allusion to Lefèvre, Farel, Roussel, Lambert etc.

Dominus in eum locum evexit, ut maxima hominibus commoda attulerint, et etiamnun adferant?[70]

Istuc optarim per te Galliarum proceribus in hoc inculcari, ut iustam tandem admittant causae nostrae cognitionem[71], nec usque satis habeant, damnari inauditos nos, indicta causa, ab iis – quos facile vident quam sint a *regno* et studio *Christi* [Eph 5,5] alieni. Eundem utrinque Christum invocamus – ut ergo quae [72]vera sit et germana Christi religio[72], solide demum ab omnibus cognoscatur. Quid non tentandum, quid non moliendum? – ab iis dumtaxat, Christo qui vere student. Nos sane nec a vobis, nec aliis orthodoxis ulla ex parte recessimus – in iis *quae Christi sunt* [Phil 2,21], id quod vero christianismi hostes falsissime criminantur. Vitia modo et labes, quae per [A7v] illos ecclesiis, et toti [73]sacrorum *mysteriorum* [1Cor 4,1] administrationi oblata[73], nemo bonus non deplorat nihil prorsus. Quod recte et ordine in ecclesia constitutum est, delinare studemus.

<SYNODUM PETIMUS> [74]Synodi sed admodum pristinum veramque rationem coactae remedium, boni omnes nobiscum tot iam saeculis implorant, sed adhuc frustra[74]. In hoc ergo ut incumbatis, quo gravi ac severa aliquando instauratione misere adeo collapsis ecclesiae rebus, consuleretur[75]. Id vero est, quod quaerimus, quod satagimus, quodque unice in hac Defensione spectamus. Huius vero quae vos adeo, aut alios cura subeat, si illis titulo tenus ecclesiarum curatoribus, summa rerum ecclesiasticarum permissa, ipsi de omni christianae rei constitutione securi sitis – et interim iniquissima illa pseudotheologorum[76] et episcoporum contra nos tantum valere sive ritis[77] praeiudicia, ut religio sit nostram causam cognovisse.

Persuasumque sit et vulgo, et quibusque optimatibus et principibus, [78]pauculos modo et obscuros quosdam homuntiones impietatis oestro percitos[78], quaecunque in ecclesia recte et ordine constituta sunt, nefariis et impiis, nec minus insanis quibusdam commentis convellere, contraque

---

[71] Preliminary precognition procedure in Roman Law, cf. Tellegen-Couperus, *History,* 90-3.

[72-72] Cf. Zwingli, *De vera et falsa religione,* ZW 90, 674ff.

[73-73] > *Sacram. Gelas.* 1, 37, MPL 74, 1094. Cf. CR 89, 561-3, n. 1 (text of Canon of the Mass).

[74-74] Cf. RTA 7/1, 852ff; 7/2, 1345-56; CT, BDS 3, 167,12-171; CA, BSLK, 48,23–49,3; Erasmus, *De sarcienda* (1533), ASD V–3, 311,888-91; *Furbereytung* (1533), c 8, BDS 5, 358,20–359,1; *Consilium, Pollet* 2, 517,34-5; Appendix, 152. See Jedin, *Council of Trent* 1, 192ff.; id., *Konziliengeschichte²,* 81-96; Kantzenbach, *Das Ringen,* passim; BDS 5, 261-264.

[75] The consultation process was already under way, see *Pollet* 2, 488ff.; Seidel, *Frankreich,* 33f.

[76] The Paris University theologians, see Hoven, *Lexique,* 293. Cf. Zwingli, *De vera et falsa religione,* Address to the King, CR 90, 635,1ff. (there: negative view of Paris theologians).

[77] Archaic form of "rite". Here: 'in the accustomed manner'.

[78-78] Adv: Ceneau, "Qua fronte, vel cogitare audetis, nos unius, aut duorum, vel paucorum hereticorum, iudicium subiici velle?", *Axioma* 5 r.

Deum ipsum, *"coelites et terrigenas omnes"* [Ps 48,2-3] (ut hic episcopus sine fine et modo vociferatur[79]), satanico ausu belligerari?

Ipsa itaque ratio pietatis compellit, ut nihil non moveamus, quo bonos religiososque viros, quibus omnino licet rationi-[A8r]bus, huc incitemus, ut cognosci publicitus queant, quae nam illa sunt, quae nomine *doctrinae Christi* [2Io 9] recepimus – quae [80]illa religionis novatio, cuius nos tam multi traducunt[80]. Cumque apud omnes cordatos non abs re plurimum momenti habet, ut rem cognoscere sustineant, si eam videant, et multis et bonis curae esse – si ad plurimos, eosque praestantes et eximios pertinere animadvertant, ᶜdissere haec. Profecto officii fuit studio sermonem, quanti hoc publice negotium habeaturᶜ.

Atqui haec sola mihi ratio est, vir amplissime, cur id quid non paucorum, nec vulgarium haec, quam institui, defensio sit – quamque late patiat multosque contingat haec quam suscepi causam, diligenter adeo commemorare visum est. Fac ergo – qui Christo Domino omnia, tantae Germaniae portioni aliquid iure deferas, qui hoc munus geris, ex quo praecipue tibi incumbit in bona causa laborantibus adesse – fac, inquam, ut pateat ad cognitionem bonorum in Galliis aditus. His – quae pro ipsa Christi religione, proque innocentia tam multorum (quos nemo *Christi spiritu* [1Pt 1,11] praeditus, non in pretio habuerit, si eos noverit, nedum ad defensionem tam piam quam necessariam admiserit) – adferam, simplicissima in omnibus veritate et fretus et usus.

<AEQUITAS REGIS> Adduci adhuc rex christianissimus se passus non est, ut citra legitimam totius caussae nostrae discussionem nostri condemnationem ratam haberet, seseque exsecutorem eius praestaret – quantumvis id extorquere ab eo ii moliti sint, qui suo iure se imperare illi quidvis posse exi-[A8v]stimant[81]. Suopte quoque ingenio detestari haud leviter fertur

---

ᶜ⁻ᶜ *omit.*

[79] *Ibid.,* A iij r.

[80-80] Cf. *Consilium*: "Omnia ea ... quae novasse criminamur", *Pollet* 2, 511,24; Appendix, 145; BEv 1536, Preface, *2r. Calvin, 'Epistola ad regem', *Opera selecta* I, 25; III, 14,29–15,12; CR 29, 14-15. Above, "novatio" means "renewal", but there is allusion to those apart from Ceneau who perceive this as 'innovation' or 'novelty'. Though Budé's *De transitu* was not published till 1535, his views of the Reformers as destabilizing innovators were influential and representative, see *Opera* 1, 154D, 173A, 174D, 177B, 183A [= *Le passage /De transitu*, ed. De la Garanderie & Penham, 59, 105, 109, 117, 132]. Cf. Dietenberger, *Phimostomus*, c 1, CCath 38, 8 (there: Bucer, inter al., cited as advocate of "nova dogmata"); De Castro, *Adv. omnes haereses* I, c 14, f. 23v K–24r E (there: mark of heresy is "novitas doctrinae", citing "novum dogma" of the Reformers in particular); Cochlaeus: "innovatio impia", *Adv. novam reformationem*, A3. See Bohatec, *Budé und Calvin,* 128-36.

[81] Allusion to the troubled relationship between the King and the Paris Theology Faculty, from which wrong conclusions about the King's 'impartiality' could be drawn. See Zeller, *La Réforme*, 221-22. Seidel, *Frankreich*, 153-8; Jacquart, *François Iᵉʳ*, 267-9; Heubi, *François Iᵉʳ*, 35-65; Farge, *Orthodoxy and Reform*, 252-69.

omnes eos, qui frivolis istis theologorum vestrorum praeiudiciis, imo calumniis, quemquam 'haereseos' crimine infestare audent[82]. Hinc nobis spem firmamus (si tu modo probe annixus fueris) regem, ingenio alioque aequo et humano, minime gravatim admissurum[83], ut in regno suo sicut impune legitur, quam Abrincensis ille in amicos et confoederatos eius falsissimam scripsit criminationem – ita libere quoque legi possit, quam veram et religiosam hic pro eisdem offero apologiam.

Dominus vero id donet, cum tibi consulere, tum regem concedere, quod ut in ipsius gloriam, ita et in vestram salutem fuerit, nobis quicquid evenerit ad salutem cooperabitur – abunde tutis, quicquid totus orbis moliatur [cf. Io 15,18-20] – dum ipse, cui *Pater dedit potestatem omnium* [Mt 11,27; Io 17,3], *caput* [Eph 1,22] nostrum fuerit.

Quod nostri officii est, ne quae eius sanctissima *dona* [Rm 11,29; 12,6] sunt, vel in nobis, apud vos male audiant et fastidiantur, ne dicam (id quod iste audet episcopus) blasphementur, et dirissime[d] devoveantur. Cavere cupimus – et in hoc operam nostram adhibere – ut *evangelio Christi* [1Cor 9,12] rite cognito, quotquot eius sumus, in ipso undique conspiremus[84]. *Stat vero fundamentum* illud: *Dominus novit, qui sunt eius, et recedat ab iniquitate quicunque invocat nomen* Christi [2Tim 2,19].

<PARTITIO DEFENSIONIS> Defensionem vero hanc sic partiar. Initio et [B1r] per omnem libellum suum criminatur nos episcopus [85]defectionis ab ecclesia[85] Christi (cf. Eph 5,24f.), et eius furoris, ut semel evertere divina iuxta et humana conemur[86]. Hoc igitur crimen 'secessionis' a corpore Christi, et in regno eius "seditionis"[87] primum depellam. Ostendamque nos etiamnun cum omnibus Christo viventibus esse per omnia [cf. Eph 1,9-12] coniunctos, [88]obedientiae ecclesiasticae[88] nulla in re subduxisse, nihil in dogmatis vel ritibus impie 'novasse' – excepto eo solo, quod (proh dolor) non severiter satis et studiose vitam nostram iussis Dei conformem [cf. Rm 8,29] exhibemus – in nullo nos ab institutis Christi et ecclesiae deflectere.

---

[d] durissime

[82] Adv: Ceneau: "Dum haec tam impia, confusa, absurda, iuri etiam narurae adversa, audebatis attentare, ubi fas? ubi lex? ubi ius et aequitas?" *Axioma,* 5r

[83] Francis' coronation oath, however, bound him not only to justice and compassion, but also to "mettre hors de ma terre ... tous les hérétiques déclairez par l'Église", cf. Doucet, *Les Institutions* 1, 88; Schramm, *Der König,* 199-200.

[84] Bucer envisages joint effort or solidarity with true believers in the old Church, what he later called a "gute, leidliche reformation", see Neuser, 'Bucers Programm', *Horizons,* 233-25. Cf. *Pollet* 2, 528-33; Fraenkel, in BOL 4, xvi; Hazlett, 'Bucer and France', 520; Higman, 'Bucer et les Nicodémites', 658.

[85-85] Cf. Ceneau: "O viri quondam Christiani, nunc Berengariani", *Axioma,* 2r.

[86] "Omnia confundunt, omnia pervertunt. Denique coelum terrae miscent, et mare coelo", *ibid.,* Aiij r.

[87] *Ibid.,* 8r.

[88-88] Id.: "Hereticorum rabies furibunda ... ecclesiae obedientiam ... auferre contendit", *ibid.,* 4r.

Hoc ut caput est episcopalis criminationis, quod per omnem accusationem acerrime urget, ita primo loco expediam[89]. Et ea causa, quaecunque
hodie sacrorum dogmatum et rituum controvertuntur, excutiam[90]. Nostram
de eis fidem cum explicabo, tum congruere cum sententia omnium orthodoxorum[91] demonstrabo[92].

Deinde, satisfaciam[93] de eo, quod nominatim intendit, et de quo titulum
suae criminationi fecit, insigniens nos, nota "impietatis[e] berengarianae" (ut
ipse vocat[94]), sed profecto inauditae[95]. Hoc loco simul exponam[96], et id fide
optima, quid nam sentimus et docemus de hoc sacrosancto mysterio di-
vinissimae eucharistiae de vera veri corporis et sanguinis Domini nostri
Iesu Christi in sacra coena praesentia et manducatione.

Hic eiusmodi mendaciis et calumniis in invi-[B1v]diam nos hic episcopus trahere molitur, et quod magis vane, aeque insidiose, et crudeliter scriptum sit, legerim nihil. Nullo in loco nostra ita ut habent, vel citat vel intelligit, et si quod mireris – mea etiam verba[97] suo libello inseruerit. Omnia
pervertit et transformat, plurima affingat, et – quae non nisi ab ipso Satana
confingi potuerunt – horum nos facit autores et adsertores. Inde in nos,
tamquam horum omnium convictos et manifestos, ita debacchatur, ita furit,
ut non in Sorbona, sed apud ipsas Furias[98] institutus, videatur, hisque ipsis
agitari quantus est.

Tertius locus[99] brevem habebit responsionem ad infinitam convitiorum
et maledictorum farraginem, qua libellum suum sic obruit, ut si convitia et
maledicta libro isti eximas, reliqua facile unus quaternio paginarum com-
prehenderit – cum libellus constet sex et semissi[100].

Ista sic exequi studebo, ut meminisse videar, me Christianum ad Christianos scribere, et causam Christi apud eorum tribunal agere, *Christi*

---

[e] + non

[89] Part I, c 1.
[90] Part I, cc 2-12.
[91] Cf. *Consilium*: "Nullum dogma reiecerimus ... quaeque evidentissime pugnet cum omnium
doctrina et observatione omnium patrum orthodoxorum et Ecclesiae catholicae", *Pollet* 2, 517,
24-6; Appendix, 151.
[92] Cf. Ceneau: "Nos ... patres orthodoxos sequimur ... vos ... pro patribus orthodoxis, Bucerum
christianae simplicitatis corruptorem", *Axioma*, 4v. "Malim siquidem a te, tui similibus, censeri
haereticus, una cum Hieronymo, Augustino, Clemente, Ireneo et Ambrosio, quam dici catholicus, cum Luthero", *ibid.*, 43r.
[93] Part II, esp. c 2.
[94] *Axioma*, 8r.
[95] 'Without a hearing' [of our case].
[96] Part II, esp. c 3.
[97] That is, from BSyn 1527 or BEv 1530.
[98] Deities who hideously avenged crimes and tormented criminals, cf. Cicero, *De natura de-
orum*, 3, 18, 46.
[99] Part III.
[100] That is, 104 pp. (fifty-two leaves).

gloriam [2Cor 8,23] qui ex animo quaerunt – nec etiam oblitus esse, me rem habere cum adversario, qui habetur episcopus. Huic nomine et loco deferam, quod debeo, utcumque ipse se non solum quid episcopum, sed ne quid hominem christianum, imo tolerabilem ethnicum deceat, multi pensi habuisse, nimium clare testetur. Equidem nihil unquam de hoc homine audivi[101], quo ingenio, qui-[B2r]bus moribus praeditus sit – qua denique apud bonos existimatione. Literarum studium maius quam theologici sorbonici hactenus soliti sunt, prae se fert – sed eiusmodi tamen, ut eum ex hoc ordine esse facile agnoscas.

Subinde excidunt, quae animum videntur indicare a solida pietate minime abhorrentem – sed nimia illa confidentia damnandi ea, quae nondum, qualia sunt cognoscere rite instituit, mentem simul prodit ad id nondum roboratum, ut pondus nominis theologici, et onus infulae episcopalis sustinere valeat. Sed quicquid sit de animo huius episcopi, Domini est hunc iudicare [cf. 1Cor 4,4], nobis ex dictis [cf. Mt 12,37] factisque [cf. Rm 2,6] aestimari debet.

Ut vero et ea ipsa mihi perspecta non sunt, excepto hoc uno scripto, totum hominem Domino et ecclesiae iudicandum relinquam. Et cum non ignorem etiam eos, quos Dominus habet singulariter caros, eo interdum tentationis protrahi, ut *quae Christi sunt* [Phil 2,21], *zelo* Christi [cf. Is 9,7], sed qui praeter scientiam est, acerrime persequantur – ita libet isti nostro plus nimio licet acri, et plane importuno adversario, hoc in nos scriptum, quamlibet immane, quam humanissime tamen interpretari – nihil accipere iniquius, nihil exaggerare, perque omnem nostram Defensionem sic eum tractare, ut quem credamus *quaerere Dominum* [1Par 22,19; Os 10,12] esse sanabilem. Non nostram [cf. Io 7,18] enim, sed [102]Christi causam agimus[102], ipsique inservire ad id, ut quaerat et servet quod periit [cf. Lc 19,10], instituimus – non id spectan-/B2v/tes, ut[f] cognoscatur quam innocentes nos, sed quae vera sit et germana *Christi doctrina* [2Io 9], certumque illud evangelium, quod est virtus ad salutem omni credenti [cf. Eph 1,13,19].

Ipse Dominus hoc institutum nostrum, quod dedit hoc animo suscipere, regat et tueatur, idque quod ex eius sententia dicimus, sic intelligi quoque et recipi a suis [cf. Io 1,11] largiatur. Ei omnis *gloria et imperium, amen*

---

[f] *omit.*

[101] The reply from Morelet du Museau about Ceneau came shortly after this tract was published, see *Herminjard* 3, 207-8. Cf. Introduction.

[102-102] Cf. Calvin: "Causam Christi amplector", 'Epistola ad regem', *Opera selecta* I, 22; III, 11,4-5; CR 29,11. "Causa Christi", > 'Cassiodori discipulus', *Ad Galatas* 6, MPL 68, col 603,2, via Luther, e.g. WA 4, 468,39. Cf. WA 64, col. 2.

[1Pet 4,11] – quem sedulo precamur, te sibi totum addicat, suaeque gloriae inservire faciat, quae una et summa est foelicitas.

A R G E N T O R A T I   V I I. Calendas Septembris[103], AN[NO] MDXXXIIII

---

[103] That is, 25th August.

[PRIMA PARS]

[CAPUT 1: QUID CATHOLICUM, QUIDVE FACIAT HAERETICUM]

[B3r] <VERBA CRIMINATORIS EPISCOPI> Primo ergo de crimine 'haereseos' et defectionis ab ecclesia Christi – hoc, cum nobis accusator hic noster ubique scripti sui immanissimis sane verbis impingat – in ¹Nuncupatoria epistola¹ sua ad senatum populumque rothomagensem², hoc nos orbi commendat elogio³: "Nunc (inquit) eousque haereticorum (hoc inter mitiores titulos est, quibus nos iste episcopus insignit) processit audacia, ut omnia *sacra prophanare* [Ez 22,26] (si possint) audeant. Nunc suas attolunt cristas, nunc daemon cornua sumit. Olim insidiabatur *diabolus* ut *draco* [Ap 12,9] – nunc *rugire* incipit *ut leo* [Ps 21,14]."

Et post quaedam⁴: "Iam enim quid non audebat nostri saeculi haereticorum rabies furibunda – quae nec vivis parcit^a, nec mortuis? 'Coelites enim simul et terrigenas omnes, superos et inferos' [cf. Ps 48,2], vivos cum mortuis, uno mucrone confodere entitur – dum suffragia defunctis, honorem superis, ecclesiae obedientiam, sacris libris interpretationem auferre contendit. Sola interim capitis somnia, et ea quidem vanissima colunt, amplectuntur, venerantur, adorant [...] Denique "coelum terrae miscent, et mare coelo"⁵. Et ne quid intentatum reliquant, ipsi Deo summo in faciem resistere nituntur – qui corpus Christi sacratissima in simulacrum aliquod, veluti quandam effigiem et idolum, sub typi et figurae nomine commutare non erubescunt. Ad [B3v] extremum si non resistitur illis, montes et maria, ac terras coelumque profundum, 'quippe ferant rapidi secum, verrantque per auras, ut de ventorum effrenata rabie', scripsit⁶ Latinus Homerus."

Et in ⁷praefatione ad Berengarianos⁷ (hanc appellationem nobis peculiarem facit)⁸: "Illud autem mirabile est, et nullis antea^b auditum saeculis, quod vos, vestra tantum^c temeritate freti – nec consulta nec audita ecclesia, cuius membra eratis, omnes eius sacratos ritus evellere radicitus attentastis, et funditus evertere^d, sine foro, sine tribunali, sine parte, sine iudice".

---

^a pacit *Axioma.* – ^b omnino *Axioma.* – ^c tamen *Axioma.* – ^d avertere *Axioma*

¹⁻¹ *Axioma,* A j r.
² Rouen
³ *Axioma,* A ij v.
⁴ *Ibid.,* A iij r.
⁵ > *Livy* 4, 3, 6.
⁶ Not traceable in the *Latin Iliad*, an ancient abbreviated version. Cf. *Homerus Latinus*, ed. Baehrens & Vollmer. The sentence echoes a scene in the *Iliad* proper where the fury of battle is compared to a gale at sea, *Iliad* 13, 795.
⁷⁻⁷ *Axioma,* esp. 2r ff.
⁸ *Ibid.* 5v.

Sic tractamur, qui *in Domino Iesu fratres* [1Cor 9,1-5] sumus, qui vobis inter amicos et confoederatos numeramur[9] – idque ab episcopo quem prae aliis decet esse humanum erga quoslibet, ideonum et studiosum ut doceat – sic comparatum ut malos ferat, et erudiat [10]*cum mansuetudine*[10], 2 Timoth. 2,[24-25].

<SUMMA CRIMINATIONIS> Sed forsan hic sibi nihil duri, nihil immansueti dicere videtur, dum nos criminatur (et id tam falso)[11]: 'Prophanare omnia sacra, idque sumptis cornibus et ferocia leonina mali daemonis; rabidos, furentes, nec vivis nec mortuis parcere, "coelites et terrigenas omnes, superos et inferos", vivos et mortuos uno conari gladio confodere; suffragia defunctis, honorem superis, ecclesia obedientiam, sacris literis omnem interpretationem, auferre conari; sola interim capitis somnia, et ea quidem vanissima colere, amplecti, venerari, adorare; omnia confundere, omnia pervertere, [B4r] denique "coelum terrae miscere, et mare coelo"; ipsi Deo summo in faciem resistere, corpus Christi sacratissimum in simulachrum aliquod, veluti quandam effigiem et idolum, sub typi et figurae nomine commutare; hisque agitari Furiis, ut si nobis non resititur, montes et maria ac terras coelumque profundum, ablaturi rapidi simus, verriturique per auras; [...] [12]nos enim omnes sacratos ritus ecclesiae evellere radicitus attentare, et evertere funditus'[12].

Ad hunc tam religiosi episcopi classicum quid aliud quam totus in nos orbis armari debeat, adque opprimendam tantam pestem, rerumque omnium Erynnim[13] insurgere, quicquid uspiam mortalium est.

<GENERALIS PURGATIO[14]> Sed videamus, quam in nos ista tam inaudita et furialia maledicta competant. Christiani id Domini sui sequentur: *Ex verbis tuis iustificaberis et* [...] *condemnaberis* [Mt 12,37]. Affirmamus ergo *in Domino* [Eph 4,17], et attestantibus, quotquot nostra cognoverunt, omnia ista crimina esse vanissima, et nulla prorsus causa quae quidem a nobis extiterit conficta. Nulla "sacra prophanamus". Nullos "superos vel inferos confodere" quaerimus. Nihil "confundimus vel evertimus", quod sit ab ecclesia quidem Christi constitutum. Sed quaecunque tradita sunt divinitus, quicquid unquam Christi ecclesia [cf. Eph 5,23f] aut recepit[e], aut instituit, his simplici inhaeremus corde, et fide certa. Huius ut fidem fa-

---

[e] receperit *emend.*

[9] See 'Epistola dedicatoria', to n. 53.

[10-10] > ErNt.

[11] The following passage, far from being a précis or 'summa', reproduces in *oratio obliqua*, but with slight paraphrasing, the previous extracts from Ceneau quoted above.

[12-12] Cf. *Consilium*: "Nos criminantur nihil receptorum vel dogmatum vel ritum non impie convellere ... ecclesiasticam disciplinam funditus evertere", *Pollet* 2, 517,19-21; Appendix, 151.

[13] Erinys, an avenging deity, one of the Furies, > Vergil, *Aeneid* 7, 447.

[14] Here: 'rebuttal', 'refutation', > Cicero, *De inventione rhetorica*, 1,11,15.

ciamus, ipsi hic bonis[15] omnibus confitebimur, quae sit de omni nobis religione sententia, quidne novandum duxerimus.

[B4v] <CONFESSIO FIDEI NOSTRA> Principio dono Christi firmiter assentimur omnibus quaecunque sacer ille divinorum bibliorum canon complectitur[16], idque ad sensum omnium orthodoxorum[17], omni procul falsa interpretatione repudiata. Nullum est in ecclesia receptum fidei nostrae symbolum, cui non in omnibus inhaeremus.

<OBSERVANTIA MAIORUM> Deinde quae religionis nostrae dogmata a Nicena aliisque sacrosanctis synodis, illis vetustis[18], tradita sunt. Item quae leguntur apud Tertullianum, Cyprianum, Ambrosium, Hieronymum, Augustinum, Chrysostomum, Cyrillum[19], Nazianzenum, et quicquid est "maiorum gentium patrum"[20]. Postremo etiam quae isti *viri Dei* [2Pt 1,21] in sacras literas concorditer scripserunt, ecclesiae in eo sententiam, imo Spiritus sancti scripserunt exponentes, haec inquam omnia sacro sancta habemus. [21]Ubi vero illi ut homines inter se ipsi variant, illos sequimur quos licet agnoscere sensum scripturarum certius esse consecutos[21].

Divus Augustinus 'inter scripta canonica, et aliorum, quantalibet illi sanctitate, quantave doctrina polleant'[22], hoc interesse putavit, 'illis[23] ut in omnibus fides simpliciter accommodanda sit'[24], 'cuncta penitus dubitatione seclusa'[25]. 'His[26] autem non quia ispi ita senserunt et docuerunt, sed si quid sentiunt, vel per autores canonicos, vel probabilem rationem persuaserint'[27] – immo 'licere salva quae illis hominibus debetur honorificentia, improbare etiam atque respuere, si forte invenerimus aliter [B5r] sensisse,

---

[15] Cf. 'Epistola dedicatoria', to n. 55.

[16] Cf. CT, to a (I)/1, BDS 3, 45,2ff.

[17] Cf. 'Epistola dedicatoria', to nn. 80, 91, 92.

[18] Councils of Nicaea (325), Constantinople (381), Ephesus (431), Chalcedon (451).

[19] That is, Cyril of Alexandria.

[20] Ap: Cicero, *De re publica* 2, 20, 35. Even the context of Cicero there is analagous: "Antiquos patres maiorum gentium appellavit, quos priores sententiam rogabat", *loc. cit.* See BPs, 7C-D (anti-patristic philistinism is deplored). Cf. *Consilium, Pollet 2*, 517,17; Appendix, 151.

[21-21] The authority of the Fathers for Bucer only obtains when validated by a specific hermeneutical principle. Cf. BRom 1536: "Novit καρδιο γνώστης Deus, quam abhorream ab omni novatione, quantaque mihi sit priscae illius et prioris ecclesiae Christi authoritas, quantumque deferam sententiae et observationi sanctorum patrum. Professo autem interpretem scripturae divinae, nosti ipse necessarium esse, primum omnium id horrere et cavere, necubi illam non suo simplici et germana sensu exponam", 453, col 2.

[22] Ap: *Decreti* 1a, d 9, c 5 (*ptr*), *Friedberg* 1, 17, > *Ep.* 82, 3, MPL 33, 277; CSEL 34, 354,1.

[23] That is, to Scripture.

[24] Ap: *Ep.* 147, 3, MPL 33, 598; CSEL 44, 277,19 (*ar*).

[25] Ap: *ibid.*, MPL 33, 598; CSEL 44, 278,16 (*ar*).

[26] That is, to the Church Fathers.

[27] Ap: *Decreti* 1a, d 9, c 5 (*ptr*), *Friedberg* 1, 17, > *Ep.* 82, 3, MPL 33, 277; CSEL 34, 354,13-15.

quam veritas habet, divino adiutorio intellecta, vel aliis vel nobis ipsis'[28]. Haec vere sententia ita recepta est, ut inserta sit Decretis pontificiis, dist[inctio] 9[29]. Quis ergo vir pius dumtaxat, crimini det, hanc si sequamur?

<QUIS CATHOLICUS, QUIS HAERETICUS[30]> Iam velim definiat hic episcopus et theologus, quae nam sit recta et [31]catholica fides[31], quibusque articulis ea constet, quid denique 'haereticum' faciat. Scholastici definiunt eum 'rite credere, qui iis, quae in scripturis nobis revelata sunt, solide assentit'[32]. 'Haereticum vero qui ex illis aliquid pertinaciter negat, vel adserit quid cum his pugnat'[33]. Divus Augustinus addit[34]: "Gratia alicuius commodi temporalis, et maxime gloriae et principatus", lib[ro] De utilitate credendi, [capite 1]. Id quoque nemo non fatetur, scripturam sacram ita [35]fidei regulam[35], ut nulla prorsus contra eam rite intellectam valeat autoritas, nulla ratio, nulla consuetudo, nulla observatio.

[36]Scripturam vero a primis illis sanctis patribus Cypriano, Hilario Augustino et huius classis reliquis hactenus rite intellectam esse, ut [37]quae sunt ad salutem creditu necessaria[37], sancti illi viri et cognoverint, et concorditer quoque docuerint[36], nec adversarius (ut arbitror) iverit inficias.

Iam si vel hic ipse episcopus vel alii[38] evicerunt, [39]nos aut dogma ali-

---

[28] Ap: *Decreti* 1a, d 9, c 10 (*ptr*), *Friedberg* 1, 18, > *Ep.* 148, 15, MPL 33, 678; CSEL 44, 344,23–345,3. So acceptance of patristic authority is not uncritical. Cf. BRom 1536: "Atqui horum lapsus tam non debet imputari Philosophiae, quam non tribuitur Theologiae, quod etiam nostri hallucinati saepe sunt, et pugnant inter se, nonnunquam etiam secum. Non dico ... illos quos vocamus 'canonicos' (his enim datum est ita divina nobis exponere, ut de suo nihil admiscerat), sed solis de posterioribus sanctis patribus loquor, qui scripta canonica susceperunt interpretanda", 29, col 2.

[29] See nn. 22, 27, 28.

[30] For Bucer elsewhere on heresy, see notably BEv 1530, Preface, A3r–5r; *Lang,* 391-396. Cf. *Handel mit Treger,* BDS 2, 57,20-38; ACT, to a 1, BDS 3, 217,14-39.

[31-31] > Hilary, *De Trinitate* 2, 22, MPL 10, 64; ps.-Athanasian Creed, *Quicunque vult,* DS, no. 75 (3 & 42), MPG 28, 1581f., MPL 88, 585f.; Biel, *Collectorium* IV, d 13, q 2A, a 1, not. 1, *edn. cit.* IV/1, 407,26. Ceneau speaks rather of "veritas catholica", *Axioma,* 8r, as also in tradition, see Biel, *loc. cit.,* lines 14-15. Cf. ConfCT: "norma catholice fidei", *Paetzold,* 76,28. "Fides catholica" used also by Oecolampadius, *Quid de eucharistia veteres,* 1590 edn., 2.

[32] Ap: Thomas, *S th,* 2a2ae, q 2, a 1 (*pi*). Cf. Biel, *Collectorium* IV, d 13, q 2D, a 1, not. 2, *edn. cit.* IV/1, 409, 2; 410,1: "Catholica veritas est veritas revelato a Deo in se ... dicitur 'in se' propter veritates sacri canonis Bibliae".

[33] Ap: Thomas, *S th,* 2a2ae, q 11, aa 2-3 (*pi*). Cf. *Decreti* 2a, causa 24, q 3, cc 26-36, *Friedberg* 1, 998-1000; Lombard, IV *Sent.,* d 13, a 2, d 25. Cf. e.g. De Castro, *Adv. omnes haereses,* section 'Quid sit haeresis', 3r–4r.

[34] Ap: *op. cit.,* MPL 42, 65; CSEL 25, 3,7-8. (*re*).

[35-35] > Tertullian, *De praescriptione haereticorum,* 12,5 & 13,1, MPL 2, 30; CCL 1, 197.

[36-36] Perh. ap. *Decreti* 1a, d 9, c 9 (there: Augustine quotation in this sense referring also to Cyprian and Hilary).

[37-37] > Ps.-Athanasian Creed, *Quicumque vult,* DS, no. 76 (29 & 42), MPL 88, 585f., MPG 28, 1581f.

quod amplexos, quod non ex divinis scripturis, et his rite intellectis indu-
bitato consequitur (idque adstipulantibus illis primae in ecclesia autoritatis
scriptoribus) – aut ritum [B5v] aliquem instituisse, qui non aperte ex
scripturis comprobetur[39] – aut certe ab ullo dogmate[40] observationeve quae
scripturae autoritate nitatur recessisse, ipsi nos 'haereticos' fatebimur, 'ecclesiae hostes et eversores', et quicquid omnino vel hic episcopus quamlibet acer et iratus voluerit.

Si autem res ipsa testatur, nos nihil penitus vel in doctrinam vel ritus
admisisse, quod non ipsae divinae literae manifesto tradunt – nihil item
eorum labefactasse, quae scripturarum autoritate constant – agnoscant,
quibus Christi religio est, episcopum hunc ex pravi animi libidine, et im-
merito nostro odium, tantis in nos desaevire criminibus.

Ne autem videar generali hac depulsione, velle ea in quibus a receptis
dogmatis ac ritibus defleximus, dissimulare, [f] singula ingenue percurram, in
quibus vel in speciem a doctrina institutisque vulgo receptis, variare videri
possumus.

---

[38] E.g. Dietenberger, who cites Bucer in his list of contemporary heretics along with Luther,
Zwingli, and Oecolampadius, on the grounds that they have withdrawn from communion with
the Church and dissent from 'apostolic traditions' and ecclesiastical customs, *Phimostomus*, c
1, CCath 38, 8.

[39-39] Cf. *Consilium*: "Nihil item observationum, nihil doctrinae amplexi sumus, quod non in ipsis divinis literis apertissime continetur, et sic traditum observatumque ab omni Christi Ecclesia", *Pollet* 2, 517,26-8; Appendix, 151-2. On church, scripture, and tradition in Bucer, see
Hammann, *M. Bucer. Zwischen Volkskirche*, 103-110 (further references).

[f] + et

[40] In the sixteenth century, the notion of dogma meant "noch nicht definierte Glaubenswahrheit,
sondern hatte einen viel weiteren Sinn, wie aus dem Gebrauch des Wortes bei Luther, Ambrosius Catharinus ... und anderen hervorgeht", R. Bäumer, quoted in CCath 38, 7, n. 16.

[CAPUT 2]

[IN QUO IUSTIFICATIO][1]

[B5v cont.] <DE IUSTIFICATIONE> [2]Caput omnium est de iustificatione[2], hoc est, de ea ratione qua homini possit contingere, ut securus sit iudicii divini, certus[3] benevolentiae et misericordiae Dei, persuasus[4] se haberi Deo inter iustos, et participes vitae beatae, condonatis omnibus quibus ipsum offendit.

<IUSTIFICARE> Scriptura siquidem per הצדיק, quod 'iustificari' nobis reddi solet, intelligit secundum aliquem 'iudicari', et si is reus sit, idem est, quod 'absolvi', Deute. 25,[1]: Cum extiterit *causa inter aliquos*, et venerint ad iudicium – *eum qui iustus* est, hoc est, bonam causam [B6r] habet הצדיקו, id est, 'iustificate', hoc est, 'iustum pronunciate'; improbum הרשיעו, id est, 'improbificate', hoc est, 'improbum iudicate'[5]. Hoc significatu divus Paulus hac voce utitur, dum inquit, fide an operibus iustificemur [cf. Rm 3,27-8], cumque scribit, Rom. 8,[33]: *Quis accuset electos Dei? Deus est, qui iustificat,* id est, absolvit eos. Ergo iustificari nos apud Deum, est nos a Deo reatu peccatorum absolvi [cf. Rm 3,23-5], et recipi *in gratiam* [Gal 1,6]

Quo igitur hoc ipsum nobis contingat, hoc est, quid nam illud sit, quo remissionis *peccatorum* [Mt 26,28], et *reconciliationis cum Deo* [2Cor 5,20], id est, nostri iustificationis, compotes et certi evadamus – id vero est caput eorum omnium quae nos inter et theologos scholasticos[6] controvertitur. Ea etiam prima[7] est quaestionum, de quibus universi mortales solliciti

---

[1] See CT, a 3, BDS 3, 49-53; ACT, aa 3-5, BDS, 233ff.; BPs, 20A–21C; 27A; BEv 1536, 218-225; BRm, Praefatio; 115–120, 129–130 (Conciliationes); 209–237; 370–373 (contra Sadoletum); BRm 1562, Praefatio, 99-106, 118-120, 221-256, 424-429; *Consilium, Pollet 2,* 510,20-21; Appendix, 144.

[2-2] Cf. CA, a 4, BSLK, 159,1-2 ("praecipuus locus doctrinae christianae"). See n. 7 below.

[3] Cf. *Consilium,Pollet 2,* 510,21; Appendix, 144; BPs, 27A; ACT, BDS 3, aa 3-5, 235,28-32. For further discussion by Bucer of the certitude of faith and grace, see cap. 6 below.

[4] On faith as 'persuasio', see BPs, 21B, 20B-C (there: appeal not only to Cicero and Valla, but also Budé > *In Pandectas,* 439-40; *Commentarii,* col 144,31–145,7); BEph, 19B; BEv 1530, 21A–22A; 86C; BEv 1536, 221A–222; 670D (=BJoh, BOL 2, 236); BRm, 17-18; 454; BRm 1562, 17-18; 528-9; ACT, aa 3-5, BDS 3, 235,28-32. Cf. *Lang,* 107-8; Strohl, *La pensée,* 39f.; Müller, *Bucers Hermeneutik,* 22ff.

[5] Cf. BPs, 20C; BEv 1530, 284C, 363B; BRm, 11–14.

[6] For the issue's centrality 1530-35, cf. Conf CA, to a 4, CCath 33, 84-86; ACA, to a 4, BSLK, 158-233; CT, a (II)/3, BDS 3, 49-63; ConfCT, to aa. 3-5, *Paetzold,* 9-16 / 76-81; Dietenberger, *Phimostomus,* cc 8-10, CCath 38, 157-184; Cajetan, *De fide et operibus,* in *Opuscula,* 288A–292B; Cochlaeus, *Philippica* 3, BHRef 54(1), 81-143; Sadoleto, *In Pauli epistolam ad Romanos, passim.*

[7] Cf. ACA, to a 4, BSLK 159,1-2; *Consilium*: "Dogmatum, de quibus controverti coepit, primum est de iustificatione", *Pollet 2,* 510,20-21; Appendix, 144.

sunt. Sic enim conditus homo est, ita iudicii divini metu [cf. Hbr 10,26] tenetur et exagitatur, ut esse [8]animo tranquillo[8] nunquam possit, dum de benevolentia ac favore erga se Dei non certus est. Ut ergo quivis sentit, Deo *haberi odio impium* [Prv 14,9] et impietatem – et quicquid *prave* sit, *esse ei abominationem* [Prv 15,9] – ita persuaderi nemo potest, Deum se favere, et locum inter suos daturum, nisi credat eum sibi peccata condonasse, et numquam imputaturum [cf. Rm 4,5,22][9]. Hinc Paulus probans nos [10]iustificari fide, [11]non operibus, adducit [cf. Rm 4,7-8] illud Psal. 32,[1-2][12]: *Beati quorum remissae sunt iniquitates, quorum tectum peccatum. Beatus cuicunque Dominus peccatum non imputaverit.*

[B6v] <FINIS BONORUM ET MALORUM[13]> Id certe Deum habere placatum ac propitium finis bonorum est, et supremum omnium quae expetimus, ita ut finis malorum et ultimum eorum quae fugimus et aversamur, habere Deum iratum, peccatis nondum deletis [cf. Rm 6,20-3]. Quid enim praeterea homo requirat, si *novit Deum* [1Io 4,6], qui "nutu suo regit et dispensat omnia"[14], sibi favere, filiique [cf. Gal 4,4-7] loco ac numero dignatum esse? Ita quae possit ei fieri malorum accessio, qui sentiat infensum sibi Deum, quo indignante, necesse est adversari omnia?

Hinc Spiritus sanctus facit in omni scriptura primum expetendorum, persuasionem misericordiae Dei, peccata remittentis – et primum fugiendorum, indignationem sentire Dei, peccata retinentis, et ulturi. Huic quoque animus noster suapte natura adstipulatur, qui sentit nimirum se nun-

---

[8-8] Reminiscent of Humanist-Stoic "beata tranquillitas". Similarly Zwingli and Melanchthon, both of whom, unlike Luther, conceived of certitude of faith also partly in terms of "securitas". Cf. CR 95, 88,11f.; MW 2/1, 116-21 (CR 21, 185-9).

[9] This formulation of justification in terms of non-imputation of sin is only superficially Thomist, cf. *S th* 2, 1, q 113, a 2, resp ad 2. Luther highlighted the limitations of the concept, WA 7, 109,17ff. Elsewhere, Bucer affirms that forgiveness, the imputation and imparting of righteousness are inseparably linked, e.g. CT, a 3, BDS 3, 53-59; BRm 1536, 11ff.; BPs: "Fides ... adfert iustitiam, hoc est, simul omnem virtutem", 20D. Cf. Strohl, *La pensée*, 40-41. See c 6 below.

[10] No 'sola' added, in line with the apparent agreement on justification in CA & ConfCA, cf. Pfnür, *Einig*, 365-366. But see CT, a 3, BDS 3, 29 where justification is not achieved, but received *fide sola*, ☞ NB, no "allein" in Ger. versions, *ib.*, 50, 51. Cf. ACT, to aa 3-5, BDS 3, 234,20f. ("der glaub macht allein gerecht"); ACA, a 4, BSLK, 191,52-55 (it is certain that "sola fide accipi remissionem peccatorum"); ConfCT, to aa 3-5, *Paetzold* 9,13f. / 76,26f. ("fide sola" rejected).

[11] Cf. CA, a 4, BSLK, 56; ACA, a 4, *ib.* 175ff..

[12] Ap: ACA, a 4, *ib.* 175,32-3 (*t*, in part).

[13] Cf. Cicero, *De finibus bonorum et malorum.* This allusion to Cicero reflects Bucer's esteem for him: "Qui non vel in Cicerone miram Dei solidaeque pietatis cognitionem agnoscit, eum necesse est et ignorare, quid si et Deus et pietas", BJoh, BOL 2, 192-3. Cf. Erasmus' preface to *De officiis* (1520), in *Allen* 4, no. 1013, p. 66. Cf. BEv 1530, 269B, 648D. See also excursus in BRm : 'An insit in philosophia quod cum doctrina Pauli congruat', 28–39 – published as an offprint: *Quam universe S. Philosophiae explicata*, Strasbourg, 1536, see VD 16, no. B8866

[14] Ap: Cicero, *Oratio in Catalinum.* 3, 9, 21 (*e*).

quam veram posse consequi indolentiam, solida frui voluptate, perfectam consequi virtutem, et reliqua in quibus [15]error philosophorum[15] finem bonorum posuit, si de Dei erga se favore dubitet – cum is nutu suo administret omnia[16], et eius solius [cf. Lc 18,19] munere et virtus ipsa et reliqua bona obveniant.

Sic quoque *venundatum* se *peccato* [Rm 7,14] (ut divi Pauli verbo utar) quivis experitur, ut eo virtutis nunquam se perventurum videat, quin si non detur sperare Deum sibi peccata non imputaturum[17], et se plane gratuita[18] [cf. Rm 3, 24] beneficentia vitae coelestis facturum compotem, de omni felicitate sua animum prorsus despondere[19] necesse sit. Nihil igitur bonorum ultra [B7r] id, certum esse, Deum nobis peccata condonaturum, expeti potest – nec malorum aliquid ultra formidari, eum peccata non condonaturum. De ratione itaque, qua istuc adipisci licet, ut Deum abolitis peccatis, propitium, et vitae beatae largitorem experiamur, hoc est, de nostri iustificatione, nobis cum Sorbona[20] forsan non per omnia convenit. Convenit autem cum ipsis [21]arcanis literis[21]. Convenit cum orthodoxis patribus ad unum omnibus[22]. Convenit denique et cum sanioribus scholasticis[23].

[15-15] Cf. Augustine, *De civitate Dei* 8, 10, MPL 41, 234; CCL 47, 226,19-20.

[16] See n. 14 (here: *p*).

[17] Cf. n. 9.

[18] Ap: ACA, a 4, BSLK, 181,25; 183,15 (*i*), > Augustine, *Enarr. in Ps.*18, 2, 2, perh. via Lombard, II *Sent.*, d 26, 8, MPL 192, 713. Cf. ACA, c 4, BSLK, 191,46-7 (there: forgiveness of sins is "gratis propter Christum").

[19] And so revert to an 'afflicta conscientia', see Melanchthon, *Loci communes*, MW 2/1, 115,5-6 (CR 21, 183); cf. Luther, *Die sieben Bußpsalmen,*WA 1, 176,22-5.

[20] Cf. Paris Faculty of Theology, *Determinatio*, a 12, in Bos edn., 87-88. Cf. Melanchthon, *Loc. com.*, MW 2/1, 118,30; 119,27-8 (CR 21,187).

[21-21] Scripture.

[22] Ap: ACA, a 4, BSLK, 181,28-9 (*i*).

[23] Ap: CT, a 3: "Circa ea quae ... doceri vulgo solent ... variare nostri nonnihil a receptis dogmatis coeperunt", BDS 3, 49,13-19 (*i*). Cf. *Consilium*: "In hac quaestione (satisfaction and merit) a vulgo recentiorum theologorum necessario scilicet variamus", *Pollet 2*, 510,33-4; Appendix, 144. See Pfnür, *Einig*, 30-34, 39-67, 70-74; Leijssen, 'Bucer und Thomas', esp. 271ff.

[CAPUT 3]

[DE GRATIA[1], LIBERO ARBITRIO[2], ET MERITIS[3]]

[B7r cont.] <EPHESIOS 2. GENESIS 8. ROMANOS 3. IOHANNES 3.> Nostra enim haec fides est[4]: cum *natura* simus *filii irae* [Eph 2,3], ut quorum cuncta *cogitatio a puero ad malum propendat* [Gen 8,21], cumque nemo non *gloriae Dei*, hoc est, divinae sortis[5], communione destituatur [cf. Rm 3,23], adeo ut renasci [cf. Io 3,3-8] nos oporteat e supernis – non esse in nostris viribus, ut ab innata nobis pravitate nos adferamus – nec in ullis nostris operibus [cf. Rm 3,28], ut vel peccatorum abolitionem vel iustitiae facultatem nobis ipsi paremus.

Cum igitur ex nobis nihil quam offendere Deum possumus, et 'antea gratiam nostri innovatricem[6] mala tantum merita habemus', ut divus Augustinus subinde praedicat[7] – Deus ex sua ipse bonitate nobis peccata remittat, et ad iustitiam regignat necesse est. Id vero statuit iis, quos ad vitam eligit praestare, intercedente satisfactione [cf. Hbr 7,25-7] Domini nostri Iesu Christi. Vere itaque, ut divus Paulus scribit: *Gratis iustificamur, ex gratia Dei, per redemptionem quae est*[a] *in* [B7v] *Christo Iesu*, Rom. 3,[24]. Servati sumus *ex gratia per fidem, et hoc non ex nobis, Dei donum est, non ex operibus, ne quis glorietur; ipsius figmentum*[8] *sumus, conditi in Christo Iesu* ad bona opera, *quae praeparavit Deus, ut in illis*[b] *ambulemus*, Eph. 2,[8-10]. Quid possit his dici clarius, quid evidentius? Iam ut religiose istis divus Augustinus inhaereat, quis ignoret, qui vel unum ex iis libris evolverit quos scripsit[9] contra Pelagianos, imo et aliis quos scripsit, post hanc haeresim exortam?

Atqui Augustinum sequuntur scholastici. Magister enim Sententiarum cuius commentarii scholasticis sacrosancti sunt, fidem divi Augustini hoc

---

[a] *omit.* – [b] ipsis

[1] Cf. BRm 1536, 53 col 1–55 col 1; BRm 1562, 16B–18E; BEv 1536, 181A–B, 583B–C.

[2] Cf. ACT, to aa 3-5, BDS 3, 237-43. See also BPs, 8A–12B; BEv 1530, 45B–46D; BEv 1536, 673D–677D (BOL 2, 244-52); BRm 1536, 400–404; BRm 1562, 460F–466E (there: discussion of Augustine, Thomas, & Melanchthon); *Handlung g. Hoffman*, BDS 5, 78-92.

[3] Cf. BEv 1536, 84C, 108C, 158C–159A, 221B, 410C–411A, 471C; BRm 1562, 69B, 100E.

[4] See CT, a 3, BDS 3, 51-59; CA, a 2, BSLK, 53,14-20; *Consilium, Pollet* 2, 511,3-19; Appendix, 145. Cf. ConfCA, to aa 2, 4, 18, CCath 33, 80-82, 85-87, 116-119. See also Melanchthon, *Loc. com.*, MW 2/1, 18-40 (CR 21, 97-115). The Eph, Gen & Io texts are also combined in BJoh, to Io 1, 29f. [= BEv 1536, 594], but in baptismal context, see BOL 2, 72.

[5] 'Company', 'association', or 'participation.

[6] Cf. Hoven, *Lexique*, 186 (there: usage > Budé).

[7] Ap: *De gratia et libero arbitrio* 1, 1, MPL 44, 881 *(rp)*.

[8] Cf. Is 29,16; Rm 9,20. Bucer's own word-choice, not being in Vg or ErNT versions. See Augustine, *Enchiridion*, 25, 99, MPL 40, 278; CCL 26, 102,61 (same usage in same context).

[9] Augustine composed twelve anti-Pelagian works, cf. Altaner, *Patrologie*, 428.

loco sequitur[10]. Hinc iactatum illud in omni schola, [11]hominem "primam gratiam"[12] mereri non posse, et ut quicquam mereatur, et "praevenientem"[13] et cooperantem[14]" Dei gratiam, vimque certam Spiritus sancti requiri[11]. Etenim quod Mag[ister] Sent[entiarum] in hac reconcludens, scripsit [15]"hominem semper et peccare et non peccare posse", ut semper nos liberi confiteamur arbitrii, id intellexit de "naturali (ita ipse ibidem loquitur) aptitudine, quam mens hominis habet ad credendum, vel diligendum, quae tamen non nisi gratia Dei praeventa, et credit et diligit".

Nam ut divus Augustinus in libro Sententiarum Prosperi[16] ait[17], quem hoc loci Magister adducit[18]: "Posse habere fidem, sicut posse habere charitatem, naturae est hominum; habere autem fidem, sicut habere charitatem, gratiae est fidelium". Eo itaque quo [B8r] Magister affirmat [19]"hominem semper posse non peccare", nihil aliud est, quam semper naturam hominis eiusmodi esse, quae spiritus iustitiae capax sit. Augustino enim subscribit dicenti[20]: "Voluntas est, qua et peccatur et recte vivitur; voluntas vero ipsa nisi Dei gratia liberetur a servitute, qua peccati serva facta est, et ut vitia superet, [c] adiuvetur, recte pieque vivi a mortalib[us] non potest", libr[o] Retracta[tionum I], cap[ite] 8[9][21].

Hactenus igitur ne a scholasticis quidem, qui sunt paulo saniores, dissentimus[22]. [23]Volumus siquidem et nos evitata Charybdis Manichaeorum[24],

---

[c] + ut

[10] Viz. Peter Lombard, II *Sent.,* esp. d 26, MPL 192, 709-714.

[11-11] Ap: *loc. cit.* (*ip*). Cf. Thomas, *S th,* 1a2ae, q 114, a 5, resp ad 1; Synod of Orange (529), c 5, DS, no. 375

[12] > Augustine, e.g. *Enarr. in Ps.* 75, 15, MPL 36, 966; CCL 39, 1047,10.

[13] > id., e.g. *Contra duas epistolas Pelagianorum* 4, 6, 15, MPL 44, 620

[14] > id., e.g. *Enarr. in Ps.* 77, 8, MPL 36, 988; CCL 39, 1073,41.

[15] Ap: II *Sent.,* d 28, 7, MPL 192, 718 (*re*), > Augustine, *De praedestinatione sanctorum,* 3/7. MPL 44, 964-5.

[16] Prosper Tiro of Aquitaine (died ca. 455).

[17] Cf. *Sententiarum liber,* MPL 51, 476, nr. 318, > Augustine, *De praed. sanct.,* MPL 44, 959ff.

[18] Ap: II *Sent.,* d 28, 7, MPL 192, 718 (*rre*).

[19] Ap: *loc. cit.* (*re*).

[20] Ap: II *Sent.,* d 26, 4, MPL 192, 711 (*rrte*).

[21] Cf. MPL 32, 596-7; CSEL 36, 41,17–42,2; CCL 57, 26,96-98.

[22] Cf. Erasmus to Melanchthon, 6th June 1536, *Allen* 11, 333 (remark on this asssertion).

[23-23] Ap: ConfCA, CCath 33, 117,13-4 (*p*). Cf. Erasmus, *De libero arbitrio,* LB 9, 1247 > Faustus of Riez, *De gratia* 1, 1, CSEL 21, 7,27-28. Idea denounced by Luther, *De servo arbitrio,* WA 18, 601,34-5; 611-613. Cf. Oberman, *Das Wesen,* 223, 226. "Incidis in Scyllam, cupiens vitare Charybdim" > Gautier de Châtillon (Galterus ab Castellione), *Alexandreis* 5, 301, via Erasmus, *Adagia,* no. 404, ASD II-1, 479-482.

[24] Catholic apologetics called Luther's early utterances on free will Manichaean, e.g. the Paris Faculty of Theology, *Determinatio,* Bos edn. 96-7; CR 1, 385; Fisher, *Assert. luth. conf.,* in *Opera,* 660; Council of Sens, *Decreta,* Praefatio, *Mansi* 32, 1151-52 (here repeatedly); Eck, *Enchiridion,* c 31, CCath 34, 313. Cf. Melanchthon, *Adv. furiosum Parisiensium,* CR 1, 407-8.

qui adfirmabant [25]"hominem non posse non peccare" – propterea quod esset natura mala, a malo daemone conditus – ut non incidamus in Scyllam Pelagianorum, qui contra gratiam merita statuebant voluntatis humanae[23]. Quicquid homo egerit, id sua ipsum voluntate et libera, quia minime coacta, agere agnoscimus – atqui ad bonum, ut velit quae probantur Deo, et ideo recta sunt, tam libera non est, ut scriptura hominis ad iustitiam inclinationem [cf. Rm 6,19], non modo a lege peccati liberationem [cf. Rm 6,18], sed regenerationem [cf. Io 3,5-7] et novi hominis creationem [cf. 2Cor 5,17; Gal 6,15] vocandam iudicarit[26]. Inde est quod Aug[ustinus] scribit[27]: "Nolentem quippe misericordia Dei praevenit, ut velit volentem subsequitur ne frustra velit".

<DE GRATIA ET LIB[ERO] ARB[ITRIO] CONVENIT> De his ergo – gratia et libero arbitrio – ipsisque humani ingenii viribus, non est, in quo vel a recentioribus theologis[28] variemus[29]. [30]"Credere et dili–[B8v]gere"[30], et quicquid boni facimus, utique voluntatis est, et liberae, [31]non coactae[31], sed ultro huc propendentis. Hanc autem voluntatem, istuc liberum et sanctum arbitrium, Deus ex sua sola bonitate, nullo nostro bono motus, donat et inoperatur[32]– iuxta illud *Deus est, qui efficit in vobis, et velle et perficere,* Philip. 2,[13].

<DE MERITIS> Sed nec de meritis pugna est[33]. Ea nulli reiicimus, etiam *vitae aeternae* [Io 4,36]. Dixit enim Dominus, si quis sua causa quicquam reliquerit, id eum hic recepturum *centuplum*, et in futuro saeculo *vitam*

---

[25] Ap: Augustine, *De natura et gratia*, 49, 57, MPL 44, 274; CSEL 60, 275,4 (*ie*).

[26] That is, freely choosing the good is not within the capacity of the natural unaided will, rather of the reborn one, cf. to n. 35.

[27] Ap: *Enchiridion* 9, MPL 40, 248; CCL 46, 67,103 (*re,*slight *p*).

[28] E. g. Biel: "Ordinavit enim Deus se velle omni quod decrevit acceptare ad gloriam ... Quod ergo caritas requiritur, non est propter perfectionem caritatis, sed propter beneplacitam Dei et suae benignissimae voluntatis", *Collectorium* I, d 17, q 3, a 3, dub 1, *edn. cit.* 1, 432, 12-16; Gregor of Rimini: "Homo non potest per liberum arbitrium sine auxilio dei quicquam velle vel agere nisi male et culpabiliter", *Lectura super secundum*, d 29 q 1, Add 51, *edn. cit.* 6, 130,1-3.

[29] Bucer's view on the origin of sin (though not original sin), free will, and the necessity of grace were shared essentially by ConfCA and ConfCT, see CCath 33, 117-2; *Paetzold,* 16 / 81. See also, Pfnür, in Hallensleben & Iserloh, *Confessio Augustana*, 360-1.

[30–30] Ap: Lombard, II *Sent.*, d 28, 8, MPL 192, 718 (*ei*), > Augustine, *Tract. in ev. Iohannis* 29, MPL 35, 1631; CCL 36, 287,39-41.

[31–31] Ap: ACT, BDS 3, 241,19ff. (*i,* there: appeal to Bernard's *De gratia et libero arbitrio*, 4, 9, MPL 182, 1007; *S. Bernardi opera* 3, 172,25). Cf. Biel, *Collectorium* II, d 25, q 1, a 2, concl 4, *edn. cit.* 2, 488,10-20 (there: Bernard quoted).

[32] Cf. BRm 1536, 360 col 2–361 col 1, 401f.; BRm 1562, 412, 461f.; BEv 1536, 637 [= BOL 2, 163] (there: free will is nothing "nisi per [Christum]", perh. > Gregor of Rimini: "Nemo nisi per Christum libero bene utitur arbitrio", *Lectura super secundum*, d 29, q 1, *edn. cit.* 6, 124,15f.). On Bucer's free will doctrine, cf. *Lang,* 340-6; Müller, *Hermeneutik*, 38-40; Stephens, *Holy Spirit*, 29-30; Backus, "Hercules Gallicus", 51-56.

[33] Cf. CA, a 20, BSLK, 77,4-9; ConfCA, CCath 33, 122,13-15 / 123,11-12.

aeternam [Mt 19,29]. Mercedem etiam non raro paciscitur [cf. Mt 5,12; Lc 6,35].

At quid dicemus merita? Bonane an mala opera? Mala nostra sunt – bona praeparat in nobis *Deus, ut in illis ambulemus,* Eph. 2,[10]. Et Augustinus, Ad Sextem presbyterum[34], quem citat Magister, distinctio 28, [5][35]: "Quid est meritum hominis ante gratiam [...] cum omne bonum nostrum meritum non in nobis facit nisi gratia?" Et Thomas Aquinas fatetur[36]: "Totum quod est hominis bonum, esse a Deo", [37]nec posse illum mereri quicquam ultra id, quod Deus ex ultronea bonitate per se decrevit bonis operibus rependere, ad quam tamen ipse nos excitat et movet, eaque perficit [cf. Phil 1,6][37]. <PRIMAE SECUNDAE 114>

[38]Ea itaque simul nostra opera sunt, quia nostra voluntate operamur – et Domini dona[39], quia eius donantur gratia et perficiuntur Spiritu, quo ipse voluntatem nostram praeparat, *operaturque in nobis et velle et efficere* [Phil 2,13][38]. Inde scribit Augustinus in eadem epistola[40]: "Cum coronat Deus me–[C1r]rita nostra, nihil aliud coronat quam sua munera?" Item De verbis apostoli, serm[o] 131[d] [41]: "Et si tua merita praecesserunt, dicit tibi Deus: 'Discute bene[e] merita tua, et videbis quia dona sunt mea'. Haec est *iustitia Dei* [Rm 1,17]".

Haec omnia Magister Sent[entiarum] tanquam vere pieque scripta adducit – et nemo ex sanioribus scholasticis refragatur. Nec dubium quin ita ut divus Augustinus, scriptor tam catholicus, de his dogmatizat[42], ecclesia Christi et ante eius et post eius tempora senserit. Haec ipsa vero sunt, quae cum ipsi hac in re credimus, tum alios docemus.

Nihil ergo causae habuit a nobis adversarius episcopus, [43]quantum quidem attinet ad haec prima doctrinae christianae capita – de nostri iusti-

---

[d] 2. – [e] bona *corr.*

[34] That is, *Epistola* 194, 5, 19, MPL 33, 880; CSEL 57, 190,12-4 (*re*).

[35] Ap: II *Sent.*, MPL 192, 715 (*rr*, there as here: *a*).

[36] Ap: *S th*, 1a2ae, q 114, a 1 contra (*re*).

[37-37] *Loc. cit.* (*rp*).

[38-38] Ap: *ibid.,* q 109, a 6 resp; a 9 resp ad 2 (*p*). Similarly Lombard, II *Sent.*, d 26, 1, > Augustine, *De gratia et libero arbitrio*, MPL 44, 893. Cf. BJoh 1536, BOL 2, 216.

[39] That is, the Scholastic "habitus".

[40] Ap: *Furbereytung*, BDS 5, 344,29-30 (*te*), > Augustine, *Epistola* [*ad Sixtum*] 194, 5, 19, MPL 33, 880; CSEL 57, 190,14-15, perh. via Biel, *Collectorium* I, d 17, q 3, a 3, dub 1 resp. F, *edn. cit.* 1, 433,25-6, or Lombard, II *Sent*, d 27, c 7, MPL 192, 715 (both: same *te*). Cf. BJoh 1536, BOL 2, 216.

[41] Ap: *Sermo* 131, PL 38, 733 (*re*).

[42] > Irenaeus via Augustine, see Blaise, *Dictionnaire*, s.v.

[43-43] Similarly *Consilium, Pollet 2*, 511,23-24; Appendix, 145.

ficatione, de gratia, libero arbitrio, meritis, ut nos 'haereseos' et 'impiae novationis'[43] accusaret[44], nedum tam atrociter.

---

[44] Ceneau did not of course treat of these questions in his tract.

[CAPUT 4]

[DE OPERIBUS SUPEREROGATIONIS]

[C1r cont.] <DE OPERIBUS SUPEREROGATIONIS> Porro in eo a[a] scholasticis variamus, quod certum finxerunt modum et bonorum operum et poenarum, quibus pro peccatis satisfit – quem modum homines non implere modo, sed excedere etiam valeant – et plura vel pati adversa, vel parare benefacta, quam ipsis necessarium sit ad salutem. Et haec vocarunt [1]'opera supererogationis', ex quibus coniunctis meritis Christi confecerunt [2]'thesaurum indulgentiarum', item [3]'satisfactiones' pro iis quae prave vel admissa vel omissa sunt[1].

Hic fatemur quod[b] a receptis descivimus, sed recep–[C1r]tis scholae[4], non ecclesiae Christi [cf. Eph 5,23], [5]quaeque in d[ivinis] scripturis non sunt tradita, aut etiam sanctis patribus[5], sed ex diametro etiam pugnant – ut cum tota ratione rectae fidei, ita cum iis quoque quae nobis commendarunt veteres. Meta[6] praefixa bonis operibus, hoc est, vitae probe sancteque institutae, est exemplum Domini nostri Iesu Christi. In hoc enim, ut imagini *unigeniti Filii* [Io 1,18] sui *conformes* evadamus, Deus nos providit et *predestinavit*, Romanor. octavo,[29]. Huc enitebatur Paulus, oblitus eorum quae a tergo ipsi erant – nondum arbitratus se consecutum esse id, aut apprehendisse, quod erat ei propositum, Phili. 3,[13]. Nullius erat sibi *conscius*, ex eo tamen iustificatum se iudicare non audebat [cf. 1Cor 4,4].

---

[a] *omit.* – [b] *omit.*

[1-1] E.g. Bonaventura, IV *Sent.,* d 20, pt 2, a 1, q 3, Quaracchi edn. 4, 507; Alexander of Hales, IV *Glossa*, d 15, a 27 F, Quaracchi edn. 4, 250; Thomas, *S th*, 3a, Suppl., q 25, a 1, resp.; Biel, *Canonis missae expositio,*58L, VIEGM 32, 423-4. See also Laemmer, *Vortridentisch-katholische Theologie*, 304-312 (excerpts from early sixteenth-century writers). Cf. CA, a 27, BSLK, 119,4-7; ACA, to a 12, BSLK, 283,18-21.

[2] E.g. Alexander of Hales, IV *Glossa*, d 20, aa 8-14, Quaracchi ed. 4, 354-61; Thomas, *S th*, 3a Suppl. qq 25-26, aa 1-3. Rejected by Luther, *Resolutiones,* WA 1, 605-17. Recycled by Cajetan, *Quaestio de thesauro indulgentiarum*, q 3, 5–7, in Leonine edn. of Thomas' *Opera* 12, 361f., and in CCath 42, 169-85; Catharinus, *Apologia*, in CCath 27, 248,307-10. See also the bulls: *Unigenitus* (1343), DS, nos. 1025-7; *Cum postquam* (1518), DS, nos. 1447-8, or CCath 42, 194; *Exsurge Domine*, DS, nos. 1467-72. Cf. Paulus, *Ablass* 2, 199-204; Lea, *Confession & Indulgences* 3, 54-78; Benrath, 'Ablaß', TRE 1, 349, 354-5; Iserloh & Hallensleben, 'Cajetan de Vio', TRE 7, 541-2.

[3] See *Decreti* 2a, causa 33, q 3 de pen., d 3, c 8, in *Friedberg* 1, 1159ff. (patristic roots of penitential theory and practice); Thomas, *S th*, 3a Suppl., qq 12-15. Cf. Luther, *Sermo de poenitentia*, WA 1, 319ff.; *De capt. Babyl.*, WA 6, 543ff.; CA, a 12, BSLK, 67,20-24; ACA, to a 12, BSLK, 275ff. (all: critique of satisfaction theory, cf. cap. 5 below). See Burnett, *Yoke of Christ*, 11-12, 34-35.

[4] *Consilium*: "nos in hac quaestione a vulgo recentiorum theologorum ... variemus", *Pollet* 2, 510,33-4; Appendix, 144.

[5-5] Ap: Luther, *Sermon von Ablass und Gnade*, WA 1, 243,4-11 (*i*). Cf. BEv 1536, 86D–87A.

[6] 'Goal' or 'aim'.

<NEMO QUANTUM DEBET BONORUM PERFICIET> Si iam Apostolus tam ab-
solutus, et qui indubie sicut plus omnibus laboravit, ita propius cunctis ad
βραβειον [1Cor 9,24] supernae vocationis sese extulit, deese sibi ad iustum modum bonorum operum quaeritur, qui sument sibi alii modum eum
etiam superasse? Omnes orant sancti: *Remitte nobis debita nostra* [Mt
6,12] – et *inutiles* se *servos* [Lc 17,10] agnoscunt, etiam cum quaecunque
mandata eis sunt, sibi videntur perfecisse. Ecquis in hoc *corpore peccati*
[Rm 6,6], *Deum* diligat *ex toto corde, ex tota anima, et cunctis viribus* [Lc
10,27], ita ut nihil prorsus contra placitum Dei admittat, nihil praetereat, id
quod certe debemus ei, qui nos totos et finxit et refinxit? Nemo igitur huc
sanctimoniae praeter unum Christum pervenit unquam, ut id quod ipse Deo
[C1v] debuit, praestitisset, nedum quiddam supererogasset[7].

<NEMO PLURA QUAM DEBET ADVERSA PATIETUR> Iam adversa quis plura
perferat, quam competant, cum omnia non sint quaecunque hic accidere
possunt, digna illa gloria, quam revelari *in nobis* expectamus? Rom. 8,[18].
Momentaneum est et leve, omne quod hic patimur – efficit autem *aeternum
pondus gloriae*, 2 Cor. 4,[17]. Nec ferendo igitur mala, quamlibet iniuria,
et quamvis atrocia, modum quisquam suum unquam impleverit. Tam abest
ut ultra eum vel tantillum sibi redundet.

<AUGUSTINUS> Satis erat ista divinis literis tradita esse tam clare, sed ne
videamur non etiam quantum decet deferre interpretationi fideique sanctorum patrum, horum quoque testimonia adducamus[8] – sitque nobis divus
Augustinus, quo nemo doctrinae catholicae fuit observantior, caeterorum
velut interpres. Is in Psal[mum] 30[c] haec scripta reliquit[9]: "Quis est qui [d]
salvatur gratis? In quo non invenit salvator quod coronet, sed quod dam-
net; non invenit merita bonorum, sed invenit merita suppliciorum. Si agat
tanquam veraciter ex regula legis proposita, damnandus est peccator. Hac
regula si ageret, quem liberaret? Omnes enim peccatores invenit, solus *sine
peccato* [Hbr 6,10] venit, qui nos peccatores invenit. Hoc ait Apostolus:
Omnes enim peccaverunt, et egent gloria Dei [Rm 3,23]. Quid est: *egent
gloria Dei*? Ut ipse liberaret, non tu. Quia tu te liberare non potes, indiges
liberatore. Quid est quod te iactas? Quid est quod de lege et iustitia prae-
sumis? [C2r] Non vides quid intus confligat in te, de te, adversus te? Non
audis pugnantem et confitentem, et adiutorium in pugna desiderantem?

---

[c] 3. – [d] + non

[7] Cf. BEv 1536, 246C–D (brief discussion of this *i*).
[8] Bucer's methodology reflects his concern to refute the fundamental allegation of Ceneau:
"Videte potius, quanta nos certitudine verbi dei incedamus. Nos enim Christi verba tenemus,
catholicam ecclesiam audimus, patres orthodoxos sequimur", *Axioma*, 4v. Cf. especially BEv
1536, *2r–*3r, for a formal statement of principle.
[9] Ap: *Enarrationes in Psalmos*, 30, 6, MPL 36, 233-4; CCL 38, 195,20-45 (*re*).

Non audis athletam Domini ab agonethate[10] petentem adiutorium pugnae suae? Non enim sic te expectat Deus certantem – quomodo te expectat ae-dilis[e] – si forte pugnes in amphitheatro. Ille tibi praemium dare potest si viceris – adiuvare te periclitantem non potest. Vide ergo – attende eum qui dicit: *Condelector enim legi Dei secundum interiorem hominem. Video autem aliam legem in membris, repugnantem legi mentis meae, et capti-vum me ducentem in legem peccati, quae est in membris meis. Miser ego homo, quis me liberabit de corpore mortis huius? Gratia Dei per Iesum Christum Dominum nostrum* [Rm 7,22-5]. Quare gratia? Quia gratis datur. Quia merita tua non praecesserunt, sed beneficia Dei te praevenerunt".

Item De civitate Dei, lib[ro]20, cap[ite] 17[11]: "Nunc vero non quilibet infimus illius civitatis, sed idem ipse Ioannes in epistola sua [1,1,8] clamat: *Si dixerimus quia peccatum non habemus, nos ipsos seducimus et veritatis in nobis non est*".

Et in [De] ecclesiasticis dogmatis, cap[ite] 36[12]: "Quicunque dixerit in oratione dominica ideo dicere sanctos: *demitte nobis debita nostra* [Mt 6,12], ut non pro se ipsis hoc dicant, quia non est eis iam necessaria ista petitio, sed pro aliis qui sunt in suo populo peccatores – et ideo [C3r] non dicere unumquemque sanctorum: 'dimitte *mihi* debita *mea*', sed 'dimitte *nobis* debita *nostra*' [Mt 6,12], ut hoc pro aliis potius quam pro se iustus petere intelligatur, anathema sit. Sanctus enim et iustus erat Apostolus Ia-cobus [3,2] cum dicebat: *In multis enim offendimus omnes.* Nam quare ad-ditum est '*omnes*', nisi ut ista sententia conveniret et Psalmo [142,2], ubi legitur: *Ne intres in iudicium cum servo tuo – quoniam non iustificabitur in conspectu tuo omnis vivens?* Et in oratione sapientissimi Salomonis: *Non est homo qui non peccet* [2 Par 6,36]. Et in libro sancti Job [37,7]: *In manu omnis hominis signat, ut sciat omnis homo infirmitatem suam.* Unde etiam Daniel [9,5] sanctus et iustus, cum in oratione pluraliter diceret: *Peccavimus, iniquitatem fecimus* et caetera, quae ibi veraciter et humiliter confitetur, ne putaretur, quemadmodum quidam sentiunt, hoc non de suis, sed de populi sui dixisse peccatis, postea dixit: *Cum orarem, et confiterer peccata mea, et peccata populi mei Domino Deo meo* [Dn 9,20], noluit di-cere peccata 'nostra', sed *populi* 'sui' dixit et 'sua' – quoniam futuros is-tos, qui tam male intelligerent tanquam propheta praevidit."

Rursus in lib[ro] 3, Contra duas epistolas Pelagianorum, capi[tulo] 5, [Augustinus] scripsit[13]: "Quid enim excellentius in veteri populo sacer-

---

[e] aeditor

[10] 'Superintendent', i.e. the Deity.
[11] Ap: *op. cit.*, MPL 41 683; CSEL 40/2, 468,1-4; CCL 48, 728,45-8 (*re*).
[12] Ap: Ps.- Augustine [Gennadius of Marseilles], *op. cit.*, MPL 58, col 989-90 (*re*).
[13] Ap: *op. cit.,* MPL 44, 599; CSEL 60, 504,8-16.

dotibus sanctis? Et tamen eis praecepit Deus sacrificium primitus pro suis offerre peccatis. Et quid sanctius in novo populo apostolis? Et tamen praecepit eis Dominus in oratione dice–[C3v]re: *Dimitte nobis debita nostra* [Mt 6,12]. Omnium igitur piorum, sub hoc onere corruptibilis carnis, et in istius vitae infirmitate gementium, spes una est, quod *advocatum habemus apud Patrem, Iesum Christum iustum, et ipse est exoratio peccatorum nostrorum* [1Io 2,1-2]."

Ex his vero viri sanctissimi testimoniis, cum manifestum sit, ecclesiam catholicam semper credidisse, neminem prorsus sanctitate sic unquam excelluisse, aut tantum meritorum cumulum, sive faciendo, sive patiendo pararit – quin venia adhuc oranda ei fuerit peccatorum, et misericordia illa gratis remittente peccata nitendum. Illud etiam abunde liquet fuisse in [14]fide ecclesiae[14], nulla tanta sanctos mala pertulisse, quamlibet ad homines innoxii, et tantum propter Christum periclitantes, ut iis vel sua ipsorum peccata expiassent.

Unde igitur sanctis illa adflictionum et malorum iniuria perlatorum redundantia, ex qua pro aliis quoque satisfactio depromatur? Plurima quidem illis Deus immitit fidei exercitia, quibus illustrem virtutem eorum et mirabilem reddat – nihil tamen iustus Deus infligere eis potest, quod ipsi suis quoque peccatis non sint meriti. Quid enim malorum non vel soli originali, quo nemo non tenetur, [f]videre debemus[f] in tantis cruciatibus et aerumnis infantium.

Et hoc ipsum divus Augustinus in libris Contra [C4r] Pelagianos clarissime ac copiosissime docet. Libet hic adducere quod scripsit in Psal[mum] 43 in quo alioqui martyrum merita quam gloriosissime praedicantur, in illum versum [26][15]: "Hoc est (inquit), gratis: *propter nomen tuum*, non propter meum meritum, quia tu dignatus es facere, non quia ego dignus sum cui facias. Nam et hoc ipsum quod non sumus obliti te, et non recessit retro cor nostrum – quod non extendimus manus nostras ad Deum alienum. Nisi te aduivante, unde possemus? Nisi te intus alloquente, exhortante, non deserente, unde valeremus? Ergo sive patientes in tribulationibus, sive gaudentes in prosperitatibus, *redime nos*, non propter meritum nostrum, sed *propter nomen tuum*."

Huiusmodi sententiis non huius modo, sed omnium sanctorum scripta refertissima sunt.

Si igitur nulli prorsus redimi et servari ullis suis meritis possunt, sed gratuita peccatorum remissione niti necesse est, quotquot vitae participes

---

[f-f] deberi videmus *corr.*

[14-14] > Augustine, *Tractatus in Joannem Evangelium* 8, 5, MPL 35, 1453; CCL 36, 84,21.
[15] Ap: *Enarrationes in Psalmos*, MPL 36, 493; CCL 38, 493, 9-18 (*re*).

evadunt – quid causae dicent isti supererogationis commentatores[16], [17]cur mensuram certam meritorum, quae ad salutem sufficiant, statuerint, quam excedere sancti queant, et recondere merita aliis impertienda?[17]

Hic itaque quod Sorbona ecclesiis de meritis supererogationis obtrusit, plane refutavimus; et cum scriptura et omnibus orthodoxis patribus confitemur, neminem prorsus eo sanctitatis unquam [C4v] attolli, quin se vere peccatorem fateri, veniam orare, solaque Dei niti misericordia, et nullis meritis oporteat. Interim autem [18]nec bona opera reiicimus[18], nec ea esse merita vitae aeternae, idque cum nobis ipsis, tum aliis, negamus. Iuxta autem sicut [19]*fidem* ipsam, bonorum operum ac meritorum fontem[19] (cf. Iac 2,22) *donum* [2Ti 1,5-6] Dei gratuitum agnoscimus. Sic et ipsa opera et merita Dei gratuita munera confitemur – quae ex se nihil, ex dignatione autem Dei merito Christo, id sive nobis, sive aliis merentur, quod illis Deus ex ultronea sua benevolentia rependere statuit.

<UNDE PERSUASIO INDULGENTIARUM[20]> Iactat schola illud Pauli ad Col. 1,[24][21], ubi gloriatur, quae adflictionibus Christi deerant, se in suo corpore supplere, et id *pro corpore* Christi. Voluntque videri ex hoc loco colligi, sanctos multa passos (quibus ad suam ipsis salutem non fuerit opus), eaque concedere ecclesiae Christi – quae postea ecclesiae monarcha pontifex, quibus velit, suo dispenset arbitratu[22].

At quis certos nos reddat istuc Paulum voluisse? Siquidem priscis Apostoli interpretibus[23] fidem deferimus, aliud ista nobis verba valebunt: Christus vivebat in suo Apostolo [Gal 2,20], ergo et patiebatur – idque omne in salutem ecclesiae suae cui facit et patitur omnia – tam in se ipso quam in membris suis. Cumque certus sit adflictionum modus cuivis membrorum eius decretus, habebat suum modum et Paulus, eumque tum implebat – in [C5r] rem sane ecclesiae, huic enim se consecraverat impendebatque totum. Verum illa *pro* ecclesia [Col 1,24] in hoc pertulisse, ut ex iis quae et ipse et caeteri sancti, supra sibi constitutam mensuram passi

---

[16] Cf. Thomas, *S th*, 2a 2a, q 184, a 5.
[17-17] Cf. ACA, to a 12, BSLK, 282,26-31.
[18-18] Ap: CT, a 7, BDS 3, 61,26-7; ACT, *ibid.*, 237,6-7 (*i*). Cf. ConfCT, *Paetzold*, 9,15ff. See BEv 1536, 637A–B (= BOL 2, 164-5); BRm 1536, 115 col 2–130 col 1; BRm 1562, 99-106.
[19-19] Ap: Luther, *Von den guten Werken*, WA 6, 205 (*i*). Cf. BEv 1536, 94C, 181A–B, 670D.
[20] That is, the theory of indulgences, cf. Altenstaig, *Vocabularius*, s.v. Indulgentia. Bucer touches on the practice in cap. 5 below.
[21] A *locus classicus* in indulgence theory, cf. e.g. Thomas, *S th*, 3a Suppl., q 25, a 1; Cajetan, *Quaestio de thesauro indulgentiarum*, CCath 42, 175; Catharinus, *Apologia*, 3, CCath 27, 248; Fisher, *Assertionis lutheranae confutatio*, a 17, in *Opera,* 491; Eck, *Enchiridion*, c 24, CCath 34, 255-6. See also Paulus, *Ablass* 2, 199-204.
[22] Cf. Cajetan, *loc. cit.*; Eck, *loc. cit.*
[23] Cf. e.g., Peter Lombard, *Collectanea in Ep. ad Coloss.*, MPL 192, 266C-D.

sunt, pro aliis, qui quas meriti sunt poenas nondum exsolverunt, per pontificem depromatur satisfactio[24] – huius quis nobis fidem confirmabit?

Cum scribit Apostolus Philippensibus [1,12], quae sibi adversa acciderant, valuisse *ad profectum evangelii*, nonne et tum passus *est pro corpore* Christi [Col 1,24]? At illam suam adflictionem ecclesiae in eo profuisse scribit, quod alii suo exciti exemplo, egerunt in praedicatione evangelii animosius [cf. Phil 1,13-14].

Ita quicquid ulli sancti sunt, faciunt, et patiuntur, omnia pro ecclesia et sunt, et faciunt et patiuntur – membra singula, ad communem corporis instaurationem pro sua quodque portione inserviunt. Hinc autem consequi, aliquos plura pati, quam pro ipsorum eluendis peccatis divina requirit iustitia, et ea in 'thesaurum' cedere 'ecclesia', ex quo pontifex cuique suo attribuat arbitratu, quod ipse pro suis commissis nondum satisfecit – istuc vero quis efficiet verum? Nam ista consecutio qui valeat? 'Est pro ecclesia, prodest ecclesiae, ergo est pro ecclesia, et conducit[25] ecclesiae hoc modo'[26]. Quae dialectica[27] docet, 'ex particulari inferre particulare, et ex eo quod [28]simpliciter[28] dicitur, id quod est [29]secundum aliquid[29]'?

<QUAE SIT COMMUNIO GRATIAE ET MERITORUM IN SANCTIS> Admirandum quidem et ineffabile est my–[C5v]sterium [30]communionis sanctorum[30] et cum capite suo Christo [cf. Eph 1,22-3; Col 1,18] et inter se – qua amplissima illa constat *Spiritus* sancti *subministratio* [Eph 6,19], ad omnifariam *corporis* totius instaurationem, Eph. 4,[16]. Id valet dignatio Dei in sibi credentes, ut eorum quoque posteris per *mille generationes* benefaciat, qui quomodo libet ad eos attinent, et mala, quae illi meruerunt depellat – bona quibus ipsi se indignos reddunt, cumulet [cf. Dt 7,9-10]. Si Sodomis decem modo iusti fuissent, propter eos parsum fuisset universae colluviei[31] impiorum [cf. Gn 18,32]. Ex quantis saepe malis populus Iisrael ereptus est,

---

[24] Ap: Thomas, *S th*, 3a Suppl., q 25, a 1 *in co*; q 26, a 3 *in co* (*ip*).

[25] 'It is useful to'.

[26] Cf. Eck: "Miseriae sanctorum adiungendae sunt pressuris Christi, ad communem ecclesiae utilitatem", *Enchiridion*, c 24, CCath 34, 256.

[27] On Bucer's background in logic (Aristotle, George Trebizond, Peter Crockaert) see Backus, 'La théorie logique', 28ff.

[28-28] That is: 'without qualification'.

[29-29] That is: 'with qualification', or 'relatively'.

[30-30] Bucer retains the terminology of the *Apostolicum*, though without the mediaval notion of participation in the sacraments and the merits of the saints, cf. CT, a (XV)/17, BDS 3, 115,12-15; CA, a 7, BSLK, 61,3. On the early problematic history of the concept see Kelly, *Early Christian Doctrines*, 82-83. Cf. W. Kasper, in Hallensleben & Iserloh, *Confessio Augustana und Confutatio*, 400-403.

[31] 'Dump', 'cesspit'.

quantisque invicem bonis ornatus, in gratiam sanctorum, Abraham, Isaac, Iacob, David, et similum?

Quod Pauli et caeterorum novi testamenti sanctorum preces aliis valuerunt, id vero infinitum est. Unde et apostoli ipsi, sanctorum pro se orationes tanti fecerunt [cf. Eph 6,18-9]. Quanquam enim Deus suis omnia *propter nomen* suum [Ps 43,26], et meritum Filii sui bene faciat, sic tamen eos sibi unit, et Filio suo inserit [cf. Rm 1,23], donat esse ex *carne et ossibus* illius [Eph 5,30], ut ipsorum simul gratia, *ingentia* [Job 5,9] hominibus largiatur – declarans eo, quo numero sui studiosos habeat, utque benigne *voluntatem timentium se faciat* [Ps 144,19].

Hac dignatione Dei erga suos illud quoque nititur, quod Dominus dixit: *Amen amen dico vobis, qui credit in me, opera quae ego facio, et ipse faciet, et maiora his*[g] *faciet, quia vado ad Patrem. Et quic–*[C6r]*quid petieritis nomine, hoc faciam* [Io 14,12-3]. Hinc est et illud, quod iudicium suum tam in angelos [cf. 2 Pt 2,4] quam homines, hosque et *bonos et malos* illos [Mt 5,45] communicat. Hi recipiuntur[g] *in aeterna tabernacula* [Lc 16,9], ipsis qui bene fecerint, hi etiam condemnabunt impios.

---

[g] recipiunt

[CAPUT 5]

[DE SATISFACTIONE PRO PECCATIS[1]]

[C6r cont.] Porro sicut tota haec beneficentia Dei quae Verbo et sacramentis, precibus et arcana illa divinae virtutis communicatione administratur, Spiritus sancti est, quem Christus pro suo arbitratu credentibus in se impertit [cf. Io 7,39] – ita omnia per sanctos beneficia hominibus exhibentur, non nisi per hunc ipsum Spiritum dispensari possunt.[2]

Quod est scholastici docent. Thomas sane inter Scholasticos facile princeps, scribit[3]: "Ecclesiae ministrum[a] usu clavium agere ut instrumentum, quod efficaciter nihil praestare potest, nisi quatenus motum est a principali agente". Ad quod compromandum adducit[4] divum Dionysium in fine Ecclesiasticae hierarchiae [VII, 7] confirmantem "'[5]sacerdotes uti oportere virtutibus hierarchicis, quomodo eos divinitas moverit[5]'. In cuius signum Matthaei 16,[19] ante traditam potestatem clavium[b], mentio facta sit, de revelatione divinitatis. Et Iohan. 20,[22-3] praemissum potestati remissionis peccatorum apostolis collatae, *donum Spiritus sancti* [Act 2,38] quo *aguntur filii Dei* [Rm 8,14]. Unde si praeter illum motum divinum minister uti sua potestate praesumpserit, non consequi effectum".

Ita ex [C6v] auctoritate scripturarum et adstipulatione divi Dionysii Aquinas docuit, sic vero et nos et credimus et docemus – eoque remissionem sicut peccatorum, ita et poenarum quae peccatis debentur, exhiberi ministerio ecclesiae agnoscimus[6] – verum id ex uno Christo merito, ac ideo [7]non nisi Spiritu Christi quamquam remissionem fide promissionis Christi quae ecclesiae ministerio offertur[7], excipere oportet. Hinc apostoli non modo ad id Domino erga electos inservierunt, ut illi reatu peccatorum

---

[a] sacerdos *S th.* – [b] *S th* + Petro!

[1] Cf. BSyn 1, 109v-110r, 199v-200r; BEv 1536, 166C–D. CA, a 12, BSLK, 66ff.; ConfCA, a 12, CCath 33, 105-111.
[2] Cf. BSyn 2, 180–181; BEv 1536, 134 (there: relationship between power of the keys and the holy Spirit). See also Stephens, *Holy Spirit*, 163-164, 173-189; Hammann, *M. Bucer. Zwischen Volkskirche*, 84-86, 191-201; Burnett, *The Yoke of Christ*, 72-87.
[3] Ap: *S th*, 3a Suppl, q 18, a 4, 3 *sed co.* resp. (*re*).
[4] Ap: *loc. cit.*(*re*).
[5-5] There *p*, > MPG 3, 564C; Corpus Dionysiacum 2, 129.
[6] Ap: CT, a (XIII)/15, BDS 3, 99-101 (*i*). Cf. CA, a 5, BSLK, 58.
[7-7] Since 1530 Bucer had been reverting to the more traditional concept of ministry as an instrument of grace and salvation, providing the beneficiaries respond with faith in the promise of Christ, and providing the specific ministry is activated by the Spirit of Christ. This evolution is expressed fully in BEv 1536, Preface, *4a-b: "quae fit sacro ministerio … exhibitio spiritus Christi, remissionis peccatorum atque regenerationis quae fit verbo Evangelii, absolutione Ecclesiae". See also *ibid*, 43A-B, 611B–C (= BOL 2, 131-3); BRm 1536, 289 col 1.

absoluti, Spiritum acciperent vivendi recte ac ordine – verum ut etiam morbis aliisque malis quae propter peccata immituntur, liberarentur.

<[8]CLAVIUM POTESTAS[8] ORDINARIA> At haec facultas Spiritus ordinaria non est. Existebat frequens, ubi evangelium initio orbi commendandum erat, postea remissa est. Ordinaria illa facultate solvendi ecclesiae commissa[9] in gratiam Dei reponuntur homines, si fide absolutionem ecclesiae amplectuntur – et tantum simul cuique remittitur poenae, quantum divina dignatio, statuerit. De modo certaque ratione huius poenae vel infligendae vel remittendae nihil in universum ecclesiae commissum est[10]. Quod enim Paulus quosdam *Satanae* tradidit corpore quoque adfligendos, et rursus eius vi liberavit [cf. 1Cor 5,5] – virtutis erat illius peculiaris, qua cum eum tum alios initio ecclesiae Dominus pollere voluit.

<QUAS POENAS ECCLESIA INFLIGIT ET REMITTIT> Cum vero nihil magis unum, quam debeant [C7r] esse inter se Christiani, nulla obedientia plenior quam evangelii, nulla cura corrigendi, quae irrepunt vitia, acrior, quam adhibent, qui se vere patres et episcopos ecclesiae praestant – habet et ecclesia suam vindictam scelerum, suas quoque de peccantibus sumit poenas, non quidem ut iis quod peccatum est, aboleant (id enim solo *sanguine* Christi [cf. Eph 1,7; 1Io 1,7] confit) – sed ut eorum seria poenitentia emendent et instaurent, quos peccantium flagitia corruperant et offenderant, tum eos ipsos sic humiliatos, cautiores reddant in posterum. De hac vindicta peccatorum divus Paulus meminit, I Cor. 5; II Cor. 7,[10-11]; 13,[9] et alibi [cf. 2Cor 2,5-10][11].

<IN QUOS VINDICTA ECCLESIASTICA OLIM EXERCITA SIT[12]> Eiusmodi vindictam in eos veri olim episcopi exercebant, qui vel flagitiis suis ecclesiam

---

[8-8] Cf. Mt 16,19. See BEv 1530, 138C–139B; BEv 1536, 353B–359B (expanded to take more account of patristic sources); *Furbereytung*, BDS 5, 306ff. Cf. Stephens, *Holy Spirit*, 158-159; Burnett, *The Yoke of Christ*, 72-75.

[9] That is, in contrast to the charismatic operation of the Spirit among the apostles, the Spirit now functions mediately through the ecclesiastical ministry, cf. *Bericht* (1534), c 7, BDS 5, 161-164; Dokumente zur Synode V, text a): *Contra B. Wacker*, ib. 423-426. Bucer was stressing the point at this time due largely to the presence of Schwenckfeld and other Spiritualists in Strasbourg, see McLaughlin, *Caspar Schwenckfeld*, 88, 146-68, 171-8; Gerber, *Sectenbewegung*, 170.

[10] Ap: ACT, to a 16, BDS 3, 271, 17-22 (*i*, there *r* to canons & Burckhard of Worms). Cf. BEv 1536, 86D. Opposed is the schema of contritio / confessio / satisfactio, cf. *Decreti* 2a, 33, q 3 de poen, d 3, c 8; Lombard, IV *Sent.*, d 16, 1; Thomas, *S th*, 3a Suppl, q 12-15; Burkhard of Worms, *Corrector* 19, MPL 140, 949ff.; Altenstaig, *Vocabularius*, s. vv. 'Satisfactio', 'Reatus', 'Poenae'. See also *Consil. theol.*, BOL 4, 104, sect. 425. Cf. Burnett, *The Yoke of Christ*, 34-5.

[11] See Cochlaeus, *Philippica* 3, 22-26, BHRef 54, 103-106 (there: critique of Lutheran reticence about works of penance). Cf. *Consilium*, Pollet 2, 511,26–512,7; Appendix, 145-6 (there: positive attitude to proper penance); *Von der waren Seelsorge*, BDS 7, 165 ff. (NT precedents). See Burnett, *Yoke of Christ*, 76-77.

[12] Ap: CT, a (X)/12, BDS 3, 81-83; ACT, to a 16, BDS 3, 271,4-12 (*i*, & patristic references).

palam contaminassent – vel acti vera eorum, quae clam admisissent poe-
nitudine[13], ipsi se castigationi ecclesiasticae ultronea confessione obtulis-
sent. Ea vero castigatio constabat: ieiuniis, vigiliis, accubationibus[14] in
terra, eleemosynis, precibus et caeteris cum carnis castigationibus tum
pietatis exercitiis. His dicebantur homines "satisfacere"[15] pro peccatis, non
quod eo pacto compensare possent, id quod peccassent – sed quod eiusmodi solidae paenitentiae attestatione, ecclesiam rursus aedificarent, quam
suis improbe admissis, laeserant – tum etiam [16]petulantiam carnis[16] suae
ea ratione retundebant. Inde ea "satisfactio" a divo Augustino definiebatur
[17]"esse peccatorum causas [C7v] excindere, et eorum suggestionibus aditum non indulgere", De dogmatis ecclesiasticis, cap[ite] 54 (or 24).

<POENITENTIA NON HODIE[c]> Sed ubi vigilantia et studium episcoporum
refrixit, coeperunt condi leges – et praescribi quantum cuique pro quilibet
peccato indici ieiuniorum[18], vigiliarum, precum et eleemosynarum[19] debe-
ret. <CARRINA> Hinc illae poenitentiae, per omnem vitam, per septennium,
ieiunium quadragenarium[20], in pane et aqua, quod vulgo dicebatur "Carrina"[21] – et caetera quae leguntur in Poenitentialibus romanis[22], et aliarum
ecclesiarum. Ubi vero iam ista severitas puniendi delinquentes in ecclesia
in literis[23] potius quam in hominum observatione locum haberet, inventa
statim ratio est, eleemosynis et recitatione psalmorum ieiunia redimendi[24].

<QUID INDULGENTIAE[25]> [26]Hinc ortae indulgentiae sunt, 'condationes'[27]

---

[c] uoshae!

[13] Ante- and post-classical for 'paenitentia', cf. Blaise, *Dictionnaire,* 588-9.

[14] Rare colloquial Lat. form of 'accubitio', here 'prostration'. Part of the penitential action of
exomologesis, see Tertullian, *De paenitentia,* 9, 3-4, MPL 11, 1354B; CCL 1, 336. Ap: ACT, to
a 16, BDS 3, 271,6-7,11 (*i,* there: "uff der erden liegen", *r* to Tertullian.*).

[15] > Tertullian, *De paenitentia,* 5, 9, MPL 1, 1346A; CCL 1, 328,33.

[16-16] > Gregory the Great, *In evangelia homilia* 9, 1, MPL 76, 1106C

[17] Ap: *op. cit.*[= ps.-Augustine, i.e. Gennadius of Marseilles], MPL 42, 1218 (*re*).

[18] Bucer returns to the issue of fasting in c 12 below.

[19] Cf. BEv 1536, 155A–B.

[20] For critique of contemporary Lenten practices as an "institutio superstitiosa" compared to the
original good voluntary practice, see BEv 1530, 30C–31D; BEv 1536, 73A – 77A.

[21] Carrina = Carena > Quadragena > Quadragesima, i.e. the forty-day Lenten fast. See
Niemeyer, *Lexicon,* 144; Du Cange, *Glossarium* 2, 167. Cf. Burckhard, *Corrector,* MPL 140,
951; LThK[2], 2, 940D. Ap: ACT, to a 8, BDS 3, 250,21–253,2 (*i:* there adv: ConfCT, *Paetzold*
21,1 ff. / 84,15ff.); 271,15 (*i*).

[22] E.g. Burkhard of Worms' *Decretum,* lib. 19 [= *Corrector*], MPL 140, 949ff.; selections in
McNeill & Gamer, *Medieval Handbooks,* 321-45. Cf. Schmitz, *Bussbücher und Bussdiziplin,*
passim; Fournier–Le Bras, *Histoire des collections* 1, 369 ff. Jungmann, *Die Lateinischen
Bußriten,* 68 ff.; Michaud-Quantin, *Sommes.* Cf. *Von der wahren Seelsorge,* BDS 7, 177.

[23] That is, indulgence letters.

[24] Allusion to the medieval evolution of the *commutatio* or *redemptio* of the original penitential
prescription, see G. Benrath, s.v. 'Ablaß', TRE 1, 348. Cf. Lea, *History of Indulgences* 3, 9-11.

[25] Cf. *Consilium theologicum,* BOL 4, 104-106.

illae pontificae[26] quibus 'indictas poenitentias'[28] (quas vocant) pontifex certam pactus pecuniam[29] remittit et caetera. Hoc inventum tam recens[30] est, ut Magister sententiarum nihil de eo meminerit. Deinde eleemosynae conversae sunt in longe alios sumptus – quam quibus necessitates relev-entur[d] pauperum[31].

<POENITENTIAE EVERSIO> Huic manifestae poenitentiae eversioni et totius disciplinae ecclesiasticae abolitioni certe non assentimur. Utinam autem salutarem illam severitatem ac disciplinam (quam apostoli et probi olim episcopi in ulciscendis peccatis eorum qui in obedientiam se evan-gelii [cf. Rm 10,16] tradiderunt, observarunt), laborarent ii restituere qui hodie rerum ecclesiasticarum potiuntur [C8r] in nobis profecto nihil desy-deraverint obsequii[32].

<QUID VALEANT ALIENA MERITA> Ergo commenta ista, de certa recte factorum, et innocenter perlatorum mensura – [32]quam homines excedere etiam valeant, de operibus supererogationis et dispensatione horum pon-tificia[33], excogitata profecto sine scriptura, sine autoritate veterum, denique sine ratione (quid dico sine his? – imo contra haec omnia), plane reiecimus et hodie repudiamus.

<VERA SATISFACTIO> Eam autem agnoscimus esse Domini in suos dig-nationem, ut hi veris animi planctibus, et carnis suae castigationibus, sanc-tis precibus, eleemosynis, et id genus aliis religiosis actionibus, eluere va-leant, quae cum ipsi, tum pro quibus ad Dominum intercedunt, mala meriti sunt. Quod Achab regi alioqui impio sua [e]qualis qualis[e][34] poenitentia hu-miliatio proposuit, scriptura testatur [1Par 21,25-9][35]. Iam nec frustra fuit quem sibi divus Paulus luctum indixit pro eis qui, cum peccassent, nullam egerant poenitentiam [cf. 2Cor 12,21].

[26-26] Perh. ap: ACA, BSLK, 290,175 (same *i*).

[27] 'Pardons'. Before the thirteenth century, *condonatio* was used rather than *indulgentia,* see Benrath, s.v. 'Ablaß', TRE 1, 347. Used by Bucer, BSyn 1, 199v.

[d] relevetur *emend*. – [e-e] qualis

[28] That is, the prescribed works of satisfaction pertaining to the sacrament of penance, origi-nally prior to absolution, but latterly subsequent to it.

[29] Cf. BEv 1536: 'Merita et intercessiones sanctorum vendere, qualis impostura', 464D. See Lea, *History of Indulgences* 3, 157-8.

[30] That is, the purchase of pardons, from the fourteenth century onwards.

[31] Cf. Luther, 95 *Theses*, nos. [42-43], WA 1, 235,20-23.

[32] Cf. *Consilium*, Pollet 2, 511,26–512,7; Appendix, 145-6.

[33-32] See c 4 above. Cf. *Consilium theologicum*, BOL 4, 105, sect. 428.

[34] Post-classical for 'qualiscumque'.

[35] Ap: CTConf, to aa 8-9, *Paetzold*, 19,24 / 83,23 (*ti*). Cf. ACT, to a 8, BDS 3, 248,8. See also Fisher, *Assertionis luth. conf.,* in *Opera*, 396ff., 512 5; Eck, *Enchiridion,* cc 9, 14, CCath 34, 126, 165.

Omnem tamen hanc vim vel propria vel aliena peccata per opera poenitentiae eluendi sola niti *misericordia Domini* [Ps 102,17] et merito Christi
[cf. Eph 1,7; 1Io 1,7], ut credimus, ita testamur[36]. Fatemur item eam esse
ecclesiae communionem et mutuam *Spiritus s[ancti]* totiusque divinae
beneficentiae *subministrationem* [2Cor 3,8; Phil 1,19], ut alii aliorum gratia ingentia a Deo beneficia, cum interna tum externa percipiant – ecclesiae
quoque praesulum esse, et de sceleratis et flagitiosis in ecclesia poenas
sumere, et vere poenitentibus rursus remittere, nemo apud nos inficiatur,
ita tamen ut utrumque [37]ad pietatis instaurationem[37] dirigatur.

[C8v] Quorum officii et illud esse agnoscimus, iis qui quae clam pecca-
runt, ultro confitentur, et vero impulsi dolore[38], expiare illa quaerunt, satis-
faciendi rationem praescribere. Haec sunt et divinis tradita literis et observata ab iis qui quod audiebant, Christi cum plebes tum ministri, id esse
quoque studebant. Ea nos tam non submovimus, ut cum ignavia et secor-
dia[39] praesulum pridem obsoleverint[f] adeo, ut nullum eorum expressius
appareat vestigium, restituere unice conemur[40]. Ne in his igitur quicquam
est, cur quis iure nos 'defectionis'[41] ab ecclesia Christi, vel repudiatae observationis maiorum criminetur.

---

[f] obsolverint *emend.*

[36] Cf. BEv 1536, 85 B–87A, 551C.

[37-37] Bucer's real interest: repentance and penance are not simply the settling of accounts, but
the beginning of a new life. Cf. BEv 1536, 58D–59A, 87A.

[38] Contrition.

[39] = socordia

[40] Cf. Ceneau: "Hoc imprimis servandum erit, ut haeresis, et schisma, de medio tollatur, et
eorum loco succedat, legum et canonum sacrorum obedientia – quibus rite exhibitis, facile futurum existimo, ut omnes audiantur, quicunque charitatis christianae zelo ducti, super ecclesiasticorum moribus, ad eorum emendationem, correctionis et emendationis verba, protulerint",
Axioma, 6v.

[41] Cf. Ceneau: "Vos ... matri ecclesiae rebelles ... et desertores ... estis", *ibid.,* 43r.

[CAPUT 6]

[QUID PROPRIE FIDES, AN EA ADMITTAT INCERTITUDINEM[1]]

[C8v cont.] <DE CERTITUDINE FIDEI[2]> Est vero et in iis, quibus [3]fidei inge-nium[3] exponimus, quo a scholae placitis (cum Dei decretis inhaerere libet) deflectere necesse fuit. Id vero est, quod scholastici [4]veram fidem, eam quoque habent, quae *mortua est* [Iac 2,17,26], hoc est, *per dilectionem* non *operatur* [Gal 5,6][4] – et quod sive ex hoc ipso errore, sive ex propria de Dei bonitate diffidentia negant, [5]quemquam posse de salute sua (vel, an sit in gratia Dei) *certum* [2Tim 1,12] esse[5] – quorum neutrum sanctis patribus et vere credentibus unquam in mentem venit.

Hisce profecto commentis, ut tota fidei natura destruitur, ita fatemur nos illa quantum possumus reiicere et damnare, sed cum et id non nisi per scripturam et sanctorum patrum autoritatem, imo per ea quae ipsi scholas-tici de fide docent, facimus (consentiente ipsa sanctorum ex–[D1r]perientia[6]) – ne hinc quidem haereseos notam nobis ut quisquam inurat, causam habet a nobis.

Omnes agnoscunt fidem esse [7]'assensum', qui persuadente Spiritu sancto probetur verbis Dei – [8]et non uni et alteri, sed omnibus, quae quidem nobis ille revelarit[8] – cumque verbis Dei, [9]'veritate prima', hic as-

---

[1] See BRm 1536, 454. In Franciscan-Scotist tradition, certitude of grace was a possibility, see Jedin, *Konzil von Trient* 2, 238-52. In Thomas, incertitude is normal, but not absolutely, cf. *S th,* 1a2ae, q 112, a 5; 2a2ae, q 18, a 4; yet he affirms cognitive certitude of faith as assent, and of hope and mercy, but apart from grace. Cf. Cochlaeus, *Philippica* 3, §§ 43-4, 46, BHRef. 54 (1), 116-9.

[2] Cf. BPs: "Persuasio cordis certa et indubitata, quam alias Paulus πληροφορίαν [Col 2,2], id est, experientem quandam spiritus certitudinem vocat", 21B. Cf. c 2, n. 4 for further references.

[3-3] On faith in general, see BEv 1536, 218D–225A; BRm 1536, 14-23 (Engl.: Wright, *Common Places,* 172-96), 212-33; ACT, to aa 3-5, BDS 3, 235-237; *Furbereytung,* BDS 5, 281-9.

[4-4] Ap: Thomas, *S th,* 2a2ae, q 4, a 4, ad 2 (*p*). For Bucer, "dead faith" is "no faith", see *Fur-bereytung,* 285,17ff.; BRm 1536, 206 col 1; BRm 1562, 219A. Similarly Melanchthon, *Loc. com.,*MW 2/1, 92,4-6 (CR 1, 162). In Thomas, dead faith is incomplete ('informis'), loveless and deprived of grace, not yet 'formata', *ibid., loc. cit.*; also q 119, a 5, ad 1 ('fides formata'). Cf. Lombard, III *Sent.,* d 23, c 3, n 157, MPL 192, 805; Biel, III *Collectorium,* d 23, q 2, a 1, n 1, *edn. cit.* 3, 404,34-9. See Laemmer, *Vortridentisch- katholische Theologie,* 147-51.

[5-5] Having emerged at the Luther-Cajetan consultation in 1518 (see *Acta Augustana,* WA 2, 7,35-37), the issue featured in the Paris *Determinatio* (1521), a 12, cf. Bos edn. 85-6 (CR 1, 367-83). Cf. Hefele-Leclercq, *Conciles* 8/2, 760-72.

[6] In part adv: Thomas, who granted little cognitive value to experience, and so sits on the fence about Abraham's 'fear of the Lord', see *S th,* 1a2ae, q 112, a 5, resp ad 5.

[7] Ap: *ibid.,* 2a2ae, q 4, a 1 crp, a 2 resp (*ie*). Cf. e.g. Alexander of Hales, III *Glossa,* Quaracchi edn. 3, 274,20-21.

[8-8] Ap: Thomas, *loc. cit.,* q 1, a 1, resp (*p*).

[9] Ap: Thomas, *Summa contra Gentiles* 1, c 62, §§ 515-9; *S th,* 2a2ae, q 1, a 1,1 (*i*).

sensus nititur, fatentur [10]fidem omni scientia esse certiorem. Nemo igitur vere [11]Christo credet[11], qui non et in eo fidem ei habet, cum nobis, dum sibi credimus, *vitam aeternam pollicetur* [1Io 2,25].

Id autem si vere credimus, et ei credimus, ut [12]veritati primae, quae ut non falli, ita nec fallere potest[12], quid quaeso loci maneat ulli dubitationi? Si iam nulla superest dubitatio, sed ut ipsi agnoscunt scholastici, [13]maior est hic certitudo, quam si id "scientia" teneremus, qui poterit in hac fide non esse de vita aeterna certitudo? Hanc enim Dominus pollicetur, non quoddam eius initium quod iterum evanescat. Quis homini dicitur solide fidem habere, si de promisso eius apud se adhuc dubitet?

At quicquid confirmet homo, si id ex se cognosci non datur, quamlibet credas, et te certum dicas, falli tamen cum possis, obrepit interdum quaedam de opposito formido[14]. Nemo enim hominum non potest et falli et fallere – at si eam formidinem admiseris, recte diceris de promisso eius-modi dubitare, atque ideo nondum ei plene credere, fidemve verbis eius accommodare. Et scilicet Deo "qui nec falli nec fallere potest"[15], Verboque efficit quicquid libuerit, di–[D1v]cemus eum credere, eiusque verbis fidem deferre, qui tamen de eius pollicitatione etiamnun haesitat?[16] Atqui si non dubitas, certus es. Necesse est[a] ut quicunque Christo vitam aeternam polli-centi vere credit [cf. Io 10,25-8] – is se huius aeternae vitae fore compo-tem, nihil prorsus addubitet – ac inde [17]certa eius *spe*[17] *et expectatione* [Phil 1,20] vivat.

---

[a] *omit.*

[10] Ap: Thomas, *S th*, 2a2ae, q 4, a 8 (*i,* there: the knowledge of 'fides informis' is certain as the object of assenting faith; such assent is to divine truth, whereas ordinary truths can be uncer-tain.) See also *ibid.*, 1a2ae, q 18, a 7 ad 1; 2a2ae, q 4, a 4. Contested by Bucer, ACT, to aa 3-5, BDS 3, 235,3-6; BEv, 223A. Cf. Melanchthon, *Loc. com.,* MW 2/1, 88-92 (CR 21, 1159-162)

[11-11] The form 'Christo credere' is rare, > Arnobius, *Contra gentes*, 2,11. Bucer also uses 'Deum credere' below, and at BRm, 20ff., 'in Deum (Christum) credere' (there: discussion of variations), see Wright, *Common Places* 199, to nn. 81 & 82. Bucer affirms the inseparability of 'habere fidem' and 'credere', a precondition of 'certitude'. Cf. *Lang*, 323-4; Strohl, *La Pen-sée,*39ff.; Müller, *Bucers Hermeneutik*, 22-31; Stephens, *Holy Spirit*, 62-7;

[12-12] Perh. ap: Biel, III *Collectorium*, d 23, q 2, a 1, not 1, *edn. cit.* 3, 408,31-2; 409, 32-5 (*ie*).

[13] See nn. 1 & 10.

[14] Ap & adv: Thomas, *S th*, 2a2ae, q 7, a 1 (*i*).

[15] Ap: Augustine, *Sermo* 330, MPL 38, 1457 (*e*).

[16] Cf. Cochlaeus, *Philippica* 3, § 46, BHRef 54, 118,21-2 (there: the divine promise is certain, but individuals are uncertain if they are worthy of it).

[17-17] For Bucer, certitude of faith and of hope are inextricable, in contrast to the Scholastic sepa-ration, e.g. Latomus, *De fide et operibus*, 141v C-D (there: faith as assent knows no fear, but hope involves subjective anxiety).

<LOCUS ECCLESIASTAE 9 MALE INTELLECTUS[18]> [19]Fefellit istos novos theologos, quod vulgata lectio in Ecclesiaste, cap[ite] 9,[1], habet[19]: *Nescit homo an sit amore vel odio dignus,* id quod nec in hebraeo, ne editione graeca, nec in versione divi Hieronymi legitur[20]. Salomon hoc loco non id agit[21], quod [22]incerti sint de sua salute sancti, ii enim gloriantur. Spero in Domino, non *confundar* [cf. Ps 25,2; Rm 5,5]. Confido Domino, nec nutabo illud docere voluit, fortunam mortalium etiam sanctorum, sic varie a Domino dispensari, ut *nemo possit vel amorem vel odium* eorum, id est, quae amant vel odiunt, expetant vel fugiunt, *cognoscere* [Ecl 9,1] – hoc est, praescire quid horum illis eventurum sit[23]. Adducunt[24] et illud Pauli: *Sed nec me ipsum iudico* et *nihil mihi conscius sum, sed in hoc tamen non sum iustificatus,* 1 Cor. 4,[3-4]. Sed nec eo quidem id evinci potest, sanctos non esse certissimos se propitium [cf. Ps 78,38] habere Deum et Patrem.

<SANCTI SUO IUDICIO DIFFIDUNT, SED CONFIDUNT IUDICIO DEI> Divus Paulus voluit hoc loci temeritatem iudicii apud Corinthios de ipsorum apostolis et doctoribus, in utramque partem tollere – eo illud scripsit, se non morari, quid humano de se iudicio statuerunt – imo ne ipsum de se,

---

[18] See BRm 1536, 17 col 2–18 col 2, where Bucer claims that devout people knew certitude, contrary to what they were taught, and some teachers of incertitude had certitude privately. Cf. ACT, to a 16, BDS 3, 268,41–269,27. See Oberman, *Masters*, 80-90.

[19-19] E.g. Bonaventura, IV *Sent.,* 20, 1, dub 1 (citing Augustine, *Sermon* 393, MPL 39, 1713); Thomas, *S th,* 1a2ae, q 112, a 5, resp; Biel, *Canonis missae expositio* I, 8 L, VIEGM 31, 60; III, 64 L, 72 L, VIEGM 33, 65, 69, 194; Lyra, see n. 22 below; Cochlaeus, *Philippica* 3, § 44, BHRef 54, 117,23. Its popular use as a goad to acquire merit is seen in Ludolf of Saxony's *Meditationes*, see Oberman, *Masters*, 86, n.120.

[20] His incomplete translation of the Septuagint which included Ecclesiastes, but only survived in his Commentary, see Kelly, *Jerome,* 158-9. See also Wright, *Commonplaces*, 198, n. 51.

[21] Ap: Jerome, CSEL 72, 321 (*p,* there: Job did not doubt God's love despite afflictions). Cf. *The Zurich Bible:* 'Vnnd das der mensch nit weißt ob er genäm oder vngenäm sey, sy habends alle gleych vor jnen'; Luther: "Et tamen amorem uel odium non cognoscit homo, ullius qui est coram illo ... utrunque active accipio", *Ecclesiastes,* WA 20,158; Sebastian Münster, *Biblia hebraica,* ad loc: "et nec dilectionem, nec odium agnoscit homo, sed omnia sunt ante eos", and refers to Rabbi Salomon's interpretation that the suffering righteous and wise did not doubt their standing with God – adopted by Cajetan, *Evangelia ... commentarii* 3, 624 col 1. Bucer appeals elsewhere to Rabbinic exegesis (Isaac ibn Ezra), that God's meaning in the vicissitudes of life is inscrutable, see ACT, to a 15, BDS 3, 269,16ff. Cf. *Wormser Buch*, BDS 9/1, 384,15f.

[22] E.g. Lyra, *Postils,* in *Biblia sacra,* ad loc, though by divine revelation, the saints may have certitude 'ex speciale gratia', as in Thomas. For the continuing old Church thesis of incertitude, cf. e.g. De Castro, *Adv. omnes haereses,* 110; Cochlaeus, *Philippica* 3, §§ 42-3, 46; Latomus, *De fide et operibus,* 141v, C–D.

[23] Cf. Luther, *Ecclesiastes,* WA 20,158 (there: adversity or prosperity in this life is not foreseeable, the passage does not refer to one's status with God). See Wölfel, *Luther und die Skepsis,* 243ff. Cf. Melanchthon, *Loc. com.,* MW 2/1, 119-21 (CR 21, 188-9). See Maurer, *Der junge Melanchthon* 2, 377-81.

[74] E.g. Alexander of Hales, III *Glossa,* Quaracchi edn. 3, 411, 428; Thomas, *S th,* 1a2ae, q 112, a 5, resp; Cochlaeus, *Adv. cucullatum Minotaurum,* CCath 3, 44,33–45; De Castro, *Adversus omnes haereses,* 110; CAConf, CCath 33, 85,10.

quanti esse debeat, pronunciare [cf. 1Cor 4,5]. Nam et si *nihil sibi conscius sit, in eo tamen se non esse iustificatum* [1Cor 4,4], [D2r] hoc est, probatum, noverat siquidem se ex gratia Dei, non ex propria iustitia iustificari.

De hac autem gratuita Dei iustificatione [cf. Rm 3,22,24] tam *certus* erat, ut gloriaretur se *nulla* prorsus *re a dilectione Dei separari posse,* Rom. 8,[38-9]. *Testimonium* enim illud *Spiritus sancti,* quod *spiritui* sanctorum perhibet, eos *esse filios Dei,* ac ideo *haeredes* [Rm 8,16-7], ut vanum esse nequit, ita maiorem omni scientia certitudinem offert. Quod testimonium cum nemini qui quidem Christi sit, deese possit, nam *qui hunc Spiritum non habent, ii non sunt eius,* Ro. 8,[9]. Nemo fuerit vere Christianorum, qui se charum haberi Deo, quia Filium, et *aeternae saluti* [Hbr 5,9] destinatum [cf. Rm 8,29-30] queat ambigere. Dicunt omnes: In *te Domine, confisus sum,* non *confundar* in aeternum [Ps 25,1-2].

<SCHOLASTICI CERTITUDINEM GRATIAE NEGANT, QUAE PER SCIENTIAM EST> Verum qui saniorum scholasticorum hic verba pressius consyderet, non certitudinem fidei, sed scientiae[25] videntur negare, cum negant homines posse certos esse, si sint in gratia Dei. Thomas certe in q[uaestio] 112, ar[ticulus] 5, obiiciens sibi illud Pau[li], 1 Cor. 2,[12]: *Accepimus Spiritum, qui ex Deo est, ut sciamus quae sunt donata nobis,* respondet, [26]hoc deberi intellegi "de donis gloriae, quae sunt nobis data in spe, quae certissimae agnoscimus 'per fidem'" – subiicit quidem de gratia secus esse, sed sentiens id cum iam dictis pugnare, ad [27]'peculiarem' confugit 'revelationem'.

At in Sol. (ad Secundam) scribit [28]"de ratione fidei esse, ut homo sit certus de his quorum habet fidem". Iam fides de eo praecipue est, quod promisit Deus se nobis fore Deum, remissurum peccata, donaturum vitam aeternam, hoc est, [29]nobis[b] favere, et esse in gratia eius[29]. [D2v] Sed in praecipua ratione qua hoc scholae dogma confirmare annititur, clarius apparet, eum de scientiae, non fidei certitudine sensisse. Nam probationem inde ducit, [30]quod gratiae principium, ipse Deus, nobis incognitus sit, at quod certo cognoscitur, eius oportere principium habere cognitum[30]. Iam Deus, ut propitius peccata condonans, vitam aeternam largiens, [31]fidei non

---

[b] no his

[25] Cf. Thomas, *S th*, 1a2ae, q 112, a 5, resp ad 2 (there: intellectual certainty need not involve grace).
[26] Ap: *ibid.,* resp ad 4 *(re).* 'Per fidem' here means 'assent' or 'subscription'. Cf. Biel, III *Collectorium*, d 23, q 2, a 1, not 1, E, *edn. cit.* 3, 409,5-6.
[27] "Notitia privilegiata, quae est per revelationem", *loc. cit.,* and see n. 34 below. Cf. Biel, *ibid.,* 408,27-39; 411,24-27.
[28] Ap: Thomas, *S th*, 1a2ae, q 112, a 5, resp ad 2 *(re).*
[29-29] Grace is the favour and merciful good will of God, not an intrinsic or acquired 'quality'. Cf. Melanchthon, *Loc. com.*, MW 2/1, 85-87 (CR 21, 157-159).
[30-30] Ap: Thomas, *S th,* 1a2ae, q 112, a 5, resp § 2 *(p).*

est incognitus, sed rationi tantum[31].

Miserandum, ut hic vir alioqui non indoctus nec irreligiosus, hic se torquet. Quanto rectius et planius scribit de his divus Bernardus, licet eadem lectione loco illius Ecclesiaste 9,[1] usus: *"Quis* (scribit[32] in *Sermone* 5, De dedicatione [ecclesiae]) *poterit salvus esse?* [Mt 19,25], dicunt discipuli salvatoris. Et ille: *Apud homines hoc impossibile est, sed non apud Deum* [Mt 19,26]. Haec tota fiducia nostra, haec unica consolatio nostra, haec tota ratio spei nostra. Sed de possibilitate iam certi, de voluntate quid agimus? Quis scit *si dignus est amore an odio?* [Ecl 9,1]. *Quis novit sensum Domini? aut quis consiliarius eius fuit?* [Rm 11,34]. Hic iam plane nobis fidem subvenire necesse est, hoc oportet sucurrere veritatem, ut quod de nobis latet in corde patris, nobis per ipsius Spiritum reveletur, et *Spiritus* eius testificans, persuadeat *spiritui nostro quod filii Dei sumus* [Rm 8,16]". Haec ille.

At vero hoc *Spiritus sancti testimonium* [Rm 8,16], ut diximus, penes omnes est, qui *Spiritum* habent *Christi* [1Pt 1,11][33], hoc est, qui *sunt Christi* [Phil 2, 21]. Christiani ergo [D3r] non sunt qui misercordia in se Dei haesitant, nec est ista gratiae Dei certitudo [34]"privilegium" (ut vocant), intelligentes donum paucorum, sed eorum qui Christo vere credunt [cf. Io 3,16] omnium [cf. Act 2,39]. Ita nemo non orthodoxorum patrum sensit, nos itaque cum ipsis sentientes, et quae illi, docentes, pravae "novationis" nec ex isto quidem dogmate postulari possumus[35].

[31-31] Ap: *loc. cit (p)*, and since his presence or absence cannot be rationally verified, his grace is equally undemonstrable. Bucer's target is the notion that subjectively, faith is inferior to reason.

[32] Ap: MPL 183, col 533A–B; *S. Bernardi opera* 5, 393,2-10 *(re)*.

[33] Cf. BEv 1536, 72C – the inseparability of faith and love is due to the coinherence of faith, grace, the Spirit, and election. Cf. Melanchthon, *Loc. com.*, MW 2/1, 87 (CR 21, 158), (there: Lombard cited in support of similar notion, I *Sent.*, d 17, 2 MPL 192, 564).

[34] Ap: Thomas, *S th*, 1a2ae, q 112, a 5, resp *(ie)*. Cf. n. 27 above.

[35] Cf. *Consilium, Pollet* 2, 517,14-32; Appendix, 151-2.

[CAPUT 7]

[DE FIDE ET OPERIBUS][1]

[D3r cont.] <AN PIE DICTUM SOLA FIDE IUSTIFICAMUR> Flagellant nos theologi scholastici[2] nostri temporis et in eo quod dicimus, "sola fide"[3] nos iustificari et servari, cum id tamen aperte Paulus adfirmet [cf. Rm 3,24-8], et si sit non usus hac voce "sola"[4]. Nam cum Rom. 3,[28] scribit, nos *iustificari fide, sine operibus legis*, et in Ephesiis 2,[8-9] *ex gratia* [...] *non ex operibus*, absolute certe re ipsa dixit, nos "sola fide" iustificari et nullis operibus. Haec si legis opera, etiam si per ea caeremonias dumtaxat intelligas[5], hic nihil valent nec valebunt ulla alia. Quae enim fingas meliora iis quae in lege sua praecipit Deus? Nec enim de caeremoniis legis Paulus eo loco loquitur, quae exhiberentur post revelationem Christi, cum scilicet aboleri debuerunt. [6]Exemplum *Abrahae* [Gen 15,6] adducit [cf. Rm 4] qui fide sit iustificatus et nullis operibus[7] – et ex eo colligit, neminem prorsus ex operibus sed fide omnes iustificari, quicunque ullo tempore iustificationis compotes facti sunt, et adhuc erunt.

Deinde gratiam et opera ita componit, Rom. 4 et 11, ut si dicas te iustificari ex operibus, ne–[D3v]gasti iustificari ex gratia, et contra. Iam, 'fide iustificari', idem cum eo pollet, quid dicimus, 'iustificari ex gratia' [cf.

---

[1] See BEv 1530, 86C–89A; BEv 1536, 218D–225A, and *ibid.*, index s.v. 'opera', BOL 2, 583; BPs, 20-21; BRm 1536, 115-120; 129-130; 209–37; 370-373; BRm 1562, 99-106; 118-120; 221-252; 424-429; CT, a (II)/3, BDS 3, 49-63; ACT, to aa 3-5, BDS 3, 233-43.

[2] Cf. e.g. ConfCT, *Paetzold*, 9,13–16,15 / 76,26–81,16; Fisher, *Assert. luth. confutatio*, a 12, 230 (ad fin.), in *Opera*, 441; Eck, *Enchiridion*, CCath 34, 97-8; Cochlaeus, *Philippica* 3, §§ 3-14, 18-21, 27-49, 62, 66-68, BHRef 54, 82-90, 97-102, 106-121, 129, 131-136; Latomus, *Liber de fide et operibus*, in *Opera*, 133r ff.; Dietenberger, *Phimostomus*, c 10, CCath 38, 183-4; De Castro, *Adversus haereses* 7, 104v(K)–105r(A-C).

[3] Ap: ACT, to aa 3-5, BDS 3, 234,9–235,2 (*e*); not in CT, CA, nor *Consilium*. Cf. ACA, to a 4, BSLK, 174ff.

[4] Ap: Luther, *De libertate christiana*, WA 7, 51f. (*i*); WA, *Die deutsche Bibel* 7, Romans Preface, 7, 20,34; 39, to Rm 3,28; critique by Emser, *Luthers dolmatschung vber das nawe testament*.

[5] E.g. Herborn, *Enchiridion*, CCath 12, 30f.; Eck, *Enchiridion*, c 13, CCath 34, 156-7; CAConf, to a 6, CCath 33, 93,18–95,7. Cf. ACA, to a 4, BSLK ,178,45–179,24.

[6] "Pater et princeps omnium sanctorum", BRm 1536, 211. For Abraham as the paradigm of righteousness by faith alone, see Melanchthon, *Loc. com.*, MW 2/1, 88, 93-4 (CR 21, 159-60, 164). Not in CA nor CT, though by implication in ACT, to a 19, BDS 3, 289,5-9 and ACA, to a 4, BSLK, 179,53; 221,52-55. Cf. Forsberg, *Das Abrahambild*, 60-83.

[7] School theology, rejecting 'faith alone' as appropriate for Abraham, or conceding latterly its use as a "manner of speaking", affirmed that Abraham either merited justification or had a (synergistic) disposition for and intention of doing good, see Oberman, *Werden und Wertung*, 127. Cf. Cajetan, *Epistolae Pauli*, 210r (to Iac 2, 21-4); Fisher, *Assert. luth. confutatio*, a 31, 486ff., in *Opera*, 620; Eck, *Enchiridion*, c 5, CCath 34, 84, 94, 97, 99; ConfCA, to aa 5-7, CCath 33, 86-7, 90-1, 94-5.

Eph 2,8][8]. Fides enim promissionem[9] gratiae amplectitur, ea sola nititur – ut cum dicimus 'iustificari fide', id nihil aliud sit quam iustificari nos [10]amplectendo gratiam per fidem[10]. Si igitur omnis nostra iustificatio gratia Dei nititur, et hanc nullis operibus[11], non enim esset gratia, sed sola fide qua credimus Deo promittenti gratiam suam, excipimus – profecto vere dicitur, nos sola fide et nullis operibus iustificari, hoc est, *vitam aeternam* [Io 3,15-16] nobis adiudicari.

<IUSTIFICAMUR EX OPERIBUS> Verum et id tamen non imus inficias: *Iustificari nos etiam ex operibus*, ut divus Iacobus [2,24] dicit, *rependit* enim *Deus unicuique secundum* sua *opera* [Rm 2,6]. Et *non qui legem audiunt sed qui faciunt, iustificabuntur*, Rom. 2,[13] – sed est nostri iustificatio, id est, ultima vitae aeternae adiudicatio et exhibitio, nascitur et pendet ex iustificatione fidei ex qua et ipsa opera bona perveniunt[12], et habent id, ut licet ex se nihil minus valeant, vitam aeternam nobis mereantur. Inde sane, quod per fidem iam Deus nos inter *filios* [Io 1,12] suos habet, nostra ex eius Spiritu patrata opera ipsi tanti sunt, tantaque compensare mercede dignatur. Nos enim *inutiles servi sumus* etiam *cum omnia perfecimus, quae nobis praecepta sunt* [Lc 17,10]. [13]Ita principium, medium et consummatio salutis nostrae, ut gratia sola constat, ita sola fide percipitur, semperque verum est, *qui credit* in Christum, eum *habere vitam aeternam* [Io 3,15-16; 6,47][13].

[D4r] Ista s[ancti] patres egregiae agnoverunt, nec ut hodie scholastici nos calumniantur, hanc scripturae depravationem, sed idoneam verborum Pauli interpretationem censuerunt cum ex eo quod Paulus habet, *fide absque operibus* [Rm 3,28], vel *per fidem, non ex operibus* [Gal 2,16] – nos dicimus, 'sola' nos 'fide', et nullis operibus iustificari. Origenes in illud Ro. 3,[27]: *Ubi est ergo gloriatio tua?* et caetera, sic scribit[14]: "Igitur cum superius ostendisset Apostolus: *Quid esset amplius Iudaeo, aut quae utilitas circumcisionis* [Rm 3,1] – et docuisset *quia primis credita sunt illis eloquia Dei* [Rm 3,2] et per haec visus fuisset extollere eorum iactantiam, qua adversus Gentiles erigi solent – et rursum contra haec in sequentibus obiecisset, *iustitiam Dei per fidem Iesu Christi esse in omnes qui cre-*

---

[8] Cf. BEv 1536, 125A–B, 181A–B; ACT, to aa 3-5, BDS 3, 234,23-29.

[9] Ap: ACA, to a 4, BSLK, 170,22-32 *(ip)*.

[10-10] Cf. BEv 1536, 181A–B; *Consilium*: "Relinquitur et illud ex sola gratia nos nullis meritis servari, quam gratiam cum fide amplectimur priusquam quicquid operemur, confessum et hoc est, nos fide iustificari", *Pollet 2*, 511,7-9; Appendix, 145.

[11] Cf. Melanchthon, *Loc. com.,* MW 2/1, 107-112 (CR 21, 177ff.).

[12] Ap: Luther, Romans Preface, *Die Deutsche Bibel* 7, 11,22-23 (*i,* there: good works and faith are inseparable). Cf. Augustine, *De gratia et libero arbitrio* 7, MPL 44, 891-892.

[13-13] > Luther, *Wochenpredigten über Johannes 6-8*, WA 33, 161, 200 (there: same *i*).

[14] Ap: Barnes, *Sentenciae*, B2r-v (*et,* there: already *a,* and *e* begins at "Et dicit sufficere"). MPG 14, 952B–954C. Next two quotations also from Barnes, and in the same sequence.

dunt, neque habere aliquam distinctionem, sed omnes deliquisse Iudaeos et
Graecos, *et egere gloria Dei, et iustificari per gratiam ac redemptionem
quae est in Christo Iesu; ipsumque esse propitiatorium per fidem* [...] *et
iustificari omnem ab eo qui ex fide est* [Rm 3,22-26] – nunc iam velut con-
clusionem assertionum suarum ponens in hoc loco dicit: *Ubi est gloriatio
Dei?* [Rm 3,27] et caetera. Et dicit sufficere SOLIUS fidei iustificationem,
ita ut credens quis tantummodo, iustificetur, etiam si nihil operis ab eo fuerit expletum [...] [15]Per fidem enim [a]iustificatus est hic[a] latro sine operibus
legis, [b]quia super hoc Dominus non requisivit[b], quid prius operatus fuisset[c];
nec expectavit quid operis cum credidisset expleret, sed SOLA confessione
iustificatum comitemque sibi eum[d], paradisum ingressurus, assumpsit[15] [cf.
Lc 23,39-43]. [D4v] Sed et mulier illa quae Evangelio secundum Lucam
[7,48,50] refertur, quae ad pedes Iesu audivit: *Remittuntur tibi peccata.* Et
iterum: *Fides tua te salvam fecit, vade in pace.* Sed et in multis Evangelii
locis hoc sermone usum legimus salvatorem, ut credentis fidem[e] causam
dicat esse salutis eius [...] Igitur [...] iustificatur homo per fidem, cui ad
iustificandum nihil conferunt opera legis. Ubi vero fides non est, quae credentem iustificet[f], etiam si opera quis habeat ex lege, tamen quia non sunt
aedificata supra fundamentum fidei, quamvis videantur esse bona, opera-
torem suum iustificare non possunt, si eis deest fidem quae est signaculum
eorum qui iustificantur a Deo [...] Quis autem vel super[g] iustitia sua glori-
abitur, cum audiat Deum per prophetam dicentem: *Quia omnis iustitia
vestra[h] sicut pannus mulieris menstruatae?* [Is 64,6]. SOLA igitur iusti
gloriatio est in fide crucis Christi."

Ambrosius in illud Rom. 4,[5], *Credenti autem in eum* et caetera, in hunc
modum scribit[16]: "Hoc dicit, quia sine operibus legis credenti, id est, Gen-
tili in Christum, *reputatur fides eius ad iustitiam*, sicut Abrahae. Quomodo
ergo Iudaei per opera legis iustificari se putant iustificatione Abrahae –
cum videant Abraham non ex operibus legis sed SOLA fide iustificatum?
Non ergo opus est lex, quando impius per SOLAM fidem iustificatur apud
Deum. *Secundum* propositum *gratiae* [Rm 4,4] Dei – sic decretum dicit a
Deo, ut cessante lege SO–[D5r]LAM fidem gratiae Dei posceret ad salu-

---

[a–a] *omit.* – [b–b] *omit.* – [c] esset. – [d] *omit.*, also Barnes, > Er edn. – [e] *omit.*, also Barnes. – [f] iustificat. – [g] *omit.* – [h] nostra.

[15-15] In BJoh (1536) *John*, Bucer was to modify this view that the thief on the cross was saved
solely by faith – in the (Lutheranizing?) interest of integrating faith and works, see BOL 2,
xvii, xxxix-xl, 216, to. n. 103. However see below, Pt II, Excursus, on whether there can be
faith without love, where Bucer already suggests good works or love are integral to faith.
[16] Ap: Barnes, *Sentenciae*, B2v–3r (*et*, there: "sola" and "solam" capitalized). MPL 17,
82D–83A (Ambrosiaster). Cf. ACT, to aa 3-5, BDS 3, 234,22-23 (there: allusion to 'Ambrose'
and Hilary – see next quotation – as witnesses to 'fides sola').

tem. *Sicut ut David* [cf. Ps 31(2),1-2] *dicit* (hoc ipsum munit exemplo prophetae) *beatitudinem hominis cui Deus accepto fert iustitiam sine operibus* [Rm 4,6]. Beatos dicit, de quibus hoc sanxit Deus, ut sine labore et aliqua observatione, SOLA fide iustificentur apud eum[i]."

Hilarius in Matth[aeum], canone 8,[6] De discipulis[j], sic scribit[17]: "Movet scribas remissum ab homine peccatum [cf. Mt 9,2ff.]. Hominem enim tantum in Domino Iesu Christo contuebantur, et remissum est ab eo, quod lex laxare non poterat. Fides enim SOLA iustificat."

Et divus Chrysostomos, ille ardentissimus operum exactor, liberique arbitrii defensor, in illud Roma. 3,[27-8], *Gloriatio exclusa est. Per quam legem? Operum? Haudquaquam – sed per legem fidei*[18]: "Quae porro (inquit) fidei lex est? Per gratiam servari. Hoc loco Dei potentiam ostendit, quo videlicet non servarit solum, sed et iustificaverit, et in gloriationem adduxerit, operum quidem nihil indigens, sed fide TANTUM requirens – ἀλλὰ πίστιν ζητήσας μόνον."

Divum Augustinum non opus est hic testem adducere, cui haec loquendi formula[19] est familiaris maxime.

Sic scribunt ecclesiarum columnae. Nunc iudicate quotquot veritatem amatis. Num orthodoxe de fide credamus et doceamus, qui nihil vel sensu vel verbis etiam usurpamus [20]quod non et in divinis et in patrum scriptis ita nobis traditum sit?[20] Si iam nemo ita loquentibus sacratissimis illis ecclesiae [D5v] Dei proceribus in studio bonorum operum remissior factus est – nec nobis ita loquentibus quisquam erit. Non minus enim quam illi, id quod iuxta scripturam in eo loquimur, clare exponimus.

Affirmamus nulla (quamlibet sanctissima) opera valere ad id, ut salutem nobis adferant. Ea *enim donum Dei est,* inquit Paulus, *non ex operibus* Eph. 2,[8-9], fideque quam habemus Deo promittenti, percipitur, antequam quicquam boni operari liceat. Primum siquidem *opus Dei* (et reliquorum

---

[i] Deum. – [j] Scribis (possibly confusion with can. 14, '*De Scriba*')

[17] Ap: Barnes, *Sentenciae*, B 3r (*et*, there: 'canone VIIII'; "sola" capitalized). MPL 9, 961. Cf. ACT, to aa 3-5, BDS 3, 234,21-22 (there: Hilary allusion).

[18] Ap: MPG 60, 446,3-4 (*re*).

[19] E.g. *De spiritu et litera*, 29, 51: "Iustificatio autem ex fide impetratur", MPL 44, 232; CSEL 60, 207. This was translated in ACA Ger. to a 4 as "Gerechtigkeit aber erlangen wir *allein* durch den Glauben", BSLK, 182,27-28. While there are other similar Augustine-passages, the 'formula' of 'sola fide' is not found in Augustine, which may be why Bucer just makes a general reference here. Cochlaeus had cited 24 passages from Augustine's *De fide et operibus* and *De natura et gratia* "contra solam fidem", see *Philippica* 3, § 67, BHRef. 54(1), 132-135. 'Sola fide' is absent in *Consilium* (as in Melanchthon's), see *Pollet 2*, 510-511 (there: 'sola gratia' rather, 511,7), 519; Appendix, 145.

[20-20] Cf. *Consilium*: "Quod [docemus] ... id sic aperte in divinis literis exponitur, adeo decantatum est omnibus orthodoxis patribus", *Pollet 2*, 510,33-36; Appendix, 144 *ad. fin.*

omnium fons[21] est) *credere*, Iohan. 6,[29], quodque ubi adest, *vita aeterna est* [Io 6,40] – etiamsi nihil praeterea operum sequeretur. Deus enim nos servat, non ipsi nos, percipiendo iustitiam quam Christus nobis suo paravit sanguine, non praestando nostra opera, iusti salvique evadimus. *Gratis ex gratiae Dei iustificamur per redemptionem quam constat per Christum Iesum, quem Deus proposuit propiciatorem, per fidem nitentem sanguine eius*, Ro. 3[k],[24-5].

Atqui vera fides adfuerit, ibi tam non possunt bona opera non consequi[22], quam *non potest arbor bona non edere bonos fructus* [Mt 7,18][23], et Filius Dei non agere pro ingenio Dei, et Spiritus sanctus non facere quae sunt placita Deo. Ista nunquam non inculcamus[24]. Ex nostro itaque sermone nemo id accipiet, ut in operibus bonis cesset aut frigeat. Sed ut totus satagat potius, et totus ardeat, certus iis se gratificari ei quam iam summe diligit, et a quo donata sibi omnia persuasus est – tum etiam huius favore et indulgentia suam ipsorum *salutem* illis *perficere*, κατεργάζομαι, Philip. 2,[12-13].

[D6r] [25]Nihil itaque et in hoc dogmate de fide et bonis operibus inest, quod vir bonus erroris notare poterit[25]. Adversarii autem ita solent commendare, ut fidem in Christum ex qua sola bona opera perveniunt, evertant. Nam qui tantillum [26]fiduciae in opera sua collocat[26], huic non est *Christus omnia* [1Cor 8,6], ideo ne Christus quidem.

---

[k] 5

[21] Ap: Melanchthon, *Loc. com.*, MW 2/1, 114,10-12 (CR 21,183).
[22] See BEv 1536: 'Fidei fructus, opera bona', 200D; 370C. Cf. ACA, to a 4: "Dilectio etiam et opera sequi fidem debent", BSLK, 175,8-9. See Strohl, *La pensée*, 97-99.
[23] Cf. ACA, to a 18, BSLK, 312,3-4; BEv, to Mt 7,18, > Luther, *De libertate christiana*, WA 7, 61,30-32 (*t*).
[24] Ap: ACT, to aa 3-5, BDS 3, 237,6-8 (*i*). Cf. CTConf, *Paetzold* 9,17-18; 15,25-28 / 77,1-2; 80,34–81,1-2.
[25-25] *Consilium*: "Si modo viri boni ... hanc quaestionem excutiant, minimo sane negotio pulchre per omnia conventuri sint ... Perfacile igitur fuerit, ut in hac prima quaestione doctrinae sanctae, ex qua omnia ea fluxerunt quae novasse criminamur, consentiant boni", *Pollet 2*, 510,37–511,2; 23-25; Appendix, 144, 145.
[26-26] *Ibid*: "Quantum etiam fiduciae in propriis cuiusque satisfactionibus et meritis collocatum". *Pollet 2*, 510,31-32; Appendix, 144.

[CAPUT 8]

[DE INTERCESSIONE DIVORUM[1]][2]

[D6r cont.] <DE INVOCATIONE SANCTORUM> Porro ex hoc ipso fonte persuasionis de [3]operibus supererogationis aliud quoque [4]vitium ecclesiis obtrusum est – fiducia meritorum quae supersunt divis quibus scilicet niti volunt eorum pro nobis ad Deum intercessionem[4]. Nam veterum cultus[a] quem exhibuerunt divis, eo continebatur, Deum in martyribus praedicabant, et eorum agones ad commendandam roborandamque fidem in Christum celebrabant. Et ex hac fide in gratiam Christi 'sociari eorum meritis' (ut divus Augustinus loquitur[5]) et 'adiuvari eorum precibus' quaerebant. Dei misercordia sola confisi sunt, et confidere docuerunt.

Augustinus in homelia [46,17] De pastoribus[6]: "Sunt enim et montes boni: *Levavi oculos meos in montes, unde veniet auxilium* [Ps 121,1]. Et vide, quia non tibi in montibus spes est. *Auxilium,* inquit, *meum a Domino, qui fecit coelum et terram* [Ps 121,2]. Noli putare iniuriam facere te montibus sanctis, quando dixeris: *Auxilium meum* non in montibus, sed *a Domino qui fecit coelum et terram.* Ipsi montes hoc tibi clamant. Mons erat qui clamabat: Audio *in vobis schismata fieri* [...] *ut unusquisque vestrum dicat: Ego sum Pauli, ego Apollo, ego Cephae, ego autem Christi* [1Cor 1,10-12]. Leva oculos in istum montem. Audi quid dicat, et ne[b] in ipso monte[c] remaneas. Audi etiam quid sequatur: *Nunquid Paulus crucifixus est pro vobis[d]?* [1Cor 1,13]. [D6v] Ergo posteaquam levaveris oculos tuos in montes, unde venit auxilium tibi [cf. Ps 121,1], id est, in autores scripturarum divinarum, attende omnibus medullis suis, omnibus ossibus claman-

---

[a] cultum. – [b] *omit.* (Amerbach edn.: nec). – [c] *omit.* – [d] nobis (> Amerbach edn.).

[1] Note word choice: the *divi* are celestial saints, whereas terrestial saints are the *sancti.* Ap: Zwingli, *De canone missae,* CR 89, 575,22-35 (*i*). Cf. id., *De vera et falsa religione,* CR 90, 833,15; 839,21-24; id., *Auslegen,* CR 89, 60,16-27.

[2] See *Summary,* BDS 1, 110-115; *Das Luthers Lehre,* a 8, *ibid.,* 337-338; *Verantwortung, ibid.,* 178-179; BEv 1530, 34A, 64A–B, 180D–181A; BEv 1536, 645B-C (= BOL 2, 181-182), 159C–162C (expanded), 465A; CT, a (XI)/13, BDS 3, 85-87; ACT, to a 11, BDS 3, 256-265; CA, a 21, BSLK,, 83b; ConfCA, CCath 33, 124-131; ACA, BSLK,, 316-326; *Katechismus* (1534), BDS 6/3, 105,31–107,12; *Consilium, Pollet 2,* 515,26–516,7; Appendix, 149-50; BRm 1536, 361–362; BRm 1562, 412C–413F. Cf. ConfCT, *Paetzold,* 22-26 / 85-88; Dietenberger, *Phimostomus,* c 3 [16], CCath 38, 52 (there: "Butzerus errat, quia ab ecclesiae regula variat").

[3] Cf. e.g. Lombard, IV *Sent.* 4, d 45, 2-7, MPL 192, 948-51. Biel, *Canonis misse expositio* 1, lect 30 L-N, 32 M f., VIEGM 31, 310-313, 339ff. (there: the departed saints' excess merits justify their invocation).

[4-4] Ap: Zwingli, *Auslegen,* a 20, CR 89, 171,27ff. (*i*), or *De canone missae, ibid.,* 581,18–582,2 (*i,* there: adv: Emser, *Defensio,* E4a citing Fisher, *Assert. Luth. conf.,* a 17, in *Opera,* 490 ff.); cf. Hoogstraten, *De invocatione,* Praef., BRN 3, 440-441.

[5] Ap: *Contra Faustum* 20, 21, MPL 42, 384; CSEL 25/1, 562,8-10 (*rp*).

[6] Ap: Amerbach edn. (*re,* there: *Sermo* no. 165), MPL 38, 279-280; CCL 41, 543–544.

tem: *Domine, quis simile tibi?* [Ps 35,10], ut securus sine ulla iniuria montium dicas: *Auxilium meum a Domino, qui fecit coelum et terram* [Ps 121,2]. Non solum tunc tibi [non] succensebunt montes, sed tunc amabunt, tunc magis favebunt. Si in ipsis spem tuam posueris, contristabuntur. Angelus multa divina et mira ostendens homini ab homine adorabatur [cf. Ap 19,10], tanquam levantem oculos in montem. Ait ille se revocans ad Dominum: *Noli* inquit *facere.* Illum *adora.* Nam ego *conservus tuus sum, et fratrum tuorum* [Ap 19,10]."

Vide hic quam pure, quam simpliciter omne *auxilium* [Ps 121,1] ab uno *Patre coelesti* [Mt 6,14], per meritum Filii eius orandum sit, et expetendum. Sed dicitis[7]: 'Hoc ipsum *auxilium* Dei, intercedentibus divis volumus exorare'. Quid? Proniores igitur putatis patere precibus vestris aures divorum quam Patris vestri in coelis, qui ea vos complexus est charitate, ut *Filium suum unigenitum* [Io 1,16] pro vobis tradiderit in mortem [cf. 1Cor 11,24], cumque eo donarit *omnia* [Mt 11,27]?

Legite quod divus Chrysostomus scriptum reliquit in homelia, De profectu evangelii, ubi tractat illud, quod Dominus Chananaeam cum ipsa instaret orando pro filia sua audivit, orantes pro ea[e] apostolos non audivit [cf. Mt 15,22-8][8]: "Caeterum non est opus (inquit), patronis apud Deum, neque mul-[D7r]to discursu, ut blandiare aliis: sed licet solus sis, patronoque careas, et per te ipsum Deum preceris, omnino tam voti compos eris. Neque enim tam facile Deus annuit, cum alii pro nobis orant, ut cum ipsimet oramus: etiam si plurimis pleni simus malis."

In hanc sententiam hic *vir Dei* [Dt 33,1 etc.] in hac et plerisque aliis homeliis plurima commemorat.[9]

<UNDE SIT QUOD SANCTORUM PRECES PRO NOBIS QUAERIMUS> Fateor, vetus est haec observatio, [10]ut Christiani hic etiamnun exultantes divorum preces ambiant[f 10]. Sic enim habet ingenium nostrum, ut quo ipsi tenemur affectu, eo affici omnia, etiam quo ad eius licet inanimata et quae sensus expertia sunt, cupiamus. Hinc est quod *coelum et terram* testes contra populum Israël invocat [Dt 4,25-6]. Et *psaltes* [2Sm 23,1] ad communionem gaudii de salute Domini invitat *montes* [Ps 148,9], sylvas [cf. Is 44,23]

---

[e] eo. – [f] ambierint *corr.*

[7] Perh. ap: Emser, *Defensio*, CCath 28, 66,8-67,14 (*i*, there: appeal to exegesis of Ps 121,1 justifying invocation of saints by Cassiodorus, *In Psalterium*, MPL 70, 905, and Bede, *De Psalmorum*, MPL 93, 1087); via (?) Zwingli, *Adv. Emserum*, CR 90, 274,13–275,5, but *Defensio* was reprinted at Strasbourg in 1524, see Klaiber, *Kontroverstheologen*, 93, no. 990. Cf. e.g. *Glossa ord.*, ad. loc.; Clichtove, *Propugnaculum* 1, c 14, f. 28v–29r (there: appeal to Cassiodorus on Ps 121,1); Dietenberger, *Phimostomus*, c 7, CCath 38, 143); De Castro, *Adv. Haereses* 13, 164v I.

[8] Ap: *op. cit.*, MPG 51, 319 (*re*).

[9] E.g. *De s. Philogonio*, MPG 47/48, 751f.; *Hom.* 1 on Hbr 1, MPG 63, 15 & 17f.; Ps.- Chrysostom, *Opus imperfectum in Matt.*, *Hom.* 37, MPG 56, 834f.

[10-10] Cf. Emser, *Defensio*, CCath 28, 65-67 (there: list of examples from history).

et flumina. Cum itaque sancti toto pectore eo ferantur, quod indesinenter orant, ut *sanctificetur* in eis et ubique *nomen Dei,* amplificetur[11] *regnum* eius, studeant voluntati eius qui in terris adhuc degunt ea voluptate qua qui in coelis etc. [Mt 6,9-10], optant certe hoc ipsum una petere quicquid uspiam est, maxime autem eos qui eodem vivunt *Spiritu* [Gal 5,25], eiusdem *corporis membra* [Eph 5,30], eiusdem haereditatis participes [cf. Eph 3,6].

Hac de causa divus Paulus (ut superius quoque diximus) et caeteri sancti omnes fratrum pro se orationes tantopere requisierunt.[12] [13]Eorum quidem tantum qui praesenti adhuc vita fruebantur, utpote inter quos Dominus mutuam *Spiritus* sui *subministratio*-[D7v]*nem* [Phil 1,19] et caetera charitatis officia vigere voluerit [cf. Eph 4,16][13].

Posteriores autem patres[14] – praesertim qui pace iam ecclesiis data floruerunt – hunc affectum ad eos quoque extulerunt qui praesenti vita defuncti, degunt *cum Christo* [Rm 6,8], in eo spectantes indubie eandem quae nobis cum his quoque est divinae dignationis communionem. Idem enim cum illis et *caput* [Eph 1,22; 4,15] habemus, et eundem [15]coelorum municipatum[15] [cf. Eph 2,19; Phil 3, 20]. Verum patres isti in hoc affectu religiosissime caverunt, ne vel facultatem nobis opitulandi tribuerunt divis, quae nimirum est solius Dei – vel ad impetrandam opem a Deo, plus sanctorum, quam suam intercessionem valituram arbitrarentur – ac ideo prius ad [16]patrocinium divorum[16] quam ad ipsum Dominum confugerent, precesque divorum, suis ad Dominum praemitterent.

Praeterea diligentissime monuerunt, eos divorum intercessionem frustra ambire, qui se non antea omnia approbare Deo studuissent. Postremo [17]manifestam 'idolatriam'[17] indicaverunt[18], divis extruere templa, vel offerre sacrificia. Primum quod omne auxilium illi a solo Deo quaerendum docuerint, et nihil huius a sanctis, ex loco Augustino quem modo adduxi-

---

[11] The Kingdom's coming as 'growth', ap: Erasmus, *Precatio dominica,* LB 5, 122C (*i*).

[12] Cf. Col 1,9; 1Th 5,17; 2Th 1,11; 3,1; 1Tim 2,8; Hbr 13,18; Iac 5,16. Cf. Zwingli, *Auslegen,* CR 89, 172,2-15 or *De canone missae, ibid.,* 575,33.

[13-13] Possibly ap: Luther, *Wider den neuen Abgott*, WA 15, 192-193 (*i*).

[14] Notably Augustine and Chrysostom, demonstrated presently. Perh. ap: ConfCA, a 21, CCath 33, 125,13–127,2 (*i*, there: list of corroborating Fathers, mostly post-325 AD). ConfCT cites only Chrysostom, cf. *Paetzold*, 26,1 / 88,8-9.

[15-15] > Tertullian, *Adv. Marcionem* 5, 20, MPL 1, 556A; CCL 1, 725,5.

[16-16] > *Sacramentarium Leonianum*, MPL 55, 222. Cf. e.g. Clichtove, *Propugnaculum* 1, cc 13-14, 28v–31v (there: the saints being an integral part of the heavenly constellation, one may look to them as 'stars' through whose network divine protection also operates); Dietenberger: "sanctorum auxilatricum patrocinium", *Phimostomus*, c 7, CCath 38, 143 (there: saints intercede by way of the *communio sanctorum*). On medieval trends in theology and practice, see K. Hausberger, art. 'Heilige/Heiligenverehrung' IV, TRE 14, 653.

[17-17] So also *Consilium, Pollet* 2, 516,4; Appendix, 150.

[18] Ap: Augustine, *Contra Faustum* 20, 21, MPL 42, 384f.; CSEL 25/1, 562, or *De civitate Dei* 22, 10, MPL 41, 779; CSEL 40/2 ,614,10f.; CCL 48, 828,16ff. (*ip*).

mus[19]. Satis liquet 'amare illos nos et favere nobis (scribit[20]) cum dicimus: *Auxilium meum a Domino qui fecit coelum et terram* [Ps 121,2], et contristari, cum in ipsis spem ponimus'.

Alterum, nos prius nostris precibus debere divinam pulsare clementiam, quam ambire ut pro nobis intercedant divi, Chrysostomus diserte admodum passim incul-[D8r]cat, et clarissime in loco quem paulo ante praemisi, testatus est. Homelia quinta in Matth. de eadem re sic scribit[21]: "Quis vero iste est? qui scilicet bona Patris absumpserat. Ex quibus profecto redolet, quod si negligentes fuerimus ac desides, nec per aliorum quidem possimus merita salvari – si vero mente vigilemus, etiam per nosmetipsos istud valeamus efficere, et multo magis nostram quam alieno, tuti esse suffragio. Nam et Deus salutem nostram, non tam aliis rogantibus pro nobis vult donare, quam nobis – ut hoc ipso qui iram in nos eius placere cupimus, ad studia meliora migremus, et fiduciam bonae conscientiae colligamus. Sic enim Cananaeam illam aliquando miseratus est [cf. Mt 15,22-8], sic etiam meretrici donavit salutem [...] sic latronem a cruce in paradisum transtulit [cf. Lc 23,43], nullius patroni, nullius mediatoris inflexus."

<DIVOS SINE STUDIO IUSTITIAE FRUSTRA AMBIRE> Porro illud. Sanctorum intercessionem frustra quaeri ab iis qui Deo se non consecraverint penitus, sanctitati toto pectore dediti, orthodoxi patres nusquam non inculcant omnes, et quae modo adduximus ex Chrysostomo acri, id sane monent[g]. <CHRSYSOSTOMUS> Instat et illud admodum, quod idem scripsit in Matth., homelia 45, in haec verba, *Quomodo fugietis a iudicio Gehennae?* [Mt 23,33][22]: "Nunquid sepulchra sanctorum aedificantes, an potius a malicia corda mundantes? Nunquid sic iudicat Deus, quomodo iudicat homo? Homo hominem iudicat in opera, Deus autem in corde. Quae est autem ista iustitia, sanctos colere et contemnere sanctitatem? [D8v] Primus gradus pietatis est, sanctitatem diligere, deinde sanctos, quia non sancti ante sanctitatem fuerunt, sed sanctitas antge sanctos. Sine causa ergo iustos honorat, qui iustitiam spernit. *Quomodo fugietis?* Nunquid liberabunt vos sancti, quorum monimenta ornatis? Non possunt sancti amici esse illorum quibus Deus est inimicus. Nunquid potest pacata esse familia, Domine adversante? *Quomodo fugietis?* An forsitan nomen vacuum vos liberabit, quia videmini esse populus Dei? Quid prodest meretrici, si nomen habeat castum? Sic nihil prodest peccatori, si servus Dei dicatur."

---

[g] argumento *corr*.

[19] See text at n. 6.
[20] Ap: *Sermo* 46, 17, MPL 38, 280; CCL 41, 544,428-431 (*rp*).
[21] Ap: *op. cit.*, MPG 57, 60 (*re*).
[22] Ap: Ps.- Chrysostom, *Opus imperfectum*, MPG 56, 889-890 (*re*).

<NULLA TEMPLA DIVIS[23] EXTRUI, NULLA FIERI SACRIFICIA DEBENT. AUGUSTIN[US]>
At vero extruere templa, et offerre sacrificia, orthodoxis patribus impietatis
et ipsissimae idololatriae habitum esse, ex testimonio divi Augustini
abunde liquet. Is, Contra Faustum, lib[ro] 20, cap[ite] 21, scribit in hunc
modum[24]: "[25]Populus christianus memorias martyrum religiosa solennitate
concelebrat, et ad excitandum imitationem, et ut meritis eorum consocietur,
atque orationibus adiuvetur – ita tamen, ut nulli martyrum, sed ipsi Deo
martyrum, quamvis in memorias martyrum constituamus altaria.[25] Quis
enim antistitum in locis sanctorum corporum assistens altari, aliquando
dixit[26]: 'Offerimus tibi, Petre, aut Paule, aut Cypriane?' Sed quod offertur,
offertur Deo, qui martyres coronavit, apud memorias eorum quos coronavit
– ut ex ipsorum locorum admo-[E1r]nitione maior affectus exurgat, ad
acuendam charitatem, et in illos quos imitari possumus, et in illum quo adi-
uvante possumus.

Colimus ergo martyres eo cultu dilectionis et societatis, quo et in hac vita
coluntur sancti homines Dei, quorum cor ad talem pro evangelica veritate
passionem paratum esse sentimus. Sed illos tanto devotius, quanto securius
post incerta omnia superata – quanto etiam fidentiore laude praedicamus,
iam in vita feliciore victores, quam in ista adhuc usque pugnantes. [27]At illo
culto quae graece 'latr[e]ia' dicitur (latine uno verbo dici non potest), cum
sit quaedam proprie Divinitati debita servitus[27]. Nec colimus, nec colendum
docemus, nisi unum Deum.

Cum autem ad hunc cultum pertineat oblatio sacrificii, unde idolatria dicitur eorum qui hoc etiam idolis exhibent, nullo modo tale aliquid offerimus aut offerendum praecipimus, vel cuiquam martyri vel cuiquam
sanctae animae vel cuiquam angelo. Et quisquis in hunc errorem delabitur,
corripitur per sanam doctrinam, sive ut corrigatur, sive ut caveatur. Ipsi
enim sancti, vel homines vel angeli, exhiberi sibi nolunt quod uni Deo deberi norunt.

Apparuit hoc in Paulo et Barnaba, cum commoti miraculis quae per eos
facta sunt, Lycaonii tanquam diis immolare voluerint, conscissis enim ves-
timentis suis, confitentes et persuadentes se deos non esse – ista sibi fieri
vetuerunt [cf. Act 14,11-16]. Apparuit et in angelis, sicut in Apocalypsi
[19,10] legi-[E1v]mus angelum se adorare prohibentem, ac dicentem adora-
tori suo: *conservus tuus sum, et fratrum tuorum*. Ista sibi plane superbi

---

[23] Cf. e.g. Clichtove, *Propugnaculum* 1, c 15, 30v, 3 (there: if saints can pray on our behalf, why
can't they be honoured as friends of God and fellow citizens of Jerusalem, and "cur non et templa et altaria *Deo* in eorum extruemus honorem?"

[24] Ap: *op. cit.,* MPL 42, 384 f.; CSEL 25/1, 562,8–563,22 (*re*).

[25-25] Quoted by Eck, *Enchiridion*, c 15, CCath 34, 188, thence ConfCA, CCath 33, 131,10-11.

[26] Cf. id., *De civitate Dei* 8, 27, MPL 41, 255; CSEL 40/2, 405,17; CCL 47, 248,10

[27-27] Cf. id., *Epistola* 102, 20, MPL 33, 378; CSEL 34, 561.

spiritus exigunt, diabolus et angeli eius – sicut per omnia templa et sacra gentilium.

Quorum similtudo in quibusdam etiam superbis hominibus expressa est, sicut de Babyloniae quibusdam regibus memoriae commendatum tenemus. Unde sanctus Daniel accusatores ac persecutores pertulit, quod regis edicto proposito, ut nihil a quoquam Deo peteretur nisi a rege solo [cf. Dn 6,7] Deum suum, hoc est, unum et verum Deum adorare deprecarique deprehensus est [cf. Dn 6,11]."

[Item], lib[ro] 22, cap[ite] 10, De civitate Dei[28]: "Denique illi talibus diis suis et templa aedificaverunt, et statuerunt aras, et sacerdotes instituerunt, et sacrificia fecerunt. Nos autem martyribus nostris non templa sicut diis, sed memorias sicut homines mortuis, quorum apud Deum vivunt spiritus, fabricamus. Nec ibi erigimus altaria in quibus sacrificemus martyribus, sed uni Deo et martyrum, et nostro, sacrificium immolamus – ad quod sacrificium sicut homines Dei, qui mundum in eius confessione vicerunt, suo loco et ordine nominantur. Non tamen a sacerdote qui sacrificat invocantur. Deo quippe, non ipsis, sacrificat – quamvis in memoria sacrificat eorum, quia Dei sacerdos est, non illorum. Ipsum vero sacrificium 'corpus est Christi' – quod non offertur ipsis, quia hoc sunt et ipsi."

[E2r] Item in libro De [vera] religione, cap[ite] ultimo [55, 107-8][29]: "Non diligamus visibilia spectacula, ne ab ipsa veritate aberrando, et amando umbras, in tenebras proiicamur. Non sit nobis religio in phantasmatibus nostris. Melius est enim qualecunque verum quam omne, quicquid pro arbitrio fingi potest [...] Non sit nobis religio cultus hominum mortuorum, quia si pie vixerunt, non sic habentur, ut tales quaerant honores, sed illum a nobis coli volunt, quo illuminante, laetantur meriti sui nos consortes. Honorandi ergo sunt propter imitationem, non adorandi propter religionem."

In his observemus illud[30]: "Suo loco et ordine nominantur. Non tamen a sacerdote qui sacrificat invocantur". Item illud[31]: "Colimus ergo martyres eo culto dilectionis et societas, quo in hac vita coluntur sancti homines Dei". Illud[32] quoque animo minime praetereamus: "Honorandi ergo sunt, propter imitationem, non adorandi propter religionem".

---

[28] Ap: *op. cit.,*, MPL 41, 779; CSEL 40/2, 613f.; CCL 48, 828,16-28 (*re*).

[29] Augustine, ap: CT, a (XI), BDS 3, 87, col 1,29-31 (*r* only). MPL 34, 169; CCL 32, 256,10-28. Cf. *Consilium theologicum*, 116, no. 475.

[30] See text at n. 28.

[31] See text at n. 24.

[32] See to n. 29. Ap: ACT, BDS 3, to a 11, 265,9-10 (*rte*). Cf. *loc. cit.*, lines 5-7; CT, a (XI)/13, *ib.*, 85,25–87,2 (there: the Strasbourg preachers teach that "Virginem Mariam Divosque omnes summo studio colendos" provided "studuerimus innocentiae et pietati, cuius illi nobis tam egregia exempla praetulerunt"); Zwingli, "Exempla divorum debemus ... imitari", *De canone*, CR 89, 582,1-2; Melanchthon, *Unterricht der Visitatoren*, WA 26, 224,32-42 (there: the example of

Ad hunc vero modum, ut isti catholici tradiderunt, et secuta eos tota olim ecclesia Christi credidit, et nos de cultu invocationeque divorumque cum credimus tum docemus: spem scilicet omnem in unum Deum ponendam per mortem Filii sui – ab illo oranda et expectanda omnia. Cumque *iustificari per fidem, pacem erga Deum, et aditum ut filii ad Patrem habemus per Dominum nostrum Iesum Christum,* Ro. 5,[1-2], [E2v] qui eum nobis Spiritum et meruit et donavit, [in] *quo* Deo *acclamus Abba, Pater* [Rm 8,15] – non dubitamus in omni necessitate ipsum nostrum *Patrem coelestem* [Mt 6,14] per nomen *Domini nostri Iesu Christi* [1Cor 5,4; Eph 5,20] [33]certa fiducia benevolentiae eius adire, et orare quocumque opus habemus, utcumque ipsi peccatores et indigni. Extat siquidem certa Domini nostri promissio[33], nos exoraturos Patrem, quicquid sic oraverimus [cf. Io 16,23].

Ut vero seria oratio et ardens, id natura sua quaerit, ut secum orent omnia, fratres nostros ut pro nobis precentur rogamus [cf. 2Th 3,1], iis enim eadem quae nobis indefinenter oranda sunt: sanctificare nomen Dei in omnibus, advenire ac passim amplificari regnum Dei, cuncta pro eius voluntate institui quam suavissime et c[aetera] [cf. Mt 6,9-10; 26,39]. [34]Divorum memoriam[34] hic libenter ingerimus, ut consyderantes quod illi dum fide precati sunt [cf. Mt 21,21-2], nihil non a *benignitate* [Rm 2,4] *Patris coelestis* [Mt 6,14] impetrarunt, pleniore et nos fiducia eandem *Patris nostri* [Gal 1,4] benignitatem pulsemus [cf. Mt 7,7-8].

<UT PII COELITES[h] ORENT> Si quis ibi, perpensa infinita illa Dei in hos indulgentia et facilitate, et simul illorum in nos miseros adhuc conservos suos et commembra, charitate, animi ardore huc praerumpat, ut [35]illos ceu praesentes praesens appellet, proque se intercedere ad Deum roget[35] (id licet in nulla scriptura doceatur[36]), si sic tamen fiat, nulli damnamus[37]. Hui-

---

the saints stimulates faith and works); CA, a 21, BSLK,, 83b,1-3 (there: the faith and works of the saints should be imitated), similarly ACA, BSLK,, 317,4–318,12; BEv 1530, 33v; BEv 1536, 645 [= BOL 2, 181] (there: people adoring the saints do not imitate them, rather they only pretend to honour them); *Consilium, Pollet* 2, 516,1-4; Appendix, 150 (there: adoration of the saints without imitating them through Christ is idolatry).

[h] coetes

[33-33] Ap: Melanchthon, *In ep. Pauli ad Rom.*, to Rm 8,33-34, MW 5, 246,1-10; 247,19-20 (*i*).

[34-34] Cf. CA, a 21, BSLK, 83b (there: the more traditional 'memoria sanctorum', e.g. Biel, *Canonis misse expositio* 1, lect 30 B, VIEGM 31, 303.)

[35-35] Cf. *Consilium, Pollet* 2, 515,32; Appendix, 149 *ad fin.* (there: same *i*, see n. 38 below).

[36] Similarly CA, a 21, BSLK, 83b; ACA, BSLK, 318,23-24, 320,34-35, 321,1-4, 323,1-4; ACT, to a 11, BDS 3, 257,15-20; 262,25-33

[37] Cf. Erasmus, *De sarcienda*, ASD V-3, 305, 665-670 (there: superstitious practices should be suppressed, but "pius ac simplex affectus interdum tolerandus est, etiam si sit cum aliquo coniunctus errore"). Melanchthon, *Consilium*, CR 2, 757, 758 (there: while invocation of the saints should be abolished, the idea of their intercession need not be wholly proscribed, cf. ACA, BSLK, 318,20-21) See Bucer's *Consilium, Pollet* 2, 515,37-38; Appendix, 150 (there: reference to the 'verus divorum cultus', and then: 'Ubi de coeteris quaestionibus convenerit, haec quoque

usmodi enim primum ipsi Deum orant, et tota fiducia Dei bonitate et
Christi merito nituntur, sanctos vero invocant, ut una orent, non ut pro
[E3r] se orent, ipsis orare aut non audientibus aut negligentibus – agnoscunt, ut suas, ita et divorum, preces, non ex ipsorum meritis valituras, sed
sola Dei misercordia et Christi intercessione [cf. Hbr 7,25]. Hac sic fidunt,
quamlibet indigni – ut nihil dubitent, se quid vis exoraturos (etiam si soli
orent) nullis omnino sanctis pro eis intercedentibus, sive iis qui agunt hic
nobiscum sive qui vivunt *cum Christo* [Phil 1,23].

Inanimis sic comparatis, ut nihil videmus tribui humanis meritis, omnia
vero misercordiae Dei et *redemptioni* [Rm 3,24] Domini nostri Iesu Christi
– [38]ita quod divos, ut pro se orent, invocant (licet id faciant absque ullu et
iussu et exemplo scripturae), damnare tamen non possumus. Atqui adhuc
solum modum videmus orthodoxis patribus, sanctorum coelitum invocationem usurpatum et traditam[38].

<UT VULGUS SANCTORUM PATROCINIUM QUAERAT[39]> Nunc autem in
vulgo christiani populi longe secus est. Homines male sibi conscii, et de resipiscentia[40] nihil serii cogitantes, cum patre nostro Adam [cf. 1Cor 15,45]
reformidant conspectum Dei [cf. Gen 3,8]. Christi patrocinium ubi in mentem venit, et ab illo absterret eos, quae adhuc perstat in eorum proposito
vitae impuritas – hinc et de misericordia *Patris coelestis* [Mt 6,14] et intercessione Christi [cf. Hbr 7,25] diffisi, hanc Satanae imposturam admittunt,
ut putent d[ivae] deiparae[41] virginis[42], aliorum divorum et angelorum patrocinio, sibi licet in sceleribus et flagitiis suis perseverantibus impetrari
posse, non impunitatem modo eorum quae scelerate et flagitiose

---

facile discutietur'). [NB! CR does not actually provide the original text of Melanchthon found in
the *Dupuy* MS collection at the BN at Paris; this was published, but textually untrue to the
original, by Jacques de Thou (?) (1607), then reprinted by J. A. Fabricius (1709) – see Bibliography, sect. II, s.v. *Sententiae*. Cf. Bodenmann, 'Plaidoyer', in: Bucer, *Actes* 2, 749-752.]

[38-38] See *Consilium*: "Leguntur quidem sancti Patres in encomiis sanctorum praemortuorum
facta prosopopeia, intercessionem eorum quasi praesentes a praesentibus orasse; sed id videntur
magis fecisse studio commovendi affectum religiosae admirationis in divos, quam ut eorum in-
tercesssioni multum tribuerint ... exempla itaque fidei eorum, quae hic exhibuerunt, expendamus, et in his Deum praedicemus", *Pollet* 2, 515,30-37; Appendix, 149-50. Cf. Melanchthon,
Consilium, CR 2, 756, 758 (there: various Fathers cited).

[39] See *Summary*, BDS 1, 108-115; *Grund und Ursach, ib.*, 262-268. Cf. Pfleger, *Kirchengeschichte*,
174-181 (Strasbourg background).

[40] 'Repentance', cf. Blaise, *Dictionnaire*.

[41] = θεότοκος, ap: CT, to a 13, BDS 3, 85,5 (*t*), > Chalcedonian Definition (451), *Mansi* 7, 112.

[42] On the special intercessory status of Mary, see e. g. Hoogstraten, *De invocatione*, cc 5 & 8,
BRN 3, 459, 467-468 (at c 5: Mary is mediator "apud Filium, non apud Deum", and warns against
the 'vulgaris spes' of salvation through her); Schatzgeyer, *De imploratione*, E8v, F7r; Eck, *Enchiridion*, edn. 'G', c 15, CCath 34, 176-178, at [r1]. On the popular Marian cult, cf. Beissel, *Die Verehrung Marias*, 1-99, 100-116 (pro-Reformation agitation). Cf. n. 50.

ad–[E3v]mittunt – sed praeterea ut in his feliciter pergant, vita scilicet lon-gaeva, et iis rebus quae haec caro [43]fomenta[44] malorum[43] expetit, affluens.

Hi, quaeso, quid aliud contendunt a divis, quam ut Deus ipsis per illorum sanctimoniam et intercessionem concedat, diu feliciter esse impiis? Qua cum maior contumelia et Dei et sanctorum excogitari non possit, cur in hanc tam crassam et immanem impietatem, *verbo Domini* non graviter in-veheremur [1Par 10,13]? Etve omnibus quibus euangelii credita dispensatio est, quod hic sunt *canes muti* [Is 56,10[45]].

Sunt quidam[i] qui dicant, [46]se[j] in patrocinio sanctorum id in primis quaerere, ut possint[k] innocenter et pie vivere, atque perversitate sua vere resipiscere – absterreri autem se impuritate vitae suae, in qua adhuc fuerunt, quominus Deum ipsum oratum veniam et caetera beneficia, adire audeant.

Hi profecto diligenter monendi sunt, ne fallant seipsos, probeque inqui-rant, quae causa vere ipsis obstet, ut non citius ad ipsum misercordiae fon-tem Deum, ad illum primum [47]*advocatum* [1Io 2,1] et *mediatorem* [1Ti 2,5][47] nostrum Christum confugiant, quam ad intercessionem divorum, cum nemo tamen peccatores suspicit hoc nostro vero advocato clementius, nemo curat indulgentius, nemo pro redimendis ipsis plura insumpsit. Qui denique divis eum ipsum spiritum, ut peccatorum misereri possint, donavit? Certe cuiusque animus alicuius indigens primum[l] respicit, unde citius sese eius [E4r] quod petit, sperat fieri compotem.

Iam scimus divos non posse vel audire nos[48], vel adiutos velle, si in eis id non operetur Dominus a quo est *omne bonum* [Dt 26,11], et ipsi sancti, quanti sunt. Quae igitur, obsecro, causa ut sive stimulis agitati conscientiae ob peccata nostra, sive aliarum rerum pressi inopia, antea ad patrocinium sanctorum quam ad ipsam *Patris nostri coelestis* [Mt 6,9,14] misericor-diam, adeo expositum omnibus Christi patrocinium, certam et ad omnia ef-ficacem intercessionem, animus sese attollat?

---

[i] quidem. – [j] sed. – [k] possit. – [l] preomum

[43–43] Cf. Conrad Schmidt in: *Akten der 2. Zürch. Disput.*, CR 89, 703,28-704,5; Luther, *Send-brief*, WA 30/2, 643,21-24; ACA, BSLK,, 323,23f; *Consilium, Pollet* 2, 516,2; Appendix, 150. If Reformation polemics saw this as perverse superstition, some Catholic thinkers saw appeal to the saints (and so to God's honour) in times of tribulation as a means of preventing superstition, e.g. Martin Plantsch of Tübingen, cf. Oberman, *Werden und Wertung*, 224, 233.

[44] 'Alleviations', 'remedies'.

[45] Ap: *Summary,*, BDS 1, 108,12-13 (*t*: there, antecedent of *canes muti* rendered as "bishops").

[46] This aspiration in the pastoral context represented here was traditional, cf. Biel, *Canonis misse expositio* 1, lect 32 M, O, VIEGM 31, 340, 341-342; Clichtove, *De veneratione* 2, 9, 4, f. N1r-v; Schatzgeyer, *De imploratione*, B3v–4r.

[47–47] Cf. n. 55.

[48] Ap: *Summary*, BDS 1, 101 (*i*, there: the heavenly saints are 'asleep' in Christ). Cf. ACT, BDS 3, 261,32-35; ACA, BSLK,, 318,38-40; 319,4-16; *Consilium, Pollet* 2, 515,32; Appendix, 149 *ad fin.*

Indubie si isti animorum suorum recessus diligenter introspexerint, si "cordium suorum penetralia"[49], quae sane perscrutari sancti nunquam possunt, probe excusserint, indubie videbunt nullam aliam sibi huius perversi consilii, et indubitatae a Deo uno et vero defectionis, ut divorum priusquam Christi intercessionem [cf. Hbr 7,25] quaerant, causam esse, quam eam, quae male morigeros filios, et qui nondum parentis se voluntati addicere sustinent, absterret, quo minus parentem, si quid opus habent, ipsi orent. Praesentiunt qui huiusmodi sunt, si ipsi Patrem orare instituant, illum sibi suam intemperantiam et nequitiam exprobraturum – iam cum putant se illa vitia nondum excutere posse, horrent prodire in conspectum Patris, a quo animo adhuc toto dissident.

[E4v] Subornant[50] itaque [51]matrem, cognatos[51], et quoscunque possunt qui sibi Patrem quod expetunt exorent – citiusque eo quod cupiunt, sibi a Patre impetratum, carebunt, quam ut ipsi Patri supplices fiant.

Idem usu venit omnibus, quorum non prima vota, quicquid mali premat, vel boni desideretur, ad *Patrem nostrum coelestem* [Mt 6,9,14], per [52]*Christum Dominum*[52] [Lc 2,11] feruntur. Hic enim Deus nusquam non pollicetur resipiscentibus omnium scelerum veniam, et omnimodam ut filiis beneficentiam [cf. Act 2,38-9] [53]sempiternamque *salutem*[53] [Hbr 5,9]. *Christus Dominus* inquit: *Venite ad me omnes qui laboratis et onerati estis, et reficiam vos* [Mt 11,28]. *Quicquid Patrem orabitis in nomine meo, id dabit vobis* [Io 15,16; 16,23]. Quare si quem tam blanda invitamenta non permovent, ut omnibus terregenis et coelitibus praeteritis, ad hunc propitiatorem[54] [cf. 1Io 2,2] nostrum et *thronum gratiae* [Hbr 4,16], et per eum ad *Patrem misericordiarum et totius consolationis* [2Cor 1,3] ac *indulgentiae* [cf. Tit 3,4] accurat, spe optima rogaturus, quicquid requirat – hic procul dubio nondum cum Deo suo prorsus consentit, peccandi voluntatem nondum plene posuit.

Nam qui vere sua peccata sentit, is sicut inde summe cruciatur, quod offendat *Patrem* suum *in coelis* [Mt 16,17 etc] – ita tranquillo animo esse nequit, dum ei suam impietatem confessus veniam ab eo sibi oret. *Dixi*, inquit sanctus, *"fatebor adversus me scelus meum Domino", et tu remisisti*

---

[49] > Prudentius, *Hamartigeneia* 542, CSEL 61, 148.

[50] Adv. e.g.: ConfCT, *Paetzold*, 22,20 / 85,10 (*i*). Cf. Emser, *Defensio*, CCath 28, 90,15-22; Schatzgeyer, *De imploratione*, E8v, F7r; Hoogstraten, *De invocatione*, c 5, BRN 3, 459, 462-463, & c 8, 468 ("matrem eius imploramus, ut suis apud filium praecibus, gratiam nobis impetret et salutem"); Clichtove, *De veneratione* 2, 11, f. 106–112; id., *Propugnaculum* 1, 14, f. 28v–30r; Dietenberger, *Phimostomus*, c 7, CCath 38, 138; Cochlaeus, *Philippica* 3, 46, BHRef 54 (1), 118. NB, the subject of 'subornant' is primarily the 'vulgus'.

[51-51] Mary and her family.

[52-52] A uniquely Lucan collocation, cf. Metzger, *A Textual Commentary*, 132.

[53-53] > Augustine, *In euang. Ioh. Tract.*, 102,1.

[54] Substantive from 'ipse est propitiatio' > patristic Latin, see Blaise, *Dictionnaire*.

pravitatem peccati mei. Propter id fundet ad te preces omnis bon–[E5r]*us,*
Psalmorum 32,[5-6]. Non audebat prodire ille publicanus ut pharisaeus [cf. Lc
18,10-12]. Oculos attolere ad coelos non sustinebat, ita pondere peccatorum
suorum gravabatur, attamen non alium quam ipsum Deum veniam orabat:
Propitius sis mihi peccatori [Lc 18,13].

Hoc erunt animo, quicunque de peccatis suis vere dolent, gratiamque Dei
certo ambiunt. Nec poterunt ad alios priusquam ad Deum et certum *advo-*
catum nostrum *Iesum Christum* [55][1Io 2,1] respicere et confugere. *Unum*
agnoscunt *Deum, unum mediatorem* [*et*] *Dei hominum* [1Tim 2,5]. De hoc
habent promissionem quod intercedit [cf. Io 17; Hbr 7,25] *pro nobis* [Rm
8,34]. Hic est *advocatus* noster cum peccavimus, qui non tantum intercedit
pro nobis, sed satisfacit etiam pro nobis. *Ipse est propitiatio pro peccatis*
nostris, 1 Ioh. 2,[1-2][55]. Hoc esse divi nequeunt – et [56]de intercessione quoque eorum nihil docet scriptura[56], [57]nullum extat eorum sanctorum, quos
scriptura praedicat, exemplum, nulla est intercessionis promissio[57].

Proinde qui ante divorum quam Christi intercessionem [cf. Hbr 7,25] ad
Deum quaerunt, ipsi de se hac ipsa perversitate opis quaerendae testifican-
tur, se esse adhuc animo ut a Domino nostro Iesu Christo, ita et ab ipsa
iustitia solidaque pietate abhorrente. Sentiunt in *manu Dei esse omnia* [Ecl
9,1], huncque infensum sibi, quia diversa adhuc voluntate sunt, agnoscunt;
divos ut conservos, non ipsam iustitiam (uti Christus est) non ita verentur,
nec offendi eos tantopere pravis suis studiis existimant, hinc [E5v] ut his
potius quam ipsi Christo supplicent, et male sauciae conscientiae suae prae-
sidium eo pacto et remedium quaerentes. Non puto, dicent se ideo sanctos
Domino Iesu [1Cor 11,23 etc.] hac in re praeferre, quod illi apud Patrem
plus valeant, nec etiam quod maiore sint in peccatores misericordia.[58]

Si iam dicant sua se indignitate a tanto patrono submoveri, succurat illud,
sicut: "Namque tua est nostris maior clementia culpis, Et dare non dignis

---

[55-55] 1Io 2,1, 1Tim 2,5, Rm 8,34, all ap: CA, BSLK, 83c,1-6, also Zwingli, *Auslegen*, CR 89,
162,41; 163,7; 166,1 (*t*). Only 1Tim 2,5 in CT, a (11)/13, BDS 3, 85,17-19, and in ACT, BDS 3,
256,24-26; just allusions to the other two in ACT. But 1Io 2,1 and 1Tim 2,5 had been juxta-
posed in *Summary*, BDS 1, 111,16-29. Cf. Luther, *Wider den neuen Abgott*, WA 15, 197,12
(1Tim 2,5).

[56-56] Ap & adv: ConfCT, *Paetzold*, 22ff. / 85ff; 24,25 / 87,7 (*i*). Cf. ConfCA, CCath 33, 126,
127; Schatzgeyer, *De imploratione*, indago 9, B7r ff., f. C7v–8r (there: Scripture is not just
permissive, but affirmative); Clichtove, *De veneratione* 2, 11, 1-3, f. N3–4; Eck, *Enchiridion*,
edns. 'C', 'C1', 'G', c 15, CCath 34, 173, at variant [c]. See also BEv 1536, 60C.

[57-57] Ap: ACA, BSLK, 318,31-33; 320,11-12; 323,3-4 (*i*). Cf. Luther, *Ein Sendbrief*, WA 30/2,
643,30-31 ("keyn exempel yn der schrifft"); Oecolampadius, "Nusquam ex scripturis vel exemplum vel praeceptum", *In Zachariam*, to Za 1,12 in: *In minores prophetas*, 172. See also *Kate-*
chismus (1534), BDS 6/3, 106,2,31; *Consilium*: "Invocatio [divorum], ut pro nobis orent ... cum
scriptura eius adeo nullum exemplum contineat", *Pollet* 2, 515,27-29; Appendix, 149 *ad fin.*;
Melanchthon, *Consilium*, CR 2, 756.

[58] Ap: *Verantwortung*, BDS 1, 179,12-14 (*i*).

(ut pius ille Picus cecinit[59]) res mage digna Deo est", ita quo sceleratiores homines, in eo Domini nostri Iesu maius apparere decus, dum eos Patri reconciliat [cf. 2Cor 5,18-9]. Nec enim venit hic *vocare iustos, sed peccatores* [Mt 9,13], verum ad poenitentiam. Quo circa nulla poterit alia causa esse, si non per hunc *per* quem solum *ad Patrem* pervenitur [Io 14,6[60]], primum te in gratiam Patris [cf. Io 1,14-6] insinuare studes, quam quod alienus adhuc es a vera resipiscentia – idque quaeris, ut impune et feliciter in tuis possis pravis studiis perseverare.

Hoc in omne superstitione falsoque cultu Dei inest, quare etiam in id mali vates Dei tam acriter ubique invehuntur [cf. Ier 17,5]. Quae enim immanior Dei contumelia possit excogitari, quam a Deo, per suos spiritus, sanctos aut alias creaturas, vel etiam per ipsa hominum opera id contendere, ut eius ope adiutus queas diu et feliciter vitam vivere impiam et perversam?[61] Num aliud quid dicas petere, eos qui in vetustate peccati perseverantes expetunt, sibi secundare omnia?

Ista pestis tam non [E6r] potest abesse, ubi animus trepidat ante omnia invocare ipsum Deum per Filium suum, quem per sanguinem eius nobis propitiatorem [cf. 1Io 2,2] constituit, quam cum invocatione vera Dei et Christi non potest non adesse – totius hominis ad voluntatem Dei conversio [cf. Io 1,13; Rm 12,2]. Nam qui sustineat is se ei non totum addicere, a quo sibi orat et expectat omnia? Hinc sancti Dei, in precatione ad Deum per Christum fusa, summam vim nos in Deum transformandi agnoverunt et praedicarunt. Et hoc ipsum nos restitutum in ecclesia probeque *fidelibus* Christi [Col 1,1] commendatum quaerimus, non divorum neglectum, aut coelestium suffragiorum contemptum. Amant illi nos in Christo, et in hoc ut proficiamus, optare non cessant.

<CUR SCRIPTURA TACUERIT INVOCATIONE SANCTORUM[62]> Atqui cum scriptura tanti faciat[63], sanctos hic pro se invicem precari, nec tamen uspiam vel verbo monet divorum, qui in coelis degunt, preces abiendas – huius silentii quam putemus fuisse causam? Certe *scriptura ad omne opus bonum* instruit, erudit ad salutem absolutissime 2 Timoth. 3,[16-7]. Tam multa et ingentia Deus ipse testatur [cf. Ps 105,42-44; Act 7] propter Abraham, Isaac, Iacob, Davidem et huius ordinis priscos sanctos. Horum tamen intercessionem quis vel veteris vel novi testamenti sanctus, legitur unquam

---

[59] Ap: Pico della Mirandola, *Deprecatoria*, in *Omnia opera*, C8r, lines 23-4 (*re*).

[60] Ap: Zwingli, *Auslegen*, a 19, CR 89, 157,22-3 (*t*). Cf. id, *De canone missae, ibid.,* 581,20-21.

[61] Cf. *Summary*, BDS 1, 109,5-15.

[62] A point granted by Catholic apologists like Hoogsraten, *De invocatione*, c 5, BRN 3, 456-458, and Eck, *Enchiridion*, c 15, CCath 34, 188-190. Yet for Eck, Scripture is permissive and the practice is legitimated by Catholic tradition. See the expansion on this point in the 1532 *Enchiridion* edn. 'J' and in subsequent editions, reproduced in CCath 34, 188-190 [m5–m5]. The resumption of reunion negotiations at the Diet of Regensburg in 1532 had provoked this.

[63] Cf. Eph 6,18; 2Thess 1,11; 3,1; 2Tim 1,3, etc.

requisivisse? Maximus *inter natos mulierum* erat Ioannes Baptista [Mt 11,11], maior adhuc Iacobus, Stephanus et huius ordinis alii *regni coelorum* [Mt 13,11; 16,19] iam re-[E6v]velati praecones, hos quis dubitat fuisse Deo maximi?

[64]Paulum Stephani precibus donatum[64] [cf. Act 7,60] multi existimant – hos tamen quis unquam piorum quorum scriptura meminerit, legitur placatores ad Deum submisisse? [65]Id cum sine causa factum non sit, quam obsecro, imaginemur aliam quam ne fenestra aliqua aperiretur Christi patrocinio parum fidendi, ac inde deflectendi ab ipsa *Dei iustitia* [Rm 1,17 etc.] vanitatem humanorum commentorum, et mox ad securitatem in sceleribus – ita ut fert ingenium nostrum, et factum passim quam crassissime videmus[65].

Porro hic monemus, qui de sua salute serio cogitant, ut non putent id esse, Deum primum invocare per Christum, si dicant ante omnia orationem dominicam [cf. Mt 6,9-13]. Nam multi sunt, qui non alia prece sanctos adeunt, quam quod cum certo numero verba orationis dominicae repetierunt[66], hoc ipsum divis offerunt, ceu sacrificium quoddam.

Eum primum imploramus, ad quem primum et pleniore fiducia in omni periculo ac rerum difficultate respicimus, cuius opem primis affectibus imploramus, cuius benevolentia potissimum nitimur. Iam quotumquemque Christianum hodie reperias, cuius animus in quolibet discrimine, omnique cupitarum rerum inopia, ita per Christum ad Deum primum evolet, ut non dubitet quicquid petierit, ex Dei benevolentia a Christi meritis, se accepturum, etiam si nemo praeterea divorum ei patrocinetur?

Nam etiam si mens ad Deum se in primis attolat [E7r] antequam divorum recordetur, non acquiescat autem in Dei promissione, certa quicquid orat salutiferum, id se iam certo impetrasse – Deum nondum orat fide, ideo nec primum. Utque divorum patrocinio confici sibi sperat, quod ipsa exorare non potuerit – ita praecipue adhuc spes ponitur in divis, hosque re ipsa orat priores – utcumque et cogitatio et verba primum ad Deum ferri videantur.

Ut ergo omnia quae scriptura non docet (ita et ista sanctorum invocatio), res est plena discriminis, id quod in vulgo christiani populi (proh dolor) nimis manifestum est. Nam huius occasione eo prolapsum est, ut [67]per parum intersit inter eum cultum, quem nostri hodie divis exhibent – et quem

---

[64-64] Ap: Jerome, *Contra Vigilantium* 1, 6, 6, MPL 23, 357 (*i*, there, if Stephen prayed for his enemies on earth, why should he not continue to pray for them in heaven?), via Zwingli, *Auslegen*, CR 89, 212,4–213,4 or *De vera et falsa relig.*, CR 90, 840,18–841,1 (*i*, there: Jerome references). Cf. Biel, *Can. misse expositio* 1, lect 30 C, F, H, VIEGM 31, 304, 307, 308; Clichtove, *De veneratione* 1, 7, f. 16r; Eck, *Enchiridion*, c 15, CCath 34, 182.
[65-65] Cf. Luther, *Sendbrief*, WA 30/2, 644,15-22.
[66] Cf. Zwingli, *Auslegen*, a 21, CR 89, 225,8-21 (there: "bladergebett").

olim suis diis exhibuerunt ethnici[67]. Id autem nostros episcopos et theologos nihil movet [68](est enim lucro), atque nos verum et quem vetus observavit ecclesia divorum cultum restituere laboramus, id dignum est, ut ferro et flammis vindicetur[68]. Deus est autem qui videt et iudicabit haec. Et qui *Deum timent* [Ps 66,16], videbunt hinc satis quae nos hac in re docuimus, illaesa *maiestate* Christi [2Pt 1,16] taceri haud potuisse.

Satis ista quidem erant de hoc loco. Verum ne videar sciens praeterisse eam rationem qua adversarii, sanctorum invocationem – non quam sancti patres, sed suam illam quaestuosam – stare invictam arbitrantur, paucis et hanc excuterc libet.

Ea ratio est huius modi[69]: sancti vera charitate [E7v] praediti, hic Deum orant pro hominibus, et plurima eis bona exorant. Nunc absolutiore sunt charitate, plus igitur modo exorare valent. Cumque intercessio eorum ad Deum, dum hic vivunt, pie a Christianis expetitur, maiore pietate expetitur, dum regnant cum Christo [cf. 2Tim 2,12] in coelis. Haec ratio adversariis prorsus irrefragibilis habetur[70].

In hac vero nos primum illud recipimus, id quod sancti nobis bene volunt et salutem optant, certum est ex eorum in nos charitate profisci, eoque, quo in illis nunc agentibus apud Christum nostri charitas plenior est, hoc esse eos salutis nostrae avidiores. Verum, an ex eo – quod modo sunt charitate perfectiore – illud consequatur, divos amplius nunc pro nobis orare, iudicandum est. [71]Sancti ex charitate flent in hac vita *cum flentibus* [Rm 12,15], ergo in futuro amplius flebunt, istuc nemo admittet[71].

[67-67] Ap: CT, a 22 Ger., BDS 3, 157,21-34, and ACT, *ibid.*, 307,9-13 (*i*, there: appeal to critique of pagan superstitions and practices in Lactantius' *Institutiones divinae*, > Bullinger, *De origine erroris*, C6v–D2r, or Oecolampadius, *In Danielem*, to Dn 3,1, in *Commentarii omnes*, 32. Adv: Dietenberger, *Phimostomus*, c 7, [15-17], CCath 38, 128 (there: "Non est enim par ratio praesentis temporis et primae nascentis ecclesiae"). Cf. ACA, BSLK, 323,48; *Consilium, Pollet* 2, 516,4-7; Appendix, 150 (there: popular cult of the saints is "manifesta idolatria" similar to the "superstitio ethnicorum"); Melanchthon, *Consilium*, CR 2, 758; BEv 1536, 115D, 161A, 645B-C ("sanctorum cultus praeposterus").

[68-68] Cf. Luther, *Wider den neuen Abgott*, WA 15, 192; Lambert, *De causis excaecationis*, 86v.

[69] Adv e.g.: ConfCT, *Paetzold*, 25,21-31 / 87,24–88,6 (*i*). Cf. Hoogstraten, *De invocatione*, c 12, BRN 3, 484-485; Clichtove, *De veneratione* 1, 7, 24v f.; Eck, *Enchiridion*, c 15, CCath 34, 180-181; Dietenberger, *Phimostomus*, c 7 [33], CCath 38, 139-140; Vehe, *De invocatione*, BHRef 54 (2), 210,15f. Alluded to is Jerome's repudiation of Vigilantius's critique of the invocation of the martyred saints, a repudiation usually cited by the Roman side in support of the practice, cf. Jerome, *Contra Vigilantium*, MPL 23, 353-368; Biel, *Canonis misse expositio* 1, lect 30 F, VIEGM 31, 308; Martin Plantsch at the 1st Zurich Disputation, CR 88, 535, 4-5 (but see n. 1 there); Hoogstraten, *De invocatione*, c 6, BRN 3, 460; ConfCA, CCath 33, 125,7; Eck, *op. cit.*, ib., 181-182; Dietenberger, *Phimostomus*, c 7, CCath 38, 132. Dismissed by Zwingli, *De canone missae*, CR 89, 578,2, and ACA, BSLK,, 316,53–317,13. Cf. Rordorf, 'Kritik', also his 'Laktanz als Vorbild', 49-62; 40. See also ACT, BDS 3, to a 11, 256,14-18.

[70] Cf. Eck, *Enchiridion*, c 15, CCath 34, 181, marg. 'Dilemma Lutheranis insolubile', n. 72; Clichtove, *Propugnaculum* 1, cc 14-15, f. 28v–31v.

[71-71] Ap: ACT, BDS 3, 262,8-11 (*i*).

<QUID ORATIO[72]> Oratio vero (ut ea in scripturis commendatur) est anxia quaedam voluntatis divinae in nobis perficiendae elata ad Deum exoptatio, fide nitens promissionis eius. Atqui et fides, et omnis anxietas huius tantum vitae est – in futuro ut videntur omnia, ita est animus per omnia tranquillus, nec ipsa expectatio resurrectionis aliquam in se habet molestiam [cf. 1Cor 15,12ff.].

Nunc Deus, quo studium sui in nobis magis in dies inflammetur et fiducia crescat, vult nos perpetuis suspiriis orare a se ea, quae tamen antequam oremus, dare ex se statuit – et ad quae a se petenda, suo ipse nos Spiritu impellit. Quo namque magis assidui in precibus ad Deum sumus, sive pro nobis sive pro aliis, ac inde etiam continuo certius experimur quam benignus in nos Deus est, utque prompte facit *voluntatem timentium se* [Ps 144,19]. Hoc fit et persuasio, omnia a Dei bonitate pendere, eamque omnibus ipsam inquirentibus praesto esse, certior et vivendi Deo [cf. Rm 6,10; 2Cor 5,15] voluntas plenior. Velut enim in coelos sublati, Deum in sanctis precibus coram appellamus – eiusque "adflati numine"[73] inexplicabili quadam ratione [74]ipsi coniungimur et unimur[74].

Tale vero nihil potest queri coelitibus, ii enim vident Deum sicuti est. Hinc Dei voluntatem sic tenent, sic in ea oblectantur [cf. Ps 39,9], ut proficiendi in eam, cuius gratia hic precibus insistitur cum pro nobis tum pro aliis, causa nulla supersit. Etenim cum et pro aliis preces fundimus, eae ad id nobis a *spiritu Christi* [Rm 8,9] suggeruntur, ut *regni Dei* [Mt 6,33; Lc 12,31] studio et ipsi eo magis inflammemur, et proximis[75] ad id ipsum regnum felicius inserviamus. Quo scilicet omnes christianae actiones feruntur.

Christus Dominus intercedit pro nobis ad Patrem [cf. Rm 8,34; Hbr 7,25; 1Io 2,1], at id quid aliud dicemus esse, quam perennem exhibitionem sanguinis quem pro nobis fudit [cf. 1Cor 11,23-5; Mt 26,26-8]. *Spiritus intercedit pro nobis, sed gemitibus inenarrabilibus* [Rm 8,26]. [76]Sic orant pro nobis et angeli[76]. [E8v] Sicque recipimus, lib[ro] Machabaeorum 2,[15,12-16][77] orationem Oniae et Hieremiae ad eundem modum intelligere conve-

---

[72] See BEv 1530, 62D–63D, 156D–157A; BEv 1536, 156C–160C, 209–210, 345B–346C; BPs, 34–36C; BRm 1536, 69 col 1; BRm 1562, 37A–B; ACT, to a 11, BDS 3, 260,10ff., 262,1ff. Cf. Zwingli, *Auslegen*, aa 20-21, CR 89, 166-230. This section is most likely that which led to the separate heading 'De votis' being put on the contents page, but it belongs intrinsically to the treatment of the invocation of the saints.

[73] > Virgil, *Aeneidos* 6, 50.

[74-74] Perh. ap: Zwingli, *Auslegen*, a 20, CR 89, 210,11-14 (there: Gk for prayer, προσευχη, meaning 'union of God and man in dialogue', with reference to Suidas' dictionary).

[75] Cf. e.g. CT, a (4)/6, BDS 3, 55; BEv 1536, 760C (= BOL 2, 450).

[76-76] Ap: ACA, BSLK, 318,13-14 (*i*). Cf. ACT, BDS 3, 261,7-13 (there: the 'ministry' of angels is ineffable, calling it 'prayer' is a verbal convenience only).

[77] Cf. ACA, *loc. cit.*, line 24. The Roman side often cited that locus to justify the invocation, intercession and veneration of the saints, e.g. Clichthove, *De veneratione* 1, 11, f. 26r; Hoogstraten, *De invocatione*, c 12, BRN 3, 48; Eck, *Enchiridion*, c 15, CCath 34, 175; ConfCA, CCath 33, 126-

nit. [78]Describuntur haec verbis huius vitae, qualia scilicet tantum intelligimus – res aut quis non agnoscat habere multo sublimius?[78] Certo nemo dicet Oniae Spiritum habere manus, at tamen visus est Iudae protendere manus.

[79]Sed fateor, voluntatem salutis nostrae habent et angelii et divi, hanc ut 'orationem' licebit vocare – non tamen erit oratio eius generis, cuius est quam hic sancti haberit[79]. Quapropter sicut non procedit: 'sancti congemiscentes[80] nobiscum sine intermissione pro nobis hic preces fundunt, ergo sic "orant" etiam pro nobis in coelis' – ita nec illud firmum erit, 'ambiendae sanctorum preces dum hic agunt, ergo et cum regnant cum Christo'. [81]In precibus quae hic habentur, est fidei exercitium[81] et profectus, et haec causa est, cur *Spiritus Christi* [Rm 8,9] huc impellit ut *pro nobis invicem* et oremus, et orari petamus [2Th 3,1; Hbr 13,18]. Haec vero causa in coelitibus non habet locum, non est ergo illa (ut putant[82] isti) 'ideo firma ratio', [viz.] [83]'invocandi sunt sancti cum hic degunt, ut orent pro nobis, ergo et cum illic'. Sed haec forsan arguta magis, quam fidei ferat simplicitas.

<SUMMA FIDEI DE CULTU ET INVOCATIONE DIVORUM[84]> Abunde iam exposuimus, divis nos tribuere nostri summam charitatem, nostraeque salutis voluntatem absolutam et perennem, Deo quoque illos tanti esse, ut propter eos nobis plurima largiatur – ad quos, si quis per Christum Patrem [F1r] oravit, certusque est se quod oravit, etiam cum fuerit a re sua percepturum, affectum attollat, et tanquam praesentes sibi, ut secum Dominum orent, roget, vel Deum potius ut perpetua eorum pro nostra salute vota exaudire dignetur, nos eiusmodi affectum damnare – hocque solum detestari, plus fiduciae poni in illorum intercessione quam Christi, et quae ex hac superstitione[85] nascuntur caetera – agnoscere denique et docere, divos in summo

---

127 (but not ConfCT); Dietenberger, *Phimostomus*, c 7, CCath 38, 137; Vehe, *Assertio*, BHRef 54(2), 213,9-11.

[78-78] Ap: ACT, to a 11, BDS 3, 260,17-23 (*i*, there: reference to the figure of speech 'anthropopathias', "auff menschliche art und eigenschafft zu reden").

[79-79] Ap: *ibid.*, 262,3-18 (*i*, there: 'Betten ist ein werck diser zeit', the good wishes and love of the celestial saints for the earthly saints are subsumed in the intercession of Christ, so that they are not exercising petitionary prayer in the terrestial sense; but their disposition may be seen as a kind of prayer 'auff weiss, irem [zustand] gemeß'), > Zwingli, *Auslegen*, a 20, CR 89,11-24 (there: heavenly saints' 'prayer' is devotional adoration and praise).

[80] Patristic Latin, 'groaning' or 'sighing deeply', cf. Blaise, *Dictionnaire*, s. v.

[81-81] Ap: Zwingli, *Auslegen*, a 21, CR 89, 224,6-7 (*i*, there: "wenn der mensch sich übt imm glouben, das er bettet").

[82] See ConfCT, *Paetzold*, 25,21-31 / 87,26-88,6 (*i*). Cf. e.g. Biel, *Canonis misse expositio* 1, lect 30 C-G, VIEGM 31, 304-308, esp. 306.

[83] Cf. n. 64 above.

[84] For a less ambiguous and more dismissive view of the matter, cf. Oecolampadius, *In Iesaiam*, to Is 44,6; 56,8-9, in: *Commentarii omnes*, 240, 280.

[85] Cf. Erasmus: "Superstitio ... in inuocatione cultuque diuorum est plurimam, coarguenda est", *De sarcienda*, ASD V-3, 305,668.

habendos pretio, id autem ab iis fieri qui dignos illos habent, quorum fidem totis viribus imitentur, et in quibus Deum indefinenter praedicent.

Haec de culto et invocatione divorum legimus apud orthodoxos patres. Sic sentit de eo omnis ecclesia Christi. Quae praeterea invecta sunt, ipsa se produnt, a quo sint Spiritu profecta. Quae cum sola reiicimus, id facimus, quod ipsa Christi religio poscit. Tam abest ut eo nos 'haereseos' aut ullius 'impietatis' adstringamus. Iudicent pii[86].

---

[86] That is, rather than the Church hierarchy and its magisterium. Often elsewhere the formula is: 'Christiani' or 'electi iudicent', e.g. BEv 1530, 188B, 191B. Cf. critique by Ceneau, *Axioma*, 5v and especially 10r (there: Bucer appeals to the judgement of the so-called 'elect', that is, those who agree with his errors!).

[CAPUT 9]

[DE MISSA][1]

[F1r cont.] Pari criminatione invehuntur in nos adversarii[2] propter missam, quia sicut [3]cultus divorum et missae cum primis lucrosae sunt, et missae hoc amplius[3], quia his non divorum modo, sed [4]Domini nostri Iesu Christi et omnium simul sanctorum merita promittuntur[4]. Nos vero de hac nihil quam quod *ecclesia Dei* [1Cor 1,2] semper credidit, vel credimus vel docemus.

<UBI CHRISTUS COENAM INSTITUIT> Substantiam missae et schola agnoscit[5], quae Dominus in sua sacra coena gessit gerendumque [F1v] instituit. Atqui Dominus habuit illam ad hunc modum: Consedit cum discipulis suis [cf. Lc 22,14] quorum nemo adhuc in eiusmodi crimine deprehensus erat, cuius causa expelli eo sacro convivio deberet. Sacra [6]symbola panis et vini, et cum his[6] corpus et sanguinem suum, rem[7] symbolorum, unus distribuit pariter omnibus. Testatus est: *Hoc est corpus* suum *pro* eis *tradendum, sanguinem pro* ipsorum *peccatis fundendum,* eoque *sanguinem* quo constat

---

[1] See BEv 1530, 31B, 47A-B, 101A, 133A-B; BEv 1536, 75C, 116C, 255A, 339A-B; BPs, to Ps 4,6; *Summary,* BDS 1, 116,35–123,18; *Grund und Ursach, ib.*, 205-254; 'Messgutachten' (1525-29), BDS 2, 434-558; *De caena dominica,* BOL 1, 26-54; *Berner Disp.*, BDS 4, 139-151; *Epistola apol.*, BOL 1, 107,13–109,4; CT, a (XVIII)/21, BDS 3, 135-141; ACT, *ib.*, 287-292; CA, a 24, BSLK 91-95; ACA, *ib.*, 349-377; *Furbereytung,* BDS 5, 350,9–352,12; *Consilium, Pollet* 2, 512,11–513,5; Appendix, 146-7. Cf. Luther, *Sermon,* WA 6, 353 ff.; *De capt. babyl., ib.*, 502ff.; *De abrogatione,* WA 8, 411ff.; Zwingli, *Auslegen,* a 18, CR 89, 111-131; *De can. missae, ib.*, 582-592; *Adv. Emserum,* CR 90, 280-282; *De vera et falsa rel., ib.*, 804-807; Oecolampadius, *Repulsio*; Erasmus, *De sarcienda,* ASD V-3, 307-310. See also Greschat, *Martin Bucer,* 95-98.

[2] E.g. ConfCT, *Paetzold,* 54-57 / 107-109; ConfCA, CCath 33, 158-172. Cf. e.g. Fisher, *Defensio,* c 6, in *Opera,* 191ff.; Clichthove, *Antilutherus* 1, 2, 10-16; id., *Propugnaculum* 1, cc 1-32, 4r–63r; Emser, *Defensio,* CCath 28, 38-93; Schatzgeyer, *Tractatus* 2, CCath 37, 199-347; Eck, *De sacrificio,* CCath 36; *Enchiridion,* c 17, CCath 34, 199-209; Dietenberger, *Phimostomus,* c 12, CCath 38, 192-196; De Castro, *Adv. Haereses* 10, 132v–134v. Cf. Lepin, *L'idée,* 252ff.

[3-3] Cf. CT, a 21, BDS 3, 137,1-3 (there: "foeda nundinatio ... nihil ... quaestuosius"); *De caena dominica,* BOL 1, 99-101 (there: "superstitionum questus").

[4-4] Cf. Zwingli, *De can. missae,* to the Canon's "meritis concedas", CR 89, 578-582.

[5] Cf. *Glossa ord.,* to Mt 26,26ff.; Thomas, *S th* 3a, q 73ff.; Altenstaig, *Vocab.,* s.v. 'Missa'.

[6-6] 'Symbola' for elements, see BSyn, 330B; *Lang,* 435; BJoh 1528 & 1530 [= BOL 2, 264, para. 1, ad fin.]; *Lang* 449. Cf. CT, orig. a 18 Ger., BDS 3, 126,20 ("mit den Sacramenten"); ACA, a 10, BSLK 248,43-44 ("cum his rebus, quae videntur, pane et vino"; *Bericht,* BDS 5, 243,9,32; 250,13; *XVI Articles of the Strasbourg Synod,* a 9, Täuferakten 8/2, 27,23-26, or BDS 5, 390,20 ("mit brot vnnd wein").

[7] See ACT, BDS 3, 278,33 (*i,* there: "res Sacramenti", > Augustine, e.g. *In Ioh* [26,12], MPL 35, 1614; CSEL 36, 265,3-4, probably via Thomas, e.g. *S th* 3a, q 80, a 1, resp ad 1, or *Decreti* 3a, d 2, c 48, *Friedberg* 1, 1332). Cf. Bessarion, *Oratio,* A4r (on Augustine's 'signum' and 'res significata'), a work Bucer possessed, see BDS 1, 284,20; Oecolampadius, *De genuina expositione,* K1r ("res sacramenti") or *Apologeticum,* K3r ("symbolum cum re ipsa"); BRm 1536, 160 col 2–161 col 1; BRm 1562, 160D (signs "cum re ipsa").

novum testamentum [Mt 26,26-8; 1Cor 11,24-5]. Denique hoc [8]sacro con-
vivio[8] sui memoriam celebrandum commendavit [cf. Lc 22,20; 1Cor
11,24-5].

Hinc divus Paulus collegit primum non esse coenam Domini, si quisque
[9]suam et non omnes unam[9] celebrent [cf. 1Cor 11,18-21], eoque monet Corinthios ut se *invicem* expectarent, *cum ad* sacrum coetum convenirent [1Cor
11,33] – deinde eam exhiberi hic *corporis et sanguinis Domini communionem*
qua in Domino *unum corpus et unus panis sumus*, et quae nos ab omni communione *daemonum* abstrahat, 1 Cor. 10,[16ff.].

<NOSTRA IN COENA OBSERVATIO[10]> [11]Haec omnia nos studemus quam
licet religiose observare[11]. Eos tantum ad *mensam Domini* [1Cor 10,21] in-
vitamus qui volunt esse Domini discipuli, pendere a verbo eius, qui *novi
foederis* [1Cor 11,25; Mt 26,28] participes esse creduntur. Hic corpus et
sanguinem Domini sacris symbolis exhibemus[12], isthuc omni studio prae-
dicantes hoc cibo et potu, hoc est, vera *corporis et sanguinis Domini communione* [1Cor 10,16] constare nobis *vitam aeternam* [Io 6,54] – sicut haec
immolata[13] pro nobis [cf. 1Cor 5,7] sola potuerunt nostra peccata expiare
[cf. 1Io 2,2]. Nostra [F2r] *caro et sanguis regni Dei haereditatem* nequeunt
percipere [1Cor 15,50][14], quapropter carnis et sanguinis *filii Dei* [Mc 1,1
etc.] participes nos fieri necesse est. His ut fidem homines habeant, vereque gratos se tantis Domini beneficiis exhibeant, inhortamur.

<QUAE IN SACRA COENA QUAERENDA> His quibus datur fidem habere, in il-
lis fiducia in Christum mirifice irroboratur, charitas praeclare proficit, totius

---

[8-8] > Ambrose, *De fide* 1, 15, 98, MPL 16, 574, perh. via Lambert, *Farrago*, 38v.

[9-9] Cf. *Grund und Ursach*, BDS 1, 242-245; *Epistola Apologetica*, BOL 1, 147,3-4.

[10] The Roman Mass was de facto abolished at Strasbourg in 1529, cf. Adam, *Ev.
Kirchengeschichte*, 142 ff.; BDS 2, 429; Bornert, *La réforme du culte*, 141.

[11-11] Ap: a (XVIII)/20, CT, BDS 3, 123,18-20 (*i*); so too ACT, *ibid.*, 278,26-28; *Furbereytung*,
BDS 5, 350,11-18. Cf. *Consilium, Pollet* 2, 512,30-31; Appendix, 146 ("celebramus ... ad ritum
Apostolorum").

[12] > Vg Rm 12,1? (Ger. 'darreichen') – Christ both represents and offers his body, perh. via
Besssarion, *Oratio*, A5r, or Thomas, *S th* 3a, q 75, a 1 resp (tertio). Cf. e.g. BSyn, 333B (*Lang,*
439); Bucer's *Propositiones novem* (1530) no. 4, WA Br 5, 570-571; *Furbereytung*, BDS 5,
350,23; *Consilium, Pollet* 2, 513,14; 514,17; Appendix, 147, 148; BRm 1536, 160 col 2–161 col
2; 163 col 1; 291 col 2; BRm 1562, 160D; 163A; 323C (there: sacramental signs or symbols
promise, offer and give what they signify "ex hac ipsa institutione Domini", citing Augustine,
Lombard, and Thomas). See also ACA, BSLK, 248,2; Melanchthon, *Loc. com.* (1533 edn.), CR
21, 479; *Cassel Agreement* (1534), BDS 6/1, 74,20-22 [WA Br 12, 167]; *Wittenberg Concord*
(1536), BDS 6/1, 120, 122. The usage is often associated with Bucer and Melanchthon, but was
employed by Luther too, see e.g. Maundy Thursday sermon in 1525, WA 17/1, 174,1-2;
176,14.

[13] 'Immolare' > Augustine, e.g. *Ep.* 98, *Ad Bonifatium*, MPL 33,363; CSEL 34, 530,21f. Ap:
Thomas, *S th* 3a, q 83, a 1 resp, or *Decreti* 3a, d 2, cc 51-52, *Friedberg* 1, 1333, or Lombard,
Sent. 4, d 12, 7 (*i*), MPL 192, 866. See also *Artickel belangende dy religion*, BDS 9/1, 31,8;
Consilum theol., no. 381, BOL 4, 95, & n. 5 there.

[14] Ap: ACT, to orig. a 18 Ger., BDS 3, 129,28ff. (*t*, there: *i* of spiritual manducation, 131,7-10).

vitae sanctimonia plurimum instauratur. Nam sicut hic cibus vitae aeternae [cf. Io 6,54-6], vitae Dei [cf. Col 3,3], sumitur – ita eam vitam vegetari et proferre se quam maxime oportet. Hinc merito, verae laudes Dei summa animorum alacritate et flagrantia resonant, praeces pro omnibus hominum ordinibus funduntur ardentissime – universae hominis vires ad Deum contendunt, Deo homo totus repletur [cf. Eph 3,19]. [15]Christum enim Deum et hominem nostri reparatorem[16], hic manducat[15]. Hinc denique sicut corpus sacrum ecclesiae, ex hoc suo salvifico pastu, summe viget, ita exerit se quoque quam efficacissime omnis illa sacra donorum Dei et *virtutis* [1Cor 2,4] *Spiritus subministratio* [2Cor 3,8], quolibet membro pro modo suo incrementum corporis faciente, ad *instaurationem sui* ipsius *in charitate*, Ephesi. quarto,[16]. Quid? Hic exhibentur quam plenissime, quaecumque Dominus noster Iesus Christus nobis factus est, et contulit.

<UT COENA SACRIFICIUM[17]> Itaque existit in sacra coena summum [18]*sacrificium* non *laudum* [Ier 33,11; Ps 50,23] modo[18], sed ipsius Christi[19], sed et nostri ipsorum[20] [cf. Rm 12,1]. Eius enim, quod se Christus in cruce obtulit [F2v] vim et fructum hic cum percipimus – tum fratribus pro modo sacri ministerii et arcanae sanctorum inter se societatis communicamus. [21]Indeque non possumus nos non totos Domino consecrare, idque benignis eleemosynarum largitionibus, erga *minimos* Domini [Mt 25,40,45], studiose testari[21].

<CHRYSOSTOM> Hisce de causis non solum prisci [22]patres, sed scholastici[23] quoque sacram coenam Domini 'sacrificium' vocaverunt[22]. Divus

---

[15-15] That is, 'Christus totus' or the 'homo totus', a Wittemberg-friendly formulation, cf. Luther, Maundy Thursday sermon in 1525, WA 17/1, 176,14; Melanchthon, 'Iudicium', CR 2, col 224. See Hazlett, *The Development,* 345-6, 414.

[16] Patristic Latin: 'saviour', 'redeemer', cf. Blaise, *Dictionnaire,* s.v.

[17] See BPs, to Ps 4,6. Cf. Luther, *Sermon,* WA 6,353 ff.; *De capt. babyl., ib.,* 502ff.; *De abrogatione,* WA 8,411ff.; Zwingli, *Auslegen,* a 18, CR 89, 127-131; *Adv. Emser.,* CR 90, 280-282; *De vera et falsa rel., ib.,* 804-807; Jud, *2. Zürcher Disputation,* CR 89, 734-757; *Berner Disputation,* BDS 4, 140,31f.

[18-18] Adv perh.: Oecolampadius, *De genuina expositione,* D6r (*i*). Cf. *Handel mit Treger,* BDS 2, 61,4-24; 109,30-34; *Grund und Ursach, ib,* 202,19-21; 217,6-12; 235,13-22.

[19] Ap: ACT, BDS 3, 290,31 (*i*). NB! Object. genitive. Cf. *Handel mit Treger,* BDS 2, 110,23-4.

[20] Ap: BPs, to Ps. 4,6 (*i,* also citing Rm 12,1). Cf. *Bern. Disp.,* BDS 4, 140,42 (Rm 12,1).

[21-21] Cf. ACT, BDS 3, 290,31-33; 'Messgutachten': *Praedikantensupplik,* BDS 2, 506,27f.; BTzph, 17v ff.; BPs, to 4,6 (ethical stress, see De Kroon, 'Bemerkungen', 92-94, 99-100).

[22-22] Ap: *Furbereytung,* BDS 4, 350,20 (*i*), partly adv: Luther, *De capt. babyl.,* WA 6, 523,8-15, 524,4-7 (hostile to use of 'sacrifice'); more like Oecolampadius, *Repulsio,* C1v ("testati sumus, nos non tam a nomine 'sacrificii', quam ab errore, qui abusu nominis invectus est abhorrere"), or Erasmus: "Sacrificii atque immolationis vocabulum veteres sacri doctores non horruerunt", *De sarcienda,* ASD V-3, 309,794-795. Cf. *Handel m. Treger,* BDS 2, 110,19-24 (Early Church used 'opffer'); *Praef. in quart. tom. Postillae Luth.,* B4r, in BCor 2, 158,399-406. Brenz, *Libellus,* BrWF (1), 217,27-30. ACA, BSLK, 368,17-18. See ConfCT, *Paetzold,* 54,21–55 / 107,33–108,13; ConfCA, CCath 33,167,13–168,2, both > Eck, *De sacrificio* 2, cc 3-7, CCath 36, 88-110; *Decreti* 3a,

Chrysostomus in Epistolam ad Hebrae.[10], Homelia 17,[3][24]: "Pontifex autem noster ille est, qui hostiam mundantem nos obtulit. Ipsam offerimus et nunc, quae tunc oblata quidem[a], et consumi non potest. Hoc autem quod nos facimus, in commemorationem quidem fit eius, quod factum est. [b]*Hoc* enim *facite*, inquit, *in meam commemorationem*[b] [Lc 22,19]. Non aliud sacrificium, sicut pontifex, sed idipsum semper facimus, magis autem recordationem sacrificii operamur."

<AUGUSTINUS> Et Augustinus, De civitate Dei, lib[ro] 10, cap[ite] 6[25]: "Hoc est enim sacrificium Christianorum – *multi unum corpus sumus in Christo* [Rm 12,5], quod etiam sacramento altaris fidelibus noto frequentat ecclesia – ubi ei demonstratur, quod in ea oblatione quam offert, ipsa offeratur."

Item cap[ite] 20[26]: "Unde verus ille mediator, inquantum formam servi accipiens, mediator effectus est Dei et hominum, homo Christus Iesus – cum in forma Dei sacrificium cum Patre sumat, cum quo et unus est Deus – tamen in forma servi maluit sacrificium esse quam sumere, ne vel hac occasione quisquam existima-[F3r]ret cuilibet sacrificandum esse creaturae. Per hoc et sacerdos est, ipse offerens, ipse et oblatio. Cuius rei sacramentum quotidianum esse voluit ecclesiae sacrificium, cum ipsius corporis ipse sit caput, et ipsius capitis ipsa sit corpus – tam ipsa per ipsum, quam ipse per ipsam suetus offerri. Huius veri[c] sacrificii multiplicia, variaque signa erant sacrificia prisca sanctorum – cum hoc unum per multa figuraretur, tanquam verbis multis res una diceretur, ut sine fastidio multum commendaretur. Huic summo veroque sacrificio, cuncta sacrificia falsa cesserunt." Sic scribit de hoc sacro omnes patres.

---

d 2, cc 48, 51-53, *Friedberg* 1, 1332-3. Cf. Lepin, *L'idée*, 37-81; Casel, Mysteriengedächtnis, 146-176; Stone, *Holy Eucharist* 1, 42ff., 109ff., 152ff.; Thompson, *Eucharistic Sacrifice, passim*.

[23] Ap: BPs, to Ps. 4,6 (*i*, there: *rree* to/from *Decreti, loc. cit.* & Thomas, *S th* 3a, q 73, a 4, resp), or *Furbereytung*, BDS 5, 350,25 (*i*). See Lombard, *Sent.* 4, d 12, 7, MPL 192, 866. Cf. Lepin, *L'idée*, 97-240; Casel, Mysteriengedächtnis, 177-196

[a] pridem. – [b-b] *omit.* – [c] vero

[24] Ap: Er Chrysostom edn. 4, 323C-D (versio Mutiani), MPG 63, 349-50 (cf. *ibid.*, 131), perh. via Oecolampadius, *De genuina expositione*, C4v. Cf. *Decreti* 3a, d 2, c 53, *Friedberg* 1, 1333 (*ta*, but *r* to [Ps.-] Ambrose); Fisher, *Defensio*, c 6, in *Opera*, 193; Emser, *Defensio*, CCath 28, 75,3-12;; Eck, *De sacrificio* 2, cc 6 & 8, CCath 36, 104-5, 168; id., *Enchiridion*, c 17, CCath 34, 208, (all same *e*). See Lepin, *L'idée*, 42-44.

[25] MPL 41, 295; CSEL 40/1, 252; CCL 47, 279, 52-5. Ap: ACT, BDS 3, 289,20 (there: *r* only). Allusions in Eck, *De sacrificio* 2, c 7, CCath 36, 108, *Enchiridion*, c 17, CCath 34, 202 and ConfCA, CCath 33, 169, 1 & n. 29.

[26] MPL 41, 298; CSEL 40/1, 480-81; CCL 47, 294,1-14). See ConfCT, *Paetzold*, 55,7-8 & n. to line 7 / 108,8, also ACT, BDS 3, 289,20 (both: allusions only). Perh. ap: Clichtove, *Antilutherus* 1, 2 c 11, 10, f. 36r, or Eck, *De sacrificio* 2, c 7, CCath 36, 108-9 (in both: *e*). Cf. Lepin, *L'idée*, 79.

<THOMAS AQUINAS> Thomas Aquinas, quaestio 83, affirmat [27]celebrationem eucharistiae 'duplici ratione dici immolationem Christi', et quia 'sit quaedam imago representativa passionis Christi', et quia in ea percipitur 'effectus passionis Christi'. Hoc apud nos nemo contradicit. Hoc modo addicimus, quod et Thomas non tacuit, eos solos participes fieri huius sacrificii, qui sunt viva *membra Christi* [1Cor 6,15], hoc est, qui (ut ipse loquitur[28]) "coniunguntur huic sacramento per fidem et charitatem".

Haec nostra est de sacrae celebratione eucharistiae (quam [29]'missam' vocant) doctrina, in qua cum nihil penitus insit, quod non tradiderunt, quotquot catholici scriptores habentur[30], et ipsa Christi ecclesia semper observavit. Hic quoque nihil adversarius habet, cur 'haereseos' crimen impingat.

<ABUSUM MISSARUM DAMNAMUS[31]> [32]Impias illas missarum nundinationes[33] sane ex-[F3v]ecramur[32], manifestam quoque [34]istam superstitionem, qua homines, si missae modo adsint, quicquid vel credant vel vivant, sibi impunitatem scelerum suorum et quaevis Dei beneficia pollicentur[34] – ubi licet explodere studemus. Quae enim possit excogitari Christi contumelia atrocior, quam ex eiusmodi coenae prophanatione, a qua veteres canones omnes Christianos iubent[35], sine ulla poenitentiae cogitatione, sine omni

---

[27] Ap: *S th* 3a, q 83, a 1, resp.; a 2, resp. ad 1um (*ra*). Cf. Eck, *De sacrificio* 1, c 10; 3, c 8, CCath 36, 62, 64, 168, 171 (same Thomas passages); *Consilium, Pollet* 2, 512,23-27; Appendix, 146 (there: concord envisaged on the basis of Thomas). Cf. Lepin, *L'idée*, 185.

[28] Ap: *S th* 3a, q 79, a 7, resp. ad 2um (*rep*). Cf. *Consilium theol.*, no. 390, BOL 4, 97.

[29] See esp. *Grund und Ursach*, BDS 1, 209-210 (there: usage is inadmissible); ACT, BDS 3, 289,24–291,3 (patristic usage); ACA, BSLK, 371-2 (word's meaning); 'Gutachten über die Confessio Augustana', BDS 4, 424,12 (will not make an issue of the word). Cf. Fisher, *Defensio*, c 6, in *Opera*, 203ff., & Eck, *De sacrificio* I, c 2, 84-85 (both: etymology of word).

[30] See Laemmer, *Vortridentisch-katholische Theologie*, 269, n.1!

[31] See BEv, to Mt 26,28ff. Cf. Luther, *Von Anbeten*, WA 11, 441ff.; *Summary*, BDS 1, 116,34–125; Brenz, *Libellus*, BrWF (1), 208,4–209,5; 216,5-26; 'The Strasbourg Preachers to the Senate', Sept. 1527, BCor 3, 86-87; *Messgutachten*, BDS 2, 472, 488, 490, 524; CT, a (XVIII)/21, BDS 3, 139 (masses a "cauponatio", "grempelmarckt"); CA, BSLK, 366,38ff.; *Consilium, Pollet* 2,512,11-21; 514,32-6; Appendix, 146, 148; *Consilium theol.*, c 43, BOL 4, 94-99.

[32-32] Ap: CT, a 21, BDS 3, 137,1-3 (*i*). Cf. *Summary*, BDS 1, 119,33–122,3. > Luther, *Sermon*, WA 6, 375,30–376,16; *An d. christ. Adel, ibid.*, 444,22–445,6; *De capt. babyl., ibid.*,512,9-12. Cf. CA, a 24, BSLK, 92,10-28 (masses a commercial commodity); ACA, Conclusion, BSLK, 404,110-11 (the mass "ein schändlicher lästerlicher Jahrmarkt").

[33] 'Trafficking', 'commerce'; strictly the fees paid to priests to say special masses. Cf. Lambert, *Farrago*, c 10, 37v (there: "impii et usurarii census").

[34-34] Ap: CT, a 21, BDS 3, 135,18-9 (*ip*), or BJoh, BOL 2, 10 *ad fin.*–11 (there: 'superstitio quaestuosa'). Cf. *Epist. apologetica*, BOL 1, 107,12-14; letter to Francis I, 8th Feb. 1535: "Vendunt hoc opus [the Mass] ac si per se hominibus prosit, quicquid credant aut vivant", a situation, he continues, denounced by the Scholastics, in: TB VIII, 57r-v. Cf. *Consilium, Pollet* 2, 510,11-14; Appendix, 146 (there: same *i*). For Scholastic critics of mass abuse, see Altenstaig, *Vocabularius, s.v.* 'De valore missae' (there: collection of testimonies from Conciliarist and other recent theologians bemoaning popular misuse of the mass). Cf. Franz, *Die Messe*, 292ff.

[35] E. g. Council of Antioch, can. 2. See Wendelstin, *Canones*, 56-7; Crabbe, *Concilia* 1, 320.

Christi sensu, quaerere et sperare summum Dei favorem et beneficia maxima? Ut enim vulgo vivitur ab iis, qui tamen se haud fore bene tutos existimant, quo die sacrum missae non audierint, nimium in aperto est. Iam cum hi omnia *Dei mandata* [1Cor 7,19] tam secure transgrediantur, hoc vero solum ita religiose observent, ut quotidie adsint missae, quis non videt in hac ipsa re illos pietatis suae [36d]proram et puppim[36] collocare[d]?

Atqui hic Dominus instituit memoriam[37] sui, qui est hac de causa mortuus, *ut nos mortui peccatis, viveremus iusititiae* [1Pt 2,24]. Hic commendat nobis suum corpus quo pro nobis adserendis ab innata pravitate immolatum est. Hic sanguinem propinat qui fusus est pro nostris peccatis.

Horum vero quae hodie ratio habetur a [38]vulgo audientium missas? Ubi aspexerunt sacramenta, et his corpore exhibuerunt reverentiam, demurmuarunt suas preculas[38], [39]defunctos se omni religione et cultu Dei arbitrantur, ad sua impia studia revertuntur, hincque impetrasse se rati, Deum nunc sibi omnia aversurum mala, daturumque optatum rerum quorumlibet successum[39].

[F4r] <QUAE PROPHANATIO MISSARUM> Prophanationem vero sacratissimi huius mysterii[40] in iis missis fieri dico, quae habentur propter externa modo emolumenta, nullo studio Christi, et ab iis qui vivunt flagitiose, quique sacram 'synaxim'[41] cum Christianis non celebrant, nec *mortem Domini* [1Cor 11,26] ibi praedicant, quo fidem praesentium in Christum instaurarent. Recitant tamen quaedam, quae nec ipsi perpendunt, nec ut perpendant alii exponunt, id quod diserte adeo Deus per divum Paulum vetuit, 1 Cor. 14,[28]. Quo id solum efficiunt, ut homines qui missae ad-

---

d–d proram puppim et collocare

[36–36] Prora et puppis = 'focus', 'object' > Cicero, *Epistulae* 16, 24, 1.

[37] > Tertullian, *De anima* 17, 13, CCL 2, 806, 92. On the word's putatively 'realistic' sense in Tertullian (and tradition), which may or may not be in Bucer's mind, see Casel, *Mysteriengedächtnis*, 135-6.

[38–38] Cf. Franz, *Die Messe*, 18, 103, 737-739; Browe, *Die Verehrung*, 24-25, 49-70, 98ff., 115ff.; Rubin, *Corpus Christi*, 155-156. See also *Consilium theol.*, no. 396, BOL 4, 97.

[39–39] Ap: *Epistola apologetica*, BOL 1, 107,18-34 (*ip*). Cf. Erasmus, *De sarcienda*, ASD V-3, 308 (critique of mass abuses). See Franz, *ibid.*, 739; Browe, *ibid.*, 123-135; Veit, *Volksfrommes Brauchtum*, 16; Rubin, *ibid.*, 334-342.

[40] > e.g. *Sacramentarium Gelasianum*, 1, 37. Cf. e.g. *De caena dominica*, BOL 1, 37,14 & passim; *Epist. Apologetica*, BOL 1, 96,8; CT, orig. a 18 Ger., BDS 3, 133,31 ("geheymnuß"); BEv 1536, 326C ("mysteria sacramentorum"). See Krüger, *Bucer und Erasmus*, 193; Hazlett, *The Development*, 55; Hammann, *Martin Bucer. Zwischen Volkskirche,* 345-346 (contrast with Zwingli).

[41] 'Communion'. See CT, orig. a 18 Ger., BDS 3, 126,1-3 (*i*). Cf. Thomas, *S th* 3a, q 73, a 4, 2; Biel, *Collectorium* 4, d 8, q 1, a 3, dub 1, *edn. cit.* 4/1, 307,4,16-18; Bessarion, *De oratio*, A5v (cites Ps.-Dionysius, *De eccl. hier.* 3, 1, MPG 3, 424B); Zwingli, *De vera et falsa rel.*, CR 90, 803,1; 807,11; Oecolampadius, *Repulsio*, C1r; ACA, BSLK, 351, 17,22; 371,49; Erasmus, *De sarcienda*, ASD V-3, 309,800f. See *Florilegium patrist.*, [80], BOL 3, 38-39. On Zwinglian use of the concept, cf. Hoffmann, *Sententiae patrum*, 124-5.

sunt, in ipsorum caeremonias spem omnem salutis collocent, sine fide, sine poenitentia, ut non modo non meliores, sed etiam deteriores, utpote in perversitate sua iam securiores ab hisce sacris redeant. [42]Haec quo loco Deus habeat, legere licet Iesaiae primo,[11-20], et passim in sacris vatibus [e.g. Os 6,6], ubi exponit quid sentiat de caeremoniis sine studio verae pietatis adhibitis[42]. Iam quo sacratiores caeremoniae sunt, hoc gravior Deo *abominatio* [Is 1,13] est, quum illis homines tam impie abutuntur.

Novimus illud de 'opere operato', sed istuc est hic, coena Christi, iuxta Christi institutionem administrata – ea utique proderit non [43]'ex opere operantis', hoc est, merito ministri, sed 'ex opere operato'[43], id est, ex eo quid institutum Domini est, id quod geritur. Sed proderit iis qui illa communicant, ut divus Thomas docuit, [44]"per fidem et charitatem". Ex virtute enim Christi, non ministrorum meritis, haec salutifera sunt[45]. Atqui ubi sicut sacrificus [F4v] sacram coenam indigne administrat, [46]ita etiam ii qui adsunt illa indignissime communicant, nempe videndo tantum et audiendo quae geruntur et dicuntur, non etiam credendo et diligendo quae hic promittuntur et monentur – utrisque cedit *in iudicium* et condemnationem [1Cor 11,27,29], quod institutum est ad salutem – quam etiam certo promoverent, si [47]fide vera[47] usurparentur qualis qualis foret minister.[46]

Haec vero non nos primi destamur. Execrantur eadem sancti patres et quicquid hodie est religiosorum hominum. Quocirca nec in huiusmodi damnatione abusuum qui circa missas obtinuerunt, admisimus, ut in nobis illa 'impiae novationis' ac 'seditionis' crimina haereant.

De ritibus et culto externo in celebratione coenae ecclesiis semper sua libertas[48] fuit – nos simplicioribus[49] utimur, quibus [50]usa et prima ecclesia

---

[42-42] Ap: Oecolampadius, *In Iesaiam* [1525], to 1,10, in: *Comment. omnes*, 17-21 (*ti*), via 'Messgutachten': *Buceri Bedencken* (1528), BDS 2, 533,19-21 (there: Isaiah *t*, but in regard to unworthy celebrants); *Furbereytung*, BDS 5, 351,35–352,2 (*ti, r* to prophets and Isaiah); *Ep. apolog.*, BOL 1, 105,17 (Isaiah *t*). See also *Consilium Theol.*, c 63, nos. 640-41, 649, BOL 4, 148-9.

[43-43] Ap: Thomas, *S th* 3a, q 64, a 5 ad 1; IV *Sent.* d 1, q 1, a 5; *ib.* d 4, q 1, a 3; d 2, q 1, a 4 (*i*).

[44] Ap: Thomas, *S th* 3a, q 79, a 7, resp ad 2um (*re*).

[45] Ap: *ibid.*, q 82, a 5, contra (*rip*, there: *e* from [Ps.-] Augustine = Radbertus, *De corpore et sanguine Domini* 12, MPL 120, 1310; same *e* in *Decreti* 2a, causa 1, q 1, c 77, *Friedberg* 1, 385). Cf. Lombard, *Sent.* 4, d 13, c 1, 1-3, MPL 192, 867f.; Luther, *De capt. babyl.*, WA 6, 525f.; CA, BSLK, 62,2-16, (all same *i*).

[46-46] A hint here of Bucer's emerging concept of a threefold eucharistic eating articulated in Part II below, i.e. worthy, unworthy, and godless participation. See also *Ep. apologetica*, BOL 1, 107,18ff.; *Consilium theologicum*, BOL 4, 97-99 (critique of irresponsible participation).

[47-47] That is, the faith of the worthy active in love (alibi: 'wahres glauben'). Cf. Erasmus: "Neque enim vera fides potest esse ociosa, quum sit fons et seminarum omnium bonorum operum", *De sarcienda*, ASD V-3, 304,635-6.

[48] Ap: CA, a 26, BSLK 106,24–107,2 (*i*).

[49] Cf. *Epistola apologetica*, BOL 1, 153,16–154,5; *Gutachten über die CA*, BDS 4, 424,12-25 (both: outline of Strasbourg communion service). Cf. *Consilium, Pollet* 2, 512,30-31 and n. 4

est[50], quam quis dubitet verae huius sacri reverentiae multo fuisse studiosiorem, quam ii sint, qui hodie externo cultui tantum tribuunt?

there; Appendix, 146 ("celebramus eam quam simplicissime ad ritum Apostolorum". See Bornert, *La réforme du culte*, 145-7; Jenny, *Einheit des Abendmahlsgottesdienstes*, 16ff.
[50-50] Ap: *Furbereytung*, BDS 5, 350,16-18, or *Epistola apologetica*, BOL 1, 153,13-15; 154,6 8 (*i*). Cf. Jenny, *ibid.,* 138.

[CAPUT 10]

[DE IMAGINIBUS]¹

[F4v cont.] <DE IMAGINIBUS> De imaginibus superest. Circa eas cum adversarii nihil prope idolatriae non permittunt², nos tamen ³impietatis postulant– qui aliud nihil docemus quam non adorandas, non affigendum illis numen Dei, id quod utique ii faciunt qui ad certas statuas divae virginis et aliorum sanctorum vota nuncupant, honores divinos instituunt, cum alias eorundem divorum statuas, nulla prorsus veneratione dignentur. Addimus ⁴removendas, [F5r] ubi ad impium cultum et superstitiosam in eas fiduciam prostant – ita ⁵ut pientissimus rex Ezechias *serpentem aeneum*, praeclarum illud divinae benevolentiae in populum Iisrael magno miraculo praestitae, monumentum, *confregit* – ubi *adolere illi incensum populus* coepisset⁵ [4 Rg 18,4].

Fuerunt catholici veteres⁶ sancti qui censuerunt ⁷'esse contra scripturarum autoritatem [cf. Ex 20,4], quod hominis, etiam Christi imago in

---

¹ Cf. BEv 1530, 10C-D; BEv 1536, 24C, 152C-D; BPs: 'Disputatio de abusu simulacrorum', 290–292; BRm 1536, 'Quaestio, an sit Christianis aliquis usus simulacrorum?', 97 col 1–100 col 1; BRm 1562, 74E–78E; CT, a (XII)/23, BDS 3, 151-161; ACT, *ibid.,* 299-314; *Grund und Ursach,* BDS 1, 269-274; *Das einigerlei Bild,* BDS 4, 165-81, [Lat.: *Non esse ferendas in templi*]; *Ep. apologetica,* BOL 1, 149-150; *Katechismus* (1534), BDS 6/3, 107,14–110,10; *Consilium, Pollet* 2, 516,5-16; Appendix, 150. See also *Consilium theol.,* cc 12 & 52, BOL 4, 37-39, 118-20. Cf. Oecolampadius, *In Danielem,* to Dn 3,1, in *Commentarii omnes,* 30-34. For literature on iconoclasm, see Wandel, *Voracious Idols,* 7-9.
² Ap: ConfCT, *Paetzold,* 63,1-5 / 112.10-12 (*i*). Cf. Clichtove, *Propugnaculum* 1, c 10, 21r–23r; Eck, *Enchirid.,* c 16, CCath 34, 197. See Erasmus, *De sarcienda,* ASD V-3, 305,672-677 (iconoclasm happens, "nam horribile crimen est idolatria, hoc est, cultus simulachrorum").
³ Ap: ConfCT, *Paetzold,* 60,12 / 110,24-5 (*i*, there: "verdampte ketzerei"). Cf. Dietenberger, *Phimostomus,* c 3 [16], CCath 38, 52 (on images, "Butzerus ... errat, quia ab ecclesiae regula variat"); De Castro, *Adversus haereses* 8, 113v–115r.
⁴ Strasbourg abolished images in 1530, see *Ann. de* [ps.-] *S. Brant,* FACA, no. 4849. Cf. BEv 1530, Preface, A 8a, ad. fin.; *Lang,* 407 (there: abolition was not incompatible with the apparently permissive art. 13 of the Marburg Articles (1529), q.v. BDS 4, 363,8-14).
⁵⁻⁵ Ap: Carlstadt, *Von Abtuhung,* KLT 74, 11,28-34; 20,31-35 (*ti*), via ACT, BDS 3, 313,13-14, or *Einigerlei Bild,* BDS 4, 180,26-27. Cf. Jud, *2. Zürcher Disput.,* CR 89, 696,26-29; Zwingli, *Kurze Einleitung, ibid.,* 654,26; *De vera et falsa religione,* CR 90, 903,12. Dismissed by Emser, *Der heyligen bilder,* D2v, F1; Eck, *Enchiridion,* c 16, CCath 34, 195, 197. See *Epistola apologetica,* BOL 1, 177,23 (there: Bucer acknowledges Zwingli's argumentation in the second Zurich Disputation of 1523).
⁶ Ap: & adv: ConfCT, *Paetzold,* 63,30ff. / 112,27ff. (*i,* there: rejection of appeals to Lactantius, Athanasius, and Epiphanius of Salamis, as made in *Einigerlei Bild,* BDS 4, 174-176, CT, BDS 3, 151ff., & ACT, *ibid.,* 309ff.). See Lactantius, *Divinae institutiones* 2, 2-4, MPL 6, 258-276; CSEL 19, 99ff.; Athanasius, *Oratio contra gentes,* MPG 25, 39ff.; Epiphanius, see n. 7.
⁷ Ap: CT, BDS 3, 153,23-27 (*tp,* there: *r* to *Epistula Epiphanii ... a S. Hieronymo translata* = Jerome, *Ep.* 51,9, MPL 22, 526f.; MPG 43, 390; CSEL 54, 411,2ff.). Cf. *Einigerlei Bild,* BOL 4, 175,2-3,10-13 (same passages); *Katechismus* (1534), BDS 6/3, 110,4 (same *i*). See Holl, 'Schriften des Epiphanius', in *Ges. Aufsätze* 2, 352-6, 379.

templis christianorum penderet'. Nos vero sumus 'haeretici' qui eas modo remotas volumus quae ad certum prostant fidei *offendiculum* [1Cor 8,9[8]]. Probatum est olim factum Epiphanii, quod legitur in epistola eius quam divus Hieronymus latinam fecit[9], qui [10]'velum disrupit quod in ecclesia quadam pendere viderat, habens imaginem crucifixi vel sancti alicuius'. Scribit enim 'se non animadvertisse'[10].

Nobis ergo quae causa, ut tantopere suscenseant studiosi imaginum?

---

[8] Ap: *Einigerlei Bild*, BDS 4, 171,4 (*t*). Cf. CT, a (XII), BDS 3, 161,15 / a 23, variant [P], *ibid.* (same *t*); *Refutatio loc. Eckii*, BOL 1, 248,9-10 (there: no derogation of principle of Christian liberty). Adv: Luther, *Invocavitpredigten*, WA 10, III, 26; *Wider die himmlischen Propheten*, WA 18, 67f., 82f. (there: images tolerable for the sake of the weak).

[9] See n. 7. Adv: ConfCT, *Paetzold*, 63,30–65,4 / 112,27–113,17 (there: discussion of passage). Cf. *Epistola apologetica*, BOL 1, 150,10-12 (same Epiphanius and Jerome *rr*).

[10-10] Ap: CT, BDS 3, 153,18-27 (*trr*, there too: *a*), or ACT, *ibid.*, 311,10-15. Cf. *Handel mit Treger*, BDS 2, 123, 29-34 (*r* to Epiphanius, *p*); *Einigerlei Bild*, BDS 4, 174,35–175,12 (there: full *e*); BPs, 291B. > Epiphanius, [Jerome, *Ep.* 51,9], CSEL 54, 411,2ff.

[CAPUT 11]

[DE VOTIS ET COELIBATU][1]

[F5r cont] <DE VOTIS ET COELIBATU> De votis quoque et coelibatu adversarii nos graviter incessunt[2], de qua re mirum qui non pudeat eos contra nos verba facere. [3]Ubi enim illi sacerdotes vere celibes? Ubi monachi qui sua praestant vota? De multitudine loquor, et iis qui hodie ecclesiarum gubernacula regnunt, praecipuosque eius proventus recipiunt[3]. Nos, ut [4]omnes cum veteres tum recentiores theologi censemus, ea modo posse voveri Deo, quae certum est Deum in unoquoque probare[4] – et si quis contra voverit, id non debere ratum haberi, cum Dei simus, non [F5v] nostri [cf. 1Io 4,4,6; 1Cor 3, 23].

Cum itaque hodie tam innumera est eorum multitudo qui celibatum voverunt, praestare autem ne somniant quidem – nos plane id iudicamus, quod et divus [5]Cyprianus in Epistola 11ª, lib[ro] 1, De virginibus, quae se Deo consecraverunt, nimirum illis *melius esse* amplecti sanctum connubium, *quam uri* [1Cor 7,9][5]. Quam pauci sunt qui illud percipiant, *se propter regnum coelorum castrare* [Mt 19,12[6]], res ipsa clamat. Atqui cui istuc Deus non donat, et uritur, verbum hoc Domini: *Melius est* inire *matrimonium quam uri* [1Cor 7,9-10], nullum hominum vel votum vel

---

[a] 1

[1] See BEv 1530, 129D–130A, 154B–155A; BEv 1536; 10D–11A, 330D–331D, 340C, 399B–402C (expanded); CT, a (XII)/14, BDS 3, 87-98; ACT, *ibid.*, 265-67; *Furbereytung*, BDS 5, 352,18–353,30; CA, aa 23 & 27, BSLK, 86-91, 110-19; ACA, *ibid.*, 332-49, 377-96; *Epistola apologetica*, BOL 1, 109-111; *Consilium, Pollet* 2, 515,17-25; Appendix, 149; *Consilium theol.*, cc 15 & 47, BOL 4, 43-4, 108; *Florilegium patristicum*, c 12, BOL 3, 67-70; *De regno Christi*, BOL 15, 231-34. Cf. Luther, *Themata de votis*, WA 8, 323-335; id., *De votis monasticis, ib*, 577-669; Zwingli, *Supplicatio*, CR 88, 197-209; id., *Freundliche Bitte, ib.*, 214-48; id., *Auslegen*, a 30, CR 89, 267-76; id., *De vera et falsa rel.*, CR 90, 827-33; Carlstadt, *Von Gelübden / De coelibatu.*

[2] Ap: ConfCT, *Paetzold*, 26-7 / 88, & ConfCA, CCath 33, 142-58, 186-96 (*i*). Cf. e.g. Fabri, *Malleus,* tract. 4, text 18, CCath 25, 23-24; Eck, *Enchiridion*, c 19, CCath 34, 210-230; Clichtove, *Antilutherus* 3, cc 24, 25, 28; id., *Propugnaculum* 2, cc 1–34, 63v–129v; Schatzgeyer, *Scrutinum*, Conatus 10, CCath 5; Latomus, *Libellus ... de votis*, in *Opera* [133]-157r. De Castro, *Adv. haereses* 14, 175v–177r. See also Laemmer, *Vortrid.-katholische Theologie*, 321-325.

[3-3] Cf. Zwingli, *De vera et falsa relig.*, CR 90, 831,29f.; ACA, BSLK, 378,5 / 379,8. See Adam, *Ev. Kirchengeschichte*, 11-18 (summary of critiques of Geiler, Wimpfeling, Brant, and Murner).

[4-4] See e.g. Cyril of Alexandria, *In Ev. Ioannis* 9, to Io 13,38, MPG 74, 175/176C; Alexander of Hales, *Glossa* 4, d 38, 7 (both: same *i*). Cf. *Historia tripartita* 9, 38, CSEL 71, 563, 26 (there: priestly celibacy voluntary in the Eastern Church).

[5-5] Ap: *Furbereytung*, BDS 5, 353,18-21 (*tr* [partly marg.], there: *p*). *Epist.* 62,2, MPL 4, 378A. Numbering here > Er Cyprian edn., 38. Cf. CA, a 23, BSLK, 91 (there: same *r*).

[6] Ap: CT, a (XII)/14, BDS 3, 95,7-9 (*t*).

praeceptum reddiderit irritum [cf. Mt 15,9][7]. Cumque Christianorum sit semper amplecti quae sunt meliora, nullis possunt votis depelli ad deteriora. At vero divus Cyprianus non solum eos qui non possunt, sed etiam qui nolunt coelibatum pure et synceriter praestare, ad remedium vocat coniugii[8]. Sic habent eius verba[9]: "Quod si se ex fide Christo dicaverunt, pudice et caste, sine ulla fabula perseverent – ita fortes et stabiles praemium virginitatis expectent. Si autem perseverare nolunt, vel non possunt, *melius est ut nubant quam* [1Cor 7,9] in ignem deliciis suis cadant." Haec ille.

Scio quid obiicere soleant adversarii (quando ex illo Christi, *Non omnes capiunt* hoc *verbum* [Mt 19,11][10] dicimus): 'si qui *non possunt continere* [Sap 8,21], credenti et oranti (inquiunt[11]) *nihil esse impossibile*' [Mt 17,20]. Verum interim re ipsi quidem, nullum huius fidei et orationis [F6r] exemplum praebent. Fidem et orationem ex fide, niti oportet certa promissione Dei, at ubi nobis promissus coelibatus in universum?

Sed iudicent inter nos et adversarios istos nostros puritatem vitae qui vere amant. Nos illis qui continere non possunt, vel simpliciter, vel qui satis volunt, haec praedicamus: *Propter fornicationem vitandam*[12] *quisque habeat suam uxorem, unaquaeque suum* maritum ... *melius esse* iungi *matrimonio quam uri* [1Cor 7,2[13],9], Paulum nemini voluisse iniicere laqueum suadendo coelibatum – nec posse igitur quenquam sibi ipsum laqueum iniicere vovendo. Si peccatum est stulte vovendo, non accumeletur id perdite scortando, aut admittendo, cuius infamis est aula romana. Dei *sumus* [1Io 4,6] antequam quicquam vovere possumus idcirco non tenere, si quid vovimus, quod[b] eo nobis non prosit, ut vivamus *Deo* [Rm 6,10], piis omnibus [14]in confesso[14] est.

---

[b] quo *corr.*

[7] Ap e.g.: Zwingli, *Ermahnung*, CR 88, 230,25; id., *Auslegen,* CR 89, 263,25; Carlstadt, *De coelibatu*, C iij r; Jonas, *Adv. Fabrum,* Cii v, [Civ]v; CA, a 23, BSLK, 87,10 (*t*).

[8] ConfCA denies this is relevant to nuns, who make a solemn vow, cf. CCath 33, 156-59.

[9] Ap: ACT, BDS 3, to a 12, 266,18-22 (*re*) > Er Cyprian edn. (readings *pudice et caste* instead of *pudicae et castae*). *Epist.* 4, 2, CSEL 3/2, 474,17-21 = *Epist.* 62, MPL 4, 378A. Cf. CA, a 23, BSLK, 91,5 (same *r* but different *e*).

[10] Ap: CT, a 14, BDS 3, 95,7 (*t*).

[11] E.g. Eck, *Enchiridion*, CCath 34, 229-30; Clichthove, *Antilutherus* 3, 24, 25, 28; *Propugnaculum* 2, 12; Schatzgeyer, *Scrutinum*, Conatus 10, CCath 5, 137; De Castro, *Adv. haereses* 14, 174r A. Cf. Carlstadt, *De coelibatu*, [B iv]r (there: celibacy vow impossible).

[12] > Er NT

[13] Ap: CT, a 14, BDS 3, 95,4-6 (*t*). Cf. *Epist. apologetica*, BOL 1, 110,30-31 (same *t*).

[14-14] = 'Known everywhere'.

80

Quid vero adversarii? Illi nec modum nec finem faciunt inculcando, reddendum esse, quod votum est[15]. Et si votum coelibatus, maxime perpetui, nullo vel exemplo scripturae commendatum legerint[16]. Cumque multa vota 'dispensabilia', id est, 'remissibilia' faciunt, votum coelibatus praesertim in sacerdotibus et monachis solenne ac ita 'irremissibile' esse definiunt[17], tametsi utrumque pontifex [F6v] aliquando remiserit[18], interim ad istam tam flagitiosam et conspurcatam sacerdotum et monachorum vitam, [19]ne gry quidem[19]. Omnia lusus sunt. Cumque [20]canones sacerdotem concubinarium[21], etiam ecclesia eiiciant, non deponant modo, "eum" autem "qui uxorem duxerit deponant"[20] tantum, illi concubinarios[22], imo scortatores, adulteros, et his nequiores, summis ornant dignitatibus – canonesque accommodant moribus, ut [23]Lesbii structores, suam regulam lapidibus[23]. [24]Episcopi superioris et melioris saeculi excommunicarunt eos qui a sacro ministerio quemquem matrimonii causa putassent arcendum[24]. Nostri, si quis maluerit esse castus *maritus*[25] *in Domino* [1Cor 7,39] quam impurus scortator cum hoc saeculo, hunc iam non sunt contenti deposuisse munere ecclesiastico, id quid canones iubent[26], et ii modo qui posteriore ac etiam deteriore ecclesiae tempore nati sunt, [27]capitali praeterea afficiendum supplicio iudicant[27].

Dominus respiciat ecclesiam suam, et donet agnosci tandem eos qui restituendis, quique destruendis christianis legibus et institutis incumbunt.

---

[15] E.g. Eck, in memorandum for Pope Hadrian VI, see ARC 1, 124,1-10. Hence the celibacy enforcing measures of the Regensburg Assembly in 1524, cf. *ibid.*, 331 [5], 337, [1], 340 [16]; Clichtove, *Propagnaculum* 2, 19, f. 96r–98v.

[16] Adv: ConfCT, *Paetzold*, 26,7f.–27,1f. (*i*).

[17] E.g. Clichtove, *Propugnaculum* 2, 12; De Castro, *Adv. haereses* 14, 175

[18] Deplored also by Eck, ARC 1, 116,20-22. But the canons did allow for flexibility, see *Decreti* 2a, causa 20, q 1, cc 5, 7, 9, 10 ,14, 15, *Friedberg* 1, 844-46. Cf. CA, a 23, BSLK, 91,12-15.

[19–19] 'Not a whit', 'absolutely nothing'. See Hoven, *Lexique*, 154. Here: 'not a finger is lifted'.

[20–20] Ap: *Decreti* 1a, d 28, c 9 (*tp*, part *e*), *Friedberg* 1, 103.

[21] = 'Having a concubine'.

[22] = 'Concubinary priests'.

[23–23] > Aristotle, *Ethica Nichomachea* 5, 10, 7.

[24–24] See Council of Gangra (c. 340), can. 4, in *Decret* 1a., d 28, c 15, *Friedberg* 1, 105, *Mansi* 6, 1156. Ap: *Handel mit Treger*, BDS 2, 154,28–155,1 (*i*, there: *r* to Gangra Council, perh. via Zwingli, *Eine freundliche Bitte*, CR 88, 234,5-13 (there: *rr,ee* from Council and *Decreti*). Cf. Clichtove *Propugnaculum* 2, 7, f. 74v-75r (this canon a transitional concession and expedient). See also Quinisext Council (692) can. 13, *Mansi* 11, 947. Behind both canons lies the clerical marriage-tolerant canon 5 of the *Canones apostolorum*, *Mansi* 1, 30. Bucer was aware that such an attitude did not predominate in the Early Church, cf. *Handel mit Treger*, BDS 2, 155,1-2.

[25] > ErNT.

[26] *Decreti* 1a, d 32, *Friedberg* 1, 116ff.

[27–27] At the Regensburg Assembly of Estates in 1524, the secular power was granted authority to arrest married clergy for trial at Church Courts; the latter were empowered to impose life imprisonment or hand offenders over to the secular arm [for execution!], see *Reformatio cleri*, ARC 1, 344 [38]. The issue was not just one of discipline, but of heresy as well.

[CAPUT 12]

[DE IEIUNIIS etc.]¹

[F6v cont.] <DE IEIUNIIS> Quaeruntur adversarii² multum etiam de ieuniis, festivitatibus et aliis ecclesiae obervationibus a nobis obliteratum, cum tamen non sint, qui harum rerum minore quam ipsi cura tangantur. ³Quam apostoli in his ecclesiis libertatem reliquerunt, et ipsae quoque inoffense olim retinuerunt³, manifestum est. "Mens" siquidem Christi et "apostolorum erat (ut scribitur⁴ in Ecclesiasticae tripartita hystoria) [F7r] conversationem rectam et Dei praedicare culturam", lib[ro] 9, [capite 38, 7].

Nos tamen in his (modo puritas obtineat evangelii) studebimus fieri *omnia omnibus* [1Cor 9,22⁵]. Nihil certe est quod mallemus, quam usum sacrarum precum et ieuniorum et aliarumque sacrarum in ecclesia observationum restitui. Nam quod harum rerum vulgo superest? Ah quam nulla ex parte respondet, iis quae sunt tradita ab apostolis et sanctis patribus. Ubi hodie, qui quod sit verum ieiunium, quae verae poenitentia, vel noverint, ut haec quidem sanctis olim in usu fuerunt?

Sed oremus Deum, ut det eam mentem ⁶his qui ecclesiarum volunt haberi proceres, ut sustineant corrigere quae pietatem penitus evertunt, quaeque sic sunt, ut propter ea illos ipsorum canones⁷ non solum sacro deiicunt ministerio⁶, sed etiam Christi ecclesiae in totum profligant − in nobis profecto mora nulla erit, quo minus quicquid est veterum observationum restituatur. Et si quid praeterea facit vel ad severitatem disciplinae ecclesiasticae vel ad id, ut rudiores ad vitam Christo dignam commodius inducantur, aut ullo pacto eo, ut religio nostra ornetur, instituatur et observetur quam sanctissime.

---

¹ Cf. BEv 1530, 30–31, 68B–70D; BEv 1536, 172D–180C; BPs, 242B–243C; CT, aa (VII)/9–(X)/12, BDS 3, 67-83; ACT, aa 7-10, *ib.*, 247-256; *Consilium, Pollet 2*, 511,26–512,3, Appendix, 145-6; *Bern. Disputation*, BDS 4, 109, 114, 118-121; *Furbereytung*, BDS 5, 354,1-13; *Katechismus* (1543), BDS 6/3, 258-261; *Consilium theologicum*, BOL 4, c 33, 74–76; *Florilegium patr.,* c 11, 64–66; *De regno Christi* I, 12, BOL 15, 84-86. Cf. Zwingli, *Vom erkiesen,* CR 88, 88–136.

² E.g. ConfCT, *Paetzold*, 18,17–22,17 / 82,29–85,8; ConfCA, CCath 33, 182. See esp. Clichtove, *Propugnaculum* 3, cc 1-35, f. 130r–197r; De Castro, *Adv. haereses* 8, 111v–113v.

³⁻³ Ap: CT, a 10, BDS 3, 75,17–77,1 (*i*, there: "Christiana libertas", with appeal to Col 2,16f., as by Zwingli, *Vom erkiesen*, CR 88, 128,5f.). See also *Epistola apologetica*, BOL 1, 157,4f., 111,10f. Cf. CA, a 26, BSLK, 107,1, & more expansively, Zwingli, *ibid.*, 99–107.

⁴ Ap: ACT, BDS 3, 251 27-28 (*t*,part *r,e*), > edn. by B. Rhenanus, *Autores*; same *e* in CA, a 26, BSLK, 107,12-17. MPL 69, 1155A; CSEL 71, 559,34-35, as per Socrates, *Historia ecclesiastica* 5, 22, MPG 67, 628B. Cf. *Furbereytung*, BDS 5, 355,23-26 (same *r* with *p*).

⁵ Ap: ACT, to aa 3-5, BDS 3, 236,5 (*t*).

⁶⁻⁶ Cf. *Consilium*: "[praecepta Apostolorum] quae nemo tamen observat, ii minimum, qui praecipiunt", *Pollet 2*, 512,1; Appendix, 145-6.

⁷ As in *Decreti* 1a, d 86, *Friedberg* 1, 297-304.

Hoc siquidem unum quaerimus, ut Christus quam latissime regnet [cf. 1Cor 15,25]. Ea sola submota cupimus quae incrementis regno huius obstant. Id quod agnoscent, quotquot ea *quae Christi sunt* [Phil 2,21] queunt percipere, et volent ut par est, de nobis ex his quae hactenus in nostra apologia[8] exposuimus sta-[F7v]tuere. Quis enim quae nos sentimus, nobis noverit melius?

---

[8] That is, in the ACT.

[CAPUT 13]

[DE SYNODO ET CORRECTIONE ABUSUUM IN ECCLESIA][1]

[F7v cont.] Sed hic occurit nobis adversarius[2]. Primum accusat, [3]quod nostra inveximus nulla de eis cum ecclesia praemissa collatione. Atqui nos, ut audiremur a nullis adhuc episcopis, quamlibet supplices id et assidue oraverimus, impetrare potuimus. Sic quidem, ut remota vi, et praesentibus viris bonis et Christi amantibus, [4]iuxta scripturam excutere omnia licuisset[4]. Et quid in his valeat hodie vulgus episcoporum, quid spectent plerique theologi studiosi veritatis, quibus solis nos causam nostram approbare quaerimus, minime ignorant.

<AD QUID SYNODUS> Deinde ubi synodum imploramus[5], obiicit nobis, [6]"ecclesiam ante restituendam in integrum, spoliatam per nos suo ritu, sua obedientia". At cum nos nihil hactenus quam confessas labes doctrinae et vitae certamque perversionem obedientiae Christi incessivimus, qua obsecro possessione ecclesiam deiecimus? Nihil volet ecclesia contra Christum imperare, nullum vel dogma vel ritum agnoscit suum, qui a placitis sponsi[7] sui variet – quae vero cum Christi praeceptis congruunt, nos haudquaquam convellimus. Si quod secus per nos admissum est, [8]profitere, episcope, huius indicium[8]. Sed ipse satis agnoscis, istuc te nulla ratione quae sit digna episcopo, obiicere. Nam multo meliores episcopi olim quicquid quamlibet pestilentes et seditiosi haeretici turbassent, quotiescumque discussio quaere-[F8r]batur vel dogmatum vel rituum ecclesiae, nullam causificati restitutionem, coire *in Domino* [Rm 16,2 etc.] nihil gravabantur.

---

[1] See CT, (Conclusion), BDS 3, 163,37–181,13; *Furbereytung*, BDS 5, 270-360; *Consilium, Pollet 2*, 516,21–518,12; Appendix, 150-2. Cf. Erasmus, *De sarcienda*, ASD V-3, 257-313; Ger. translation (1533) by Capito: *Von der Kirchen lieblicher vereinigung*; see Millet, *Correspondance de Capito*, no. 516, 173-174 (abstract of Capito's preface).

[2] That is, Ceneau – introduced here for the first time in the main text.

[3] "Mirabile est ... quod vos, vestra tantum temeritate freti – nec consulta, nec audita ecclesia, cuius membra eratis – omnes eius sacratos ritus evellere radicitus attentatis et funditus evertere, sine foro, sine tribunali, sine parte, sine iudice ... ubi fas? ubi lex? ubi ius, et aequitas?" *Axioma*, 5v.

[4-4] Cf. CT, (Conclusion), BDS 3, 165,4; 171,25.

[5] This does not refer to any call by Bucer for a council in BSyn, rather to a presumptive or hypothetical plea envisaged by Ceneau, as indicated by the future tense of the verb: "Verum illud obiicietis, vos diu ac multum, sacrae synodi celebrationem efflagitasse", *Axioma*, 5v. Cf. Luther, *Appellation*, WA 7, 85-90; id. *An den christl. Adel*, WA 6, 413,29-30; *Furbereytung*, BDS 5, 358,20–359,11; CA, Preface, BSLK, 48,21ff.

[6] *Axioma*, 5v.

[7] > Augustine, e.g. *In Psalmos* 95, 7, MPL 37, 1232; CCL 39, 1348,6. Cf. *Refutatio loc. Eckii*, BOL 1, 242,18 (there: "Christus sponsus ecclesiae").

[8-8] 'Present evidence of this before a court'.

Confugis itaque eo, [9]frustra synodum coituram[9], quod 'iudicata nequeant reiudicari, nec quassari (ita scribis[10]) ab alio concilio, decreta aliorum'. Istuc vero tantumdem valet. Quot enim ob unius errorem Arrii[11] opprimendum coacta concilia sunt? Nec est recissum in posterioribus quod fuisset in prioribus constitutum[12]. Sed quia primis conventibus non fuerant satis explicata, aut non tamen multis persuasa, ea in sequentibus elucidare clarius, et conformare certius sancti patres studebant. Deinde sic habent res hominum, ut in ecclesiasticis quoque rebus salubriter instituta, non minus salubriter aliquando immutentur – id quod nisi pontificis romani defensores admittant, quo quaeso colore defendent, ecclesiae Christi per illos, eiusque ministeriis diversam adeo personam inductam, ab ea quae apostolicis temporibus fuit.

Concilium apostolicum (illud Hierosolytanum) statuit, [13]abstinendum *sanguine et suffocato* [Act 15,29] – utrumque posteriora concilia remiserunt. Synodus magna Nicena iudicavit perniciosum laquem, [14]si celibatus ordini ecclesiastico indiceretur – posteriores synodi diversum iudicarunt[15]. Gangrensis synodus iuxta scripturam censuit anathema, [16]si quis propter uxorem, episcopali munere minus haberetur ideonus – id anathematis ut sunt veriti, qui in sequentibus conciliis[17] praevaluerunt? [F8v] In Constantiensi synodo definitum est, [18]haereticum habendum, adsere pontificis autoritatem maiorem autoritatem concilii. Diversum statuit Lateranensis[19].

Sed quid hic verba prodigo? Tu episcopus cum sis, et canonum simulatque legum scientiam prae te feras, solidiora debebas obiicere. Nos hoc

---

[9-9] Cf. Erasmus, *De sarcienda*, ASD V-3, 311,888-891 (there: fear that some people will create difficulties "ut frustra coeat synodus").
[10] *Ibid.*, 6r (r tacite, a).
[11] Arius
[12] Unorthodox exceptions were the third Council of Sirmium (357), the Synod of Niké (359), and the Council of Constantinople (360). See Kelly, *Early Christian Creeds*, 285-295.
[13] Ap: *Epistola apologetica*, BOL 1, 136,23-29 (t). Cf. CA, a 28, BSLK, 131,15-25 (there: such a requirement was only a temporary expedient).
[14] Ap: *Epistola apologetica*, BOL 1, 137,8-9 (t), > *Autores hist. eccl.*, 326B [= Socrates, *Historia ecclesiastica* 1, 11, MPG 67,101C–102B, in *Historia tripartita* 2, 14, CSEL 71, 107-108] (i). Cf. Zwingli, *Handlung der (1. Zürcher Disp.)*, CR 88, 524,11-13; *Decreti* 1a, d 31, c 12, *Friedberg* 1, 114. See Lea, *History of Celibacy*, 50-52; Gryson, *Les origines*, 87-93.
[15] E.g. Council of Carthage II (390), Council of Carthage V (401), Council of Orange (441), Council of Toledo VIII (653) etc. Cf. Lea, *History of Celibacy*, 74-78; Gryson, *op. cit.*, 176ff. See ACA, BSLK, 338,3-25 (there: the papacy annulled ancient canons).
[16] Council of Gangra (341), c 4. Ap: *Epistola apologetica*, BOL 1, 137,10-11 (t), > Socrates, *Historia ecclesiastica* 2, 43, MPG 67, 352-353. Cf. *Decreti* 1a, d 28, c 15, *Friedberg* 1,105; *Mansi* 2, 1101.
[17] E.g. Quinisext Synod (692), c 6. Ap: *Epistola apologetica*, BOL 1, 137,11 (i). Cf. *Decreti* 1a, d 32, c 7, *Friedberg* 1, 119-20. See Gryson, *Les origines*, 118ff.
[18] Council of Constance (1415), 'Sacrosancta', Session 5, *Mansi* 27, 590.
[19] Fifth Lateran Council (1516), Session 11, *Mansi* 32, 967C.

non agimus, ut quae bene 'iudicata sunt, reiudicentur', aut probe statuta immutentur. Id quaerimus et molimur, ut quae pie iudicata et sancte constituta sunt, male auspicatorum hominum audacia, vindicentur, suoque loco restituantur.

<QUARE CORRECTA SINT QUAEDAM> Hic si quem bonum offenderit, [20]quod in externis tamen illis ecclesiae ritibus immutationem nobis aliquam permisimus, et putet, quae universi Christiani tanti faciunt, et observant communiter, ea non debuisse immutari a paucis[20] – is cogitet quanta his ipsis [21]externis caeremoniis vulgo Christiani inhaerant superstitione, utque omnem prope in his religionem collocent[21] – et eam sane superstitionem nulla re alia magis confirmari, quam ea ipsa tam religiosa et universali harum rerum observatione. Quo itaque loco ritus isti et cultus habendi sunt, singulari nobis diligentia docendum fuit. Cumque nimia illa (et fidei graviter officiens) rerum istarum admiratio autoritate sanctorum patrum et ecclesiae defenderetur, id faciendum certe nobis fuit, quod divum Paulum fecisse legimus, cum *pseudoapostoli* [2Cor 11,13] caeremonias Moseos, [G1r] autoritate legis et maiorum gentis iisraeliticae praepostere commendata, obtrudere christiana plebi, cum iactura fidei molirentur [cf. Act 15,1-11; Gal 2,11-16].

Docendum itaque fuit, omnem ecclesiae *potestatem* non esse nisi *ad aedificationem*, 2 Cor. 10,[8], *Petrum* et *Paulum* ac totum *mundum, nostrum esse, nos vero Christi*, 1 Cor. 3,[22-23], in fide et dilectione [cf. Gal 5,6] [22]cultum verum[22] Dei [cf. Io 4,23] situm – denique neminem debere iudicari propter illa externa quae ipso usu consumuntur, Colos. 2,[20-22] et caetera quae in his continentur.

Haec iam sua requirebant exempla – utque retinebant sua mordicus adversarii, ne proderetur *libertas*[23] [Rm 8,21; Gal 2,4] evangelii, neganda aliquando fuit Titi circumcisio [cf. Gal 2,3], et palam usurpandum, quod illicitum putabat superstitio. Quo etiam nos rerum istarum verum usum exponere diligentius laboramus, eo pertinacius adversarii superstitionem propugnabant, et summa vi contra omnem *Christi doctrinam* [2Io, 9] insurgebant. Praesules ecclesiarum, nulla penitus ratione adduci poterant, ut ullam de hisce observationibus collationem admitterent, abusus manifestissime

---

[20-20] Ap: *Furbereytung*, BDS 5, 356,26-28 (*i,* there: expressed by the Erasmian Catholic, Gotprächt). Cf. Ceneau: "Rem prius ecclesiae iudicio submittere et committere, nec aliquid recentare aut novare, nisi prius audito universalis ecclesiae decreto, debuistis", *Axioma*, 2r. See also Erasmus, *Contra pseudevangelicos*, LB 10, 1577D ff.

[21-21] Cf. *Furbereytung,* BDS 5, 354,25-27. See also *Consilium theologicum*, BOL 4, 17.

[22-22] Perh. ap: CA, BSLK, 117,29 (*i,* there: same expression). Cf. *Furbereytung*, BDS 5, 358,14 ("warer Gotsdienst").

[23] See *Gutachten über die CA*, BDS 4, 423,17-29. Cf. BEv 1536, 293D, 338D, 379-380D.

impios, et in ipsis damnatos canonibus faciebant 'apostolorum et ecclesiae traditiones'[24].

Si cum [25]illi nos abiciessent, et hostes iudicavissent, nos enim a reliquis ecclesiis non recessimus[25], Christo Domino nostro relicti, iuxta ipsius verba [cf. Io 14,18], et ad eum usum, qui potuit apud nostros aedificationi fidei esse accommodus, correximus [G1v] quaedam, at ea tantum quae iam illaesa pietate ferri non poterant. Sic enim hanc correctionem moderati sumus, ut nihil prorsus submoverimus eorum quae in prima ecclesia fuerunt observata, aut non apertae superstitioni servirent. Nihil assumpserimus quod non et ipsis apostolis in usu fuerit, certaque Verbi Dei autoritate nitatur.

Hic quoque nihil sine inimitabili exemplo permisimus, quid Mose, quid omnes prophetae et pii reges in ea designarint [cf. 4Rg 18,1-6; Jer 2,8-13] – quae superstitioni aliquando mancipata fuerunt, etiam si eiusmodi res essent, quibus boni bene uti potuissent, sacrae literae testantur. Etenim ut vulgo id quod superstitiosum est, vere in *abomination*em [Lc 16,15] adducatur, verba[26] saepe non sufficiunt.

Sed quid hic multa opus defensione, apud Christianos dumtaxat? Nos nihil prorsus non [27]iuxta Verbum Dei et melioris ecclesiae observationem[27] correximus. Adversarii autem nihil prope apostolicae et doctrinae et observationis, non apertissime everterunt, dum sic in suas caeremonias, sed sibi quaestuosas, fecerunt homines considere, et [28]illi scilicet nos 'impiae novationis' et 'seditiosae perturbationis' accusant[28]? Corrigant ipsi quod [29]in eorum et doctrina et vita[29] citra omnem dissimulationem cum Verbo Dei pugnat. In nobis si offendit [30]externorum rituum varietas[30] (quae tamen in prima et meliori ecclesia fuit fidei commodo, sublata est in posteriore et deteriore, luculento fidei damno), nos ut antea diximus, nihil omnium ob-

---

[24] Cf. Eck, *Enchiridion*, c 4, CCath 34, 78; Dietenberger, *Phimostomus*, c 2, CCath 38, 28.

[25-25] Ap: ACT, BDS 3, 314,34–315,17 (*i*). Adv: ConfCT, *Paetzold*, 67,19-23 (*i*, Ger. text only, there: the Tetrapolitan churches have "abgesondert" themselves from the German and Universal Church).

[26] That is, 'mere words' – action must be taken.

[27-27] Cf. the more restrictive formulation (scriptura sola) in CT, (Conclusion), especially Ger. version: "Solche mittel aber werden nit wol andere sein mögen, dann das wir inn myßhelligen puncten durch göttlich schrifft der warheyt gnuegsam bericht wurdenn", BDS 3, 170,12-14. See the less explicit Latin version, *ib.*, 171,19-22, but NB ☞ variant n)–n), *loc. cit.*

[28-28] See title page of *Defensio*. See *Consilium*: "Nos criminantur ... omnia seditione novare", *Pollet* 2, 517,19-20; Appendix, 151. Cf. *Per quos steterit*, BDS 9,1, 221,7-11 (there: not innovation, but restoration).

[29-29] Cf. *Consilium*: "Nihil a doctrina et institutione maiorum gentium praesulum, utrique istorum et doctrina et vita, qui hodie rerum ecclesiasticarum potiuntur, aeque dissidet", *Pollet* 2, 517,16-18; Appendix, 151.

[30-30] Ap: CA, a 26, BSLK, 106,1ff. (*i*).

seva-[G2r]tionum detrectabimus quae ullo modo salva fide Christi tolerari
poterunt.

Porro dum admonemus eorum, quae nemo bonus non deplorat in-
valuisse in ecclesia, vitia, contendit episcopus hic noster [31]'nos non debere
admitti, quia criminemur alios, haeretici scilicet et scismatici[32], eo quod
nemini licentia criminandi permittenda sit, nisi prius se scelere quo tenetur
exuerit'. Et ad hoc probandum et [33]canonem et legem[33] adducit – quasi
vero nos iam haereseos et et scismatis convicerit – ac de eo quaestio sit, an
accusare is debeat qui sit in crimine graviore, et non potius, an nos haereseos et scismatis teneamur? Novimus, nihil ferendum minus quam
[34]'rationem ab altero vitae reposcere eum, qui non possit suae reddere".

Hoc vero pernegamus, istis nos haereseos et scismatis criminibus ullo
pacto esse affines – quae autem in ecclesiasticis invaluit, et doctrinae et
impuritas, utique necessaria sit synodi quam severissima correctio, non
nuper adeo quiritantur, quotquot profectum [35]regno Christi[35] ex animo
quaerunt. Christiani qui sunt sui ipsorum accusatores initio, non quaerunt
ista perfugia. Quanti enim intersit ecclesiis, ut episcopi sint inculpati, quis
nesciat? Quod tamen non eo dicimus, quod nulla putemus in ecclesiaticis
ferenda vitia, nam ipsi quoque nimiis – proh dolor – urgemur, adeo tamen
in diversum isti vocationi, eorum ferri studia qui ecclesiarum admoventur
gubernacula, cur non quaeremus qui etiam *Christi* sumus [1Cor 3,23]?

[G2v] Sed satis de eo, quam abhorreamus ab omni factione et seditione
in ecclesia Christi, ab omni non sana doctrina ac perversis ritibus, quam
primam Defensionis nostrae partem fecimus. Ex his de dogmatis et institutis nostris exposuimus, *quae Christi* [Phil 2,21] studiosi facile iudicabunt,
ut indigne sit in nos hic episcopus istis criminibus debacchatus. Nihil

---

[31] Ap: *Axioma*, 6v. Ceneau in full: "Reparanda siquidem est prius iniuria, quam a vobis re-
quirenda, super rebus controversis, et ambiguis – sacrae synodi sententia, et censura, quod si
ecclesiae pastoribus ac ministris, vitae impuritatem, obscuritatem morum, ad vestrae contuma-
ciae praetextum, obieceritis – illud vos scire debuitis, quod scriptum est, 3 quest[io] 11, negan-
dum esse viris graviori crimine laborantibus, licentiam criminandi – nisi se prius scelere, quo
premuntur, exuerit. Quod lex ipsa civilis expressit, ita dicens: Prius est, ut respondeas criminibus caedis, atque vulnerum, quae tibi ut graviora ab adversario tuo obiciuntur – et tunc ex
eventu caussae, iudex aestimabit, an tibi permittendum sit, eundem accusare, tametsi prior in-
scriptione deposuisti. Quocirca hoc imprimis servandum erit, ut haeresis, et schisma, de medio
tollatur, et eorum loco succedat, legum, et canonum sacrorum".
[32] Frequent medieval spelling. See Du Cange, *Glossarium*, or Niemeyer, *Lexikon*, s.v.
[33-33] That is, Canon Law and Civil Law.
[34] Ap: Cicero, *Verrine Orations* 2, 3, 1,1. Here Cicero maintained that the judiciary, especially
the prosecutors, must in the interest of justice and credibility be themselves above reproach. Cf.
Büchner, *Cicero: Bestand und Wandel*, 132.
[35-35] Ap: Augustine, *De civitate Dei* 20, 9, MPL 41, 673; CCL 38, 716,39,49; 717,73 (there:
expression). Cf. Wendel (ed.), *De regno Christi*, BOL 15, xliii.

itaque contra nos, [36]quod de ferendis malis, ex Augustino adduxit[36] – intra huius sancti viri indulgentiam libenter consistemus.

[36-36] Ceneau: "Audite eundem vobis simul et Donatistis, alio loco renidentem, videlicet, in Psal[mum] 36 [Ceneau: 66]: 'Suspicamini (ait Augustinus) de nobis quod vultis. Si boni sumus, in ecclesia Christi frumenta sumus; si mali, palea sumus; tamen ab area non recedimus. Tu qui vento tentationis [Ceneau: elationis] foras volasti, quid es? Triticum non. Quia triticum non tollit ventus ab area. Ex eo ergo ubi es – agnosce qui es.'" *Axioma*, 7r, > *Enarr. in Psalmos*, 36, 3, MPL 36, 394-5; CCL 38, 381, 19,50-54.

[SECUNDA PARS[1]: DE EUCHARISTIA[2]]
[CAPUT 1: DEFENSIO MARTINI LUTHERI]

[G2v cont.] <SECUNDA PARS DEFENSIONIS> [a]Deinde de sacra eucharistia satisfaciemus, quem locum[a] sibi adversarius noster peculiariter delegit, in quo odii et impotentiae suae stomachum in nos repurgaret. Quoque[3] istuc aliquo faceret colore, mea quidem verba, suae inseruit criminationi. Interim tamen contra ea ipsa me verba, quae licet toties repetat, scribit [4]'scopum' mihi in iis quae de sacra coena dissero 'in hoc consistere: ut probem verba illa Christi sacrosancta, *hoc est corpus meum* [Mt 26,26]*, quod pro vobis tradetur* [1Cor 11,24], sic esse intelligenda, ut in eucharistia, non sit verum corpus Christi, sed eius tantum signum aut symbolum'[4]. <CAPUT ACCU-SATIONIS CIRCA EUCHARISTIAM>

Iam quae mea ipse verba adducit[5] sic habent[6]: "Porrigendo ergo panem, ait: *Accipite et comedite. Hoc est corpus meum, quod pro vobis traditur*, hoc est, 'sicut trado vobis panem edendum ore corporis, ita dono vobis corpus meum edendum animo'". Item paulo post adfert et ista mea[7]: "Ergo panem ore et corporaliter, corpus vero suum [G3r] animo spiritualiter manducandum hic praebuit". Cum his reliqua me de hac[b] re scripsi omnia consonant. Enarrationem huius loci, quam adeo saeve episcopus exagitat, sic concludo[8]: "Da discipulos veros Christi, erit utique Christus *in medio eorum* [Mt 18,20], vereque pascet illos, ad *aeternam vitam*, vero suo corpore et sanguine" [cf. Io 6, 52-58].

Quid iam dicemus frontis esse isti episcopo? qui ausit de me scribere [9]'scopum' mihi in hac verborum Domini explanatione 'in eo consistere ut probem in eucharistia non esse verum Domini corpus et sanguinem, sed

---

[a-a]*Hubert:* Locum de sacra eucharistia. – [b] + de

[1] Reprinted in *Scripta Anglicana*, 613-631, referred to here as *Hubert* (Conrad), the editor.
[2] For Bucer's exegesis see BSyn 2, 327–339A; BEv 1530, 187D–191B; *Lang,*, 433-445 (but cf. c 3 below, n. 1). Cf. BEv 1536, 40–45 (NB! In the 1536 edition, a section of the 1530 edition, viz. 18A, line 14–19C, line 15 was excised, and a 'Retractatio' inserted, 42C, line 45–45A, line 5.). On Joh 6, 51-63, see BOL 2, 257-285 (includes major variations especially between 1528/30 and 1536 edns.); *Lang,* 446-463 (1528/30 text only). For further passages on the sacraments and eucharist, see BEv 1536, Index, s. v. 'eucharistia', 'mensa', 'coena', 'corpus Christi', in BOL 2, 588, col. 2. For Bucer's mature view on the sacraments in general, as well as his discussion of their fundamental nature and 'ratio' in regard to the teaching of Augustine, Lombard and Thomas, see BRm, 150–165, 291–292; BRm 1562, 146-165, 323–324.
[3] = et quo
[4-4] *Axioma*, 10v–11r.
[5] *Ibid.*, 19r.
[6] BSyn 2, 330B; BEv 1530, 189B; *Lang,* 435.
[7] *Loc. cit.* Quoted by Ceneau, *Axioma*, 20r.
[8] BSyn 2, 338A; BEv 1530, 191B; *Lang,* 444.
[9-9] *Axioma*, 10r–11v (*a*), cf. to n. 4.

tantum signum aut symbolum eius'[9]. Siccine agere episcopi est? Interim nihil potest fingi tam atrox et saevum, quod huius causa criminis in nos non evomat.

<DEFENSIO MARTINI LUTHERI> At priusquam nos ipsos purgemus, respondendum est pro Luthero, quem hic communis adversarius vocat [10]"seditionis fontem". Nos autem gratias ingentes *Patre coelesti* [Mt 6,14 etc.] agimus, [11]qui per illum summam evangelii – fide Domini nostri Iesu Christi omnem nobis salutem constare [cf. Gal 2,16] – mirifice et feliciter nostro saeculo restituit[11]. Hunc aeque ut nos impudentissima calumnia impetiit. Nam cum ille ex eo, quod Dominus panem porrigens dixit, *hoc est corpus meum*, affirmat, [12]in sacra coena vere dari, adesse, et edi Domini corpus, transsubstantiationem autem non recipit[12] – hic noster episcopus infert [13]'eum dicere Christum impanatum, aut sicut ferrum dicitur ignitum, vel sicut est incarnatus, ex [G3v] quo' sequi oporteat 'inter panem et corpus Domini esse communicationem idiomatum'[13].

Haec postquam Lutheri ex suo somnio tribuit, miris in eum debacchatur conviciis, et quaecumque ex eo consequi possunt – [14]si quis dicat 'panem, ipsum Christi corpus fieri per identitatem', ea omnia inesse sententiae lutheranae impie scurratur, ut 'Deum in pistrino pistum, in clibano coctum, in ore laceratum et tritum, in ventrem delapsum'. Item, 'panem esse immortalem, sapientem, omnipotentiam'[14] et caetera.

<UT LUTHERUS PANEM UNIAT ET CORPUS DOMINI> Lutherus autem diserte et copiose docuit, in hac oratione, *hoc est corpus meum*, cum "hoc" panem demonstrat, non esse [15]"praedicationem identicam" et inter panem et Domini corpus, [16]"sacramentalem" modo "unionem"[16] affirmat. Simile quidem adduxit [17]ferri candentis[17], sed in hoc modo – ut ostenderet duas

---

[10] *Ibid.*, 8r.

[11-11] See *Praefatio in tomum tertium Postillae Lutheri*, A2r, in BCor 2, 104,13-18; *Praefatio in quartum tomum Postillae Lutheranae*, C1v, B6r, in BCor 2, 140,4-5; 160,490-491 (all same *i*); Cf. Brecht, 'Bucer and Luther', Bucer, *Actes* 1, 351-367.

[12-12] Ap: Luther, *De captivitate babylonica*, WA 6, 508-512 (*ip*).

[13-13] *Axioma*, 8r (*ep*) > Luther, *De captivitate babyl.*, WA 6, 510,5-8 (redhot iron image). Cf. *Consilium, Pollet* 2, 513,19; Appendix, 147. Earlier Bucer had understood Luther as teaching 'impanation', cf. Pt II, Excursus, n. 1. See Kaufmann, *Abendmahlstheologie*, 289-290, nn. 112, 113; 347-348, n. 442 (there: further source references; also, following Hilgenfeld, *Elemente*, 410ff., the Berengarian origin of the negative use of the word 'impanatio', possibly mediated via Wycliffe and Oecolampadius). Cf. however Hazlett, *The Development*, Notes, p. 30, n. 77 (use by C. Hoen). See also Hoven, s. vv. 'impanatio', 'impanatus', in *Lexique*, 170.

[14-14] *Ibid.*, 8v (*p*).

[15] Ap: Luther, *Vom Abendmahl Christi*, WA 26, 437,30ff. (*ip*). Cf. *Bekentnus der Theologen zu Augspurgk, Pollet* 1, 128,1ff.

[16] Ap: *ibid.*, 442,24 (*i*). Cf. ACT, to a 18, BDS 3, 282,14f.

[17-17] Ap: *De captivitate babylonica*, WA 6, 510,5-6 (*i*). Cf. *Wider die himmlischen Propheten*, WA 18, 186,10-21 (same *i*).

terdum coniungi, ut pro una quodam modo habeantur, utriusque appellatione servata. Nam demonstrato ferro ignito, dici possit, 'hoc ignis est', et, 'hoc ferrum est; [18]sic demonstrato pane eucharistiae recte dici, 'hoc est panis', et, 'hoc est corpus Domini, eo quod panis et corpus Domini 'sacramentaliter' coniuncta sint[18]. Sic scribit alibi[19]: 'Vinum offertur in cantharo, quae duae res, vinum et cantharus, quum aliquo modo unitae sunt, demonstrato canthario dicitur: 'hoc vinum est', et fertur demonstratio ad sensum quidem in cantharum, ad intellectum au-[G4r]tem, ad vinum, et id praecipue'.

Hanc Lutherus nusquam adseruit, [20]'panis est corpus Christi' nedum 'per identitatem', sed hoc[21]: 'demonstrato pane eucharistiae, est Christi corpus, quia cum hoc pane corpus Domini in sacramento vere coniunctum est, et cum eo nobis exhibetur'.

Haec vero unio, etsi (ut ipse Lutherus affirmat) tantum [22]"sacramentalis" sit, non [23]naturalis, non [24]personalis, nec etiam [25]formalis, qualis erat Spiritus sancti, et formae columbinae[25], in qua ille apparuit [cf. Mt 3,16 & pls.], aliquam tamen [26]communicationem idiomatum[26] efficit. [27]Nam quae pani proprie competunt, ut tangi, videri, dentibus conteri, ea corpori Domini (propter hanc unionem sacramentalem) recte tribuuntur, et si corpus Domini per se nihil horum pati possit[27]. Hanc, arbitror, idiomatum communicationem non ibit adversarius inficias, cum [28]eam iubente pontifice Nicolao confessus sit Berengarius recantans[28].

[29]Sic apparente Spiritu sancto in *specie columbae* [Lc 3,22], licet sola haec species oculis proprie caperetur, dicitur tamen Iohannes 'vidisse'

[18-18] Ap: Luther, *Vom Abendmahl Christi*, WA 26, 445,2-17 (*i*).

[19] Not traceable in Latin writings of Luther, and not yet traceable in German writings. But if 'alibi' here means not so much 'elsewhere' as 'otherwise', 'in other respects', then Bucer's quotation here is a paraphrase: the image of a tankard/glass of beer/wine is used by Luther freqently to illustrate how a synecdoche works, e.g. *Vom Abendmahl Christi*, WA 26, 444,7-9, 23-24, 34-35; Marburg Colloquy, WA 30/3, 133,4–134,6; 134,22-27.

[20] *Axioma*, 8v.

[21] See to n. 18.

[22] Ap: Luther, *Vom Abendmahl Christi*, WA 26, 442,20-28 (*ri*). Cf. Hilgenfeld, *Elemente*, 423-6.

[23] Ap: *ibid.*, WA 26, 440,28 (*ri*, there: only found in the Trinity).

[24] Ap: *ibid.*, WA 26, 441,1 (*ri*, there: as in the hypostatic union).

[25-25] Ap: *ibid.*, WA 26, 442,8-17 (*ri*, there: union according to form).

[26-26] Ap: *ibid.*, WA 26, 442,28–443,7 (*ri*) Cf. ACT, to a 18, BDS 3, 281, marginalium. A concept used to stress unity of something composed of diverse natures. Luther links it with the trope of 'synecdoche' in the sacramental context, see *op. cit.*, WA 26, 444,1. Cf. Joachim Staedtke, art. 'Abendmahl III/3', TRE 1, 112.

[27-27] Cf. *ibid.*, WA 26, 442,28-31 (there: same *i*).

[28-28] Ap: *ibid.*, WA 26, 442,40-41 (*rp*), > *Decreti* 3a, d 2, c 42, *Friedberg* 1,1328-1329.

[29] Ap: *ibid.*, WA 26, 442,16-20, 21-22 (*i*).

Spiritum sanctum [cf. Mt 3,16][29]. [30]Ita de patribus quibus apparuerunt angeli, scriptura memorat [cf. Ex 3,2; Idc 13,20; Ps 103,4] quod 'viderint' angelos, cum flammam modo conspexerunt, in qua illi se angelici spiritus humano obtutui ingerebant[30].

<QUAE COMMUNICATIO IDIOMATUM INTER PANEM ET CORPUS CHRISTI> Hac vero communicatione idiomatum in eucharistia divi patres[31] libenter usi sunt. Divus Chrysost[omus], Homileia 82 in Matt.[26,26-28][32]: "Quam multi sunt qui dicunt: 'Optarim videre formam eius, figuram, vestimenta, calciamenta', ecce ipsum vides, tangis, et edis". [G4v] [33]In sacramentis siquidem cum nobis invisibilia Dei, per visibiles res exhibeantur, harum etiam appellationem accipiunt, et per ea quae his competunt, illorum vis explicatur. Aliter enim res spirituales tradi nobis non possunt[33].

Baptismate[34] suo Dominus nobis exhibet *ablutionem peccatorum* [Act 22,16] et regenerationem Spiritus [cf. Io 3,5-6], hic tingere et lavare, assignantur Spiritui sancto, et cor mundare ac innovare, aquae. "Unde hoc aquae (inquit[35] divus Augustinus) ut corpus tangat et cor abluat?" In eo autem creaturae minime addicimus, quod est creatoris, vel contra – nec ullam facimus corporis gloriosi Christi et panis naturalem permixtionem[36], id quod haeretici[37] quidam nobis calumniose hodie impingunt, et sacramentalem unionem indicibilis impietatis accusant. Vident enim ea admissa, ecclesiarum unionem coire.

Nos certi nullos homines de his rebus posse melius loqui quam in scripturis ea exposuit Spiritus sanctus, hunc sequemur, quicquid insaniant haeretici[38], et ad exprimendam id, quod [39]Dominus dona sua spiritualia per ministrum ecclesiae [cf. 1Cor 12,4-7] et sacra symbola exhibere dignatur[39] – 'baptismum', sane *lavacrum regenerationis* [Tit 3,5] et *peccatorum ablutionem* [Act 22,16] libenter appellabimus, 'eucharistiam', veram Domini

---

[30-30] Ap: *ibid.,* WA 26, 443,5-7; 441,27 (*ip,* there: "wirckliche einickeit", i.e. unity of action).

[31] Apart from Chrysostom cited here, cf. Cyril of Jerusalem, *Catachesis mystagogica,* 4, MPG 33, 1100A; ps.-Dionysius, *Epistola* 9, MPG 3, 1105C. Ap: ACT, to a 18, BDS 3, 281,19-20 (there: *rr*).

[32] MPG 58, 743B. Ap: ACT, to a 18, BDS 3, 281,1-5 (*tr,*there: fuller *e* Ger.).

[33-33] Ap: *Quid de baptismate,* A7r–8r; *Bericht,* BDS 5, 159-169 (*i*).

[34] Cf. BJoh, BOL 2, 71-74; 131. On double baptism idea (of water and of the Spirit) in Bucer see Hammann, *Martin Bucer. Zwischen Volkskirche,* 169-170

[35] Ap: *In Iohannis Evangelium tractatus* 80, 3 (*ra*). MPL 35, 1840. CCL 36, 529,9-10.

[36] Cf. *Underricht und Bekantnüs auff dem tag zu Schweinfurt, Pollet* 1, 74,26 (same *i*).

[37] For example, Bernhard Rothmann in Münster, cf. *Bericht,* BDS 5, 252,36–254,25.

[38] For example, Melchior Hoffman, cf. *Quid de baptismate,* 4r.

[39-39] Cf. BJoh, BOL 2, 172; *XVI Articles of Strasbourg Synod,* a 6, BDS 5, 14-15; BRm, 164-165; BRm 1562, 163C–165A; *De regno Christi,* BOL 15, 60. On the link between the Spirit and the functions of the external ministry, see van't Spijker, *De ambten,* 344-349; Stephens, *Holy Spirit,* 174ff.; Hammann, *Entre la secte et la cité,* 253ff. / *M. Bucer. Zwischen Volkskirche,* 163-4.

manducationem [cf. 1Cor,11,23ff.]. Vere namque et per baptismum vera regeneratio, et a peccatis mundatio, et per eucharistiam, vera Domini Iesu *communio* [1Cor 10,16] et ad vitam aeternam cibatio [cf. Io 6,48-58], offertur et percipitur.

[G5r] [40]Itaque cum dixit Dominus, *hoc est corpus meum*, "hoc" duo demonstrat: sensibus quidem panem, fidei autem (et hoc praecipue) ipsum Domini corpus, utcunque nec tinctio[41] illa aquae per se regeneret, et peccatis abluat, nec panis eucharistiae id ipsum natura sit, quod corpus Domini. Sic si quis demonstrata tinctione sacra, quae visibiliter administratur, dicat: 'Hoc est ablutio peccatorum', similiter, "hoc", aliud ad sensum, aliud demonstrabit ad intellectum. Ad sensum visibilem, tinctionem – ad intellectum credentem, salvificam [42]hominis innovationem[42] [40].

In his quid ita insani, stulti, impii, blasphemi, quibus hic episcopus noster furit conviciis? Sed hunc morem habet, affingit nobis quaecumque ei odium nostri potest excogitare, tum non aliter in hos debacchatur, quam si horum omnium deprehensi et manifesti essemus.

[40–40] Note the Scholastic provenance of the language of the concept propounded by Bucer here, cf. Thomas, *Sent* IV, d 8, a 2, ad 4 (there: in eucharistic action there is a "demonstratio mixta, quia partim est ad intellectum et partim ad sensum"); Biel, *Canonis misse expositio*, 48 M, VIEGM 32, 240 (there: "*hoc* ergo demonstrat ad intellectum ... corpus Christi, et demonstrat ad sensum panem").

[41] Christian Late Latin word for baptism, see Blaise, *Dictionnaire*, 818. For Christian Humanist use, see Hoven, *Lexique*, 368.

[42–42] > Augustine, *De nuptiis et concupiscientia* 2, 11, 24, MPL 44, 450.

[CAPUT 2]

[DEFENSIO ZUINGLII ET OECOLAMPADII][1]

[G5r cont.]   <DEFENSIO OECOLAM[PADII] ET ZUING[LII] >   Post Lutherum invadit Oecolampadium et Zuinglium, quibus id honoris defert, qui [2]"non sunt novi hic erroris inventores, ut Lutherus, sed veteris, berengariani scilicet adsertores", et idipsum mihi quoque deinde impingit[3]. Verum sicut Lutheri, ita et horum, ac meam sententiam malitiose pervertit.

Negamus quidem panem idipsum esse natura, quod *corpus Domini*[4] [1Cor 11,29], et panem si in se consyderes, nihil quam symbolum esse corporis Domini adfirmamus[5] – eo autem tam non inficiamur corpus Domini vere in coena exhiberi, ut summae [G5v] damnemus impietatis, quicunque id inficias iverint. Sed dicent hic etiam boni: 'Si Oecolampadius et Zuinglius agnoverunt in sacra coena adesse, et edi corpus verum Domini, et [biberi] verum eius sanguinem, nec sola hic exhiberi symbola – Lutherus vero non facit, panem corpus Domini dici per identitatem, unde nam extitit tam gravis illa inter hos concertatione?'

<UNDE DISSIDIUM CIRCA EUCHARISTIAM[6]>   Causam huius equidem existimo, me habere plene compertam, eam igitur bona fide exponam. [a] Oecolampadius et Zuinglius volentes crassae illi, quam vulgus conceperat de praesentia Domini in eucharistia opinioni, qua multa sane nititur superstitio, occurrere, exposuerunt hanc orationem, *hoc est corpus meum* [Mt 26,26], per hanc: [7]'panis hic est "symbolum" vel [8]"figura corporis"[8]

---

[a] + Sacri ministerii in administratione evangelii et sacramentorum – *scored out there*

[1] Republished in SA, 615–618.

[2] *Axioma*, 9r. Cf. 3v, 4r, > Fisher, *De veritate* 1 & 3, in *Opera*, 756, 920. Cf. Zwingli, *Klare Unterrichtung*, CR 91, 801-810 (there: critique of doctrine imposed on Berengar as retraction).

[3] *Ibid.*, 8r.

[4] Addition of *Domini* a variant reading, here > ErNT.

[5] Cf. Brenz to Bucer, 3rd Oct. 1526: "Panis enim, qua panis, signum est Christi et corporis eius. Quis hoc negat?" BrWF (2), 347,13-14; BCor 2, 42,76-77.

[6] See Preface to BEv 1530, esp. A5r (in medio)–A9r; *Lang*, 396-410 (there: survey of the dispute's course and discussion); also in Hospinian, *Historia sacramentaria*, part 2, 138ff., of which an extract is in *Zuinglii opera* 4, 193-194; *Bericht*, BDS 5, 246-249; BEv 1536, Dedication to Edward Fox, *iii v – [*viii] r, in SA as 'Apologia', 671-81. Cf. 'Historia de concordia circa negocium eucharisticum', SA, 648-55; *Consilium, Pollet* 2, 513,5–514,31; Appendix, 147-8.

[7] For Zwingli, cf. e.g. *Ad M. Alberum*, CR 90, 346f.; *De vera et falsa religione*, CR 90, 798-9, 809; *Subsidium*, CR 91, 475,17-22; *Amica exegesis*, CR 92, 739,5ff.; *Daß diese Worte*, CR 92, 857ff. For Oecolampadius, *De genuina expositione*, esp. B7r–C2v, C5r–C6, H8v, I3r, I6, K2r; *Das der mißuerstand*, c 12, K3v–M2r. Cf. Bucer, *Vergleichung*, BDS 2, 363,1-3. See Köhler, *Zwingli und Luther* 2, 86-112; Staehelin, *Lebenswerk Oekolampads*, 278ff.

[8–8] Ap: Oecolampadius, *De genuina expositione*, B7r, C5v, K1r, H8v, I6r (*ti*), > Tertullian, *Adv. Marcionem* 4, 40, 3, MPL 2, 491; CSEL 47, 560; CCL 1, 656. Cf. BSyn 2, 331A; BEv 1530, 189C; *Lang*, 436; Bucer to Hans Landschad von Steinach, 22nd Oct. 1525, BDS 3, 435,29–436,11;

mei'. Istuc Lutherus ita accepit, ac si illi nihil quam panem et vinum, corporis et sanguinis Domini [9]'inania symbola' in coena cognoscerent. Nam extiterant alii quidam, qui hac in re symbolorum prope nullum usum fecerant[10].

Cum autem negaret Lutherus [11]'tropum' inesse his verbis Domini, *hoc est corpus meum*, et contenderet, *"est"*, accipiendum 'substantialiter'[12], Zuinglius et Oecolampadius putarunt [13]Lutherum statuere inter panem et corpus Domini, aliquam 'unionem naturale'.

Transsubstantiatione[14] enim reiecta, dicebat [15]de-[G6r]monstrativum "hoc", panem demonstrare. Ubi vero dicebat, [16]'in pane est corpus Domini "realiter et corporaliter"', videbatur illis statuere praesentiam localem[16]. Quemadmodum ergo Lutherus propter interpretationem, quam adferebant Oecolampadius et Zuinglius, eos iudicabat inania modo symbola in sacra coena relinquere – ita censebant hi, [17]Lutherum, ex eo quod repudiato tropo, affirmaret, panem in sacra coena esse 'substantialiter' et 'corporaliter' corpus Domini, sentire, panem in sua substantia et corpore, id

---

Bericht, c 26, BDS 5, 246,26-27; *Consilium, Pollet* 2, 513,29; *Appendix,* 147. Relevance rejected by Luther, *Daß diese Wort Christi,* WA 23, 216,14ff. Other patristic testimonies, see Oecolampadius, *Quid de eucharistia veteres,* M3r ff.

[9] Cf. Luther's warnings about "eitel brod", *Daß diese Wort Christi,* WA 23, 222,31; id., *Vom Abendmahl Christi,* WA 26, 447,14. See also Bucer's *Bericht,* c 26, BDS 5, 28.

[10] Cf. Luther's *Wider die himmlischen Propheten,* WA 18, 37ff. In mind are Franck, Schwenckfeld etc.

[11] Cf. *Daß diese Wort Christi,* WA 23, 89-129 (there: polemic against Zwingli and Oecolampadius); id., *Vom Abendmahl Bekenntnis,* WA 26, 466,31ff.; 488,4ff. (there: rejection of trope doctrine). See Oecolampadius, *De genuina expositione,* B7r, B8v (here: appeal to trope, cf. Hoffmann, *Sententiae patrum,* 61-71); Zwingli, *Amica exegesis,* CR 92, 739,5ff. (there: tropically, 'est' = 'represents'). Cf. Quintilian, *Inst. oratoria* 8, 6; Rückert, 'Das Eindringen'.

[12] Better would be *substantive* = literally, see Zwingli, e.g. *Subsidium,* CR 91, 471,8,14. Cf. Luther, e.g. *Sermon von dem Sacrament,* WA 19, 485,19-28.

[13] Bucer previously held a similar view, see his letter to J. Hess, 9th Oct 1534: "Cum ... Lutherus ... exposuit [1528], se non nisi sacramentalem statuere inter panem et corpus Christi unionem, nullam naturalem non includere pani localiter agnosci ... BDS 6/1, 48,15-18. Cf. *Bericht,* c 26, BDS 5, 247,11-12 (there: excluded is a "natürliche vereinigung des leibs Christi und brots"); *Axiomata apologetica, ibid.,* 91,14-17 (same *i*).

[14] Ap: *De captivitate babylonica,* WA 6, 508-512. Also *De instituendis ministris,* WA 12, 182,19–183,16 (both: same *i*).

[15] Ap: *De captivitate babylonica,* WA 6, 511,28-33 (*i*).

[16-16] Similarly *Consilium, Pollet* 2, 514,21-22; *Appendix,* 148. Cf. Luther, "Denn das hab ich gesagt, sags auch noch und sags ymer fort, Ihrer lere grund stehet darauff, das Christus leib müge nicht mehr weise haben etwa zu sein denn wie mehl ym sack odder ghelt iym beutel, *id est localiter*", *Vom Abendmahl Christi,* WA 26, 429,27-29. 'Corporaliter', 'realiter' – more the language of Lutherans than of Luther, cf. *Ein Sendbrief an die Frankfurter,* WA 30/3, 563-4.

[17-17] Similarly *Consilium, Pollet* 2, 514,7-8; *Appendix,* 148. Cf. Zwingli to Bucer, 3rd Sept. 1530: "Christus ... prebuit corpus suum .. non corporaliter sive naturaliter, nam hoc fatentur Luterani et papistae ... Christum credimus vere esse in coena ... non in pane, non adsumpto pane ... non unitum pani, non naturaliter nec corporaliter, sed ... sacramentaliter", CR 98, 117,13–119,12.

ipsum esse, quod Domini corpus (vel corpus Domini localiter in pane includi), aut certe alia quapiam physica ratione cum pane uniri[17] – in qua de Luthero opinione fateor ipse quoque fui[18].

His de causis exorta est dira ista inter hos circa hoc sacrum digladatio, Luthero defendente, veram in coena Domini praesentiam et manducationem, quam tamen illi non negebant, videbantur autem negare – et illis oppugnantibus [19]naturalem modo inter panem et corpus Domini unionem, et manducationem Christi corporalem, quae quidem ad ipsum corpus per se pertingat – quam tamen Lutherus nunquam statuit[19]. Visus autem est eam statuere.

Sed evulgavit paulo post Lutherus pleniorem sententiae suae Confessionem[20] in qua diserte scripsit, se nullam aliam quam [21]sacramentalem' inter panem et corpus Domini 'unionem'[21], et non quem libet hic se tropum reiicere, sed eum modo, [G6v] qui veritatem praesentiae Christi in coena excludit, qualem reputat esse metaphoram, 'synecdochen' namque hic agnoscit[22].

Hinc patere coepit, cum dicit panem [23]'substantialiter', 'essentialiter' et 'corporaliter' corpus Domini, eum non velle, panem secundum substantiam, essentiam et corpus, esse id ipsum, quod est Domini corpus[23] (ita ut verba haec vulgo accipiebantur[24]) – sed simul 'cum pane'[25] ipsum

---

[18] Cf. *Praefatio M. Bvceri ... Responsio*, D4r–v, E2r. See Bucer to Zwingli, 14th Jan. 1531, CR 98, 302-3. Like the Zwinglians, Bucer could not conceive of the substance or essence of a body detached from its physical properties, as Luther's notion of an invisible corporal presence seemed to imply.

[19-19] Cf. *Gegenantwort auf Schwenckfeld*, Täuferakten 8/2, 159,2-32.

[20] *Vom Abendmahl Christi. Bekenntnis*, WA 26, 261-509.

[21-21] *Ibid.*, 442,20-28. Cf. Bucer, *Vergleichung*, BDS 2, 312,17ff.; ACT, to a 18, BDS 3, 282,14; *Bekentnus der Theologen zu Augspurgk*, *Pollet* 1, 127,13ff.; *Bericht*, c 26, BDS 5, 247,14-30; *Vergriff seiner handlung*, BDS 6/1, 66,112-27. See Kaufmann, *Abendmahlstheologie*, 431-433; Bender, *Irenik*, 140f.

[22] Ap: *ibid.*, WA 26, 444,1ff. (*i*), already in *Wider die himmlischen Propheten*, WA 18,187,14-18. > Quintilian, *Institutio oratoria* VIII, 6, 19ff. Cf. *Vergleichung*, BDS 2, 310,10-12 (definition). Further references see Pt II, c 3, n. 167.

[23-23] That is, no 'impanation' or 'consubstantiation'. 'Corporaliter' and 'substantialiter' had appeared in ACA, to a 10, BSLK, 247-248. In ACT, to a 18, Bucer rules out 'essentialiter' and 'corporaliter', BDS 3, 276,36–277,14. Yet in his concord proposal (1530/31) to the Duke of Luneberg and the Elector John of Saxony, he suggests that Luther's use of 'corporaliter' and 'essentialiter' are usages safeguarding that Christ's true body, and not just a figure of it is received; see ARG 16 (1919) 221-234 (ed. Bossert) and CR 98, 236-247. Cf. Bizer, *Studien*, 41-3.

[24] Cf Bucer to Philipp of Hesse, 27th Aug. 1530: "sintemal sich die unsern vieilleicht auch der Wörtlin *essentialiter et realiter* ... möchten beschweren, darumb daß der gemein Mann immer etwas gröbers durch die selbigen verstohn will dan Doctor Luther selb lehret, hab ich an ihre Statt gesetzet *vere et re ipsa*", Lenz 1, 22

[25] For an early inchoate use by Bucer, see *An die Herren von Gemmingen*, in BrWF 2, 377,26-27; also BCor 2, 81,53-54. Cf. BJoh, BOL 2, 264 (to n. 211). Melanchthon adopts the

verum corpus, [26]in sua substantia et essentia exhiberi, non tamen rationi corporali, vel naturali, quam eo excludit, quod negat adesse hic corpus Domini 'quantitative', 'qualitative' et localiter[26].

<UNDE COLLIGITUR ESSE IN RE CONCORDIAM> Ab eo itaque tempore nobis semper visum est, in re ipsa nullam superesse inter hoc controversiam[27]. De verbis quidem, quibus utrinque testaremur, corpus et sanguinem Domini in coena exhiberi, non potuit convenire inter omnes. Dum enim dicitur: "Corpus Domini adest, et editur realiter et corporaliter" (quae verba Lutherus probat[28]), Oecolampadius et Zuinglius putabant [29]vulgus intelligere corpus Domini uniri cum pane ratione quadam naturali – per 'corporaliter' enim significari 'quantitative', 'qualitative', et 'localiter'.

Ita cum dicitur: "Corpus Domini adest contemplatione fidei" (quae verba Zuinglius usurpabat[30]), vel: "Adest et editur ore fidei" (quae verba posuit non Oecolampadius[31] modo, sed et Brentius[32] qui habetur Luthero per omnia consentiens) – Lutherus existimavit veram Domini in coena praesentiam [G7r] et manducationem non satis exprimi, sensum horum verborum posse esse, ferri 'fidem in Christo absentem'[33].

<QUAE RATIO CONCORDIAE>   Nos autem cum revera praesentem Dominum in coena, verumque eius corpus et sanguinem hic exhiberi nobis, certo credamus, et illos ita credidisse, et qui eos videntur hodie sectari etiamnun credere, ipsis ita confitentibus, non dubitemus. Id efficere laboramus, [34]ut utrinque verba hic usurpentur scripturae et sanctorum patrum[34], ut dicamus corpus et sanguinem Domini vere adesse et sumi – omissis iis loquendi modis, tam quibus videri possumus sensibus aut

---

expression in *Libri visitatorii* (1528), CR 28, col. 19, though the vernacular *Unterricht der Visitatorn* adheres to "ym brod", *ibid.*, col. 64. See also ACA, to a 10, BSLK, 247-8; *XVI Articles of the Strasbourg Synod*, a 9, Täuferakten 8/2, 27,23, or BDS 5, 390,20. Sanctioned in the Wittenberg Concord, see Bizer, *Studien*, 118; CR 10, 135; BDS 6/1, 120,4.

[26-26] Perh. ap: *Eine Marburger (?) Konkordienformel*, Staehelin, *Briefe und Akten* 2, 375-376; BDS 4, 358-9 (same *i* and vocabulary). Cf. *Vom Abendmahl Christi*, WA 26, 327,3; Marburg Colloquy, WA 30/3, 141,11.

[27] Cf. *Vergleichung*: "Luther ist in dem haubtstück vom Sacrament, naemlich von der gegenwertigkeyt Christi im nachtmal, mit den unseren eyns", BDS 2, 352,16-18.

[28] See to n. 16.

[29] Ap: Oecolampadius, *Über M. Luthers Buch, Bekenntnis*, CXLI r-v (*i*: there: misunderstanding acknowledged).

[30] Ap: *Fidei ratio*, CR 93/2, 806,7 (*ie*). Cf. id., *Fidei expositio*, CR 93/5, 160,19-20. Oecolampadius to Bucer, 3rd Sept. 1530, Staehelin, *Briefe und Akten* 2, 481 *ad fin.* (same expression).

[31] Cf. Oecolampadius, *Ad Pyrkaimerum 2*, 129.

[32] Ap: *In Iohannis Evangelion, Exegesis*, 121r (*er*). Cf. BOL 2, 264 (to n. 214).

[33] Ap: *Daß diese Wort Christi*, WA 23, 235,33-34 (*i*, there: "das sacrament [ist] nicht ein zeichen des abwesenden leibs Christi, sondern [ist] der leib Christi selbs."). Cf. Bucer to J. Hess, 9th Oct. 1534, BDS 6/1, 48,9 (there: reference to similar allegation).

[34-34] Cf. *Bekentnus der Theologen zu Augspurgk*, Pollet 1, 127-141 (same *i*).

rationi, perceptibilem Dominum facere – quam quibus absentibus modo contemplationem confiteri, maxime autem vitanda quae Sophistae hic verba ingesserunt.

Arcana certe et non huius saeculi est, qua hic nobis Dominus et adest, et manducatur – tam vere tamen ac solide utrumque, ut divus Paulus cum dixisset: *Panem quem frangimus, calicem circa quem Christum praedicamus, esse corporis et sanguinis Domini communionem* [1Cor 10,16], subiecerit: *Quia unus panis et unum corpus multi sumus* [1Cor 10,17], utique *in Christo* [Rm 12,5].

Ex quo loco, et iis quae Dominus, Ioh. 6,[51-58], de manducatione carnis disseruit[35], sancti patres, [36]Hilarius, Chrysostomus, Cyrillus[36], et caeteri[37] affirmarunt, *Dominum Iesum* [1Cor 11,23 etc.] in nobis *habitare* et vivere non iam *per fidem* [cf. Eph 3,17; Gal 2,20] solum et dilectionem (ceu absens), sed etiam naturaliter, carnali-[G7v]ter, et corporaliter, quia suam naturam et carnem nobis communicat, *suaque nos membra esse* [1Cor 12,20,27] efficit, idque omne nobis in sacra eucharistia exhibet.

<HILARIUS> De qua re Hilarius, lib[ro] De Trinitate 8,[14][38]: "De veritate carnis et sanguinis non relictus est ambigendi locus. Nunc enim et ipsius Domini professione, et fide nostra, vere caro est, et vere sanguinus est. Et haec accepta atque hausta id efficiunt, ut et nos in Christo, et Christus in nobis sit. Anne hoc veritas non est? Contingat plane his verun non esse, qui Christum Iesum verum esse Deum negant. Est ergo in nobis ipse per carnem, et sumus in eo, dum secum hoc quod nos sumus in Deo est."

Et post quaedam[39]: "Haec ergo vitae nostrae causa est, quod in nobis manentem per carnem Christum habemus, victuri per eum ea conditione qua vivit ille per Patrem. Si ergo nos naturaliter secundum carnem per eum vivimus, id est, naturam suae carnis adepti, quomodo non naturaliter secundum Spiritum in se Patrem habeat, cum vivat ipse per Patrem?"

Item[40]: "Haec autem idcirco commemorata sunt a nobis, quia voluntatis tantum inter Patrem et Filium unitatem haeretici mentientes, unitatis

---

[35] Cf. *Bericht,* c 24, BDS 5, 248,20-27 (there: defends sacramental import of Io 6); ACT, to art 18, BDS 3, 283,2-9 (same *i*). See Hazlett, 'Die Auslegung'.

[36-36] Ap: *Bericht,* c 24, BDS 5, 244,12-13 (there: same three cited), > Oecolampadius, *Quid de eucharistia veteres,* see notes below. Cf. ACT, to a 18, BDS 3, 280,12; 282,24-25 (there: Hilary and Cyrill cited, also in relation to Io 6,55).

[37] E.g. Irenaeus, *Adv. haereses* V, 2, 3, MPG 7, 1127, ap: ACT, to art 18, BDS 3, 280,11; 282,29 (author *r* only).

[38] MPL 10, 247A–B; CCL 62A, 326,11–327,3. This and the two subsequent Hilary excerpts, ap: Oecolampadius, *De genuina expositione,* H3r–4a, or *Melanchthon Myconio* in Oecolampadius, *Quid de eucharistia veteres,* C7v, C8r, C8v; Melanchthon, *Sententiae veteres,* CR 23, 740f. (*ter*). Cf. *Bericht,* BDS 5, c 24, 244,13. Cited partly also by Luther, *Daß diese Wort Christi,* WA 23, 237,10ff.

[39] Cap 16, MPL 10, 249A; CCL 62A, 328,12–18.

[40] Cap. 17, MPL 10, 249 A-B, CCL 62A, 328,23–329,10.

nostrae ad Deum utebantur exemplo, tanquam nobis ad Filium, et per Filium ad Patrem obsequio tantum et voluntate religionis unitis, nulla per sacramentum carnis et sanguinis naturalis communionis proprietas indulgeretur; cum et per honorem nobis datum Dei Fi-[G8r]lii, et per manentem in nobis carnaliter Filium, et in eo nobis corporaliter et inseparabiliter unitis, mysterium verae ac naturalis unitatis sit praedicandum."

<CHRYSOSTOMUS> Item Chrysostomus, Homelia 46[b] in Iohannem[41]: "Quare necessario dicendum, quam admiranda mysteria, et cur data sint, et quae nam eorum utilitas. Unum corpus sumus, et membra ex carne et ossibus eius. Quare initati eius praeceptis parere debemus. Ut autem non solum per dilectionem, sed re ipsa in illam carnem convertamur, per cibum id efficitur quem nobis largitius est. Cum enim suum in nos amorem indicare vellet, per corpus suum se nobis commiscuit, et in unum nobiscum redegit, ut corpus cum capite uniretur. Hoc enim animantium[c] maxime est."

Item in Homelia 83 in Matth.[42]: "Non enim sufficit ipsi hominem fieri, flagellis interim caedi, sed nos secum in unam (ut ita dicam) massam reducit − neque id fide solum, sed re ipsa nos corpus suum efficit."

<CYRILLUS> Cyrillus in illa apud Iohannem [15,1][43]: *Ego sum vitis* et c[aetera]: "An fortassis putat ignotam nobis mysticae benedictionis virtutem esse? quae cum in nobis fiat, nonne corporaliter quoque facit communicatione carnis Christi, Christum in nobis habitare? Cur enim membra fidelium, membra Christi sunt? *Nescitis*, inquit [Paulus], *quia membra vestra, membra Christi sunt? Membra igitur Christi, meretrecis faciam membra?* [G8v] *Absit* [1Cor 6,15]. Salvator enim: *Qui manducat carnem meam*, ait, *et bibit sanguinem, in me manet, et ego in eo* [Io 6,56]. Unde considerandum est, non habitudine solum quae per charitatem intelligitur, Christum in nobis esse, verum etiam et participatione naturali."

Haec omnia Oecolampadius recipit[44]. Zuinglius non abiecit. Hodie nullae, quod equidem sciam, in Germania ecclesiae sunt ex iis quae ab humanis traditionibus, quae cum evangelio non consonant, se adseruerunt, quae non

---

[b] 45. − [c] amantium

[41] MPG 59, 260. Ap: *Melanchthon Myconio* in Oecolampadius, *Quid de eucharistia veteres*, C5v, C6r; Melanchthon, *Sent. vet.*, CR 23, 737f. (*er*), > Trapentzius' Latin Chrysostom edn. 1, 359.

[42] Ap: *loc. cit.* (*re*), in part via *Bericht*, c 25, BDS 5, 250,23-24 (there: *r* only).

[43] *In Ioh. evangelium*, 10, 2, MPG 74, 341 A-B, D. Ap: *Melanchthon Myconio* in Oecolampadius, *Quid de eucharistia veteres*, C2r–C3r; Melanchthon, *Sent. vet.*, CR 23, 732f. (*er*). Cf. ACA, BSLK, 248,20f.; ACT, to a 18, BDS 3, 282,24-25; *Gutachten über die CA*, BDS 4, 419,7; *Responsum ad Wolfhardi epistolam*, Pollet 1, 94,14–95,18; 103,16-20; *Bericht*, BDS 5, 244,13; Bucer to A. Blaurer, 5th August 1534, Schieß 1, 518 (all same Cyril *r*).

[44] Ap: *Quid de eucharistia veteres*, C2r f.; K2r f. (*ir*). Cf. *Responsum ad Wolfhardi epistolam*, Pollet 1, 95,1

eadem amplectamur. Quin Oecolampadius pridem testatus est[45], se de hoc sacro non aliud credere, nec dicturum, quam habet Decretum concilii niceni. Id est huiusmodi[46]: <DECRETUM CONCILII NICENI>

Ἐπὶ τῆς θείας τραπέζης πάλιν κανταῦθα, μὴ τῷ προκειμένῳ ἄρτῳ, καί τῷ ποτηρίῳ ταπεινῶς προσέχωμεν, ἀλλ᾽ ὑψώσαντες ἡμῶν τὴν διάνοιαν πίστει νοήσωμεν κεῖσθει ἐπὶ τῆς ἱερᾶς ἐκείνης τραπέζης τὸν ἀμνὸν τοῦ θεοῦ, τὸν αἴροντα τήν ἁμαρτίαν τοῦ κόσμου, ἀθύτως ὑπὸ τῶν ἱερέων θυόμενον, καί τό τίμιον αὐτοῦ σῶμα καὶ αἷμα ἀληθῶς λαμβάνοντας ἡμᾶς πιστεύειν ταῦτα εἶναι τὰ τῆς ἡμετέρας ἀναστάσεως σύμβολα, διὰ τοῦτο γὰρ οὔτε πολὺ[d] λαμβάνομεν, ἀλλ᾽ ὀλίγον, ἵνα γνῶμεν ὅτι οὐκ εἰς πλησμονήν, ἀλλ᾽ εἰς ἁγιασμόν.

Hoc est[47]: "Iterum etiam hic in divina mensa, ne humiliter intenti simus ad propositum panem et poculum, sed exaltata [H1r] mente, fide consyderemus situm esse in sancta illa mensa agnum Dei tollentem peccatum mundi, qui non victimarum more a sacerdotibus sacrificatur – et nos vere praeciosum illius corpus et sanguinem sumentes credamus, haec esse nostrae resurrectionis symbola. Nam propter hoc neque multum accipimus, sed parum, ut sciemus[e] quod haec non sacietati, sed

---

[d] *Hubert:* πολη. – [e] sciamus

[45] Ap: *Quid de eucharistia veteres,* F 3v–4r *(re)*. On this 'Nicene Canon', cf. *Propositiones novem de sacra eucharistia* sent to Luther, 25th August 1530, WA Br 5, 570,109-118 (there: Bucer says it was raised at Marburg – see also his letter to Philipp of Hesse, *Lenz* I, 23); ACT, BDS 3, 279,27-34 (there: *re*); Zwingli to Bucer, Sept. 1530, CR 98, 118,16f. and esp. n. 2; 119,15-24 (there: discussion of the canon); *Underricht und Bekantnüs ... zu Schweinfurt, Pollet* 1, 76,29 (there: *r*); *Bekentnus der Theologen zu Augsburgk, ibid.,* 130,13 (there: *r*); *Ein Bericht, was zu Frankfurt a. M. geleret,* BDS 4, 499,4-10 (there: *re*). Cf. Köhler, *Zwingli u. Luther* 2, 225, 250.

[46] Oecolampadius gave as his source Cyril of Alexandria's *Contra Iulianum* VII, – wrongly, as Bucer presumably realized. He may then have reckoned that Oecolampadius, who had mentioned Nicaea shortly before, had erred – but in fact this canon is not authentically Nicene either. The source was identified by Hoffmann, *Das patristische Argument,* Anmerkungen, p. 18, to p. 53 (1) as Gelasius of Cyzicus' *Ecclesiastical History* (c. 475), not however published till 1599. On Oecolampadius' access to this source see Fraenkel, 'Beatus Rhenanus, Oecolampade', BHR 41 (1979), 66-68: the ms. Greek text of Gelasius' *History* had been in Basle since the Council of Basle, deposited there by Cardinal John Stoichovits of Ragusa. (The *History* was putatively based in part on a *Proceedings* of the Nicene Council of doubtful authenticity, the lost *Book of Archbishop Dalmatius of Cyzicus.*) It seems that John Gast, Oecolampadius' collaborator, had unearthed the *History* with its pseudo-Nicene canon. See *History* 2, 30, 6, GCS 28,110,2-10; MPG 85,1317. Cf. *Mansi* 2, 887 (*Commentarius actorum Concilii Nicaeni*). In the 1534 *Consilium* however, Bucer describes the canon as a "Pontificum decretum", see *Pollet 2,* 512,22-23; Appendix, 146.

[47] Translation ap: Oecolampadius, *Quid de eucharistia veteres,* F4r (*te*). Cf. CR 2, 224

sanctimoniae serviant." Huic[f] decreto[48] reliqui sancti patres omnes consentiunt[49].

<CONCORDIA PROCEDIT> Iam haec ratio concordiae, circa fidem et doctrinam de divinissima eucharistia, ut ad eum modum, quem in his patrum dictis expressum videmus, redamus et loquamur utrinque, passim recipitur, et facessit quae erat dissensio. Nam salvificam istam Christi communionem fatentur omnes, [50]sic per ministrum et sacra symbola exhiberi, ut tamen totum id opus Christi sit – qui sic ministro, ut instrumento suo ac cooperario [cf. 1Cor 3,9] et sacris symbolis[50], ceu 'verbis' quibusdam 'visibilibus', uti dignatur. "Accedit (siquidem inquit[51] divus Augustinus) Verbum ad elementum et fit sacramentum, etiam tanquam visibile Verbum". Verbo perficiuntur omnia [cf. Io 1,3] – at ut idem Augustinus scribit[52]: "non quia dicitur, sed creditur", In Ioan. tract[atus] 80,[3][53].

<UNDE QUOD BONI PLERUMQUE DISSENTIANT> Quod vero digladiatum est adeo inter nostros, cum non dubitemus utroque veritatem Christi serio sectatos esse, non poterit tantopere offendere eos, qui perpenderint, istiusmodi offendicula semper in ecclesia extitisse, in hoc: [H1r] *Ut qui probati sunt, manifesti fierent* [1Cor 11,19]. Mundus cum quaerat semper causas, ut veritatem a se repellat – *Dominus qui in iudicium venit, ut videntes non videant* [Io 9,39], patitur saepe multa obiici a suis informa, ac ita evangelium suum, quod per se et *electis est odor vitae, reliquis fieri odorem mortiferum* [2Cor 2,16].

Neque id adeo insolens est, ut inter se convenire non queant, etiam sanctissimi – et in ea re, in qua utrique *gloriam Dei* [1 Cor 10,31 etc.] syncero pectore quaerunt. Id[54] usu venit Paulo et Barnabae de Marco, inter quos eiusmodi extitit παροξυσμός [Act 15,39], ut alter ab altero se iungeretur. Usu venit et multis sanctissimis patribus. Et haud multum adeo

---

[f] hoc

[48] Bucer sent a German translation to Philip of Hesse in 1530, see *Lenz* 1, 23, n. 7. It appears, unattributed, in Schirrmacher, *Briefe und Acten*, 353.

[49] Ap: Oecolampadius, *Quid de eucharistia veteres*, K2a (*i*).

[50–50] Cf. *Bericht*, BDS 5, 164,22-39. BJoh, BOL 2, 265, 269, 284. See Bucer to John à Lasco (1545), *Pollet* 1, 224,5-9.

[51] *In Ioannis evangelium, tractatus* 80, 3, MPL 35, 1840; CCL 36, 529,5-7. Ap: *Bericht*, BDS 5, 242,27 (*re*). See also *Decreti* 2a, c 1, q 1, c 54, *Friedberg* 1, 379; Lombard, IV *Sent*, d 3, 1, 1, MPL 192, 843.

[52] MPL 35, 1840. CCL 36, 529,9-11. Ap: ACT, BDS 3, 273,22-3, and 'Dokumente zur Synodo V', BDS 5, 425,13; 429,22 (*ter*).

[53] This Augustine-formula was cited widely. Cf. Köhler, *Das Marburger Religionsgespräch*, 71f. Also, K.-H. zur Mühlen, 'Luther und Augustins "Tractatus in Joannem 80,3", in Grane et al., *Auctoritas patrum*, 277-278. See also Brenz, *Syngramma*, BrWF (1), 239,28.

[54] Cf. *Bericht*, BDS 5,146,32-34 (same *i*).

abfuit, quin atrox certe, et inter Hieronymum atque Augustinum pugna[55] exorta fuisset. Inter Ruffinum et Hieronymum quae invaluit, non sine dolore sanctorum legitur[56].

Nemo *videt omnia* [Hbr 2,8], et facile obrepunt sinistrae suspitiones – hinc fit saepenumero, ut quanquam optimi viri et ingenio praestanti, nequeant tamen idem videre, aut se invicem prorsus intelligere. Sic etiam humiliat suos Dominus [cf. 1Cor 3,18-21], et a praepostera hominum admiratione ad se revocat, suoque Verbo mentes nostras plenius addicit.

---

[55] An exegetical and textual correspondence between the two (400-404) which went sour, cf. Kelly, *Jerome*, 263-272.
[56] The controversy over the translation of Origen, perh. ap: Erasmus, *Hieronymi vita*, in *Omnium operum Hieronymi* I, 4ff.

[CAPUT 3: DEFENSIO ET EXPOSITIO DOCTRINAE
NOSTRAE DE EUCHARISTIA]

[H1v cont.] <RESPONSIO AD OBIECTA> Sed tandem ad confutationem eorum quae contra nos in hac causa eucharistiae episcopus profert. Quanquam ex his quibus iam fidem nostram de hoc divinissimo sacramento exposui[1], boni facile videbunt, quam maliciose et calumniose contra nos Abrincensis scripserit omnia. Percurram [H2r] igitur quae obiicit, quam licebit brevissime. Primum obiicit et [2]communiter et privatim nobis[2], nos a [3]'simplicitate verborum Domini recedere', illa falsa ac impia interpretatione discerpere, eo quod 'panem' dicimus[4] 'corporis Domini esse symbolum'. Nos vero verba Domini quam simplicissime[5] amplectimur, nullamque eis interpretationem inferimus quam non ex se pariant. Panem porrexit Dominus et dixit, *Hoc est corpus meum* [Mt 26,26]. Duo ergo hic exhibuit[6], panem et corpus suum.

<DEFENSA INTERPRETATIO> Quis ergo sensus sit alius horum verborum Domini quam hic – 'per hunc panem', vel, 'cum hoc pane, en do vobis corpus meum'? In explanatione quam adversarius impugnat, eum sic reddidi[7]: "'Sicuti hunc trado vobis [8]panem edendum [a]ore corporis[a], ita dono

---

[a-a] corpore

[1] BSyn 2, 327–339A; BEv 1530, 187C–191D (! ☞ 189 and 187 paginated twice instead of 190 and 191 respectively); *Lang*, 433-445 (omits BSyn 2, 327–328B, BEv 187C–188D, up to the sentence beginning "Ubicunque Evangelistae memorant"; this is a section dealing with the Passover, Judas' presence, and Christ's words about not drinking the fruit of the vine until the Kingdom of God comes). Summary in *Consilium, Pollet* 2, 513,13–514,25; Appendix, 147-8.

[2-2] *Axioma* (9r, 10r-v) denouces Luther, Oecolampadius and Zwingli; characterizes Bucer as "omnium arrogantissimus" (10r); and while claiming that Fisher had refuted Luther and Oecolampadius, states: "Qui huic Bucero necdum obviam ierit, mihi constare potuit. Quem ita insectari intendimus ut etiam Oecolampadii, et Zwinglii prout locus expostulabit", 10r.

[3] Cf. *ibid.*, 2v–3r: "Quod si vos fascinavit Bucerani lenocinii fucus, admitte saltem certissimam scripturae auctoritatem ... Vos figuram, nos rem ipsam amplectimur ... relicto verbo Christi, ad berengarianum somnum confugitis (sc. Bucer) ... Nos pura verba, et sine glossemate, aut additamento, profitemur. Vos autem ubi, aut quando unquam legistis: 'Hoc est corporis mei symbolum, aut simulachrum?' Nos autem ut a Deo accepimus, profitemur ... Sic neque in Spiritu, a cuius verbo receditis, neque veritate, immo potius errore seducti, Deum adoratis, quem abesse dicitis, cum se dixerit esse praesentem." Cf. 5r, 10r, 11r, 17r, 19r-v, 38r, 44r, 45r-46r.

[4] BSyn 2, 330B; BEv 1530, 189B; *Lang*, 435 (*a*).

[5] BSyn 2, 328A; BEv 1530, 188A [not in *Lang* who omits most of BSyn 2, 328A-B]. Adv: *Axioma*, 12v: "Hanc veritatem libenter involveres tuis nugis, Bucere, quam tamen nunc videre potes adeo claram, et apertam, ut nullo velamine tegi, nulla possit nebula obduci. Stultum enim est, quod dicis ea verba te *simpliciter intelligere*." Cf. nn. 20 & 24 below.

[6] Cf. Pt. I, c 9 to n. 12, on 'exhibere'.

[7] BSyn 2, 330B; BEv 1530, 189A; *Lang*, 435.

vobis corpus meum edendum[b] animo[8]"". In his quid assuimus[9], quod non in ipsis Domini verbis contineatur?

Quod panem "signum" esse dicimus corporis Domini, dixerunt et patres orthodoxi omnes. Augustinus, Contra Adimantum, cap[ite] 12,[3][10]: "Non dubitavit Dominus dicere, *Hoc est corpus meum*, cum signum daret corporis sui". Item in Sermone Ad infantes[11]: "Ista, fratres, ideo dicuntur sacramenta, quia in eis aliud videtur, aliud intelligitur. Quod videtur speciem habet corporalem, quod intelligitur, fructum habet spiritualem".

Sed hic vir Dei nusquam fere de hoc sacro loquitur, ubi non adserat panem [H2v] esse corporis Domini symbolum. Divus Hieronymus vero scribit, [12]Dominum "veritatem corporis et sanguinis sui, pane et vino repraesentasse", Matth. 26,[26]. Irenaeus testatur [13]"eucharistiam constare ex duabus rebus, terrena et coelesti", Contra Valentinum, [libro] 4, [capite 18,5]. Ad eundem modum caeteri patres hac de re loqui solent[14]. Nihil igitur nostra interpretatione, vel a scriptura, vel patribus variamus[15]. De transsubstantiatione postea.

<REPULSA COMMUNIO CUM BERENGARIO> Deinde et illud crimen commune nobis facit [16]"erroris instaurati berengariani". Huius vero hominis ego nihil unquam legi, nec quae in eius causa fuerint, solide adhuc

---

[b] edendo, also *corr. Hubert*

[8-8] Characteristic Bucer concept of a parallel manducation (see BJoh 1528, 1530, BOL 2, 264-265. See also BSyn 2, 335B; BEv 1530, 190D; *Lang,* 441), based on differentiation between the 'os corporis' and the 'os fidei', 'corporalia' and 'spiritualia', triggered by Brenz, *In Iohannis Evangelion,* 121r.

[9] Assuo = 'sew on', 'stick on', here in the sense of 'added' or 'read into'.

[10] MPL 42, 144; CSEL 25, 140. Ap: CT, orig. a 18 Ger., BDS 3, 128,29–129,1; ACT, *ibid.* 285,29-32 (*tre*), > Oecolampadius, *Quid de eucharistia veteres,* N8r. Also Zwingli, *Fidei ratio,* CR 93/2, 811,26ff. Cf. *Consilium, Pollet 2,* 513,29; Appendix, 147. 'Schriften zur Wittenberg Konkordie', no. 6: *Axiomata apologetica,* BDS 6/1, 90,13; ditto, no. 18: *Zwischen frommen verstendigen lüten, ibid.,* 252,18. See Köhler, *Zwingli und Luther* 1, 117ff. Cf. also Luther, *Daß diese Wort Christi,* WA 23, 209ff. (there: dismissal of Oecolampadius on Augustine's 'signum'), also Eck, *Enchiridion,* c 29, CCath 34, 297-8. On "cum", temporal or concessive, and Luther's reading of it, see Hoffmann, *Sententiae patrum,* 165-166; cf. WA 38, 294ff.; 12, 157ff.

[11] *Sermo 272,* MPL 38, 1247. Ap: Oecolampadius, *Quid de eucharistia veteres,* O2v (*te*).

[12] *In evang. sec. Matthaeum,* MPL 26, 203A. Ap: *Melanchthon Myconio* in Oecolampadius, *ibid.,* E4r (*ta*).

[13] [*Adv. haereses*], MPG 7, 1029A. Ap: ACT, to a 18, BDS 3, 278,31-32 (*ter*), > Oecolampadius, *De genuina expositione,* G3v; *Melanchthon Myconio* in Oecolampadius, *Quid de eucharistia veteres,* D1v (Melanchthon, *Sententiae,* CR 23, col 743). Cf. *Axiomata apologetica,* BDS 6/1, 90,12; *Wittenberg Concord,* BDS 6/1, 120,3-4.

[14] Ap: ACT, to a 18, BDS 3, 278,33-34 (*i,* there: Chrysostom, 'tangible' / 'spiritual', *In Matth., hom.* 82, MPG 58, 743B; Augustine, 'sacrament' / 'reality', *De civitate Dei* 21, 20, MPL 41, 734; CSEL 40/2, 552; CCL 48, 786; id., 'visible' sign or sacrament / 'invisible' reality, *Contra litteras Petiliani* 2, 104, 239, MPL 43,342-3; CSEL 52, 155).

[15] Cf. ACT, to a 18, BDS 3, 278,30-31; *Consilium, Pollet* 2, 514,27 ; Appendix, 148.

[16] See title of *Axioma,* also *ibid.,* 3v, 8r, 9r.

nosse potui[17]. Quare nec probare nec damnare illum licet[18]. Ipse viderit quid vel cantarit vel recantarit – viderint et qui eum ad palinodiam[19] adegerunt. Scriptum est: *Ex verbis tuis iustificaberis et condemnaberis* [Mt 12,37]. Extant nostra, quae de hac re scripsimus et hic summam eorum exposuimus. Ex his iudicemur.

<BUCERUM PRIVATIM AGGREDITUR> Ubi visum est nostro episcopo me privatim aggredi – primum multis admodum [20]vexat, quae scripsi[20] in haec loca: *Posthac non edam ultra ex eo, donec compleatur in regno Dei,* Lucae 22,[16], et: *Non bibam post hoc de genimine vitis, usque in diem illum cum illud bibam novum in regno Patris mei,* ibidem [18] et Matth. 26,[29]. "*Regnum*" intelligendum moneo[21] statum resurrectionis, in quo Dominus ad probandam veritatem resurrectionis suae, rursus edit et bibit cum suis, Act. 10,[41]; "*novum*" sane vinum, [H3r] quia novo et admirando modo, quia iam extra eam conditionem, in qua cibus et potus requiritur[22].

Pascha [cf. 1Cor 5,7-8] vero completum dico in eo, quod Dominus resurgens a mortuis, de mortalitate ad immortalitatem transiit – nobisque omnibus eundem transitum aperuit et munivit. <SIC ET BEDA[23]> Et hanc

---

[17] Bucer's pretended ignorance of Berengar is puzzling. The Berengar affair was recorded in *Decreti,* 3a, d 2, c 42 (*Friedberg* 1, 1328f.), cited by Zwingli in *De vera et falsa relig.,* CR 90, 783-4; cf. *Eine klare Underrichtung,* CR 91, 801-810, 900; *Antwort über Straußens Büchlein,* CR 92, 490, 498; *Über M. Luthers Buch,* CR 93/2, 98,1-2. See also Thomas, *S th,* 3a, d 75, a 1, *sed co.* tertio; Luther, *Bekenntnis,* WA 26, 442,39–443,3; Oecolampadius, *Quid de eucharistia veteres,* I4r–7r. Before 1530, Bucer had placed himself in a chain linking Berengar, Wycliffe, Hus, Gansfort, Zwingli and Oecolampadius, see *An die Herren von Gemmingen* (1525), BCor 1, 80,49–81,54, or BrWF 2, 377,24-25; *Vergleichung,* BDS 2, 362,1-7. The 'Berengarian' reproach was standard among Catholic apologists, e.g. Fisher, *De veritate,* 2r, 5r, 144v, 147v–157r, 272v; Eck, *Enchiridion,* c 29, CCath 34, 289; ConfCT, *Paetzold,* 39-40 / 93. Other contemporary sources on Berengar were the Paris 1521-32 edn. of Netter, *Doctrinale* 2, cc 42-43, f. 72vA–74vB, and Sichard's *Libellus Lanfranci,* f. 99v–151, MPL 150, 407-442. See also Köhler, *Zwingli und Luther* 2, 328.

[18] Ap: ACT, to a 18, BDS 3, 284,22-33 (*i,* there: reliable information about the truth of the Berengar affair is hard to establish, so that one ought to be neutral and guided solely by Scripture).

[19] 'Recantation'.

[20-20] *Axioma,* 11v-15v, ap: BSyn 2, 328; BEv 1530, 188A. Bucer had stated (as quoted by Ceneau): "Dominus negavit de fructu vitis se posthac gustaturum – donec advenerit regnum Dei. Quo simpliciter intelligo, voluisse significari, prope adeo esse regnum Dei, ut nihil cibi, aut potus corporalis sumpturus esset – ab hoc ipso convi[v]io, in quo erat, donec illud in suo regno deposito mortalitatis onere advenisset – atque in eo Pascha fuisset completum. Facto scilicet post sui immolationem, de mortalitate ad immortalitatem transitu", *Axioma,* 11v (slight *p*). Ceneau repeats the bulk of the extract at 12v–13r. Cf. J. Haner to Bucer, late 1529, BCor 3, 359-361. For analysis of this exegetical debate, see Lardet, 'La rhétorique', 54-55.

[21] BSyn 2, 328A; BEv 1530, 188A (*pi*), > Oecolampadius, *Apologetica,* D1–E6 (there: no interim corporal presence).

[22] That is, 'spiritual manducation'.

[23] Ap: Oecolampadius, *Quid de eucharistia veteres,* 1590 cdn., 74-76, > Bede, *Exp. in Luc. Evang.,* lib. 6 (to Lc 22,18), MPL 92, 596; CCL 120, 377,580-581 (*ri*).

voco [24]"intelligentiam simplicem", episcopus vero [25]"stultam, nugas involventes veritatem, [26]nihil ad rhombum", et est hic totus in prodendo episcopalem gravitatem[27]. Cum tamen haec omnia ante me scripserit[28] divus Chrysostomus.

Sed audiamus quomodo hunc locum enarret[29] episcopus. In eo consentit nobis, sed admodum aegre, quod *regnum Dei* intelligit [30]"statum resurrectionis". "Completionen" autem "Paschatis" facit[31]promissionis de novo Paschate praestationem – "novuum Pascha", corpus et sanguinem Domini, in eucharistia iam "immortalia" quae in prima coena fuerant adhuc "mortalia". Et ubi ad verbum *"novum"* [Mt 26,29] venit, "hoc certe (inquit[32]) concludit ᶜquod in sacramentoᶜ". Magistraliter scilicet, et mea dicit ideo [33]"nihil ad rhombum" facere, quia non explicem, ubi impletum Pascha sit. Quod *"novum"* de promiscuo potu intellexi[34], eo refutat, quod in eo [35]"nihil novitatis" sit. Hic autem "novitas" sit, cum pro passibili datum est impassibile.

Sed dices, lector: 'Quod vero voluit episcopus per haec probare?' Primum (quod nemo negat) [36]"verum Christi corpus esse in sacramento" (non tantum 'figuram' vel 'typum corporis'). Deinde: "substantiam pa-[H3v]nis et vini non remanere"[36].

'Sed qua (inquies) consequentia istuc posterius?' Hac: [37]Dominus "dixit: *Bibam novum* [Mt 26,29]. Quid ergo aliud Christus voluit – quam quod suam cum discipulis communionem Christus differret usque post ipsam

---

ᶜ⁻ᶜ *omit.*

[24] BSyn 2, 328A; BEv 1530, 188A. See to n. 20 above. Cf. Bede: "Potest quidem hic versiculus et simpliciter accipi", *loc. cit.*

[25] *Axioma,* 12v.

[26] *Ibid,* 13r. 'Nihil ad rhombum' = 'beside the point', 'irrelevant'.

[27] Ceneau however was objecting to the symbolism of the Passover Lamb being applied to the eucharistic elements: "Quod si post resurrectionem, in pane et calice, figuram solum, et imaginem suae sacratissimae carnis distribuisset, ut vanissime somniant Berengariani isti, de agno typico novo Iudaysandi more, ad panem typicum, non verum Christi corpus transeuntes", *ibid.,* 12r-v. The analogy was also rejected by Luther, *Bekenntnis,* WA 28, 303,3-15. Cf. Zwingli, *Subsidium,* CR 91, 468,6-7,24-34; Oecolampadius, *De genuina expositione,* H8v–I1v; *Über M. Luthers Buch,* CLVIIr-v; Bucer, *Apologia,* 33r, (there: Passover a "signum memoriale").

[28] Ap: *In Matt., hom.* 82 (83), 2 (to Mt 26,29), MPG 58, 739-740 (*ri*).

[29] *Axioma,* 11v-15v.

[30] *Ibid,* 13v, 14v.

[31] *Ibid,* 14r-v, 15r.

[32] *Ibid,* 14r.

[33] See n. 26.

[34] BSyn 2, 328A; BEv 1530, 188: "Ubi novum vocatum ab ipso accipio, quod novo modo, immortalis iam factus, et in regnum gloriamque Patris translatur, cum discipulis bibit".

[35] *Axioma,* 15r.

[36-36] *Ibid,* 14v.

[37] *Ibid,* 14v-15r.

resurrectionem?" Item: [38]"An aliquis sanae mentis ex his verbis aliud intelligeret?" Haec episcopus. Sic enim colligunt 'videntes' episcopi, ad nos [39]'caecos haereticos'.

At vero *"novum"* [Mt 26,29] (ut dixi[40]) divus Chrysostomus hoc idem valere scribit, atque 'novo, quodam modo imo inaudito, atque mirabili. Non enim (inquit[41]) passibile corpus habens, sed immortale et incorruptibile, alimento non indigens, surrexit'. Alii sancti patres istuc intelligunt, ut Theophylactus scribit[42] de plena divinitatis revelatione in saeculo futuro. Perinde firmum et illud, quod episcopus scribit, [43]'implere [cf. Lc 22,16] significare promissi impletionem'. Christus *ascendit super omnes coelos, ut impleret omnia* [Eph 4,10], id est, perficeret. Impletur fides, gaudium, lex, mensura peccatorum, in his quid promissi?

Porro cum apud Lucam [22,16,18] habeatur: *donec compleatur* Pascha [...] *donec veniat regnum Dei*, ostendo obiter[44] istuc *"donec"*, ex se non inferre, Dominum post illam coenam comedisse et bibisse, id tamen aliis locis aperte memorari [cf. Lc 24,42-43; Io 21,12-13; Act 10,41] – idque in hoc solum moneo, ne [45]"ex hac dictione '*donec*'", et aliis locis, ubi id perperam fieret, ultra expressam negationem inferatur affirmatio vel contra – istuc episcopus dignum putavit, quod plurimis argutis et conviti is exagitaret. Sed forsan hae sunt episcoporum deliciae.

Illud sensit, [46]ex eo, *Non bibam post hac de hoc* [H4r] *genimine vitis, donec* [...] *bibam illud novum* [Mt 26,29], recte colligi, manere in eucharistia verum vinum et si vinum, etiam panem ac ita evanescere quod confinxerunt de 'transsubstantiatione'[46]. Respondet ergo, [47]'*novum* idem valere quod innovatum, utpote transmutatam in sanguinem'. Ne autem videatur hoc sola sua autoritate dicere, adfert [48]"simile", ut videri vult:

---

[38] *Ibid*, 15r (*a*). Complete sentence: "…intelligeret, quam quod Christus resurgens, pascha cum discipulis compleverit".

[39] "Hic roga haeretice, ut tibi aperiantur oculi", *ibid.*, 12v.

[40] Cf. to n. 28.

[41] Ap: *In Matth. hom.* 82 (83), 2, MPG 58, 740 (*rp*).

[42] Ap: *Enarr. in Ev. Matth.* (to Mt. 26, 29), MPG 123, 446B (*ri*).

[43] "Quomodo Christus implesset opere et veritate – quod se impleturum promiserat dicens?: *Non manducabo illud, donec impleatur in regno Dei*", *Axioma*, 12v.

[44] BSyn 2, 328; BEv 1530, 188.

[45] *Axioma*, 15v. Ceneau wrote: "Nam qua fronte negare audebis, Christum promisisse pascha se completurum novum, post resurrectionem, et non exhibuisse?", *loc. cit.*

[46–46] *Ibid.,* 16r.

[47] *Loc. cit.*

[48–48] *Loc. cit.* (*pe*). Since Radbertus in the ninth century, and notably among the opponents of Berengar, these examples of biblical miracles were employed to enhance the credibility of the notion of the substantial conversion of the communion bread, see HDTG 1, 552-3. Cf. Eck, *Enchiridion*, c 36, CCath 34, 374; Fisher, *Assertionis defensio*, c 4, in *Opera*, 169ff. On the relevance, or lack of it, of these analogies, see Oecolampadius, *De genuina expositione*, C3r.

"Cum gustasset architriclinus[d] *aquam, vinum factum* [Io 2,9[49]]". Item: *"Virga Mose devoravit*[e] *virgas magorum* [Ex 7,12]. Hic quod erat *vinum, aqua*; et *virga* dicitur qui erat *coluber*. (Ait enim) ex usu scripturae illud[f] comparatum esse, quod[g] res in aliam versa, suum nomen illi communicet"[48].

Sed ubi scriptura, quae ita testetur panem in corpus, et vinum in sanguinem Christi 'mutari' – ut extat scriptura de eo, quod aqua fuit immutata in vinum, virga in colubrum? Novimus scholam hanc commenti sui adferri rationem: [50]panis non potest esse id quod Domini corpus, iam is dixit, *Hoc est corpus meum*. "Hoc" ergo demonstrat contentum sub specie panis, vel, hoc "ens"[51] – et panis est in [52]corpus Domini[52] transubstantiatum[53] [50].

Sed hic [54]magi[stri] n[ovi][54] παραλογιζουσι παρὰ τὴν τοῦ ἐλέγχου ἄγνοιαν[55]. Nec enim cum veritate huius orationis, *hoc est corpus meum*, pugnat [56]corpus Domini cum pane demonstratum hic esse est exhibitum[56]. [57]Nec eo quod impossibile est, panem id esse quod corpus Domini, necesse est, panem in corpus Domini transsubstantiari?[57] Alia est enim ratio orationum symbolicarum, quibus cum signo et per signum, res monstrantur et exhibentur.

[H4v] Quae hactenus episcopus attulit. "Vel sola (inquit[58]) sufficerent ad confutandam meam pervicatiam". Attamen "ne quid" videatur "reliquisse intactum, pergendum est". Et primum vexat[59] illud, quod praefatus sum me propositurum, [60]"quae non dubitem revelata nobis divinitus, et apertis scripturis tradita, iudicium" tamen eorum defero "electis". O quot et quam gravia in his paucis verbis peccata. "Quis (inquit[61]) iam dubitet, maligno te agitari spiritu?" Scilicet sic loquuntur qui agitantur "maligno spiritu".

---

[d] triclinus. – [e] voravit. – [f] *omit.* – [g] ut

[49] Cf. BSyn 2, 331A; BEv 1530, 190A; *Lang*, 436 (allusion in context of critique of Luther's view of real presence); *Handlung g. Hoffman*, BDS 5, 56,7 (*t,* there: christological context).

[50-50] For example, Thomas, *S th*, 3a, d 75, a 2 resp, sec; a 4 resp; a 5 *sed co*.

[51] Cf. *ibid.*, d 75, a 8 (3) & resp.

[52-52] While this expression frequently used by Bucer has biblical echoes (cf. 1Cor 11, 27,29), it is a patristic usage, see Tertullian, *Oratio* 19; Jerome, *Ep.* 125,2 etc.

[53] Adopted by the Lateran Council IV (1215). Cf. *Decreti* 2a, 1, 1, c 1; *Friedberg* 2, 5f.; *Mansi* 22, 981-2.

[54-54] That is the Scholastics. Cf. ACT, to a 18, BDS 3, 277 (there: "newe Theologen").

[55] > Aristotle, *De sophisticis elenchis* 4 (ad fin., no. 3*)*: "They commit the fallacy related to ignorance of the nature of refutation", that is, 'ignoratio elenchi'.

[56-56] Cf. *Apologia*, 15r, 19v–20r (there: sacrament is both symbolical and exhibitive).

[57-57] Ap: Oecolampadius, *De genuina expositione*, C4r (*i*).

[58] *Axioma*, 16v.

[59] *Loc. cit.* & 17r (*p,*there: Bucer *e*).

[60] BSyn 2, 329B; BEv 1530, 189A; *Lang*, 434.

[61] *Axioma*, 16v–17r.

Arrogantissimus sum, qui mihi sumo revelationem[62] – et tamen nihil omnino rite creditur, quod *non revelarit Pater coelestis. Caro enim et sanguis* [Mt 16,17] *quae Dei sunt* [1Cor 2,11] ex se ignorant.

Ibi vero mihi contradico, [63]quod revelata divinitus electis sisto iudicanda, quasi non quisque sua fide credat, ex suo iudicio agnoscere *Dei verbum* [Lc 3,2 etc] necesse habeat. Ad quid ergo Paulus prophetias sedentium iudicio sistit? [cf. 1Cor 14,29-30]. Porro et ob id vapulo, [64]quod provoco ad electos [65]"quos nemo dum vivit possit agnoscere, quia *nemo scit an odio, an amore dignus sit*" [Ecl 9,1][65]. Ergo nemo potuit epistolam divi Petri recipere, ut ad se scriptam, inscripsit enim illam *electis advenis* [1Pt 1,1] et caetera. De loco Ecclesiastae superius[66].

Deinde cum scribo [67]"Christum voluisse suos certos reddere, se pro salute sibi credentium moriturum", recipit[68] id, sed [69]ut supervacaneo dictum. Et de memoria Christi in coena calumniatur[70] Oecolampadium, quasi ex eo voluerit probare Chri-[H5r]sti in coenam 'absentiam'. Adduxit enim illud, [71]*Adnunciate mortem Domini donec veniat* [1Cor 11,26]. Sed isti viro huius nunquam in mentem venit, nam diversum semper praedicavit. Qui solam corporalem et sensibilem praesentiam reiicit, is non reiicit quamlibet. Tum addit, [72]non quodlibet convivium pertinere ad hoc mysterium, quasi vero sint qui id affirment. Sic lubet episcopo ludere, cum nostra tam atroci et exitiosa infamia. Illud vero amabo te, lector, quam non maliciam ac crudelitatem superat. Scribit [73]"nos de sacratissima corporis[h] potentia, symbolum et imaginem quandam, facere moliri". Ad probandum vero hoc mendacium adduxit[74] haec mea verba[75]: "Porrigendo ergo panem, ait: *Accipite et comedite. Hoc est corpus meum* [Mt 26,26] *quod pro vobis*

---

[h] Ceneau: corpus

[62] "Qui audeas impudenter asserere, tibi revelatum esse, etiam citra omnem ambiguitatem … Tu vero impudenter assumis tibi prophetae nomen", *ibid*, 17r.

[63] "Verbis te submittis hominum iudicio, re autem ipsa omnes tuae censurae, vis esse subiectos. Tu autem, nullius vis subire, uti de hac re disserui", *loc. cit.*

[64] See to n. 60.

[65-65] *Axioma*, 17v (*a*).

[66] Cf. Pt I, cap. 7.

[67] BSyn 2, 329B; BEv 1530, 189A; *Lang*, 434.

[68] *Axioma*, 17v.

[69] "Quod enim opus est verbis, in re tam aperta?", *ibid*, 18 r.

[70] "Hic autem ridere libet, Oecolampadii dementiam, qui neget sacramentum hoc dici posse memoriam passionis, si Christus praesens adsit", *loc. cit.,* > Fisher, *De veritate corporis* V, 18, f. 158, in *Opera*, 1179-80. Cf. Oecolampadius, *De genuina expositione*, C5r-v.

[71] *Axioma*, 18v.

[72] *Ibid*, 18v (*p*).

[73] *Ibid*, 18v-19r.

[74] *Ibid*, 19r.

[75] BSyn 2, 330B; BEv 1530, 189B; *Lang*, 435.

tradetur[i] [1Cor 11,24]. Hoc est, sicut trado vobis panem, edendum ore corporis, ita dono vobis corpus meum, edendum animo".

Cum itaque animadvertisset indubie fore ut insani capitis somnium videretur dicere, 'me moliri his verbis ex corpore Domini facere symbolum et imaginem quandam' (cum in eis tam diserte affirmo, hic donari corpus Domini [76]cum pane) – adiecit bonus vir, tanquam mea verba[77]: "Nam dabitur iam pro vita vestra, in mortem, 'symbolum corporis mei'". <SUMMA CALUMNIAE > Et ne quis suspicaretur, ipsum haec, non me subiicere, adiunxit[78]: "Haec sunt tua verba, Bucere". Et mox: "Sed o vanissimum hominem", et caeterae[j] cantilenae conviciorum, quam hic episcopus canit perpetuam.

Ego vero sic scripsi[79]: "Sicut trado vobis panem [H5v] ore corporis, ita dono vobis *corpus meum* edendum animo, nam dabitur iam pro vita vestra in [k]mortem. Symbolum[k] hoc corporis mei est, ut sicut panem a me acceptum, ore comeditis, et in ventrem traciitis, ut inde vita vestra sustentetur, et ad opera valeat – ita animo credatis *corpus meum pro vobis tradi* [1Cor 11,24], ut hinc fiducia vobis in Deum alatur et corroboretur", et caetera. "*Corpus Domini* [1Cor 11,29] (dico) traditum pro vita nostra in mortem", non 'symbolum eius'. "*Panem* (autem dico) esse huius corporis symbolum", et id non in mortem, sed ad edendum corpore traditum, eoque moneri nos, sicut panis sustentat et roborat vitam praesentem corporis, ita corpus Domini vitam roborare sempiternam *hominis novi* [Eph 4,24], et totius.

An vero non digna illa episcopo synceritas, transilire distinctionem[80] quae est post illa, "nam dabitur (scilicet) *corpus meum* pro vita vestra in mortem", et subiicere quod ad sequentem periodum pertinet, sicque truncare orationem ut videar dicere 'symbolum corporis Domini', non ipsum *Domini corpus* 'pro vita nostra traditum in mortem'? Quo istuc nomine facinus insigniemus? Eant nunc monarchae, et talibus episcopis fidem habeant, non iam contra nos, sed omnem ecclesiam Christi.

<CHRISTUS DOCET UBIQUE FIDEM IN SE> Deinceps cum scribo [81]"Christum sui similem ubique docuisse, nos credendo in ipsum habere vitam

---

[i] traditur, also Ceneau. – [j] caetera. – [k-k] mortem, symbolum, BSyn 2.

[76] Not in fact *expressis verbis*, more by implication.

[77] *Axioma,* 19r (*e*, but tendentious *a*). Ceneau initially quoted Bucer correctly. It is Ceneau's subsequent (mis)interpretation which Bucer reproduces (my italics) to manufacture a misquotation, viz., "Quis ita exponeret unquam: *hoc est corpus meum, id est, hoc est symbolum corporis mei?*", *loc. cit.*

[78] *Loc. cit.*

[79] BSyn 2, 330B; BEv, 189B; *Lang,* 435.

[80] That is, the distinction between the symbol, bread and Christ's body. Cf. Lardet, 'La rhétorique', 56.

aeternam", hic [82]'turpiter erro et falsum assumo'. [83]"Quorsum (inquit) illa verba Christi? *Ibunt, qui* [H6r] bona *egerunt, in* 'vitam aeternam' [Io 5,29] et[m]: *reddet unicuique secundum opera sua* [Mt 16,27]? Et si fides sufficiat, vanum fore illud: *Maius horum charitas* [1Cor 13,13]" – delectatur enim vulgata editione[84], [85]glandibus scilicet, repertis frugibus[85]. "Denique (ait) facillimum sibi esse sexcentis locis scripturae, me mendacem ostendere"[82]. At Dominus Iesus ipse dixit: *Haec est voluntas eius qui misit me, ut omnis qui videt filium, et credit in eum, habeat vitam aeternam* [Io 6,40]. Iam quis inficiabitur Dominum nostrum omnia sua dicta et facta huc retulisse, [86]ut *vitam aeternam* habeamus, idque credendo in ipsum? *Hoc enim opus Dei* [Io 6,29][86].

Et 'fides sola' illa edit opera, pro quibus merces vitae redditur, solaque ex se dilectionem gignit, igitur omnino sola sufficit. Nam si fides adest, nihil deerit omnium, quae ad salutem quovis modo facere possunt. Sicut ergo in fide vera, et spes et dilectio et omnia quae hic expetas, insunt, ita profecto nihil potuit Dominus aliud docere, quam credere in se, et in hoc ipso esse *vitam aeternam* [Io 6,29,40].

Augustinus <IN IOAN. TRACT[ATUS] 29,[6]>[87]: "Quid est ergo credere in eum? Credendo amare, credendo diligere, credendo in eum ire, et eius membris incorporari". *Charitas* eo ut placet Augusti[no][88] et Chry[sostomo][89] fide, et spe *maior est*, quia haec sola *permanet* [1Cor 13,8,13]. Sed de his superius[90].

Sub haec infero ego[91]: "Ergo panem ore et corporaliter, corpus vero° suum, [n]animo et[n] spiritualiter manducandum, hic° praebuit". Istuc scribit hic episcopus me inaniter [92]"colligere quae nulla praecedente probatione

---

[81] *Loc. cit.* (*a*). Full *e* in *Axioma*, 20r.

[l-l] Ceneau: resurrectionem vitae. – [m] Ceneau: Quorsum et illud. – [n-n] *omit.* – ° *omit.*

[82] *Axioma*, 20v (*ep*).

[83-82] Ceneau extracts: *loc. cit.,* 20r-v.

[84] That is, a Vulgate textual tradition which prefers *horum* to *his* (as in later Clementine edn.), cf. *Biblia Sacra* (ed. Weber) 2, 1784, v. 13 variant.

[85-85] That is, love is included in and is the fruit of faith, just as all nuts are contained within acorns. Cf. "Glandis appellatione omnis fructus continetur", *Digesta* 50, 16, 236. Therefore, just as no acorn, no fruit, so no faith, no love. Cf. Luther, *De libertate christiana*, WA 7, 53,61; Melanchthon, *Loc. com., CR* 21, 222f.; Oecolampadius, *In ep. Ioan. demegoriae,* 12, f. 54r–v.

[86-86] Ap: BJoh, BOL 2, 236 (*i*).

[87] Ap: *op. cit.*, MPL 35, 1631; CCL 36, 287,39-41 (*re*).

[88] Ap: *Sermo* 108, 3, MPL 39, 1960 (*ri*).

[89] Ap: *Hom.* 34, *In epist. ad Corinthios*, MPG 61, 289 (*ri*).

[90] Cf. Pt. I, cc. 6 & 7 above.

[91] BSyn 2, 330B; BEv 1530, 189B; *Lang*, 435 (*e*). Quoted in *Axioma*, 20v.

[92] *Ibid*, 20v (slight *a*).

seminarim". Imo [93]*"seminarim ventum, et messurus sim turbinem"* [Os 8,7].

[H6v] Eo autem cum vides, christiane lector, agnoscere epsicopum, me hic id inferre quod verum est, et fateri verum Domini corpus vere nobis in coena exhiberi, habes unde statuas de eius synceritate, qui mihi diversum sententiae et fidei meae tam impudenter ubique tribuit. An autem quod hic recte confiteor, ex certa ratione colligam, tu iudica.

Ratio mea huiusmodi est: Christus ubique docuit et fecit, quae suis adferunt salutem, ergo et in coena, cum tradidit suum corpus edendum. Iam salus omnis *communione* constat *corporis Christi* [1Cor 10,16], hoc est, eius manducatione spirituali. Ergo dedit in coena corpus suum manducandum spiritualiter.

Sed contendit episcopus etiam ore corpus Christi manducasse, [94]quia "scriptum est: *Biberunt ex eo omnes*" [Mt 26,27; Mc 14,23]. Supra diximus propter [95]"sacramentalem unionem" tribui corpori Domini, quod sit symbolo eius, pani, eo quod per panem hic corpus Domini exhibeatur. Porro fateris, o episcope, [96]"non esse corpus Domini in sacramento modo corporali, [p] sed modum tenere spiritualem, quo scilicet, vel anima est in corpore vel angelus in loco". [97]"De qua re (scribit) se plura disserturum mecum, si philosophiae vel prima tenerem elementa; nunc[q], frustra [98]'surdo cantaturum'". Sed iam est corpus Domini in eucharistia, "non corporali, sed spirituali modo, ut anima in corpore, vel angelus in loco"[97], qui poterit os corporis nostri il–[H7r]lud attingere, nedum 'manducare'? – si loquamur proprie.

<CUR NON CREDITUR TRANSSUBSTANTIATIO> Praeterea poscit me [99]"vel minutulam rationem" huius quod dicimus – "panem" in eucharistia "subesse" [100]. Dabo ergo: Dominus vocavit *"panem"* [Mt 26,26; Mc 14,22; Lc 22,19], nec est necessarium ut desierit esse panis ex eo, quod simul dixit 'hoc suum esse corpus' (sicut non est necesse quod aqua baptismatis

---

[p] Ceneau: + seu quantitativo, neque enim more corporis extenditur. – [q] Ceneau: verum

[93] *Ibid.*, 21r (*t*).

[94] *Ibid*, 20v (*p*, part *e*).

[95] Cf. Pt II, c 1 to nn. 16 & 22; Pt II, c 2, to n. 21.

[96] *Axioma*, 21r.

[97-97] *Loc. cit.* Cf. Wanegffelen, 'Un Sorbonniste', 34.

[98] > Vergil, *Bucolica (Eclogae)* 10, 8; Propertius 4(5), 8, 47.

[99] *Axioma*, 21r (*ea*).

[100] That is, bread which has not undergone any form of mutation: "Contendunt realiter in panem Christi corpus per verba Christi ... transpositum ... Cum ergo fateri necesse sit, panem post haec verba Christi, pane mansisse ... confitendum pariter est, Christum in caena ex pane non (ef)fecisse suum corpus corporaliter", BSyn 2, 331B; BEv 1530, 189D–190A; *Lang*, 436. Thereafter: the external man receives bread, whereas the internal man feeds spiritually on the body of Christ by faith.

mutetur in Spiritum, eo quod [101]baptisma dicitur, et est *lavacrum regenerationis et innovationis Spiritus* [Tit 3,5][101]). Paulus quoque perpetuo *"panem"* dicit – addit quidem *"Domini"* [1Cor 11,27], sed id non tollit esse panem. Patres omnes ingenue panem et vinum in coena agnoscunt. Mutationem[102] enim, quam dicunt hic fieri, in hoc ponunt, [103]quod eo iam nobis verum Domini corpus offertur et exhibetur, quod antea nihil quam panis erat[103].

Hae sunt rationes, cur panem et vinum in coena manere credimus, et "transsubstantiationem"[104] vestram, quam nulla omnino ratione quae scripturis nitatur, adseritis, non credimus[105]. Etenim haudquaquam ideo panem idipsum esse oportet quod *Domini corpus* [1Cor 11,27], si panis hic maneat, quia dixit Dominus porrecto pane, *hoc est corpus meum*, quae tamen scholae hic summa ratio est. De circumcisione enim, qua gratia tradebatur foederis benevolentiae divinae, dictum est, *hoc est foedus meum* [Gen 17,10], nec tamen erat necesse mutari substantiam circumcisionis[106].

In omnibus iis locutionibus, quibus per symbola aliquid tradimus, solemus animo et verbis iuxta complecti, et [H7v] quo tradimus, sed hanc praecipue. Ita [107]cum eo quod Dominus adflans discipulos dicebat: *"accipite Spiritum sanctum"* [Io 20,22], aequipollet[108] dicere: 'accipite, hoc est Spiritus sanctus'[107]. Et si his verbis Dominus usus fuisset, haud oportuisset tamen substantiam halitus transmutari in Spiritum.

[101–101] Ap: Oecolampadius, *De genuina expositione*, B8v f. (*ti*). Cf. *Apologia*, 12r (*ti*); ACT, to a 18, BDS 3, 281,33 (*t,*there: analogy of communicatio idiomatum); *Vergriff seiner Handlung* [Cassel talks], BDS 6/1, 71,8-13 (*ti*).

[102] See ConfCA, to a 10, CCath 33, 100,16 / 101,12 (there: "verwandeln" / "mutare"). Cf. ACT, to a 18, BDS 3, 282,9-13 (no "verenderung"); *Retractationes Deutsch*, BDS 6/1, 388,1-2 (mutation a "nichtige fantasy"),

[103–103] Cf. Eck, *Enchiridion*, c 36, CCath 34, 374.

[104] See to nn. 50 & 53 above. Cf. Altenstaig, *Vocabularius*, s.v. 'Transubstantiatio' (largely > Biel, *Canonis missae exp.*); Fisher, *De veritate* 1, c 4, in *Opera*, 766ff.; Schatzgeyer, *Tractatus de missa* I, CCath 37, 163-165; Eck, *Enchiridion*, c 36, CCath 34, 369-375. Further examples, see Laemmer, *Vortrident.- katholische Theologie*, 236-242. Ceneau often speaks of "transpositio", cf. *Axioma*, 23r, as does Bucer, cf. BSyn 2, 331A-B; BEv 1530, 189C; *Lang*, 436.

[105] > Luther, *De babylonica captivitate*, WA 6, 509,8-21. Cf. Melanchthon, *Iudicium*, 25th June 1530, CR 2, 224 (there: "Transubstantiationem negamus").

[106] Ap: BSyn 2, 334A-B; BEv 1530, 190; *Lang*, 441 (*t,i* implicite). Cf. *Apologia,*28v, 29v, 32v, where Bucer maintains this analogy adv: Brenz, *Syngramma,* BrWF (1), 250,1ff.; 'Abendmahlsgutachten bis zum Augsburger Reichstag (1530)', no. 2: *Ad Jacobum Otterum*, BDS 3, 415,17f.; 417,28f.; no 3: *Instructio ad Wittenbergenses*, *ibid.*, 424,26-27; no. 5: *Gutachten über die Schwabacher Artikel*, *ibid.*, 442,14f.; BEv 1536, Retractationes, 487 ad. fin. (Ger.: BDS 6/1, 347,6f.).

[107–107] Ap: *Underricht deß Sacraments halb vnd der vier stett Confession*, BDS 3, 396,1f.; *Pollet* 2, 59,10f. (*ti,* there: eucharistic parallel). Similarly: *Underricht ... und Bekantnüs auff dem tag zu Schweinfurt*, *Pollet* 1, 76,17f.; *Bericht*, BDS 5, 159,25-30; *An die fratres zubringen*, BDS 6/1, 165,9-10; BEv 1536, Retractationes, 488 ad fin. (Ger.: BDS 6/1, 357,5-10; 379,23f.).

[108] "It is equivalent to", cf. Hoven, *Lexique*, 113.

<QUID IMPII IN COENA> Venit tandem episcopus ad illum locum ubi, ex eo quod Dominus ipse testatur, *eum qui suam carnem manducat, habere vitam aeternam* [Io 6,54], colligo, [109]panem non posse esse id quod *corpus Domini* – multos enim impios edere panem Domini, qui tamen *vitam aeternam* non percipiant. Hic mihi obiicit Paulum. Cum enim is scribat, ex *pane Domini manducantes indigne, reos* fieri *corporis Domini* [1Cor 11,27[110]], contendit episcopus [111]apostolum affirmare, edi corpus Domini ab indignis, et ideo in *iudicium* [1Cor, 11,29][111].

Respondeo primum: Haec consecutio firma non est: manducans *panem Domini indigne, sit reus corporis Domini* [1Cor 11,27]; ergo hic panis est idem quod *corpus Domini*. Nam et qui sacramentum corporis indigne sumit, fit ea manducatione *reus corporis Domini*, etiam si panis non sit id quod *corpus Domini*. Qui contemnit *unum ex minimis* Domini, *Ipsum* contemnit [Mt 25,40], et tamen minimus ille tantum pertinet ad Dominum, non est idem quod Dominus[112].

[113]Deinde, quum expendere lubet, quales divus Paulus agnoscat illos Corinthios quos hic corripit, fatendum est, eos ipsi habitos inter *membra*

---

[109] Cf. BSyn 2, 330B–331A; BEv 1530, 189; *Lang*, 435-6. For similar formulations, see inter al. *Apologia*, 14r-v, 17v–18r, 20r–21r; BJoh 1528, 1530, BOL 2, 262-273 (mostly deleted in BEv 1536); *Responsum ad B. Wolfhardii epistolam*, § 36, *Pollet* 1, 117,23–118,22. The particular Bucer passages in BSyn arguing for a single (spiritual) manducation only are quoted by Ceneau: "Unde si manducari possit ore [oratio!] Christus, ut poterit, si realiter in pane quem aeque edit, impius et pius, manducabitur Christus sine fructu, [...] id quod ex Paulo probatur – id vero verbo eius pugnat, quo [qui!] affirmat vitam aeternam habere, qui se manducarit, [Johannes 6,[54]]. Ergo non est nisi una Christi manducatio affirmanda, quaeque solis discipulis competat – ut solis sane credentibus haec conveniunt: *quod traditur pro vobis* [1Cor 11,24] *qui effundetur pro vobis in remissionem peccatorum* [*vestrorum*] [Mt 26,28; Lc 22,21]". *Axioma*, 21r-v, > BSyn 2, 331A; *Lang*, 435-436. On Bucer's use of John 6 in the sacramental context, cf. Krüger, *Bucer und Erasmus*, 206ff.; Hazlett, 'Zur Auslegung'; Hammann, 'Zwischen Luther und Zwingli'.
[110] Ap: 'Abendmahlsgutachten', no. 2: *Ad J. Otterum*, BDS 3, 418,6 (*ti*). Cf. ditto, no. 5: *Gutachten über die Schwabacher Artikel, ibid.*, 468,3-4; BSyn 2, 338B; BEv 1530, 191; *Lang*, 444; BJoh 1528, 1530, BOL 2, 271 at n. 268, 273.
[111-111] In extenso: "Cum Paulo fatemur, Christum ore manducari posse ab impio, et sine fructu ... Vel nega Paulum, vel duplicem dic manducandi rationem ... Vis inferre, quod soli pii manducent, et quod Christus traditur pro piis tantum – et sanguis eius effusus sit, non nisi pro iustis ... Intelligeres Christum passum pro iustis, quo ad efficatiam, pro omnibus vero etiam iniustis, quo ad sufficientiam ... Sicque eo usque perduceris, ut iuxta tuam sententiam, non possit Christus, nisi fide, et charitate manducari. Nos vero, sententiae Pauli inhaerentes, profitemur ingenue, etiam indigne posse corpus Christi recipi a peccatore, non tamen sine gravi recipitur incommodo, et iactura ... Quod si nobiscum sentires, corpus Christi adesse, facile tibi esset, cum Paulo fateri, Christum utroque modo recipi posse, et digne ex gratia, et indigne ex culpa." *Axioma*, 21v–23r.
[112] On this analogy as revealing Bucer's Realist background in logic, see Backus, 'Théorie logique', 39.
[113-113] Here Bucer sketches his notion of unworthy eating by believers, anticipating the threefold distinction between worthy, unworthy, and godless eating, which was to facilitate concord with the Lutherans. Previously he tended to think antithetically: "pius vel impius", faith / no faith,

Christi [1Cor 6,15], et qui fidem haberent. [H8r] Nam vocat eos *fratres* [1Cor 11,33] – et *iudicium* [1Cor 11,29], in quod inciderant ob admissam socordiam et indignitatem, et a iudicio mundi separat, et sibi commune facit. *"Dum iudicamur* (inquit) *a Domino corripimur, ne cum mundo condemnur"* [1Cor 11,32]. Proinde hi Corinthii, et si adeo indigne manducassent, ut id sibi iudicii accersissent, quod *multi apud eos aegrotarent* [1Cor 11,30], ac cum fide (quanquam non satis attenta), coena adessent, Dominum manducabant, et ad salutem. Idque iudicium in quod inciderunt ob indignitatem suam, temporarium fuit, et indulgentiae paternae, ut quo ideo corripiebantur, ne cum reliquo mundo condemnarentur. Et quis est, qui gloriari possit se edere satis digne et sine aliquo iudicii reatu?[113]

In sacra coena summum Dei beneficium nobis exhibetur, summa itaque hic religio, summa gratitudo, et totius hominis in voluntatem Dei consecratio requiritur. Atqui cum Dominus istuc [114]sacramentum, ad id praecipue nobis commendarit, ut *fidem* in *redemptionem suam* [Rm 3,24-5] in nobis provehat, in hoc ipsum accedimus, ut fide firmatiores, aliquando edamus digne[114], omnemque ingratitudinis reatum, quem cum huius, tum aliorum *donorum Dei* [Rm 11,29] non satis digno usu contrahimus, aboleamus. Sola siquidem *fide* in mortem Domini Iesu, *corda nostra* peccatis *purgantur* [Act 15,9]. Haec autem si uspiam alibi, hic certe instaurari solet, ubi scilicet *mors Domini* sic magnifice *praedicatur* [1Cor 11,26], et ipse se nobis tam benigne impertit *cibum vitae aeternae* [Io 6,54-5]. [H8v] [115]*Gratia* enim *Christi*[115] [cf. Rm 16,20], quia hic quaeritur, invenitur.

---

reception / no reception of Christ's body, so that 'impius' and 'indignus' were effectively synonyms, see BJoh 1528, 1530, BOL 2, 264, 267 and cf. Zwingli, *De vera et falsa religione*, CR 90, 802. The paradigm of threefold eating is first explicitly expressed by Bucer at Augsburg in a letter to Chancellor Brück in August 1530, in *Walch* 17, 1989; he cites as precedent [P s.-] Bernard, *Sermo de excellentia SS. Sacramenti*, 14-15, MPL 184, 989-90, > Oecolampadius, *Quid de eucharistia veteres*, I8r-v. Cf. *Bekentnus der Theologen zu Augspurgk*, Pollet 1, 135,3-17; *Ein Bericht, was zu Franckfort a. M. gelehrt*, BDS 4, 498,32–499,4; *An die fratres zubringen*, BDS 6/1, 151,19–153,4; *Ermahnung/Explicatio*, BDS 6/1, 194,1-12; 195,6–197,7. See Lang, *Evangelienkommentar*, 245-249, 256-258; 370; Köhler, *Zwingli und Luther* 2, 329 ff.; Bizer, *Studien*, 96ff., 122-130; Hazlett, *The Development*, 313-315; 343-4; 393ff. and Notes, p. 81, n. 23; Hammann, *Martin Bucer. Zwischen Volkskirche*, 183-4; Friedrich, *Fanatiker*, 55-56, 96, 99.

[114-114] See Hammann, *ibid.*, 345-346 (the nature of Bucer's concept of sacrament as a 'means of grace', cf. end of paragraph in Bucer text here: "Gratia ... hic ... invenitur"). Cf. *Apologia*, 12v (sacrament does not boost faith); BJoh 1528, 1530, BOL 2, 268, 270 (sacraments are not "causae gratiae instrumentales"); *Bericht*, BDS 5, 166,15-33 (sacrament not a means of grace "fur sich selb"). See Hazlett, *The Development*, 378-9; id., 'Eucharistic communion', 76; Stephens, *The Holy Spirit*, 177ff. (sacrament as a means of grace is qualified and conditional).

[115-115] > Jerome, *Ep.* 69,1; not a widely attested expression as such.

Nihil igitur hic quod pugnet cum verbis Pauli – nam et ipse nullam aliam Domini manducationem agnoscit, quam verum, quam ea, quae semper salvifica est, quantum quidem Domini manducatio est, et si eadem interdum ex accedente indignitate simul iudicium aliquod accersat. Certo ex eo quod Apostolus in hac epistola [1Cor] 10,[16ff] de hoc sacramento memorat, abunde liquet, hanc illi solam esse veram Domini manducationem quae fide constat – nam his illam addicit[116]: [117]'qui sunt *corpus* Domini' [1Cor 12,27].

Sed quid opus verbis? Domini oratio haec – *Si quis manducat carnem meam* [...] *habet vitam aeternam*, idem valet, atque *quicunque carnem meam* vere edunt, vivent aeternum [Io 6,54]. Ergo carnem Domini vere non edunt qui huius vitae expertes sunt. <CORPUS CHRISTI EDERE REVERA, ET SACRAMENTOTENUS[118]> Divus Augustinus, lib[ro] De civitate Dei 21, cap[ite] 25[r], sub finem, ita scribit[119]: "Denique ipse dicens: *Qui manducat meam carnem, et bibit sanguinem meum, in me manet, et ego in eo* [Io 6,56], ostendit, quid sit non sacramentotenus [tantum] et revera corpus Christi manducare, et eius sanguinem bibere – hoc est enim, in Christo manere, ut in illo maneat et Christus. Sic enim hoc dixit, tanquam diceret: 'Qui non in me manet, et in quo ego non maneo, non se dicat aut estimet, manducare corpus meum, aut bibere sanguinem meum'. Non itaque manent in Christo qui non sunt *membra eius* [1Cor 6,15]", et caetera. Haec ille. Sic vero ut divus Augustinus de manducatione Christi hic [I1r] docet, et nos credimus et docemus.

Scimus *dona Dei* [Rm 11,29] ab ipsius benevolentia, non nostro merito pendere, eaque praesto esse, quibuscumque ipse illa promiserit. Atqui discipulis suis Dominum promisisse, et dedisse suum corpus, Evangelistae testantur – et illis discipulis quibus et haec dixit: *Quod traditur pro vobis* [1Cor 11,24]. *Effunditur pro vobis* [Lc 22,20] *in remissionem peccatorum* [Mt 26,28]. Iudam divus Hilarius putat [120]institutioni eucharistiae non

---

[r] 15

[116] 'Adjudge'.

[117] Ap: *Bericht*, BDS 5, 245,5-14 (*ti*, there, cites Augustine, *Sermo* 272, *Ad infantes*, MPL 38, 1247). Cf. *Kurtze schriftliche erklärung*, BDS 6/3, 70,10-12; 82,35–83,3 (*ti*); *Wittenberg Concord* Ger., BDS 6/1, 125,6-11 (*i*). See Hammann, *Martin Bucer. Zwischen Volkskirche*, 87, 161-162, 187-191 (sacrament as ecclesial focus of Christ's body).

[118] 'Sacramentally'.

[119] MPL 41, 742. CCL 48, 795,78–796,85. Ap: *Bekentnus der Theologen zu Augspurgk, Pollet* 1, 134,7-17 (*tre*). Cf. Thomas Aquinas, *In Ioh.*, to Io 6,57; BJoh, BOL 2, 273; *Bericht*, BDS 5, 245,19-33 (envisages the "godless"); *An die fratres zubringen*, BDS 6/1, 168,6-8 (*tri*); *Zwischen frommen verstendigen lüten*, BDS 6/1, 254,32–255,2 (envisages the "unworthy").

[120] *In evang. Matth.*, 30,2, MPL 9, 1065. Ap: Zwingli, *De vera et falsa religione*, ZW 3, 813,23-4 (*i*). Cf. BSyn 2, 327B–328B; BEv 1530, 188B-D; *Ermahnung / Explicatio*, BDS 6/1, 188,8 (Judas' presence affirmed)

adfuisse, – Augustinus, [121]"cum caeteri apostoli *panem Domini* [1Cor 11,27], illum manducasse panem contra Dominum". Deinde nec sensus nec ratio ad Christi corpus pertingit, et impii nihil habent fidei, nec possunt *percipere quae sunt Spiritus Dei*, I Corinthios 2,[14].

Quid igitur dicemus, illos in sacra coena percipere aliud quam [122]sacramentum tantae rei, rem sacramenti[122] minime? De iis loquor impiis, qui prorsus Domino nihil credunt[123]. Verbo enim ista[124] adferuntur, et Verbum fidem poscit [cf. Rm 10,17]. Perstamus igitur in sententia Augustini, qui praeterea in libro Sententiarum Prosperi haec scribit[125]: "Escam vitae accepit, aeternitatis poculum bibit, *qui in* Christo *manet*, et cuius Christus habitator est. Nam qui discordat a Christo, nec *carnem* Christi *manducat*, nec *sanguinem bibit* [Io 6,56], etiam si tantae rei sacramentum ad iudicium suae praesumptionis quotidie indifferenter accipiat," et caetera.

Quod enim apud patres subinde legimus, tantundem dari impiis, quantum piis, id in eo [I1v] intelligimus verum, quia eis per ministrum tantundem offertur. Cum autem scribunt diserte impios etiam *Domini corpus* [1Cor 11,27] percipere et edere, intelligimus id, ut divus Augustinus scripsit[126]: "sacramentotenus, non autem revera". "[Non] revera" enim, ut idem de Iuda scribit [127]edunt "*panem Domini* [1Cor 11, 27] contra Dominum".

Porro dum illud, Dominum in coena sui veram et salvificam manducationem instituisse, quae tantum credentium, ex eo probo, quod dixit: *Quod traditur pro vobis* [1Cor 11,24], *fundetur pro vobis* [Lc 22,20] et *pro multis in remissionem peccatorum* [Mt 26,28], item, *novi testamenti* [Mc 14,24] – vehementer et totus iratus insurgit in me episcopus [128]"theologorum ut qui elementa ignorem", docetque [129]me quod pridem

---

[121] *In Ioh. evang. tract.* 59, MPL 35, 1796. CCL 36, 476,26-7. Ap: CT, orig. a (18) Ger., BDS 3, 130,12-14 (*tre*).

[122-122] Distinction between 'sacrament' and the 'reality of the sacrament', ap: CT, orig. a (18) Ger., BDS 3, 132,6-7 (*i*, there, same contrast in context of general reference to Thomas, the Scholastics, and the Fathers), > Thomas, *S th* 3a, q 63, a 6, sed co 3; q 73, a 3, resp ('sacramentum' / 'res sacramenti'), & Augustine, *In Ioh. evang. tract.* 26, 11, MPL 35, 1011; CCL 36, 265,19-20 ('sacramentum' / 'virtus sacramenti'). Cf. *Ermahnung/Explicatio*, BDS 6/1, 182,2-3; 192,5; ditto, *Resumée, ibid.*, 202,14. See also the Augustine quotation at n. 125 below.

[123] That is, the 'godless'.

[124] That is, "ea quae sunt Spiritus Dei" and "dona Dei", see previous para. Cf. Brenz: "Verbum fidei objectum est, verbum fidei obfert, quicquid adcipit aut credit", *Syngramma*, BWFr 1, 259,27-28.

[125] *Prosperi Aquitani sententiarum ex operibus S. Augustini delibatarum unus liber,* no. 453. MPL 51, 481.

[126] See to n. 119. Cf. *Bericht*, c 24, BDS 5, 248,4-7 (*t*).

[127] See to n. 121.

[128] *Axioma*, 22r. Cf. Wanegffelen, 'Un Sorbonniste', 34.

[129] *Axioma*, 22r-v. See also n. 110. Ceneau adheres to a "duplex manducatio", in the sense of both worthy and unworthy eating of Christ's body. For allusions in Bucer's BSyn eucharistic

apud Thomas Aquinatem didiceram [130]'passum Dominum pro omnibus sufficienter, pro electis efficaciter'.

Sed quis non videat me loqui hic de fructu passionis, qui ad solos electos pervenit, quia de remissione peccatorum, et consortio novi testamenti. His iam cum Dominus nominatim corpus et sanguinem hic praebuit, quid quaeso peccamus, cum his solis hunc cibum et totum addicimus, utcumque sacramenta promiscue boni et mali sumant? In eo enim, "a sententia Pauli" non "recedo"[131], fateor namque cum sacramentum tum etiam rem sacramenti indigne percipi, et in utroque reatum contrahi corporis et sanguinis Domini. Iuxta tamen id semper verum est, quicumque carnem et [I2r] sanguinem Domini revera edit, eum aeternum victurum in Christo, et Christum in eo [cf. Io 6, 54,56].

<AN CORPORALIS FACTA SIT IN EUCHARISTIA MUTATIO> Post haec exagitare incipit rationem, quam adduxi contra eam sententiam quae adfirmat [132]panem id ipsum fieri, quod Domini corpus, aut in panem naturaliter et localiter transponi, atque includi. Tametsi enim episcopus ipse quoque eam sententiam quam ista mea ratione oppugno, damnet[133], rationem tamen putavit suis pervertendam esse calumniis, ut rursus materiam sibi pararet pro decoro episcopali scurrandi. Ratio ista sic habet: Quaecunque scripturae memorant Dominum edidisse miracula, sive corporalia, sive spiritualia, utraque quod erant, suis certis proprietatibus extiterunt, et id esse apparuerunt; ut si quem corpore sanum reddidit, id ita clare extitit et solide cognitum est. Si quos animo ad se convertit, id quoque in eis verae pietatis fructibus proditum est.

Sic cum omnia Dei opera habeant, quae quidem scriptura memorat, causam esse, ut quod id in eucharistia gessit, sic quoque habuisse censeam. Cum igitur nullo evidenti argumento ulla corporalis illic mutatio prodita sit – nec extet scriptura, quae id testetur, non esse causam ut corporalis hic

---

exposition to the fruit of Christ's work of atonement being limited to the elect, see 331B, 334B; BEv 1530, 189, 190; *Lang*, 436, 440.

[130] Ap: *S th* 3a, q 79, a 7, resp ad 2um (*rp*, but there: "electi" not used, rather those who "passioni Christi conjunguntur per fidem et caritatem", and "membra Christi").

[131] *Axioma*, 22v.

[132] "Sunt quidam magni, ut multis habentur, utinam non etiam sibi, qui quidem agnoscunt, verum panem a discipulis comesum [verumque vinum bibitum, coacti scilicet verbis Domini et Pauli], sed contendunt realiter tamen in panem Christi corpus [per verba ista Domini, *hoc est corpus meum*] transpositum etc. et vinum in sanguinem. Hi primum, a verbis Domini recedunt, quod nusquam non impingunt aliis". *Ibid.*, 23r, > BSyn 2, 331A; BEv 1530, 189C; *Lang*, 436 (*a*). The original context of this was the controversy over Bucer's Latin translation of volume 4 of Luther's *Postils*, his accompanying preface and insertions etc. See Lang, *Evangelienkommentar*, 13, 242; Hazlett, *The Development*, 145f., 154ff.; Kaufmann, *Abendmahlstheologie*, 366ff.

[133] "Ait [sc. Luther] enim, panem esse corpus Christi, nos autem negamus. Delyrat enim in hac parte Lutherus, addens ultra verbum Christi, qui ait, *Hoc est corpus meum*. Non dixit: 'hic panis est corpus meum' ... negamus [Christum] impanatum", *Axioma*, 29v, 31r.

facta mutatio creditur. Hic mihi[134] obiicit: [135]'Aquam mutari in aerem, non servata eadem quantitate et figura, Hevam ex costae Adae factam [cf. Gen 2,22], versam virgam *in colubrum* [Ex 4,2-3]; [136]Christum incarnatum [cf. Io 1,14] ignem in sua sphera, ter-[I2v]ram in centro, aquam in abysso; [137]nullum elementum purum, si extet, videri posse[s].' Quid vero ista "ad rhombum"? Non apparet aerem esse, qui ex aqua existit? Heva quid aliud quam mulier videbatur? Ita quid aliud quam coluber, in quem versa virga est? Et *Deus manifestatus est in carne* [1Tim 3,16] adeo, ut discipuli glorientur se eum oculis suis vidisse et perspexisse, et manibus suis contrectavisse. Deinde non dico [138]'omnia opera Dei esse visibilia', sed [139]"vera" ac solida, et apparere quaeque id esse, quod facta sunt, si [140]corporalia corporalia, si spiritualia spiritualia[140] [139]. Sic arbitror ignis apparet ignis esse, ita terra, aqua et omnia, sed praesentibus.

Iam ubi hoc pacto apparet panis id factus corporaliter, quod corpus Domini? Non postulo ut Christus nihil faciat me inconsulto, sed id debeo credere eum facere, quod se facere suo ipse Verbo testatur, non quod fingit Sorbona. Sed nos [141]"stupidi"[t] sumus, [142]"elementa philosophiae" ne attigimus quidem, [143]"caeci" et [144]"ridendi" sumus. Pudet te nostri, qui totus

---

[s] *omit.* – [t] stupor

[134] Bucer had written (with Luther in mind): "Hi primum, a verbis Domini, recedunt, quod nusquam non impingunt, aliis. Neque enim dixit Dominus 'in hoc', sed *hoc est corpus meum*. Et non fuit panis id quod corpus Christi realiter et corporaliter. Alioqui panis quantitatem quoque et figuram corporis Christi iam habuisset, non minus quam aqua, facta vinum, non aquae, sed vini proprietatem habebat. Sunt namque *opera Domini vera*, et suas proprietates plenissime habentia." BSyn 2, 331A; BEv 1530, 189C; *Lang,* 436. Ceneau reproduces the passage, *Axioma*, 24r.

[135] *Ibid.*, 24v (*pa*).

[136] *Ibid.*, 25v (*pa*).

[137] *Ibid.*, 26v (*pa*).

[138] *Ibid.*, 25r & 25v.

[139-139] The context of this in BSyn is as follows: "Iam in panem latenter et corporaliter tamen, illud transposuisse, affirmatur, ut dictum, sine Verbo – spiritaliter ergo panis a Christo datus discipulis, corpus eius fuit, et est hodie electis omnibus, hoc est, accipiente homine externo panem dominicum, spiritus et internus homo, vescitur corpore Christi per fidem. Hanc rationem, *omnia opera Domini vera*, eoque si corporalia sint, sic semper apparere, unde si hic Dominus ex pane suum corpus realiter et corporaliter fecisset, oportuisset ita apparere ... irridet [scil. Luther] me, atque adserit sic argumentatum: 'Quaedam miracula Domini sunt visibilia, ergo omnia', atque hinc concludi, Christum regnare, falsum esse, eo quod non sit miraculum visibile ... Argumentatio mea non est: 'Aliqua opera Domini ita sunt, ergo omnia. Sed omnia sic sunt, ergo et hoc' ... Deinde cum Dominus dicendo, *hoc est corpus meum*, nihil tale effecerit, concludo opus et miraculum hic corporale nullum fecisse, hoc est, panem non immutasse corporaliter", BSyn 2, 331B-C; BEv 1530, 189; *Lang,* 436-437.

[140-140] Ap: Brenz, *In Johannis Evangelion*, 121r (*i*, there: terminology).

[141] *Axioma*, 25r-v, 26r-v

[142] *Ibid*, 25v. Cf. 24v-25r (Bucer philosophically naïve). Cf. Wanegffelen, 'Un Sorbonniste', 34.

[143] *Ibid*, 25r.

[144] *Ibid*, 26r.

es philosophia, totus theologia. Sed crede mihi, haec qui legent desyderabunt in te [145]sensum communem[145]. Scribis enim [146]"me assumere inepte, colligere ineptius, suadere ineptissime". Nec potes satis ridere meam propositionem, ut quae [147]"ridenda, non refellenda sit", et ne tantillum quidem adfers ἐνστάσεως[148] in omnibus istis, quae tamen tanto supercilio ingeris, non aliter ac si ex diametro cum mea adsertione pugnarent.

[I3r] <CHRISTUS A PATRE NON DISCEDENS, PRAESTO EST OMNIBUS> Sed ne tantum nugeris, praedicas nobis [149]"Christum non discedentem a Patre posse pluribus locis assistere", de quo non est quaestio. Quis siquidem istuc non agnoscat, qui quidem Christianus sit? scilicet assistere eum omnibus qui ipsum ex animo invocant – spirituali tamen modo, ut fateris[150]. Hic iam sacramentum Christi geritur, res novi testamenti, res fidei et Spiritus, res coelorum – utcunque propterea quod mens nostra carni adhuc inhaeret, ad excitandos sensus nostros, corporalibus signis repraesentetur et exhibeatur. "Si incorporalis esses (inquit[151] Chrysostomus, loquens de sacra eucharistia et baptismate) nuda tibi et incorporea haec dona tradidisset – nunc cum anima corpori implicita est, tradidit tibi quae intellectu perceptibilia, τὰ νοητά, in rebus sensibilibus". Ad hunc modum de hac re loquitur et divus Dionysius in Ecclesiastica hierarchia[152].

Hinc divus Chrysostomus, De dignitate sacerdotali [3,4][153]: "Quando vides Dominum immolatum et sacerdotem sacrificio astantem, et apprecantem, omnesque precioso illo sanguine rubefieri, nunquid adhuc cum hominibus esse eum, putas, et super terram stare? An non potius mox in coelos transis, et abiiciens omnem carnalem animae cogitationem, nuda anima et pura mente ea quae in coelis sunt circumspicis?". Hinc et ecclesia canit "Sursum corda"[154]. Quare hic nihil de loci mutatione, nihil de

[145–145] > Cicero, De oratore 1, 3, 12, possibly via Quintilian, Institutiones 1, 2, 20
[146] Ibid, 26v.
[147] Ibid, 26r.
[148] ἐνστασις = 'an objection' in logic, directed not against an opponent's conclusion, but to the dependent proposition. Cf. Aristotle, Ars Rhetorica II, 25,1-7; Topica VIII, 2.
[149] Axioma, 24v.
[150] "Substantiae panis succedit sacrum corpus Christi, non iam amplius visibile. Prius enim quod corporale, posterius vero quod spirituale", ibid, 25r.
[151] In Matth., hom. 82 (83), 4 (to Mt 16,16), MPG 58, 743. Ap: Oecolampadius, Quid de eucharistia veteres, B5v, F6r, G7v (tre). Cf. Bericht, BDS 5, 244,7-8 (ir, part e); 250,19-23 (pr); Erlüterung der Wittembergischen Artickeln, BDS 6/1, 224,2-5). Cf. Hoffmann, Sententiae patrum, 63-64 (Oecolampadius' understanding of passage).
[152] De caelesti hierarchia 1, 3, MPG 3, 122-123. Ap: Oecolampadius, Quid de eucharistia veteres, F7v–8r (there: re). Cf. Bericht, BDS 5, 250,24 (ir).
[153] De sacerdotio, MPG 48, 642. Ap: Oecolampadius, Quid de eucharistia veteres, L7v (tre).
[154] > Sacramentarium Gelasianum 1, 40, MPL 74, 1100D. Cf. Jungmann, Missarum Sollemnia 1, 20. But see Oecolampadius, De genuina expositione, B4a, L1a (there: an impulse aided by sacramental symbolism).

descensu Domini vel ascensu cogitandum, et per–[I3v]placet exemplum de sole omnium oculis qui vident eum, praesente, deque voce quam simul plurimi percipiunt. Nec hic ergo habes, episcope, de quibus nos tam insane accuses.

<UT PROBET EPISCOPUS TRANSSUBSTANTIATIONEM> Accedit tandem ad probandum suam transsubstantiationem[155]. Eam vero sic confirmat[156]: "Omnia verba scripturae notant identitatem realem praedicati cum subiecto, nisi ex adiecto aliud concludatur". In hac oratione, *hoc est corpus meum*, [157]"nihil aut praecedit, aut sequitur quod figuram sonet. Imo sequens particula contrarium ostendit – *pro vobis tradetur* [1Cor 11,24]". Et paulo post[158]: "Rem oculis mihi subiecturus, profert tres illationes[159]. Prima est[160]: '[*Hoc est*] *corpus meum*, ergo hic panis corpus Christi'. Secunda est[u161]: '*Hoc est corpus meum*, ergo hoc est imago corporis mei'. Tertia est[162]: '*Hoc est corpus meum*, ergo hoc quod vobis praesento, et manducandum offero, re ipsa est corpus meum'". Et subiicit[163]: "Nisi stupidus sim [sc. Bucer], me videre tertiam sententiam in assumpta propositione inclusam, tanquam in osse medullam, in archa thesaurum, in vase liquorem". Sic rhetoricatur.

Sed quid hic, quod fidem arroget commento de transsubstantiatione? Non esse hic exhibitum inane signum forsan utcunque probaveris. De eo autem non est controversia. Et de eo quod hic demonstratur menti et principaliter, corpus Domini identice praedicatur. Est enim id ipsum Domini corpus. Id autem cum non minus per [I4r] panem, atque panis speciem dare Dominus potuit, quid evincet transsubtantiationem?

<TROPUS SYNECDOCHES[164] IN *HOC EST*> Ita non esse tropum in his verbis, *Hoc est corpus meum*, cum ea ad porrectum panem, atque inde per pronomen 'hoc' demonstrativum, Dominus dixerit, quo quaeso verum fiat? Certe qui haec verba simpliciter accipiat, nec ultra id quod dicitur intelligat, huic Dominus videbitur dixisse, id quod oculis demonstrabat et praebebat in manus, nempe panem, esse suum corpus.

---

[u] *omit.*

[155] A word rarely used by Ceneau, more usually 'conversio'.

[156] *Axioma*, 29v.

[157] *Ibid*, 30v.

[158] *Loc. cit.*

[159] (Wrong) 'inferences'.

[160] Thus Luther. Ceneau remarks: "negamus Christum impanatum", *Axioma*, 31r.

[161] Thus Oecolampadius and Zwingli, > Fisher, *De veritate* 2, 21-22, in *Opera* 883-886, cf. Zwingli, *Amica exegesis*, CR 92, 740-741, esp. 740,8.

[162] Thus Bucer, cf. BSyn 2, 331A-B; *Lang*, 437-8. 'Re ipsa' excludes any presence of Christ's body 'corporaliter' or 'realiter' in Bucer's thought at that time.

[163] *Axioma*, 31r.

[164] The figure of using a part for the whole, or the whole for a part, > Quintilian, *Institutio oratoria* VIII, 6, 19; Lausberg, *Handbuch*, §§ 572-577. Cf.Pt II, c 2, n. 22, and below, n. 167.

Porro quia non conveniebat panem id ipsum esse, quod Domini verum corpus, id scilicet, quod tradendum esset *in mortem* [2Cor 4,11], et alias Dominus fecisset *suam carnem vere cibum*, et *sanguinem suum vere potum* [Io 6,55], discipulis facile apparebat, Dominum hic plus velle intelligi quam verbis expresserat. Ut ergo in *"hoc est"* aliud intelligitur, quam dicta ad praebitum et demonstratum panem verba exprimunt, 'tropus'[165] est – cumque 'aliud ex alio'[166] intelligere oportet, nimirum ex oblato signo, corpus Domini, rem signi, 'synecdoche'[167] est. Ea siquidem[v] est, cum 'aliud ex alio' intelligitur.

Idem tropus est in verbis, *Accipite et manducate* [Mt 26,26], nam ex primo audito, cum ad oblatum panem dicuntur, significant accipiendum et edendum panem – verum ex adiunctis, et ipso etiam Domini usu, qui de manducatione carnis suae antea tam multis disseruerat [Io 6, 51-63][168], intelligitur accipiendum etiam et edendum Domini corpus.

Quia vero [I4v] <*ACCIPITE ET MANDUCATE:* SYNECDOCHE ET METAPHORA> id non potest edi proprie, ut scilicet cibus corporis, et significatur, ex *communione corporis* Domini [1Cor 10,16], id *novo* et toti *homini* praestatur, quantum attinet ad vitam spiritualem et aeternam, quod *veteri* et *externo homini* [Eph 2,15; 4,23-4; Col 3,10; 2Cor 4,16] praestatur, quantum attinet ad vitam praesentem per cibum corporis – simul est in his verbis [169]metaphora, translatio scilicet, propter similtudinem[169], quae est internae isti et coelesti acceptione et manducationi, cum acceptione et manducatione cibi corporalis.

<CORPUS ACCIPITUR SIMPLICITER> In dictione vero *"corpus"*, nullus tropus est. Dominus enim suum *"corpus"* dicit, et id ipsum offerebat, alia licet ratione recipiendum et edendum, quam recipiantur et edantur, quae

---

[v] sisiquidem

[165] Ap: Oecolampadius, *De genuina expositione*, A3b, B8a, K3a-b (*i*), thence 'Abendmahlsgutachten' 2: *Ad Jacobum Otterum*, BDS 3, 424,29-30. Cf. Zwingli, *Amica exegesis*, CR 92, 739,5ff.; *Daß diese Worte*, CR 92, 971,10ff. The dispute was not about whether or not there was a trope, rather what kind of trope.

[166] Ap: Quintilian, *Institutio oratoria* 8, 6, 22 (*ie*). Cf. Lardet, 'La rhétorique', 73, to n. 76 (there: critique of the sparseness of Bucer's definition).

[167] Ap: Luther, *Vom Abendmahl Christi*, WA 26, 444,1ff.(*i*); also in *Wider die himmlischen Propheten*, WA 18, 187,16f.; Marburg Colloquy, Hedio, *Itinerar*, BDS 4, 345,30–346,3. Cf. Bucer to M. Keller, April/May 1528, BCor 3, 136,38f.; *Vergleichung*, BDS 5, 247,9-16; 310,10-12; *Bekentnus der Theologen zu Augspurgk*, *Pollet* 1, 128,18-29; *Buceri sentencia*, BDS 6/1, 59,1-8; BEv 1536, 489-490; *Retractationes deutsch*, BDS 6/1, 380,6-11. Cf. Part II, c 2, to n. 22. For critique of Luther's understanding of the concept, see Hilgenfeld, *Elemente*, 357-358, n. 95. Cf. Kaufmann, *Abendmahlstheologie*, 430-431. On Bucer's employment of this trope for the process of accommodation with the Lutherans, see Lardet, 'La rhétorique', 62-71.

[168] Sacramental import of John 6 ap: BSyn 2 333B, 335B; *Lang*, 439, 441; BJoh 1528, 1530, BOL 2, 263-272, 281-283; *Lang* 446-463. Cf. ACT, to a 18, BDS 3, 283,6-9; *Bericht,* BDS 5, 248,20-27. Cf. n. 109 above.

[169-169] Ap: Quintilian, *Inst. oratoria* VIII, 6, 4 & 8 (*ip*). Cf. Lausberg, *Handbuch*, §§ 558-564.

sensibiliter, et modo huius saeculi offeruntur recipienda et edenda carni. Et hinc, quia haec acceptio et manducatio ipsius veri et unici corpus Domini est, et eius modi, ut ex hac, nos quoque *corpus eius, caro ex carne eius, os ex ossibus eius* [Eph 5,30[170]; cf. Gen 2,23], dici potest percipi hic corpus Domini, [171]essentialiter et substantialiter[171], modo simul exprimatur, quod ea manducatio non sit admodum huius vitae, et cibi corporalis, proprie nimirum si loqui oporteat.

<FRANGITUR METAPHORA> In verbo *"frangitur"* [1Cor 11,24 > ErNT], quo usus Paulus est, rursus metaphora est. Nam id idem valet, quod apud Lucam [22,19] verbum *"datur"*. Cum enim traditus *in mortem* Dominus est [2Cor 4,11], quasi fractus est [cf. 1Cor 11,24; Mt 26,26]. Ita liquet Dominum in his verbis suis usum esse tropis in *Accipite et manducate*, item in [I5r] *Hoc est* [Mt 26,26], synecdoche, qua 'aliud ex alio' intelligitur – cuius scilicet usu est in omnibus hisce locutionibus, quibus aliquid [172]invisibile per visibile signum[172] offerimus et tradimus, quod scilicet solemus iis traditionibus, quae nobis magni momenti.

Sic vates Achiah[173] per [174]partes decem scissi pallii tradebat tribus Israël [cf. 3Rg 11,30-31[175]], [176]qui circumcidebant, communicationem foederis Dei per circumcisionem [cf. Gn 17,10][176], Dominus Spiritum sanctum per adflatum halitus sui [cf. Io 20,22], per lutum illitum oculis, caeci visum [cf.

---

[170] Perh. ap: Oecolampadius, *De genuina expostione*, G4b (*t*, there: discussion of its application by Irenaeus, *Adv. haer.* 5, 2, 2, MPG 7, 1124). Cf. *Bericht*, c 7, BDS 5, 163,9-10; *Kurtze schrifftliche erklärung*, BDS 6/3, 82,22-23; *Axioma apologetica*, BDS 6/1, 86,26-27; *Erlüterung der witembergischen artickeln, ibid.*, 222,113-14; *Retractationes deutsch, ibid.*, 384,19-20; *Ein summarischer vergriff* , BDS 17, 136 (all *t*). Cf. Hammann, *Zwischen Volkskirche*, 189-190; Hoffmann, *Sententiae patrum* (critique of Oecoplampadius' Irenaeus interpretation).

[171-171] Seems to be the first time Bucer adopts these words publicly, though rejected by him previously, notably at the Marburg Colloquy, see letter to A. Blaurer, 5 August 1534, *Schieß* 1, 518. Cf. Hazlett, *The Development*, 286-7. However, at the end of August 1534, Bucer wrote to Melanchthon: "una confitemur ... ipsum Christum vere ac solide atque ideo substantialiter adesse darique", Staehelin, *Briefe und Akten* 2, 379-380. The expressions were also found in the Concord of Stuttgart of August 1534, a text largely supported by Bucer, cf. Köhler, *Zwingli und Luther* 2, 330ff.; Bizer, *Studien*, 66-7; Hazlett, *op. cit.*, 398. To Bucer, the words now mean something other than "realiter et corporaliter", explicitly ruled out in BSyn 2, 332B–333A; BEv 1530, 1189; *Lang*, 438. Cf. BJoh, BOL 2, 266, 281, o[13]– o[13].

[172-172] Ap: CT, BDS 3, c 18, 121,7-9 (*i*), > Augustine, *De catechizandis rudibus*, MPL 40, 344D. Cf. *Bericht*, BDS 5, 243,10-11,17 (there: same *i*). See also extract from Bernard below.

[173] That is, Ahijah.

[174-174] Ap: BJoh, BOL 2, 267; *Lang*, 452 (*i*).

[175] Cf. *Bericht*, BDS 5, 163,18-19 (there: *t*).

[176-176] Originally understood by Bucer in the same sense as the early Luther as a 'sign' inseparably accompanying the real thing, see *De caena dominica*, BOL 1, 24,10-16. Cf. Luther, *Vom neuen Testament*, WA 6, 358,35-37. Later he appealed to it in a more disjunctive sense like Zwingli, *De vera et falsa relig.*, CR 90, 796-797 (there: "signify", as in BJoh above). See 'Abendmahlsgutachten' 2: *Ad J. Otterum*, BDS 3, 415,14-20; 417,28-29; BSyn 2, 334B–335B; *Lang* 440-441 (there: circumcision a symbol of the new Testament). But cf. *Bericht*, c 23, BDS 5, 243,18-22 (there: visible parallel sign accompanying invisible real thing).

Io 9,6f.], per attractum manuum, sanitatem [Mt 9,35; Lc 4,40], per impositionem manuum, benevolentiam Dei [cf. Mt 19,13; Mc 10,16] et *bonum Spiritum* [Neh 9,20; Ps 142,10].[177]Ad eundem modum exhibetur a baptizante gratiae ei communicatio, id est, regeneratio per baptisma [cf. Io 3,5], per impositionem manuum, vis Spiritus sancti rite obeundi sacra munera [cf. 1Tim 4,14-15]. In prophanis contractibus hominum, traditur per sceptrum regnum[177], per claves oblatas, urbis vel domus potestas et possessio, per anulum foedus matrimonii[178], et per alia signa, alia.

In quibus siquidem rebus serio, et cum affectu agimus ardentiore, non habemus satis rem indicasse vel promisisse, vel exhibuisse verbis, signa praeterea adhibemus, quibus ceu "verbis visibilis" (ita divus Augustinus illa vocat[179]), ea etiam quae nec videri nec tangi possunt, quoad eius licet, oculis subiiciamus et in manus tradamus. Iam nihil maioris momenti nobis est, quam promissionibus benevolentiae divinae certam [I5v] habere fidem, nec potest aliquid tanto affectu vel promitti, vel donari, quam quanta Dominus benevolentia nobis sua et promittit et donat. Hinc est, [180]ut volens agere nobiscum pro nostri ingenii captu, in suis quoque promissionibus et donationibus signa adhibuerit[180].

<BERNARDUS>   Hinc sunt illa apud divum Bernardum in Sermone coenae Domini[181]: "Sacramentum dicitur sacrum signum, sive sanctum secretum. Multa quidem fiunt propter se, alia vero propter alia designanda, et ipsa dicuntur [signa], et sunt. Ut enim de usualibus accipiamus exemplum, datur anulus absenti propter anulum, et nulla est significatio – datur ad investiendum ad haereditatem, quando et signum est, ita ut iam possideat accipiens: 'anulus non valet quicquam, sed haereditas est quam quaerebam'. In hunc itaque modum appropinquans passioni Dominus, de gratia sua investire curavit singulos, ut invisibilis gratia signo aliquo visibili praestaretur". Haec ille.

Item Augustinus, De doctrina christiana, lib[ro] 3, cap[ite] 9[182]: "Hoc vero tempore, posteaquam per resurrectionem Domini nostri

[177-177] Ap: *Bericht*, c 23, BDS 5, 243,23-29 (*ii*, examples in same order). Cf. *Handlung g. Hoffman, ibid.*, 95,24,34; *Retractationes deutsch*, BDS 6/1, 345,19-22 (both: similar *ii*).

[178] Ap: *Handlung g. Hoffman*, BDS 5, 95,26-27 (*i*). Cf. *Retractationes deutsch, loc. cit.* (there: same analogy).

[179] *In Ioh. Ev. tract.*, 80, 3, MPL 35, 1840; CCL, 36, 529. Ap: ACA, BSLK, 292,41–293,1 (*te*). Cf. *Resp. ad B. Wolfhardi Epistolam, Pollet* 1, 118,15-16; *Handlung g. Hoffman*, BDS 5, 95,22-23 (same *e*).

[180-180] Ap: ACA, a 13, BSLK, 292,14–293,4 (*ip*). Cf. *Handlung gegen Hoffman*, BDS 5, 95,20–96,27; *Bericht*, c 27, *ibid.*, 254,19-30; *Axiomata apologetica*, BDS 6/1, 90,15-17; *Retractationes deutsch, ibid.*, 345,12–346,2; 379,13ff. (all same *i*).

[181] Ap: Oecolampadius, *Quid de eucharistia veteres,* I7v–8r (*ter*). S. *Bernardi opera* 5, 68, 2,11-18 (here: better text).

[182] Ap: Oecolampadius, *Quid de eucharistia veteres*, H8r (*ter*). MPL 34, 71; CCL 32, 85,11–86,23. Cf. *Retractationes deutsch*, BDS 6/1, 349,23-30 (there: same *er*).

manifestissimum indicium nostrae libertatis illuxit, nec eorum quidem signorum, quae iam intelligimus, operatione^{w} gravi onerati sumus, sed pauca quaedam pro multis, eademque factu facillima, et intellectu augustissima et observatione castissima, ipse Dominus et apostolica tradidit disciplina, sicuti baptismi sacramentum et ce-[I6r]lebratio corporis et sanguis Domini. Quae unusquisque cum percepit, quo [re]ferantur imbutus agnoscit, ut ea non carnali servitute, sed spirituali potius libertate veneretur. Ut autem literam sequi, et signa pro rebus, quae significantur accipere, servilis infirmitatis est − ita inutiliter signa interpretari, male vagantis erroris est". Haec ille. Manifestum ergo, [183]Dominum hic cum pane ut signi sensibili, corpus suum tradere voluisse, accipiendum et manducandum invisibiliter, eoque quod dixit, *hoc est*, oculis quidem demonstrasse panem, menti autem corpus Domini[183], et id praecipue. Tropus itaque hic est syndechoches, qua 'aliud ex alio' intelligi datur, ex pane signo, corpus Domini signatum, id scilicet, quod per signum panis Dominus verum vere donare instituit. Iudicent, quibus datum est, *quae Christi* [Phil 2,21] sunt cognoscere.

<CONTRADICTIO EPISCOPI: SUMMA> Sub illa adducit[184] haec mea verba[185]: "His itaque perpensis, non simpliciter accipiemus Christum corpus suum dedisse discipulis, sed quod animo per fidem suscipierent, [^{x}panemque illud vocasse, quo vivacior et efficacior esset, rei spiritalis donatio, exhibita^{x}] sub signis corporalibus, uti de Spiritu sancto fecit, uti et de baptismo scriptura loqui solet". Et quod post quaedam subieci[186]: 'Verba ad calicem dicta eodem sensu intelligenda, et id me ita affirmare, et affirmaturos mecum, quicunque esse^{y} volunt *theodidacti*[187] [Is 54,13; Io 6,45].

Hic vide, christiane lector, quis sit in hoc episcopo spiritus vertiginis. De eo quod hic adsero, [188]"Corpus Chri-[I6v]sti datum discipulis, animo per fidem suscipiendum", sic scribit[189]: "Hanc sententiam recipimus ex animo, ita tamen, ut insuper adiungamus ipsum verum corpus Christi adesse, tantumque valere animo, praesentiam eius, spiritualem quidem et invisibilem, realem tamen et veram − quantum immo multo amplius, quam cibus corpori usui esse potest. Et eo certe foelicius, atque augustius, quo

---

^{w} operationi. − $^{x-x}$ so BSyn 2, but Ceneau, & Bucer here *omit.* − ^{y} *omit.*

$^{183-183}$ Cf. Oecolampadius to Bucer, 3rd Sept. 1530: "Cum pane etiam ac vino *symbolikos* ... contemplatione fidei, corpus ... tradi et accipi dicimus", Staehelin, *Briefe und Akten* 2, 481.

^{184} *Axioma*, 33v.

^{185} BSyn 2, 333B; BEv 1530, 190A; *Lang*, 439.

^{186} *Axioma*, 33v (slight *p*), > BSyn 2, 333B; BEv 1530, 190B; *Lang*, 439.

^{187} Cf. 'Dokumente zur Synode V', text a: *Contra Bernhard Wacker*, BDS 5, 425,1-14 (there: discussion of concept, based on Augustine to Io 6,45, *In Ioh. evang, tract.*, 26, 7, MPL 35, 1610; CCL 36, 263).

^{188} BSyn 2, 333B; BEv 1530, 190A; *Lang* 439.

^{189} *Axioma*, 34v,.

cibus ipse non vertitur in sumentem, sed in se suum convertit alumnum. Neque etiam negamus, Christum usum signis corporalibus". Haec episcopus noster. Iam quae adiungit meis, toties testatus sum nos quoque recipere.

Quid igitur, te obsecro, pie lector, quid vides hic inter nos dissensionis? 'Ex animo suscipit sententiam' quam profiteor. "Verba dicta ad calicem"[190] non aliter quam dicta ad panem intelligit[191]. Quod si recte facit, quis poterit esse θεοδίδακτος, qui sentiat aliter?[192] Deus utique quos docet, eos docet veritatem, et veritas omnis non nisi docente Deo percipitur. Oportet omnes esse *doctos a Deo* [Is 54,13; Io 6,45. Cf. 1Th 4,9].

Attamen quod [193]"usurpo nomen θεοδιδάκτου, extremae superbia est, et hypocriseos – solum me adflatum numine glorior". Sed id poterat ferri. Istuc vide, ut cum eo conveniat, quod scripsit [194]'se sententiam quam professus sum, ex animo suscipere'. "Quae tua (scribit[195]) assertio, si vera foret, necesse esset, sanctos patres omnes ad unum, eos etiam qui vita et miraculis claraverunt, quique in divorum numerum omnium [I7r] sententia relati sunt – non iam a Deo, sed a spiritu maligno, quam nobis tradiderunt, hausisse doctrinam". Haec episcopus – qui cum hinc [196]me "dementiae" et "temeritatis" titulis insignivit, etiam "antichristi persona" induit.

Quid vero huic faciemus cerebro? Quae adsero, "ex animo recepit", addit, quae ut insunt in mea assertione, ita non hic modo, sed etiam in Enarratione quam impugnat, non semel affirmavi[197]. Nec quicquam inter nos controvertitur, si ita sentit episcopus, ut scribit, quam "transsubstantiatio"[198] panis et vini, quam nemo veterum agnovit[199], et [200]recentes ut Cameracensis et alii, nisi romani pontificis autoritas eos

---

[190] *Axioma*, 33v.

[191] Subject is impersonal, not Ceneau!

[192] Cf. Ceneau: "Et nisi ita intelligat, iam non erit theodidactus. Quod si verum est, conciliorum sacrorum, patrumque doctrina, non est a Spiritu. Solus Bucerus est, qui se audet affirmare afflatum numine, et a Deo doctum", *Axioma*, 33v.

[193] *Ibid.*, 33v (*ap*).

[194] *Ibid.*, 34v.

[195] *Ibid.*, 34r-v.

[196] *Ibid.*, 34v.

[197] That is, that the Church Fathers were unanimously heterodox on the matter. See also to n. 189 above. Ceneau was of course making an inference.

[198] Ceneau uses this word only once (42v), where he distinguishes it from transposition and local inclusion.

[199] Ap: Luther, *De capt. babyl.*, WA 6, 509,27-29 (*p*).

[200-200] Ap: *ibid.*, 508,10-18 (*p*). Luther cited Pierre d'Ailly (Petrus de Ayliaco, Bishop of Cambrai = "Cameracensis"), IV *Sent.*, q 6, E-J, f. B6v–8r. D'Ailly expressed the view of other "recentes" in the Nominalist *via moderna* tradition that the continuing and undiminished presence of the substance of the bread in the eucharist was "probable", and a "reasonable" belief, invalidated only by Church authority. See also William of Ockham, *Quaestiones in*

pressisset[201], maluissent negare[200]. et tamen mea assertio vera sit, oportebit [202]"sanctos patres suam a malo daemone doctrinam hausisse" – et [203]"damno ego prae me omnes, meque unum facio catholicum doctorem, et orthodoxum scripturae interpretem", sum, [204]talpa caecior[204], et nihil non. Sed oportuit ita te praestare quod initio versibus "Satyrici" (nam huic episcopo Martialis satyricus[205] est) pollicitus es[206]:

> Insequeris, fugio; fugis, insequor. Haec mihi mens est:
> velle tuum nolo, *perdite*[207], nolle volo.

<UT SPIRITUS SANCTUS PER SIGNA APPARUIT> Sed illud etiam discrepare annotat, [208]quod cum *Spiritus sanctus* scribitur cum signo *ignis* vel *columbae advenisse*, additum sit, *"tanquam"* [Mc 1,10; Act 2, 2-3] et *"sicut"* [Mt 3,16; Io 1,32] in coena minime. Interim tamen cum agnoscit [209]Christum dedisse corpus suum sub signis corporalibus, an non perstat adhuc donatum Domini [I7v] corpus et Spiritum sanctum similtudo? Nihil ergo inter nos variat, praeter hoc unum, quod signa corporalia, quibus hic Dominus usus est, episcopus "species"[210] facit accidentales[211] panis et vini – nos simpliciter ipsum panem et vinum, ita ut scriptura istic loquitur. Non enim tropus in scriptura admittendus, ubi nulla cogit analogia fidei, vel ex

---

librum quartum sent., q 8, in *Opera theologica* 7, 139-140. Cf. Iserloh, *Gnade und Eucharistie*, 157, 158, 166, 277. See however, Duns Scotus, IV *Sent.,* d 11, q 3, n 14 ff.

[201] Cf. *Decreti* 2a, I, tit. 1, c 1, § 3; III, tit. 41, c 6, in *Friedberg* 2, 5, 637f.

[202] *Axioma*, 34r ad fin.–34v (*ap*).

[203] *Loc. cit.* (*pe*).

[204-204] Ap: Erasmus, *Adagia*, nr. 255, ASD II-1, 366. Cf. Ceneau: "Mirum est, unde tibi tanta caecitas, quod non videas te", *loc. cit.*

[205] That is, Martial was a poet, not a satyric dramatist.

[206] *Epigrammata*, V, nr. 83. See *Axioma*, 11r. Leading up to the quoted dystych, Ceneau wrote: "Hoc enim modo, pes pede comprimitur, cum umbone repellitur umbo. Hoc ordine servato, ut dum sinistrum quidpiam asserit, negem. Dum negat, asseverem", *loc. cit.*

[207] Thus the misprint in Ceneau's text, instead of 'Dindyme', and here mocked by Bucer.

[208] *Axioma*, 34v-35r (*pi*).

[209] "Neque etiam negamus, Christum usum signis corporalibus". *Ibid*, 34v.

[210] The contexts of Ceneau's use of this concept are as follows: "Quod si in tres secueris partes, tria simulachra prodibunt. Ita sit in partibus eucharistiae divisis, franguntur quidem *species*, sed integra *spiritualis substantia* manet. Quod enim spirituale est, non est ulli fracturae, aut lesioni obnoxium. Sic nec lux, nec anima, nec spiritus ullus. Panis ergo in *speciebus*, non in se frangitur, quia pluribus distribuitur. Huc etiam adde, iuxta methonymiae tropon quod continentis est, contento plerumque tribui solet ... Quod si tantum creatura maneret in sacramento, non idem pluribus communicaretur". *Ibid.*, 32v–33r. Further: "Remanent enim *species* panis et vini. Quid autem adiungis, uti de Spiritu sancto fecit, hic discretione opus est. Nam alia verba sunt, quibus scriptura utitur, hoc loco, quam ubi de Spiritus sancti manifestatione traditur. Ibi enim additur dictio 'tanquam', ut figura quaedam ostenditur. Nam appellat scriptura Spiritum sanctum nubem, ventum, aut columbam". As for the eucharistic elements: "Demonstrant veritatem rei ipsius, et (ut sic dicam) identitatem, non similtudinem", *ibid.,* 34v–35r.

[211] Ceneau nowhere speaks of "accidents", but as Bucer notes here, he employs "species" in the sense of "accidentia". Cf. Eck: "Species panis et accidentia", *Enchiridion*, c 36, CCath 34, 374.

circumstantiis necessitas. *"Panem"* ergo cum scriptura dicit, non aliud nos quam dicit intelligimus. Tam enim possibile Deo est, [212]cum pane[212] corpus dare atque cum "speciebus" panis – nec minus vera ista oratio, *hoc est corpus meum*, si panem hic relinquam, quam si "species" panis tantum. De quo superius.

Illud quoque *"tanquam"* et *"sicut"* quae additae sunt, cum adventus Spiritus sancti et visio describitur, nihil tollunt de veritate rerum quibus se Spiritus visibilem exhibuit – sed explicant modo, ut apparuerit, et quibus formis.

Vexat[213] et illud, quod dixi [214]"novum testamentum non requirere caeremonias necessario", quo tamen non abiicio caeremonias[215], sed dixi non requiri "necessario". Nec enim gratia alligata sacramentis est[216].

<QUID TESTAMENTUM> 'In foederis et testamenti campo (dicit[217]) me onagri more libere ac licenter vagari', et nihil adducere quod pro me faciat, interim tamen nullum ex eis apiculum potuit confutare. Nec ego quae ipse hic memorat reiicio. Conveniunt enim, cum iis quae ego ex vero scripsi. Foedus *gratiae Dei* [Eph 3,2], quo nos *Pater coelestis* [Mt 6,14 etc.] in filios suscepit [cf. Gal 4,5], sanguine [18r] Christi confirmatum esse, eumque sanguinem ideo et testamentum, et *testamenti sanguinem* [Ex 24,8; Mt 26,28; Hbr 9, 20] dici[218].

De "fructu eucharistiae" multa praedicat[219], ea utinam in nobis omnibus sentiamus, vere enim ad vitam aeternam pascuntur, ea qui rite communicat, hic nobis nihil non conveniunt. Et utinam istum cibum plene percepisset hoc episcopus veriorem enim, et in Christum confidentes[z] humaniorem sese praestitisset. De signis veterum, contradicit[220] episcopus divo Augustino, nam hic eandem rem, Christum nimirum, illis adumbratum orthodoxe docet: "Sacramenta (inquit[221] in cap[ite] Ioan. 6) illa fuerunt. In signis diversa sunt[a1], sed in re quae significatur, paria sunt".

---

[z] confitentes, *corr. Hubert .* – [a1] fuerunt

[212-212] Cf. Eck, "Nullus evangelista dicit 'cum hoc'", *ibid.* 369.

[213] *Axioma*, 36r.

[214] BSyn 2, 334B; BEv 1530,190B-C; *Lang,* 440.

[215] Ceneau: "Dum ecclesiae damnas cerimonias, prodis tuam ignorantiam et temeritatem arrogantissimam", *Axioma*, 37r.

[216] Cf. *Bericht*, c 27, BDS 5, 254,35-36 (there: God does not tie his grace to the ministry of the Church).

[217] *Axioma*, 37r (slight *p*).

[218] Cf. BSyn 2, 333B–335B; BEv 1530, 189D–190D; *Lang*, 439-441.

[219] *Axioma*, 36r-v.

[220] Ceneau: "Corpus Christi, quoad esum, vel novum testamentum, id est, affirmatio, attestatio, seu veluti sigillum attestativum exhibitionis rerum olim promissarum, nunc autem exhibitarum", *ibid.*, 37v. Cf. BSyn 2, 334B–335B; BEv 1530, 190A-D; *Lang*, 441.

De calice calumniatur[222] suo more. [223]Vinum facio 'symbolum' sanguis Christi, sed hunc simul et praecipue hic 'exhiberi' nunquam non praedico. Nec est "absurdum"[224], ut sanguis Christi obsignatio novi testamenti [cf. Hbr 9,11-22], signo alio sensibili repraesentetur. [225]Spiritus sanctus item σφραγίς, id est, sigillum vel obsignatio est nostrae redemptionis [cf. 2Cor 1,22; Eph 1,13], et in filios Dei adoptionis [cf. Gal 4,5] – interim tamen signo visibili baptismatis et impositionis manuum traditur[225]. Nihil "absurdi", ut episcopus putat, quod sigilli signum sit.

<UT POCULUM SIGNUM TESTAMENTI> Tractans verba Lucae [22,20] et Pauli [1Cor 11,25], qui habent "*hoc poculum novum testamentum est in sanguine meo*", scripsi[226]: "Dicitur autem ipsum poculum, vini [I8v] scilicet, novum testamentum, sicut circumcisio foedus, symbolum enim novi testamenti est". – [227]"Hic directe contra evangelium loquor, et blasphema audacia ex meo addo, 'ipsum *poculum*, vini scilicet', quia Lucas dicit: *Hoc poculum novum testamentum est*[b1] *in meo sanguine, qui pro vobis funditur.* Et quod Lucas '*poculum*' dicit, Matthaeus [26,28] '*sanguinem*' appellavit". Hic inquit[228]: "Erubesce, saltem in tuo errore comprehensus. Hic enim agnoscitur Dominus iudicia faciens, quando in opere manuum suarum, seu[c1] verbo labiorum suorum comprehenditur peccator".

Sed age, mi episcope, liceat paulisper tecum loqui, decet enim episcopum esse ἀνεξίκακον[229] [2Tim 2,24]. [230]Cum scribunt evangelistae et Paulus, accepisse Dominum poculum [cf. Mt 26,27; 1Cor 11,25], vini ne

---

[221] Ap: *In Ioh. evang. tract.* 26,12, MPL 35, 1612; CCL 36, 265,3-4 (*re*). Cf. *Erläuterung der wittembergischen artickeln,* BDS 6/1, 222,3ff. (there: allusion to same Augustine passage).

[b1] *omit.* – [c1] et

[222] Cf. Ceneau: "Nam si verus Christi sanguis est signum seu sigillum testamenti, sicut tu ipse ultro profiteris, dicens circumcisionem 'foedus' vocari, quod signum esset foederis? Et calix iste, cenae dominicae, te authore, est 'symbolum' sanguinis, non sanguis verus. Erit ergo symbolum symboli – et signum signi, quam *absurditatem* evitare non poteris ... Fatearis ergo nobiscum, poculum hoc quod in calice continetur, non esse symbolum sanguinis repraesentativum sed ipsum sanguinem verum. Cuius effusione, novi testamenti exhibitionem Christus confirmavit", *Axioma,* 38r.

[223] BSyn 2, 335B; *Lang,* 441 (there: use of both 'symbola' and 'exhibitio').

[224] See n. 221.

[225-225] Ap: BEph, 90r (*i:* there: sacraments, received by all alike, are not seals, rather, the holy Spirit is the seal for true Christians). Cf. Stephens, *Holy Spirit,* 215-6; Friedrich, *Fanatiker,* 47.

[226] BSyn 2, 335A-B; *Lang,* 441. Quoted by Ceneau, *Axioma,* 38v (there: *a*).

[227] *Axioma,* 38v.

[228] *Loc. cit.*

[229] 'Patient', 'indulgent'. Cf. *Florilegium,* BOL 3, 98

[230-230] Ap: Zwingli, *Subsidium,* CR 91, 468,17 (*i*), via BSyn 2, 334B; BEv 1530, 190; *Lang,* 441.

poculum accepit? 'Vini' dices[230]. Nam id, ex illo, *non bibam post hac de genimine vitis* [Mt 26,29], colligunt omnes patres[231].

Iam tu dicis [232]'vinum cessisse in substantiam sanguinis Christi, remanente sola specie vini', ego – quia etiam[233] post praebitum sanguinem, simpliciter *fructus vitis* a Domino vocatur – "poculum vini" dico[234]. Neque enim recipio tuam hic "metonymiam"[235]. Sed sit hic tantum "species vini"[236]. Hanc ne signum hic esse permittes, vel minus? Signum esse confessus est[237]. At si signum, cuius rei? Nunquid sanguis Christi? Atqui hunc, ipse scribis, vocari testamentum novum, 'poculum' ergo ipsum, quod secundum tuam interpretationem etsi non vinum, "vini" tamen "speciem" continet, [K1r] symbolum erit novi testamenti. Et [238]"incidis" in eundem mecum "laquem", in eandem "blasphemiae audaciam"[238], simul et [239]"absurditatem illam, quod obsignationis sit aliud signum".

Nos, cum Lucas et Paulus scribunt: Τοῦτο τὸ ποτήριον [Lc 22,20; 1Cor 11,25], quod ad verbum est, *hoc* 'istuc' *poculum*, illud certe intelligimus, quod ominus sumpserat et vinum continebat; hoc vinum permansisse et haustum esse a discipulos credimus. Sed toties iam confessi

---

[231] Cf. for example, Origen, *In Leviticum hom.* 7, 1, MPG 12, 477, cited by Zwingli in previous reference.

[232] Cf. n. 210 (here: *p*).

[233] 'Likewise', 'similarly'

[234] Ceneau argued that Bucer was misled into a symbolist exegesis partly by the sequence of events in the Lucan and Pauline narratives. He quotes Bucer: "In Luca praeterea et Paulo premittitur exhibitioni calicis, et verbis quibus eum discipulis dedit: *Similiter et poculum, postquam cenatum fuit* [1Cor 11,25; Lc 22,20]. Unde notatur, Dominum non continuo post praebitum panem, et eo donatum corpus suum, poculum quoque exhibuisse, [eoque sanguinem suum, et novum testamentum,] sed post intervallum aliquod. Unde iterum apparet, panem et vinum, ut symbola [discipulis a Domino] data [unumque hoc Christum spectasse, ut tam his signis quam verbis, eorum memoriam refricaret, de quibus disseruerat Iohan. 6," *Axioma*, 39r-v, > BSyn 2, 335B; BEv 1530, 186D; *Lang*, 441. Ceneau comments: "Ex hoc verborum ordine, colligere moliris, quod cum apostolis partim iam biberint poculum, a Christo exhibitum – antequam Christus haec verba proferet: *'Hic est sanguis meus, novi testamenti'*. Quod si falso (ut tibi videtur) ante prolata verba, poculum sumpserint discipuli, iam non carnem et sanguinem, utpote, consecratione nondum facta – sed purum panem vinumque sumpserunt", *ibid.*, 39v.

[235] That is substitution of one name for another, see Quintilian, *Institutio oratoria* VIII, 6, 23. Cf. *Axioma*, 33r: "Huc etiam adde, iuxta methonymiae tropon quod continentis est, contento plerumque tribui solet. Communicatur ergo corpus Christi, dum unum atque idem, ab omnibus accipitur. Quod si tantum creatura maneret in sacramento, non idem pluribus communicaretur. Quandoquidem aliud de pane, aut vino acciperet unus, et aliud alter. Huic maxime arridet, quod Paulo mox sequitur: *'Omnes* (inquit) *unum corpus sumus, qui de uno pane participamus'* [1Cor 10,17]. Iam vero non unius panis, omnes participes forent, si sola creatura maneret. Nec potest ex scriptura salvari, nisi dicas in eucharistia esse verum corpus Christi. Quod unum atque idem, ab uno sumitur, et pluribus".

[236] Cf. n. 210.

[237] Ceneau: "Neque etiam negamus, Christum usum signis corporalibus", *Axioma*, 34v.

[238-238] Cf. *ibid.*, 38v.

[239] Cf. n. 222.

sumus, nos, cum ita Domino ipsi, et apostolo Paulo et omnibus patribus consentimus, agnoscendo 'vinum' hic a discipulis bibitum esse, idque symbolum sanguinis Christi fuisse – haudquaquam eo excludere, veram veri hic sanguinis Christi exhibitionem et sumptionem. Sic enim in Enarratione mea iis quae episcopus adduxit[240], subieci, quae dixeram, explicans[241]: "Poculum (loquens de poculo vini) symbolum est novi testamenti, eo quod illo Christus promitteret[d1] suum sanguinem pro discipulis fundendum, quo utique gratia Dei illis confirmata fuit, atque inde foedus illud novum et evangelicum ictum et stabilitum. Sicut enim hac poculi exhibitione et his verbis, sanguinem suum illis Christus donavit, quo nimirum eorum peccata expiarentur, quod eo promisit, *qui effunditur pro vobis* [Lc 22,20] – ita simul et novi foederis reddidit participes. Unde non ab re poculum ut sanguinem, ita et testamentum, quod sanguine confirmandum eis erat, vocavit."

Haec mea verba sunt. [K1v] Nunc iudica, pie lector, an nos causam isti episcopo dederimus, sic in nos debacchandi.

Calumniatur et quod verbo usus sum "transponendi"[242]. Ego vero illo usus eo tantum, quia oppugnabam eam opinionem, [243]quae corpus Domini localiter transponit et includit in pane. Ab hac cum velis esse alienus[244], episcope, quid frustra te commoves?

Sic et ibi poteras tuae bili temperare, quod scribo Dominum nusquam praecipisse, verba sua repetere, et per ea corpus et sanguinem suum in panem et vinum "transponere", [245]localiter scilicet, vel aliquam in pane et vino facere mutationem naturalem[245]. [246]Et haec enim contra illos sunt, quos ipse damnas, et ad quorum commentum haec Domini verba non esse repetenda non negas[246].

[d1] promiserit, also BSyn 2

[240] Cf. n. 223.

[241] BSyn 2, 334A-B; BEv 1530, 190D; *Lang,* 441.

[242] "Ut autem nusquam iussit verba [ista] sua verba repetere, ita corpus suum in panem, et sanguinem in vinum per ea *transponere,* neque promisit uspiam, si id faceremus [Ceneau: fateremur], aliquam in pane [et vino] nostro fore mutationem", *Axioma,* 41v, > BSyn 2, 337A; BEv 1530, 190; *Lang,* 443. The remainder of Bucer's sentence shows that he is envisaging something like the Scotist and Nominalist alleged doctrine of impanation – "ita illorum philosophiam, qui aiunt verbis istis Domini, *Hoc est* etc, corpus et sanguinem Domini credita, cumque illa ad panem veniant, adferrent illa pani, ut iam in pane existant realiter", *loc. cit.*

[243] As found in Scotus, cf. DThC 5, 1310ff. Thomas rejects the notion, as it would involve "consubstantiation", see *S th* 3, q 75, a 2; q 76, a 5 resp.

[244] "Ideoque transsubstantiationem, non transpositionem, dixerunt doctores, neque enim motus est ad locum, sed conversio", *Axioma,* 42v, > D'Ailly, IV *Sent.,* q 6, D, f. B6v, col 1 (same *i*).

[245-245] See nn. 102 & 103. Cf. *Consilium, Pollet 2,* 513,25-27; 514,5-8; Appendix, 147-8.

[246-246] Cf. *Axioma,* 41v–42r. Bucer acknowledges no command to repeat words of consecration "super panem et vinum" as a means of effecting elemental change. Ceneau's view was that while transubstantiation (not transposition, nor natural mutation, nor local inclusion) occurs, it is not due to any inherent power in the words: "Quod virtus Christi in consecratione eucharistiae,

<VERBA DOMINI AD QUID REPETENDA> Porro ut divus Paulus et evangelistae illa nobis memorant[247], et nos repetenda ducimus, ad id scilicet, ut animo Christum percipiamus, non ut localiter includamus in pane. Non [248]"ridebunt igitur adeo philosophi hic crassissimam meam ignorantiam", quasi "putem nihil posse in duobus locis esse, sine motu locali"[248], nec est causa ut me remittas [249]"ad quartum Physicorum", quem pridem utcumque degustavi[250].

[251]Ibi quoque frustra incandescit episcopus, quod scripsi: 'id quod ingreditur per os, ita non sanctificare posse, ut non inquinare' [cf. Mt 15,11]. Hic "blatero, sum insulsissimus[e1]"[251]. At certe cum cor scdes sit et inqui-[K2r]nationis et sanctificationis, id quod solo corporis ore recipitur, nec ad mentem pervenit, puto nec inquinare nec sanctificare posse.

<NIHIL INGREDIENS PER OS SANCTIFICAT> Caeterum vinum immoderate haustum inquinat, etsi per os ingrediatur, sed quia cum intemperantia quae ex corde egressa est, sumitur. Ita si cum religione cordis sumatur eucharistia, percipietur sanctificatio.

Cum dico etiam [252]"eos reos fieri corporis Domini qui indigne [1Cor 11,27] tractant symbola corporis Domini", infert "me ad singula pene verba committere antilogias[253]". Nam dicit hinc "colligi veneranda esse sacrarum

---

in sancta meritorum exhibitione, etenim rerum per ipsa significatarum, non est alligata *verbis*. Nam sine verbis, consecrare potuit, et sine signis, gratiam infundere. Quare potuit ante prolationem, panem in corpus, vinum in sanguinem, *convertere*. Nos oportet, et verba et signa prodere, eo modo quo a Christo traditi sunt, si affectus assequi volumus, quos ipsa significant", *ibid.*, 41r. The words are normally repeated, but out of no intrinsic necessity to convey Christ's body. Up to a point, Bucer can find Ceneau's formulation congenial: "You do not deny that there is no necessity to repeat the Lord's words (over the bread and wine)". But while Ceneau too is distancing himself from the Thomist notion of the inherent efficacy of the repeated words, he adheres to the Bonaventuran notion that (necessary) transubstantiation occurs through the unmediated Word of God, and could hypothetically occur without the words of consecration, cf. HDG 4, 42.

[e1] Ceneau: insultissimus

[247] Cf. 1Cor 11,23; Mt 26,26; Mc 14,22; Lc 22,17.

[248-248] *Axioma*, 42r.

[249] That is, Aristotle's *Physics*, book 4. Ceneau had written: "Quasi vero non possit vel corpus, vel spiritus uni iam loco adsistens, non esse in altero nisi transitu facto, per medium ... Rectius egero, si te remisero ad scholia philosophorum, et commentarios 4 physicorum, quae se te pudet doceri; consule eos, qui scripserunt in quartum sententiarum, et pudebit te, uti his verbis transpositionis", *Axioma,* 42r-v. Ceneau argues that Bucer misreads the (Aristotelian) laws of physics in respect of place and locomotion, and misunderstands transubstantiation as a kind of consubstantiation, local inclusion, or impanation. Cf. Ceneau's critique of the alleged Lutheran version of the impanation theory, *ibid.,* 8r–9r. See also Wanegffelen, 'Un Sorbonniste', 34, to nn. 83 & 84.

[250] Cf. BCor 1, 42 ff.; Greschat, *Martin Bucer*, 29; id., 'Bucers Bücherverzeichnis', 162ff.

[251-251] *Axioma*, 44v, > BSyn 2, 338A; BEv 1530, 191B; *Lang*, 444 (*pa*).

[252-252] *Ibid.*, 45r-v, > BSyn 2, 338B; BEv 1530, 191C; *Lang*, 444 (*pa*).

[253] 'Contradiction'.

rerum symbola, et imagines honore prosequendas"[252]. At quis it istuc inficias? Sed quo obsecro "honore", ut idolis affigas numen aliquod, quam manifestam vos idolatriam toleratis? Absit. "Sancti ipsi colendi sunt (inquit[254] Augustinus) propter imitationem, non adorandi propter religionem", multi minus igitur statuae eorum et imagines. At sic crucifixi et divorum imagines venerari convenit, ut patiare te per illa admoneri eorum, quae Christus pro te passus est, et quae in sanctis tibi ad exemplum magnifice operatus est.

<ADORATIO EUCHARISTIAE> De adoratione Christi in eucharistia Oecolampadium suo more flagellat[255] crudeliter. At nec ille nec nos sacramento suam reverentiam negamus, et Christum, quocunque modo eius admoniti, ubi adoramus, utinam semper *in Spiritu et in veritate* [Io 4,23][256]. Huc certe enitimur, idque dari nobis augerique in dies supplicissime a Domino ora-[K2v]mus.

[257]Quod autem vos fidem vulgi et Christi adorationem ita sacramento affixitis, ut putent homines se magnum quiddam fecisse, cum genuflexerint, viso pane et calice Domini, caeterum sine omni solicitudine verae adorationis et cultus Christi − quod denique eucharistiam circumlatum[258] omnia facitis mala depellere, omnia bona accersere, de fide solida, saepe ne verbum quidem facientes[259] − ista omnia ut abusus perniciosissimos damnamus, et nostros quantum licet ab eis revocamus. Dominus dixit, *Accipite et manducate*" et caetera, [Mt 26,26] et, *Facite hoc in memoriam mei* [1Cor 11,24] − non 'ostendite', 'circumferte', ut fruges bene proveniant, vis cedat aquae et ignis − crudelitas arceatur hostis, et reliqua incommoda avertantur[257]. At sicut Domini vera fide meminisse semper et ubique ad omnia prodest − ita debita religione hanc fidem excitari per ea quae in id Dominus nobis commendavit, nemo non laudat. Semper autem tutum, manere intra praescriptum Domini et usum sanctorum[260].

<IUDICIO ECCLESIAE CERTA QUOQUE OFFERENDA> Sub finem iterum exagitat, quod quae pro fide mea disserui, iudicio sisto christianorum[261]. Et

---

[254] > *De vera rel.*, 15, 108, MPL 34, 169; CCL 32,27-8, via Pt I, c 8 above, to n. 29 (there: *er*).

[255] *Axioma*, 27r-v.

[256] Cf. BJoh, BOL 2, 184-186 (there: prerequisites for proper use of external ceremonies).

[257-257] Cf. Pt I, c 9 above, to nn. 34–39 (there: same *ii*).

[258] The feast of Corpus Christi, cf. Pt I, c 9 above, to n. 38 (there: same allusion).

[259] Allusion to the practice of the silent recitation of the Canon of the Mass.

[260] That is, the church of the New Testament and early Christianity, cf. Pt I, c 9 above, to n. 50 (there: same *i*).

[261] Bucer had written: "Iudicent de his Christiani, et cognoscant ... Hanc esse indubitatam de his veritatem, certamque doctrinam Spiritus Dei, cognoscent tandem electi universi", BSyn 2, 338A-B; BEv 1530, 191D; *Lang*, 444. And earlier: "Nos ... id quod hic dubitamus, nobis revelatum divinitus, et apertis scripturis traditum, proponemus, iudicium sit penes electos", BSyn 2, 329B; BEv 1530, 188A; *Lang*, 434.

hoc me invadit dilemnate[262]: "Si habes pro constanti, veram esse tuam interpretationem, cur aliorum te submittis iudicio? Si autem dubitas, qui scire potes, electos omnes tuae opinioni adhaesuros?"

Non dubito esse vera quae scripsi, [263] sed nec dubitabat Paulus se vera et sancta praecipere, cum de eo praecepit, quod mulieres tectis, viri retectis capi-[K3r]tibus precari in sacro coetu deberent. Attamen dicebat, *Iudicate in vobis ipsis*, 1 Corinthios 11,[13]. Et [*ibid.*] 14,[37], ubi praecipit de ordine prophetandi, et loquendi linguis: *Si quis* inquit *videtur propheta esse aut spiritualis, recognoscat quae scribo vobis, quia mandata Domini sunt*[263]. Sic Thessalonicenses diiudicabant quae a Paulo audierant [cf. 1Th 2,13], Paulo licet modis omnibus indubitata. Sed episcopi isti volunt omnes ipsorum niti iudicio, ne quis deprehendat quem in sacratissima Christi religione faciunt fucum[264].

Concludit tandem episcopus criminationem suam, ut coepit, exitiosis calumniis et importunissimis conviciis. "Appellas (inquit[265]) catholicos patres, doctores sanctos, vita et moribus clarissimos, assertores Christi carnalis, sacramentarios, haereticos. Sed tu os impudens, aut saxo tundendum, aut ferro secandum, aut urendum incendio, qua temeritate audes catholicae ecclesiae patres, sacramentarios, haereticos, nuncupare? Quid ex eorum vita, aut miraculis, didicisti perditissime nebulo, suspendio, et furca dignissime, quod tibi ita displicere debeat, ut eos atrocissimae notae iniuria inurendo existamaveris?" et caetera. Haec ille.

Ego vero hoc loci ne verbum quidem de catholicis patribus, et sanctis doctoribus scripsi[266] – cum iis[267] enim disputatio mihi erat, qui videbantur corpus Christi vel cum pane unire naturaliter, vel in pane includere localiter. Hos ego, non sanctos patres et doctores catholicos, "carnales Christi ad-[K3v]sertores" voco, et carnalem Christum, qui sic cum pane unitus, carni nostrae offeratur edendus carnaliter – id quod quicunque mea legerit, clarissime videbit. Sic enim mea habent[268]: "Urgentibus autem memoriam Christi, sicut par est, ut in qua sit plane salus nobis reposita, plusquam tragice occlamant[269] nobis carnalis Christi adsertores."

---

[262] *Axioma*, 41v.

[263-263] Ap: *Bericht*, c 20, BDS 5, 221,7-15, or *Furbereytung*, c 5, *ibid.*, 313,7-23 (*tti*).

[264] 'Facere fucum' = 'pull the wool over one's eyes, deceive', > Terence, *Eunuchus* 589. Cf. Otto, *Sprichwörter*, no. 723 (1).

[265] *Axioma*, 42v.

[266] While Bucer does not appeal to the patristic argument in BEv, he suggests however that the Fathers are not necessarily immune from critique: "Sed quia aeque ac veteres ipsos oportuit sese homines esse declarare, id in praesenti facere disputatione agnosco, et agnoscent mecum electi omnes", BSyn 2, 336B; BEv 1530, 191A; *Lang*, 442.

[267] That is, certain Scholastics, but note the subsequent qualifying "videbantur".

[268] BSyn 2, 337B; BEv 1530, 191B; *Lang*, 443.

[269] 'Occlamo' = 'cry out', see Hoven, *Lexique,* 239.

De quo, quaeso, patrum possemus istuc queri, quod nobis urgentibus memoriam Christi occlamet tragice, quam ipsi quoque urgent summopere, et urgendam docent ubique diligentissime? Sed quis non videt quibus cum hic mihi res sit? Sanctos patres, et veteres illos orthodoxos scriptores hac in re ita recipimus, ut quicquid illi de hoc sacro scriptum reliquerunt, nos toto pectore exosculemur, et ambabus, quod aiunt, manibus excipiamus. Vel hinc ergo agnosce, pie lector, hunc episcopum semel induxisse in animum nos scribere, quicquid omnino posset mendaciorum et calumniarum comminisci.

Huius fidem tibi faciet et illud. Ad praemissa mea verba subiicio, quae illi carnalis Christi adsertores, quibus tum respondebam, contra nos urgentes memoriam Christi, clamabant his verbis[270]: "'Quid (inquiunt) sacramentarii haeretici, qui Christum nunquam serio vel cognovistis vel docuistis, si sola Matthaei et Marci Evangelia haberetis, in quibus nihil de memoria sua Dominus praecepit, unde tum 'memoriam' illam vestram stabiliretis?'" [K4r] Hic queror quod illi adversarii nostri nos "sacramentarios haereticos" vocant. Non nec istos nec alios haereticos appellamus, nedum sanctissimos patres, id quod nemini non clarissimum est, mea legenti.

Sic est et illud. Ad eam interrogationem adversariorum, quum rogant, quo memoriam Christi in coena stabilire possemus, si sola Matthaei et Marci evangelia haberemus, ista respondimus: [271]"Primum (inquam) agimus Deo gratias, qui de hac, nempe memoria Christi, tam diligenter edoceri curavit per Lucam et Paulum." Haec mea verba infula[272] ista sic invertit[273]: "Sed attende (inquit) huius Buceri *fermentum Pharisaicum* [Mt 16,6], qui *agit Deo gratias, quod non sit sicut caeteri hominum* [Lc 18,11], cui revelatum sit, quod verba Christi symbolice intelligenda sint – quod ex Paulo et Luca didicisse se contendit, cum omnino probatum sit evidentissime contrarium. Unde igitur, o symbolice haeretice, induis[fl] personam" et caetera.

Vide tu hic, lector, 'fermentum episcopale'. Ego gratias Deo ago, quod nos de memoria Christi in coena curaverit edoceri tam diligenter per Lucam et Paulum. Episcopus vero mihi impingit 'me *gratias agere, quod non sim*

[fl] Ceneau: induas

[270] See n. 267. Bucer continued: "Respondemus, primum agimus Deo gratias, qui de hac tam diligenter edoceri nos curavit per Lucam et Paulum. Deinde si etiam sola Matthaei et Marci Evangelia haberemus, videremus Christum suis discipulis donasse suum corpus et sanguinem per panem et vinum, crederemus et nos ipsius discipulos, eoque non dubitaremus, et nobis illa donare, quibus nimirum et nostra peccata expiarentur", *loc. cit.*

[271] BSyn 2, 337B; BEv 1530, 191B; *Lang*, 443. For precedence accorded to the Pauline and Lucan narratives, see also *Apologia*, 15r-v; Oecolampadius, *De genuina expositione*, H8v. Cf. Kaufmann, *Abendmahlstheologie*, 341-342, 403.

[272] Infula = 'holy tassel' or 'mitre', *meton.* 'the bishop'.

[273] *Axioma*, 44r.

sicut caeteri hominum [Lc 18,11], et quod verba Christi intelligenda sint symbolice, et contendere me id ex Paulo et Luca didicisse'. Quale hoc fermentum fuerit Pharisaeorum ne an proditorum [cf. Act 7,52] et quadruplatorum[274] [cf. Lc 19,8]?

---

[274] 'Quadruplator' = public informer. In Antiquity, they received a quarter of the value of a corrupt activity they reported if it led to conviction, or on successfully reporting an offence punishable with a quadrupled penalty as volunteered by Zacchaeus. Cf. s. v. 'quadruplatores' in Berger, *Dictionary of Roman Law,* 662. A despised class of person, see Cicero, *Verrine Orations* 2, 2, 7, § 21; 2, 2, 8, § 22.

[EXCURSUS: AN FIDE SINE DILECTIO]

[K4v cont.] Simile et illud est. In Enarratione mea claudens disputationem de eucharistia, illam quam contra ¹eos solos institui, qui tum videbantur Christum vel impanare, vel localiter in pane includere¹, subiicio ²exhortationem ad charitatem – cumque illi solerent obiicere, ita deferendum dilectioni hominum, ne quid derogetur fidei, dilectionem oportere subsequi fidem, non fidei praeire, Deum non posse hominibus posthaberi, ego obiectionem hanc occupaturus, scripsi³: "Nolo dilectionem quidem fidei praeponi, sed monere volo, ne quis fidem habere se putet, cum vacuus est dilectione."

<AN FIDES SINE DILECTIONE>⁴ Hac mea sententiola correpta, scribit episcopus ⁵"me cum imperio velut e tribunali edictum pronunciare, et geminam ructare haeresim, quod fidem praepono charitati, et nego fidem haberi posse sine charitate". Ego vero non edico, sed concedo homines non esse sic diligendos, ut in eorum gratiam prodas fidem. Id episcopus sic torquet, quasi negem simpliciter charitatem praeponendam esse fidei, id est, fide *maiorem* [1Cor 13,13], eoque Paulo contradicam⁶. Quid vero est calumniari, si hoc non est? Nec enim puto tam illiteratum istum episcopum, ut sic παραλογίζηται⁷ [Col 2,4]. Sed videt iam effectum ut non sit fas nostra legere⁸, quam summam iniquitatem firmare ipse maximopere studet. Sibi ergo fidem habendam existimavit, quicquid in nos excogitasset.

---

¹⁻¹ That is, the Lutherans. Cf. e.g. Bucer to M. Germanus, Autumn 1525: "Vobis est impanatur", BCor 2, 52,46. See Brenz' annoyance about being asked: "Credisne tu impanatum?", in letter to Bucer, 3ʳᵈ Oct. 1525, *ibid.*, 44,186. Cf. Bucer to Zwingli, 14ᵗʰ Jan 1531: "[Lutherus] sustinet quidem negari istud impanari aut localiter in pane includi", CR 98, 303,7. Cf. Pt II, c 1, to n. 13; Pt II, c 3, to n. 133.

² The context was an appeal for greater charity when there are theological differences, with the Lutherans in mind. For the Lutheran refusal at the Marburg Colloquy to regard the others as full fellow Christians and members of the Church, see Brenz' report, BDS 4, 353,15-24. Cf. BEv 1530, Preface, A5v (discussion of Lutheran 'conscience' refusing Christian fraternity).

³ BSyn 2, 339A; BEv 1530, 191D; *Lang*, 445.

⁴ Cf. CT, a (IIII)/5, BDS 3, 55,3f. (rejection of notion of loveless faith, 'fides informis'). See also Pt I, c 7, n. 15 for faith/works issue in Bucer's development.

⁵ *Axioma*, 45v. In Ceneau's mind is the alleged heresy of 'fide sola' as well as the distinction between 'fides informis' and 'fides formata'. See also Pt I, c 6, n. 4.

⁶ Ceneau's argument: "Deinde quod negat [sc. Bucer] fidem haberi posse sine charitate – cum tamen frequentissime Paulus arguat Corinthios ob charitatis defectum. Quos nihilominus *fratres* [1Cor 1,10], et *fideles* [Eph 1,1], et eorum congregationem vocat *ecclesiam Dei* [1Cor 1,2]. Verum quid opus est testimoniis? cum idem Paulus dicat: *Si habeam fidem, ita ut montes transferam, charitatem autem non habeam, nihil sum* [1Cor 13,2]. Est ergo fides sine charitate nonnunquam. Nisi quis velit omnes fideles, qui charitate careant, nec opus est pluribus illud confutare, cum tota scriptura, innumeris scateat testimoniis, quae quando ubi sunt, quaeris per mare, quaeris per aquam." *Axioma*, 45v–46r.

⁷ 'He is deluded'.

⁸ Allusion to the ban on Reformation writings in France.

De fide superius diximus[9], quae certe si viva est, sine dilectione non est, et si natura sit dilectio [K5r] ne prior. [10]Prius enim oportet cognoscere Deum, quam ut *diligere,* vel *ipsum* vel propter ipsum, *proximos* [Lev 19,18. Mt 19, 19], valeas[10]. Maior tamen est, quia semper permanet[11], dilectio. Tametsi autem haec abesse non possit, ubi viva fide huic inhaeretur promissioni, qua per Christum promittitur *adoptio in filios Dei* [Eph 1,5]. Potest tamen Deus, et id initio christianismi solebat etiam, ex reprobis aliquis ita adflare suo Spiritu, ut promissioni edendi miracula certo credentes, *in nomine Christi* [Act 3,6] miracula patrent, et tamen ut vera et plena fide praediti non sint, ita nec dilectione. Huc respexit Paulus cum scripsit: *Si fidem habeam ut montes transferam* et caetera [1Cor 13,2].

[12]Alioqui cum doceat nos fide iustificari et servari, non operibus, utique sic de fide iudicat, ut quae absque dilectione esse non possit[12]. Sed cum episcopus ipse agnoscat, [13]fidem sine dilectione mortuam [cf. Iac 2, 17], ipse quoque fatetur [14]"fidem sine dilectione esse non posse". Quod enim mortuum est, iam non existit, nec potest id dici simpliciter, quod erat, cum viveret. *Qui non diligit, non novit Deum, nec est ex Deo,* inquit [1] Iohannes [4,8]; ergo nec credit, nam *qui credit, habet vitam aeternam* [Io 6,47]. Ibi autem episcopus suam dialecticam prodidit: 'Paulus arguit defectum dilectionis in iis quibus tribuit fidem; ergo fides est sine dilectione.' Nam si quis non perfecte diligit, hic est episcopo absque omni dilectioni.

---

[9] See Pt I, cc 6 & 7.
[10-10] Cf. CT, a (IIII)/6, BDS 3, 55-59; ACT, *ibid.* 235-237 (faith and love relationship), > e.g. Luther, *Predigten,*WA 20, 514,10-11 (there: "unum praeceptum 'diligere me' et 'proximum'").
[11] In Heaven, the saints continue to express love where faith and hope are no longer needed.
[12-12] Cf. Stephens, *Holy Spirit*, 65-6, 91-2.
[13] See n. 4.
[14] See n. 5.

[TERTIA PARS]

[CAPUT 1: RESPONSIO AD CONVITIA ET MALEDICTA]

[K5r cont.] Sed quid opus multis? Totus liber nihil quam calumniae sunt et convitia. Id autem ne bonis [K5v] patefiat, [1]"aetatis nostrae proceres, et reipub[licae] christianae moderatores" gravissime hortatur, ne "nos audire" sustineant, ne in iis quidem, quae alioqui vera esse videntur, nisi ante[a] facti "ecclesiae" (hoc est, ipsi et similibus episcopis) supplices, probemus quae volunt omnia, et "postulantes" erratorum "veniam", ipsorum "nos mansuetudini", cuius tot sanctorum necibus cottidie inaudita exempla aedunt, "subiecerimus". Et si qui nos audiendos, atque eo "favoris aliquid nobis praestandum" putent, hos[2] scribit "velle indui veste ex lana linoque contexta, [3]arare bove et asino[3] [Dt 22,1-11] , [b]hoc est[b], [4]claudicare in duas partes[4], et pedum [c]unum in ecclesia[c], alterum extra ecclesiam tenere"[1]. [6]Interim tamen provocat nos, ut nostra probemus et ipsius [5]obiecta diluamus[5] [6]. Sic hodie episcopi ea tenent quae de eorum officio divus Paulus tradidit [cf. 1Tim 3,1-7; 5,17-21].

His satisfactum abunde fuerit piis, ad omnes eas calumnias quibus hic episcopus ea quae de sacra eucharistia profitemur, quaeque in Enarratione mea in evangelistas scripsi, calumniari sibi permisit. Nam et si nonnullas prudens praeterii (nihil enim quam calumniari per omnem suum libellum ille studuit), eae tamen ex his quibus reliquas confutavimus, cuivis id apparebunt, quod sunt. Finem ergo faciens, iudicium omnium permitto Christianis.

<[d]RESPONSIO AD CONVITIA[d]> Tertius nunc defensionis huius locus postulat respondere ad convitia, sed alias detinui te[7] [K6r] forsan aequo diutius. Satis sint ergo ista paucula. Quae convitiatur et scurratur hic

---

[a] antea corr. – [b-b] omit. – [c-c] omit. – [d-d] duplicated

[1-1] Axioma, 46v–47r. Cf. 2r, & 5v–6v. At 6r-v Ceneau wrote: "Non dubito vos ex tribunali quod temere nimium et per iniuriam usurpatis, ad subsellia descensuros humiliter, et demisse, erratorum veniam imploraturos – ac procerum ecclesiae, cui iam insanabile, quod in vobis fuerit vulnus, inflixistis, sententiam ac censuram expectaturos".

[2] Allusion (of Ceneau) to Francis I's current concord policy with German Lutherans, and to those within the French Catholic Church of a mind to accommodate.

[3-3] Cf. Polydore Vergil, Adagia selectiora, in: Adagiorvm Erasmi, col. 1534, no. 45; Jerome, Epist. 123, 5, MPL 22, 1049.

[4-4] 'Lean in both directions', 'vacillate' Cf. the medieval proverb: "Claudicat in partes, qui nescit iura vel artes". Walther, Lateinische Sprichwörter, no. 2805.

[5] 'Refute the charges'.

[6-6] In other words, the Protestants should stand trial in an (ecclesiastical) court.

[7] Chancellor Duprat.

episcopus, huc omnia pertinent, ut vel adimat nobis [8]opinionem eruditionis et ingenii – vel notet [9]"arrogantiae" et contemptus [10]"meliorum et doctiorum", vel denique [11]infames reddat impiae doctrinae.

Ad primi ordinis convitia quibus quaerit nos haberi, [12]'ut qui nihil noverimus, nihil videamus, sine mente simus, sine sensu, toti fungi, stipites et saxa' – respondeo, nos sic animatos esse, ut existimemus tum nos fore beatos, cum dabitur plene tandem discere, nos *nihil scire, praeter Christum, et hunc crucifixum* [1Cor 2,2] – in huius autem cognitione et scientia cottidie facere dignos nostra vocatione progressus.

Ad convitia secundi ordinis quibus traducit [13]nos vesanae superbiae, ut qui prae nobis contemnamus omnes, et nobis ipsi omnem et eruditionem, et Spiritum arrogemus[13] – testamur, nos (et si nunquam possimus nobis ipsis satis displicere) [14]scientes tamen et prudentes[14] neminem contemnere, nobisque praeter unum hoc, quod *Dominus et nostri misertus est* [Is 54,10], deditque verbis suis habere qualemcunque fidem, nihil sumere vel scientiae vel spiritus. Sequi tamen non possumus nisi ea quae constat esse ex sententia Domini nostri Iesu Christi qui nos sibi *ingenti precio redimit* [1Cor 6,20].

Ad convitia impiae doctrinae hoc dicimus: quam sententiam sectamur de omni religione nostra, bona fide cum in hac apologia tum in aliis nostris qualiscumque [K6v] libris, exposuimus. Ea legant et iudicent Christiani, habeantque deinde nos, ut haberi nos existimabunt communi nostro *Domino* et *iudici* [2Tim 4,8] Iesu Christo, *ante cuius tribunal sisti omnes nos oportebit* [2Cor 5,10]. Is non cottidie magis exuat nobis ipsis, et induat se, *cui sit gloria in omne aevum* [2Pt 3,18].

Haec visum est, reverendissime domine, inpraesentiarum[15] ad abrincensis[16] certe atroces et immanes calumnias, respondere pro nobis,

---

[8] Ceneau alleged that Bucer was inept in both theology and philosophy, cf. *Axioma*, 22r, 24v, 25r, 25v, 26v, 42r-v. Cf. Wanegffelen, 'Un Sorbonniste', 34.

[9] *Ibid.*, 10r. Cf. 37r.

[10] *Ibid.*, 41r.

[11] *Ibid*, 3v, 4v, 7v.

[12] *Ibid.*, 10r, 34v (*p*).

[13-13] Ceneau wrote: "Bucerus, qui solos electos vult habere iudices, et sui errores censores, quasi sancti patres electi non fuerint – aut nullus electi nomen mereatur, nisi qui suae dementiae et caecitatis, conscius fuerit, aut assecla. Ait enim se non dubitare – quin veri electi, in suam snetentiam ituri sint. Hoc quid aliud est, quam dicere, neminem recte sentire, nisi qui secum sentiat? Sic fit, ut dum voce tantum et lingua alieno se submittit iudicio, re tamen ipsa, sibi arroget omne iudicium". *Ibid.*, 10r. See also 45r: "Te prophetam insinuas, et asseris tuam asssertionem, esse indubitatam veritatem, certam doctrinam Spiritus Dei, quam cognoscent electi". Cf. BSyn 2, 338B: "Hanc esse indubitatem de his veritatem, certam doctrinam Spiritus Dei, cognoscent tandem electi universi", BEv 1530, 191; *Lang*, 444.

[14-14] 'Knowingly and intentionally'.

[15] 'Under present circumstances, 'in the current situation'.

[16] That is, of Ceneau, the bishop of Avranches.

imo pro *doctrina Christi* [2Io 9], huius enim, non nostram [cf. Io 7,16] defensionem profitemur. Ea tibi, [17]regni illius, christianissimi[17] titulo praefulgentis, cancellario offeremus, et ut illa cum ipse legere, tum quo sit et publice ea legendi potestas, efficere digneris, te per Christum Dominum cuius profecto hic gloria agitur, oro et obsecro.

Debes id quod et initio monuimus[18], et ipse facile agnoscis, primum Christo Domino nostro et sponsae eius ecclesiae [cf. Eph 5,25][19]. Debes id regi et regno vestro. Debes id denique nomini et functioni tuae. Cognosces certe hinc, cognoscent et quicunque tecum ista legere sustinebunt, nos nihil praeter confessa vitia et abusus, qui in ecclesiam per socordiam et perversitatem episcoporum irrepserunt, reiicere. Et [20]quicquid vel sacrae literae tradunt, vel etiam sancti patres, quicquid denique vetus et purior ecclesia observavit, haec nos omnia summa religione amplecti[20], nec quicquam in hac vita potius ducere, quam ut sectari ea toto pectore instituant, [21]quotquot Christo Do-[K7r]mino nomen dederunt[21].

Non ignoras quam iniquum foret, nullam adeo nostri, imo christianae doctrinae quam profitemur, admittere defensionem, et interim perpetuo connivere ad hanc tantam improbitatem et inauditam crudelitatem, qua [22]iste episcopus et eius sortis caeteri, nos ut omnium bipedum sceleratissimos et impientissimos (et id non nisi [23]puris putis[23] mendaciis et calumniis) traducunt, produnt (et quantum in ipsis est) penitus evertunt[22] – [24]nos inquam, qui vobis religione fratres et civili societate amici et confoederati sumus, et vel nomine habemur[24].

Cavillatur adversarius [25]de restituendo ecclesiae suo in nos iure, deque confitendis et abnegandis erroribus, [26]'veniaque postulanda priusquam audiri' nos conveniat. Sed vides de hoc ipso esse controversiam, utri ecclesiae sua iura violaverint, eiusve se imperio subduxerint – utri denique

---

[17-17] Cf. Praefatio, n. 6.

[18] *Ibid.*, n. 7.

[19] Cf. Augustine: "Sponsa ecclesia est, sponsus Christus", *Enarr. in Psal.* 44,3.

[20-20] Cf. *Consilium*: "Nullum omnino ritum, nullum dogma reiecerimus, in quo non sit confessa impietas, quaeque evidentisssime pugnet cum omnium doctrina et observatione omnium patrum orthodoxorum et Ecclesiae catholicae. Nihil item observationum, nihil doctrinae amplexi sumus, quod non in ipsis divinis literis apertissime continetur", *Pollet* 2, 517,24-28.

[21-21] 'As many soever as have enlisted for Christ the Lord', that is, Protestants.

[22-22] For the image of bishops as capricious despots, cf. *Gesprechbiechlin*, BDS 1, 421,2–422,17.

[23-23] 'Downright', 'absolute'.

[24-24] Allusion to alliance between Francis I and the Schmalkald League.

[25] "Prius enim est, ut spoliata suo ritu, sua obedientia ecclesia, in integrum restituatur. Quandoquidem spoliatus etiam praedo – Iuris dispositione et quidem iustissimi, prius restituendus venit quam descendatur in causam", *Axioma*, 5v–6r.

[26] *Axioma*, 46r-v.

erroribus sese implicuerint. [27]Nos (ut et antea testati sumus) ecclesiae Christi, et quicunque hanc repraesentare, eiusque nomine agere, vel secundum pontificias[28] leges possunt, nostra omnia et nos ipsos subiicimus, et addicimus, iudicandos, corrigendos, et si videbitur etiam tollendos[27]. Erroribus vero maleve sanis dogmatis, si prudentes affines sumus, r[everendissimus] t[uus] d[ominus] hinc estimet.

Quicquid in nostris tam dogmatis quam ritibus fuerit, quod non depromptum sit ex ipsis divinis literis, et his, eo sensu intellectis, quem sanctorum patrum pro-[K7v]bat autoritas, id iam nobis omne damnatum, abnegatum, execrationique devotum esto. Est nostratibus adagio[29]: "Non esse verbum tam durum, quod se non patiatur dici" – ita nullum crimen tam immane, quod non sustineat se intendi vel innocentissimus, ab istiusmodi duntaxat episcopis. Sed quis innoxius, si satis sit accusari?[30]

Fac ergo, sicut pro officio, ita pro virili tua portione, ut aliquando et defensio nostra in regno vestro legi possit, cum prostent illic passim tam innumerae in nos, non legitimae certe accusationes, sed improbissimae et malitiosissime calumniae. Sed *in manu Domini est cor* [Prv 21,1] tuum, et omnium, is quoque efficit *omnia in omnibus* [1Cor 15,28]. Hunc ergo orabimus, ut donet tibi cum in hac causa tum in rebus omnibus, id instituere et perficere, quod cedat ut in gloriam Domini nostri Iesu, ita in rem primum [31]ecclesiae Christi[31], deinde et regis et regni vestri, quibus Dominus et sospitator noster ita indies augeat Spiritum suum, ut vere aliquando praeclarum illum titulum impleatis.

A M E N

DEFENSIONIS DOCTRINAE christianae, adversus axioma catholicum Roperti episcopi Abrincensis,

F I N I S.

[27-27] Passage which prompted Döllinger to maintain that Bucer was – insincerely – suggesting that the churches of the Augsburg Confession were prepared to "return" to the spiritual jurisdiction of the papal Church. Cf. *Die Reformation, ihre innere Entwicklung* 2, 38. See however ideas along those lines in the *Consilia* of Bucer and Melanchthon, Appendix, to n. 51.

[28] 'Pontificius' = 'papal', but also 'episcopal', and 'canonical'. For testimonies to all three senses at that era, see Hoven *Lexique*, 273, s.v. (I).

[29] Presumably a German ('nostratibus') proverb, but not traceable.

[30] See Epistola dedicatoria, n. 60.

[31-31] > Cyprian, *De ecclesia catholica*, 8, 215, perh. ap: Erasmus, e.g., *Ratio*, LB 5, 105C; *Modus orandi, ibid.*, 1123F.

III. 1: APPENDIX

[*CONSILIUM DE PACE ECCLESIAE*]

(BUCER'S MEMORANDUM ON THE FEASIBILITY OF OVERCOMING CONTEMPORARY RELIGIOUS DIVISIONS)

The following text, cited in the notes to the *Defensio* and sourced there in both *Pollet* 2 and 'Appendix', emanates from 1534-1535 when the French authorities launched a religious concord initiative[1]. Royal shuttling diplomats like Guillaume du Bellay (brother of the archbishop of Paris) and Ulrich Chelius (Geiger) took soundings from some German and Swiss Reformers, including Melanchthon and Bucer. The latter's *Consilium*, was written and dispatched to Paris after he had seen Melanchthon's. Agreeing to participate in a consultation to promote a religious peace process in advance of a church council, Bucer's text embodies the relatively irenic and via media theology to be linked with his name. This was flexibility on dogmatic questions, but tough on matters of religious practice and Christian witness in respect of life-style: sanctification and enlightenment of leaders (*boni et docti*), religious reform, church concord and reunion, these three components are inseparable if progress is to be made.

Bucer's memorandum has a twofold significance. Firstly, as has been indicated in the Introduction[2], the notion of concord and dialogue it reflects seems to have been a factor occasioning Ceneau's *Axioma catholicum*. Secondly, along with Melanchthon's memorandum, Bucer's helps initiate a process which climaxed in the religious colloquies in the Empire at the end of the decade.

The text has already been edited by Pollet[3]. There being an intrinsic relationship between the contents of the *Consilium* and the *Defensio* – something missed by Pollet – reproducing the text here illustrates clearly the interdependence. The only topics in the *Consilium* not treated separately in the *Defensio* are church order and polity, private masses, and communion in both kinds.

The main aim of the footnotes is to highlight the substantive relationship between the texts by way of cross-referencing. This avoids duplication. But some annotation supplementary to that in *Pollet* is also provided. The text-version below is essentially the same, except that it has been modified in

---

[1] See Introduction, to nn. 20, 21, 42, 70, 73. The accompanying political dimension appertaining to this project is illustrated in the literature cited in those notes. The episode and Bucer's part in it is outlined in *Pollet* 2, 488-509; for fuller account see also Seidel, *Frankreich und die deutschen Protestanten*, especially pp. 16-46, 88-122. Cf. Hughes, *Lefèvre,* 183-189.

[2] In the section at n. 42.

[3] *Pollet* 2, 509-518, with textual variants.

orthography, punctuation, marking biblical references etc. to conform with the *Buceri opera latina* editorial principles.

Mss:

Original (= transcript of Bucer's lost draft by his secretary, possibly Lithonius, with additions in Bucer's hand): *Paris, Bibliothèque Nationale, Collection Dupuy, 424, f. 29r–36r.*
Copies[1]: *Zurich, Zentralbibliothek, ms. Simler.*
TB VII, 171.
Zurich, Zentralbibliothek, F 36, 1073–1080, further copy in 538,30.
London, British Library, ms. Marley 3144, f. 25v–33v.
London, Lambeth Palace, ms. 2010, no. 95, f. 154–157.

Editions[2]:

Pollet 2, no. XXXVIII, 509-518 (based on Dupuy ms.).
[J. A. de Thou], *Sententiae ... Melanchthonis ... Buceri ... Hedionis et aliorum ... de pace ecclesiae ...* (Paris) 1607, 21-35 (seemingly based on Dupuy ms., but stylistically tampered with and 'improved').
M. Goldast, *Politica imperialia ...* Frankfurt 1614, 1280-1284 (reproduces text of the *Sententiae*).
Centuria epistolarum theologicarum ad I. Schwebelium, Zweibrücken 1597, no. 75, 258-273 (based on the original, but is an abridged edition, wrongly dated as 1535).

---

[1] Not taken into account in this or Pollet's edition. Thanks to the late Jean Rott for the supplementary information.
[2] Cf. *Pollet* 2, 490, n. 3; 494, n. 3. For recent discussion of these editions, especially that of de Thou, see Bodenmann, 'Plaidoyer', in: Bucer, *Actes* 2, 749-752 (there: further literature and sources).

Concordia vera ecclesiae non potest nisi inter eos constare, qui sunt de ecclesia, qui ³Christo vere credunt³ et cupiunt facere voluntatem Patris nostri in coelis [cf. Mt 6,9-10]. Nihil enim *commune Christo et Belial* [2Cor 6,15]. *Animalis homo [ea] quae sunt Spiritus Dei percipere nequit* [1Cor 2,14]. Mundus odio habet Deum [cf. Io 15,18ff.].

Iam quid vulgus praesulum et ecclesiasticorum vivit (proh dolor) nimis in aperto est⁴ – *a spinis* autem *ficus* quis *colliga*t [Lc 6,44]?

Ergo ex ordine ecclesiasticorum, qui de christiana tractent concordia, ii deligendi sunt, de quibus ⁵boni viri⁵ possint sibi polliceri, quod quaerant Dominum synceriter. Adhibendi his ex proceribus et doctis, quos eodem teneri studio vita eorum testatur. Nam qui non sunt nati ex Deo, ii Verbum Dei non audiunt [cf. Io 8,47] – qui possent igitur de vera eius intelligentia et certa ratione illud administrandi aliquid dignum Christianis statuere? Quae in *pseudoprophetis* [Mt 7,15 Gk] olim et impiis sacerdotibus, scribis et pharisaeis, *falsis* denique *apostolis* [2Cor 11,13] atque haereticis contra puritatem [cf. Iac 3,17] doctrinae Dei [cf. Io 7,17] tentata et perfecta legimus, ea et ab iis metuenda sunt, qui illis omni vivendi instituto similes sunt, imo eos in plurimis malis superant.

A nobis nulla mora erit, quin certa *ecclesiae Dei* [Act 20,28; 1Cor 1,2] pax constituatur. Nam quicquid per Deum concedi potest, concedemus. Quicquid ex placito Dei poterit recte et ordine institui, amplectemur. Quae prisci salubriter observarunt⁶, quamlibet saevera ea sint, quantum ad nos quidem attinet, restituemus, nequaquam enim id agimus, ut recepta omnia convellantur, aut ne ulla omnino vitia labesve tolerentur.

Nihil autem minus volumus, quam ut *regno Christi* [Eph 5,5] sua desit politia, sua praecipiendi autoritas. Nusquam enim certiore omnia et communiore ordine debent esse constituta. Nusquam debet esse obedientia maior, subiectio planior, potestatis reverentia religiosior.

Iam externa *potestas*, cum quaecunque est, *a Deo est*, et *Dei ordinationi resistit*, qui huic non obtemperat [Rm 13,1-2], toti in eo sumus, ut haec potestas sacrosancta sit, et colatur ab omnibus quam studiosissime. Sed ne per dogmata quidem nostra vel ritus stabit, quo minus coeat iusta ecclesiarum *in Domino* [1Cor 9,1-2 etc.] concordia.

Dogmatum, de quibus controverti coepit, primum est de iustificatione⁷, hoc est, quid nam illud sit, quo certis nobis esse detur Deum nobis peccata condonaturum et vitam aeternam adiudicaturum. Cum enim omnes sentiamus Deum esse, in cuius potestate sunt omnia, haec prima omnium cura est, ut

---

³⁻³ Cf. Pt I, c 6, to n. 11.

⁴ Cf. 'Epistola dedicatoria', to n. 52.

⁵⁻⁵ Cf. Introduction, to n. 84, and n. 61 below.

⁶ Cf. Pt I, c 1, to nn. 18, 20, 21.

⁷ Cf. Pt I, c 2, 'In quo iustificatio', & c 7, 'De fide et operibus'.

hunc habeamus propitium, quo nobis et hic et in futuro seculo sua bona largiatur – nam ut diffluant praesentia, experimur.

In hunc vero locum irrepserunt plurima superstitio et male auspicatorum hominum nundinationes, adeo ut id dissimulari nullo pacto potuerit. [8]Quid non tributum sanctorum meritis et a nobis confictis praerogativis, sacrificorum quoque et monachorum precibus et aliis ceremoniis? Quantum etiam fiduciae in propriis cuiusque satisfactionibus et meritis collocatum?[9] Quantum obscurata gratia, quam maligne praedicatum meritum Christi?[8] At vero quod nos in hac quaestione a vulgo recentiorum theologorum necessario scilicet variamus[10], id sic aperte in divinis literis exponitur, adeo decantatum est omnibus orthodoxis patribus, sic vi veritatis ipsis quoque scholasticis expressum est, ut si modo viri boni et graves Christique vere studiosi hanc quaestionem excutiant, minimo sane negotio pulchre per omnia conventuri sint.

Omnibus in confesso est, primum, [11]gratiam mereri neminem posse, et ante hanc nihil boni meriti penes nos existere posse. Non est igitur ex natura liberum arbitrium ad bonum, sed per Christum id liberari et ad bonum excitari necesse habet. Idem quod S. Augustinus passim praedicat. Relinquitur et illud ex [12]sola gratia[12] nos nullis nostris meritis servari, quam gratiam cum fide [cf. Rm 5,2] amplectimur priusquam quicquid operemur, confessum et hoc est, *nos fide iustificari* [Rm 3,28; Gal 2,16], fiducia scilicet misericordiae Dei ultro nobis peccata remittentis propter sanguinem Filii sui, et nullis nostris operibus. Cumque nos de fide vera loquimur, quae *per dilectionem* efficax est [Gal 5,6], satis liquet, nos bona opera non reficere, sed rite plantare, posita viva eorum radice, fide. Ad quae etiam quottidie diligentissime adhortamur, luculentissime explicant[es] quid Deus et bonis et malis operibus repensurus sit. Tum quia semper *inutiles servi sumus* [Lc 17,10], et legem Dei nunquam implemus, fidendum semper docemus misericordiae Dei [cf. Rm 9,16] et merito Christi, non nostris operibus, quae quatenus bona merita sunt, 'Dei dona' sunt, ut D. Augustinus praedicare solet[13].

Porro omnia opera nostra sic debere institui, ut et *gloriam Dei* illustrent et iuvent proximos [1Cor 10,31-33], quis eat inficias, quando omnis *lex et prophetae in dilectione* Dei et *proximi* consumantur [Mt. 7,12; Rm 13,8,10; cf. Mt 22,37-40]. Perfacile igitur fuerit, ut in hac prima quaestione doctrinae sanctae (ex qua omnia ea fluxerunt quae novasse criminamur) consentiant boni et Dei timentes.

[8-8] Cf. Pt I, c 4, 'De operibus supererogationis'.

[9] Cf. Pt I, c 5, 'De satisfactione pro peccatis. Quid valeant aliena merita'. See also Pt I, c 7, to n. 26.

[10] See *ibid.*, to n. 4. Also Pt I, c 4, to n. 4.

[11] Cf. Pt I, c 3, 'De gratia, libero arbitrio, et meritis'.

[12-12] Cf. Pt I, c 7, to nn. 10, 13.

[13] See *Ep.* 194 (*ad Sextem*), 5, 19, MPL 33, 880; CSEL 57, 190,134-15. *Sermo* 131, MPL 38, 733. Cf. Pt I, c 3, to nn. 40 & 41.

Ceremonias Ecclesiae, preces et ieiunia[14], cum ipse *Christi spiritus* [Rm 8,9] instituat agatque in omnibus vere credentibus, nihil poterit de his constitui, quo haec apud christianam plebem promoveantur, quin id ambabus quod aiunt manibus amplexaturi simus. Ne hic ergo fuerit, quo minus ecclesiae in sanctam inter se concordiam redeant. Ut nunc vivitur, de ieiuniis et omni castigatione carnis nimium etiam inter homines convenit, paucissimi enim his delectari videntur. Hoc vero inter nos et eos, qui nos damnant, interest, quod nobis videtur, cum ista non nisi ab ultroneo spiritu, suscipi queant, praestare, homines ad ea sanctis hortamentis invitare, ut apostoli fecerunt [cf. Col 2,16][15], quam adicere praeceptis, quae nemo tamen observat, ii minimum, qui praecipiunt. Illi autem malunt praecipere et haec esse praecepta ecclesiae contendere, nihil solliciti, quod ea[16] cum ipsis observet nemo.

Ita nec confessione atque omnium iusta disciplina poenitentium convenire difficile fuerit iis, qui cum observatione veterum praesentes mores contulerint, et id quaerant statuere, quod emendationem promoveat, non invehat maiorem contaminationem. Certum est enumerationem secreto admissorum iure divino liberam, id ergo de ea ordinetur, quod viri boni et conscientiarum serenitati ex animo studentes viderint ad solidam poenitentiam profuturum[17].

De missa[18] plusculum forsan negocii erit, sed id, quia vulgo de hac opiniones obtrusae sunt, et ipso opere missarum quottidie confirmantur, quae tam impiae tamen sunt, ut ipsis quoque scholasticis damnentur. Homines siquidem omni cura poenitentiae et pietatis posthabita, si viderint modo singulis diebus missam, de eius tamen mysteriis ne cogitent quidem, putant id sibi et suis apud Deum pro hac et futura vita plurimum valere. Iam quis nescit *hic mortem Domini* praedicandam [1Cor 11,26], hic sacram *corporis et sanguinis Domini* celebrandam, *communionem* [1Cor 10,16]; hinc abesse debere omnes prophanos, adesse sanctos, hic summum Christo credentium exerceri sacrificium et cultum, hic esse praesentem ut Dominum, ita totam curiam coelestem? Repetamus ut omnes sancti patres hoc mysterium habuerunt. Sequamur quae in pontificio decreto[19] de eo extant.

De ratione sacrificii quae missae competat, atque applicatione huius operis, imo meriti Christi, hoc opere et ministerio nobiscum hic in eius corpore viventibus, maxime praesentibus, vel ex Aquinate esse licebit concordiam s...:

---

[14] Cf. Pt I, c 12. 'De ieiuniis etc.'
[15] See *ibid.,* to n. 3.
[16] Bucer: eam
[17] Cf. Pt I, c 5, to n. 37.
[18] Cf. Pt I, c 9, 'De missa'.
[19] That is, the (pseudo-) Nicene decree, see Pt II, c 2, to n. 46.

[20]huic enim utraque nititur virtute promissa sacro ministerio, et viva verorum membrorum Christi communione[20].

Nos quidem in ecclesiis nostris, quia sacrifici voluerunt sui iuris esse, nec ita coguntur reip[ublicae][21] dicto audientes esse, ut in dicionibus[22] principum[23], *coenam Domini* [1Cor 11,20] cum plebe sola celebrare cogimur, eoque celebramus eam quam simplicissime ad ritum apostolorum[24]. Nihil poterit autem statui vel restitui, quod ullo pacto rei huius maiestatem et fidei aedificationem augeat, quod non libentissime nostri admissuri, imo cupide amplexuri sint, locus modo sit ubique sincerae cum huius tum aliorum mysteriorum Christi explicationi et absit manifesta cum superstitio tum hypocrisis.

De praesentia vera veri corporis et sanguinis Domini in coena, fuit (proh dolor) gravis hactenus inter nostros dissensio[25], ita ut ecclesia hoc malo eiusmodi *conflictationum* [1Tim 6,5] nunquam non graviter tentata est, quoties purior extitit scripturarum tractatio, et Verbi Dei praedicatio vivacior. Verum, si emoriendum modo mihi sit, haud possem videre ultra verba[26] hanc controversiam processisse inter eos quidem, qui nunc videntur in hac re inter se non congruere.

Extiterunt qui ministerium Verbi et sacramentorum et Christi in coena exhibitionem tantum non penitus explodere viderentur, idque tentare, ut magis adeo rite docentibus Christum obturbarent, quam ut explosis erroribus superstitiosis veritatem elucidarent[27]. Contigit simul, ut hi, qui tum et modo fidei praedicationem recte et caste urgent, negata transsubstantiatione, ita videbantur corpus Domini unire pani, 'ut in ferro candente ferrum et ignis coniuncta sunt' – id enim exemplum adferebant[28]. Cumque contra illos, quos dixi coepisse ministerium sacrum labefactare, ferrentur pro ingenio suo vehementius, videbantur quoque externis rursum ministrorum actionibus plus aequo tribuere.

[20-20] Ap: Thomas Aquinas, *S th*, 3a, q 79, a 3 (*pi*). See also Pt I, c 9, section 'Ut coena sacrificium', to nn. 17 & 27. Cf. *Pollet* 2, 495, n. 1 (there: illustrations of Bucer's [delusory?] accommodation to Thomas).

[21] That is, the south German Imperial Free Cities.

[22] Usually written by Bucer as 'ditio' = 'dominium' or 'territory'.

[23] That is, the Lutheran territorial princes. Cf. *Pollet* 2, 512, n. 4.

[24] Cf. Pt I, c 9, to nn. 11, 49 , 50.

[25] Cf. Pt II, c 2, to n. 6.

[26] *Ibid.,* to n. 27 ff., that is, Bucer's controversial view after 1528 that the eucharistic controversy was largely semantic quibbling.

[27] The reference here seems to be to 'sacramentarians' or 'Anabaptists', and to popular (urban) agitation against the Mass and 'real presence'.

[28] Notably Luther, *De captivitate babylonica*, WA 6, 510,5-8; *Vom Abendmahl Christi*, WA 26, 444. Cf. Pt II, c 1, n. 13 (there: perceived 'impanation' the object of Bucer's critique).

Mota igitur sic et agitata hac quaestione, coeperunt alii[29] docere, Christi verum corpus nunc spirituale et coeleste non posse aliter cum pane uniri, quam ut signatum cum signo. Proinde orationem illam Domini: *Hoc est corpus meum* [Mt 26,26 & parallels], nec inferre transsubstantiationem, nec ullam naturalem corporis Domini et panis unionem, recteque exponi per hanc: '*Hoc est corpus meum*, id est: hic panis est signum vel figura corporis Domini', ut Augustinus Contra Adimantium [12, 3][30] et Tertullianus Contra Marcionem [4, 40][31] eam exposuerunt. Nunquam autem voluerunt negare veram Domini in coena praesentiam et manducationem, ut nos quidem horum scripta et sermones intelleximus.

Mox alii[32] arbitrati sunt hos velle nihil quam panem et vinum in sacra coena relinquere. Coeperunt contra eos scribere admodum dure – idque eiusmodi semper verbis usi, ex quibus alii[33] existimabant eos docere vel impanari corpus Christi, vel includi in pane localiter, aut certa aliqua alia physica ratione cum pane uniri. Sic illis ex altera parte visum perpetuo est, materiam sibi ab his exhiberi defendendi veritatem humani corporis in Christo[34], quae nihil istorum admittat – in quo et ipsi ita disputationem proposuerunt, ut alii in ea de eis opinione perstarent, negare eos omnimodam veram ac solidam Christi praesentiam in coena.

Iam isti hanc praesentiam solide confitentur et praedicant, et illi Christi corpus et panem non nisi sacramentaliter uniunt. Ita neutri agnoscunt quod alteri appugnant; quodque utrique contendunt, utrique quoque agnoscunt. Hi, ut dixi, veram Domini in coena praesentiam, et [per] sacrum ministerium exhibitionem; [35]illi nullam posse inter panem et Christi corpus esse unionem ultra sacramentalem[35].

Nobis igitur persuasissimum est, in reipsa nullam esse controversiam. De verbis est[36]. [37]Nam quibus isti uti volunt: 'dari corpus Christi in manus eisque

---

[29] That is, Zwingli and Oecolampadius, see Pt II, c 2.

[30] Ap: MPL 42, 144. CSEL 25, 140 (*r*, part *e*. Here, Bucer, driven by notions of patristic consensus, conflates the Augustine and Tertullian excerpts). Cf. Pt II, c 3, n. 10.

[31] Ap: MPL 2, 491. CSEL 47, 560. CCL 1, 656 (*ri*). Cf. Pt II, c 2, n. 8.

[32] That is, the Lutherans.

[33] That is, the Swiss, Strasbourgers and others in south Germany.

[34] The Lutherans had alleged that the christology of the southerners, particularly the issue of Christ's humanity, was reductionist.

[35] A concept used by Luther which Bucer saw as offering concord possibilities, see his *Vergleichung* (1528), BDS 2, 312,25–313,2. See Pt II, c 1, to nn. 16 & 22. Pt II, c 2, n. 21.

[36] See n. 26. Cf. Bucer's letter to Bullinger, 14th February 1533: "Video et tango … non posse excogitari verba, quibus hoc efferamus [=express] concorditer", BullBr 3, 69-70.

[37-37] Bucer had reiterated this familiar argument in a published tract (1533) anonymously written by him for the Frankfurt church. This was in response to Luther's uncompromising open letter to Frankfurt denouncing the toleration of "Zwinglian" and "sacramentarian" eucharistic views there, and in which Bucer's views were also subsumed by him. Cf. Bucer, *Ein Bericht, was zu Frankfurt a. M. geleret*, BDS 4, esp. 493,10–505,20. Luther, *Ein Sendbrief an die zu Frankfurt a. M.*, WA 30/3, esp. 560,11–565,14. See also *Pollet* 2, 283.

ore corporaliter, esse in pane corporaliter et realiter', iis videtur illis exprimi 'naturalis Christi cum pane unio'. Et contra, quae illi verba usurpant, 'Christi corpus percipi ab anima fideli, ore fidei, panem ore corporis' etc, istis solidam praesentiam Christi non satis exprimunt[37].

Nos hic iam quadriennium[38] concordiam molimur hac ratione, ut utrique contenti verbis scripturae et patrum, veram Christi in coena praesentiam confiteri atque exprimere, ut tamen vere utrinque eam agnoscimus, finem tandem isti disputationi imponeremus. Nunc in hoc et Philippus[39] et alii boni viri et graves incumbunt, spero Dominum daturum, ut porro hinc nihil sit offendiculi.

De missis privatis – cum eae natae sint ex praepostera huius operis fiducia, et nuper adeo, cum nimium inclinatae essent res ecclesiasticae, prorsus ignoratae seculo superiori et religiosiori, verendum, ut ulla ratione sic queant corrigi, ut non rursum superstitioni serviant, maxime cum tam dissideant ab institutione Christi, omnique usu ecclesiae priscae et sanctioris. Attamen, ut Philippus scribit, [40]disputari de hac re poterit, si qua ratione eiusmodi queat esse ceremonia, quae valeat ad exercendam fidem et gratiarum actionem. Sed quid? Si serio quaerimus Dominum, sicut de praecipuis quaestionibus religionis illico convenerit, ita non poterit de hac re reliqua manere digladiatio.

Communionem utraque specie quid causae sit ut non concederetur, cum diversum irrepserit, sine authoritate evangelii, absque ulla ratione, quae apud rite doctos ea *quae Christi sunt* [Phil 2, 21] curantes, alicuius momenti sit, sola quorundam non bene consultorum praepostera sacramenti huius reverentia, et praerogativae sacerdotalis appetentia, quae causa et Gersoni[41] (viro alioqui et doctissimo et sanctissimo) praecipua visa est.

De coenobiis[42] – quae melior ratio, quam iuxta [43]regulam D. Augustini[43] et omnium veterum, dimissis qui frustra in coenobio sunt, permissoque his, quod eis idem Augustinus, item et Cyprianus[44] permittit, reliquis eam rationem vitae commendare, quam veteres sancti instituerunt, manifestam adeo et indissimulatam vivendi nequitiam, aut certe hypocrisin et superstitionem, cur non submoverent pastores ecclesiae? Idem, de coelibatu sacerdotum statui

---

[38] That is, since 1530.
[39] That is, Melanchthon.
[40] Cf. his *Consilium, Pollet* 2, 519,20-29. See *ibid*, 494.
[41] > Jean Gerson, *[Adversus haeresim] de necessaria communione laicorum sub utraque specie*, 10, in: *Oeuvres complètes* 10, 63-64, probably ap: Biel, *Canonis missae exp.* 4, 84 L, VIEGM 34, 93 and/or CA, a 22, BSLK, 330(*p*). Cf. BEv 1536, 'Retractationes', 489 (there: same point with reference to Gerson).
[42] Cf. Pt I, c 11, 'De votis et coelibatu'.
[43-43] > *Epistola* 211, MPL 33, 211 ff. CSEL 57, ap: ACA, a 27, 17 (*rp*).
[44] See Pt I, c 11, to n. 9.

quid impediat? Nam in tanta sacerdotum. et monachorum turba, aliter vitae puritas restitui poterit.

De votis[42] – id agamus, ut serventur quaecunque viri pii et prudentes posse servari cum incremento pietatis iudicaverint. Isthuc enim est Deo illudere, vota coelibatus et syncerioris vitae exigere et edere, nec cogitare quidem, ut ea praestes. Ut namque vulgus sacerdotum et coenobiorum vivat, quis bonorum non deplorat? Vota, ut pars cultus Dei, sunt ita contra Deum nec suscipi nec praestari possunt.

De divis[45] – petatur conciliatio ab orthodoxis et sanctis patribus ecclesiae, colantur ad imitationem. Invocatio, ut pro nobis orent, sic ut praesentes nobis in hac vita sancte viveremus, cum scriptura eius adeo nullum exemplum contineat, et ut nunc res habent, ea vix sine diffidentia intercessionis Christi usurpari possit, indicatur nemini. Leguntur quidem sancti patres in encomiis sanctorum praemortuorum facta prosopopoeia[46], intercessionem eorum quasi praesentes a praesentibus orasse. Sed id videntur magis fecisse studio commovendi affectum religiosae admirationis in divos, quam ut eorum intercessioni multum tribuerint. Extra consortium sunt vitae huius, vivunt cum Domino, exempla itaque fidei eorum, quae hic exhibuerunt, expendamus, et in his Deum praedicemus – hic verus erit divorum cultus. Sed ubi de caeteris quaestionibus convenerit, haec quoque facile discutietur.

Niti meritis eorum et adorare eos ut patronos, qui praerogativis suis valeant nobis depellere morbos et alia incommoda, et interim nullo vero studio teneri Christi, nihil de divorum imitatione esse sollicitos, hoc quid nisi manifesta idolatria est? Ac sic vulgus prope omne divos colit. Quae dicuntur, canuntur et fiunt ad illorum sepulchra, imagines et statuas expendamus, et videbimus nos minimum abesse a superstitione ethnicorum[47]. Haec vere religiosae mentes quomodo ferant?

De imaginibus et statuis[48] – nos in urbibus superioris Germaniae incusamur non recte sentire, et in eas nobis plus satis permisisse, sed profecto nullas imagines vel statuas removimus, nisi quae ad manifestam idolatriam prostitutae fuerant, quarumque certe nullam veteres sancti tulissent. Caeterum imagines Christi et divorum non damnamus, sed cultum earum et adorationem damnamus, idque cum theologis omnibus et veteribus et recentioribus. Proinde nec ex hoc loco impedimentum a nobis quidem erit verae ecclesiarum concordiae. Iam quod aperte religioni officit, pastores populi christiani cur non vellent submotum?[49]

---

[45] Cf. Pt I, c 8, 'De intercessione divorum'.
[46] = 'personification'.
[47] Cf. Pt I, c 8, to n. 67.
[48] Cf. Pt I, c 10, 'De imaginibus'.
[49] Typical Upper Rhine and urban proactive attitude to the reform of abuses.

Quantum attinet ad [50]delectum temporum, ciborum[50] et quae huius generis
sunt, libenter erimus *omnibus omnia* [1Cor 9,22], modo puritas *doctrinae
Christi* [2Io,9] admittatur et removeatur superstitio. Atqui puritati doctrinae
quis velit obsistere, vel patrocinari superstitioni?

A nobis itaque nihil prorsus fuerit, quod plane ecclesiarum concordiae
restituendae ullo pacto obstet. Per nos licet [51]pontifex romanus et caeteri
episcopi omnem suam potestatem[51], imo et diciones retineant – tantum
potestate sua utantur ad *aedificationem* ecclesiae, *non* certam *destructionem*
[2Cor 10,8], quod nemo, ut sibi liceat, potest petere – sicque vivant, illaque ab
externis dicionibus negocia ita admittant et procurent, ut in eiusmodi sacris
muneribus vel iuxta ipsorum canones ferri possint. Monstrosum alioqui foret,
potestatem ecclesiasticam sibi sumere eos, qui nollent ulla ex parte eam
exercere, aut etiam modis omnibus illam conari pessundare[52] et abolere. Iam si
quis ita vivit, ut non modo iuxta scripturarum, sed etiam canonum praecepta,
ne cibus quidem cum eo sumi possit [cf. 1Cor 5,11], huic omnem *ecclesiae
Dei* [1Cor 1,2] administrationem committere et totam Verbi Dei
dispensationem credere, quam id ferri apud Christianos possit, quid etiam
ecclesiae commodaturum sit, nemo ignorat. Sed nolumus hic plus aequo severi
esse, nihil exigemus ad vivum, modo sic gerantur omnia, ut iures eos totam
iniquitatem et nequitiam profiteri.

Ut Romae et alibi palam vivitur, quis vel micam Christi habens non horreat,
cum de eo tantum cogitat. Iam de hac tam confessa perversitate ne tantillum
quidem immutatum sustinere, et nos interim sic execrari, devovere et conari
excindere funditus, quid orbi paraturum sit, cum *Deus* sit *iudex omnium* [Hbr
12,23], sancti cum dolore summo provident. Et nihil minus quam religionem
expugnari posse, vel illud satis indicat, quod pro nulla re vita tam animose et
alacriter etiam hoc nostro seculo profunditur. Considerandum hic et illud
ethnicis quoque visum, pugnam pro focis et aris habere ut iustissimam, ita et
acerrimam. Non quod pugnent pure Christiani duntaxat pro religione – at pii
quoque principes libertatem religionis vere suis eripi non sinunt. Infinitae
profecto causae sunt, ut monarchae et principes reipublicae christianae ab ista
cura praesentium rerum harumque fotricis[53] superstitionis[54], veterno
expergefacti, istam nefandam et immanem ecclesiastici ordinis ac inde totius

---

[50-50] Cf. Pt I, c. 12, 'De ieiuniis'.

[51-51] Bucer's utterances in this section – declaring a willingness to accept traditional church
structures including Roman episcopal supremacy, providing they are reformed along firm Christian
guidelines – are comaparable to those of Melanchthon in his *Consilium*, cf. *Pollet* 2, 518,21–519,2;
and from the Melanchthon original in *Dupuy Coll.*, see *ibid.*, 493, n. 1. See also Pt III, c 1,
'Responsio', to n. 27.

[52] = pessum dare, 'terminate', 'do away with'.

[53] Medieval Latin, 'that which sustains, nourishes', cf. Hoven, *Lexique*, s. 'fotrix' (there: earlier
usage by Bucer cited).

[54] Cf. Pt I, c. 13, 'De synodo', *passim*.

rei christianae ruinam sic ubique in oculos incurrentem semel aspicere sustineant, deque constitutione rerum ecclesiasticarum seriam inquisitionem instituant.

Ecclesiastici[55], qui satis norunt sua lucem sanctioris excussionis ferre non posse, ut hanc avertant, perpetuo crepant scita maiorum, instituta ecclesiae, multorum seculorum consensum et usum, cum tamen nihil a doctrina et institutione maiorum gentium praesulum, utrique (?) istorum et doctrina et vita, qui hodie rerum ecclesiasticarum potiuntur, aeque dissideat. [56]Nos criminantur nihil receptorum vel dogmatum vel rituum non impie convellere, omnia seditione novare, ecclesiasticam disciplinam funditus evertere, reliquae potestati labefactandae insidiari[56], cum nulla prorsus potestas sit, quam non sacrosanctam et habeamus et habendam doceamus. [57]Nihil aeque quaeramur atque disciplinam ecclesiae sic misere collapsam, et nullum omnino ritum, nullum dogma reiecerimus, in quo non sit confessa impietas, quaeque evidentissime pugnet cum omnium doctrina et observatione omnium patrum orthodoxorum et ecclesiae catholicae. Nihil item observationum, nihil doctrinae amplexi sumus, quod non in ipsis divinis literis apertissime continetur, et est sic traditum observatumque ab omni [58]Christi ecclesia[58] [57], ea, quae adhuc perpetuo in eiusmodi authoritate fuit, ut eius decretis et observatione comprobentur, quaecunque digna haberi debent, ut a fidelibus Christi [cf. Eph 1,1] vel credantur vel in vita observentur.

Proinde qui volunt consultum ecclesiae, qui christianae reipublicae pacem et tranquillitatem expetunt, eos in primis in hoc incumbere necesse est, ut iusta tandem et libera synodus[59] coeat, in qua ea omnia, de quibus putatur esse controversia, religiose excutiantur et consultis scriptura et patribus arbitrentur. Id si flat, sic potens et in aperto veritas est, ut vera ecclesiae concordia citra negocium constituetur. Ut autem nunc res habent, et res de quibus controversiae sunt, tam paucis rite habentur cognitae, falsaque et impia de nobis persuasio sic passim obtinuit[60] – ut nostra nec audiantur nec legantur – via ad synodum hinc commodum, ut nobis quidem videtur, muniri poterit, si primum aliquot 'docti ac boni'[61] conveniant, et de omnibus ecclesiae dogmatis et ritibus, deque ratione corrigendi quod ulla ex parte vitii

---

[55] 'Priests', 'clergy, cf. Hoven, *Lexique*, s. v. (there: earlier usages by Bucer cited).

[56–56] Allusion to Ceneau's accusations, see Pt I, c 1, 'Quid catholicum, quidve faciat haereticum', to nn. 4 & 8.

[57–57] Cf. Pt III, c 1.

[58–58] Cf. Epistola dedicatoria, to n. 33.

[59] Cf. Pt I, c 13, to n. 1 (there: other contemporary writings). See also Epistola dedicatoria, to nn. 74 & 75.

[60] While modern studies often highlight the Reformation's propaganda 'success' and its exploitation of the printing press etc., it is interesting that contemporary insiders like Bucer should bemoan the contrary, namely the Reformation's image problem and the limited impact of its publicity.

[61] See Epistola dedicatoria, to n. 55. Cf. Melanchthon, *Pollet* 2, 492, n. 5.

obrepsit, servandi ac instituendi quicquid ad pietatem provehendam quovis modo futurum iudicabitur, inter se amice ac diligenter conferant. Ad quod, sicut et [62]ad publicam causae disceptationem[62] nos semper obtulimus, et hodie offerimus; et id quocunque bonis visum fuerit cum loci tum temporis. Veritatis siquidem victoria in eo est quod cognoscitur, et qui veritati vere student, lucem modis omnibus expetunt.

Haec tumultuarie sic congessi consentientibus symmistis meis. Ea omnia iis, qui valent meliori iudicio arbitranda offerimus. Iis, quae Philippus Mel[anchthon] respondit, per omnia subscribimus[63], cum quibus etiam congruere haec nostra, qui utraquc legerit, satis videbit.

Martinus Bucerus.

[62-62] Cf. subtitle of 'Epistola dedicatoria': 'Defensionem nostram in publicum admittendam'.
[63] See Introduction, n. 74.

III. 2: BIBLIOGRAPHY

I.   *Modern source editions, collections and selections*
II.   *Individual primary sources and historical collections*
III. *Secondary literature*
IV.   *Reference works, bibliographies etc.*

I. MODERN SOURCE EDITIONS, COLLECTIONS AND SELECTIONS

Acta Reformationis catholicae ecclesiam Germaniae concernentia saeculi XVI: die Reformhandlungen des deutschen Episkopats von 1520 bis 1570, ed. Georg Pfeilschifter, 6 vols., Regensburg 1959–1974.

Actensammlung zur schweizerischen Reformationsgeschichte in den Jahren 1521–1532 ... ed. Johannes Stricker, 5 vols., Zurich 1878–1884.

Aquinas, Thomas: *Opera omnia*, 33 vols., Taurini 1948–1967.

Bekenntnisschriften der evangelisch-lutherischen Kirche, [gen. ed. Hans Lietzmann], 8th ed., Göttingen 1979.

Bernard of Clairvaux: *Sancti Bernardi opera,* (Editiones Cistercienses) Rome 1957–

Biblia sacra iuxta vulgatam versionem adiuvantibus Bonifatio Fischer recensuit ... Robertus Weber, 2 vols., 2nd rev. ed., Stuttgart 1969.

Briefe und Akten zum Leben Oekolampads, ed. Ernst Staehelin, 2 vols., (QFRG 10 & 19) Leipzig 1927, 1934.

Briefwechsel der Brüder Ambrosius und Thomas Blarer, ed. Traugott Schieß, 3 vols., Freiburg 1908–1912.

Briefwechsel Landgraf Philipp's des Grossmüthigen von Hessen mit Bucer, ed. Max Lenz, 3 vols., (PPSA 5, 28, 47) Leipzig 1880–1891.

Bucer, Martin: *Correspondance de Martin Bucer,* ed. Jean Rott, *Martini Buceri opera omnia. Series III,* (SMRT 25, 43, 46) Leiden 1979–

— *Martin Bucer: études sur la correspondance avec de nombreux textes inédits,* ed. Jacques-Vincent Pollet, 2 vols., Paris 1958–1962.

— *Martin Bucers Deutsche Schriften,* ed. Robert Stupperich, *Martini Buceri opera omnia. Series I,* Paris & Gütersloh 1955–

— *Martini Buceri opera omnia. Series II, Opera latina,* Paris & Gütersloh 1954–1955; (SMRT 30, 40, 41, 42) Leiden 1982–

Johannes Brenz. Werke: eine Studienausgabe. Frühschriften, ed. Martin Brecht, Gerhard Schäfer & Frieda Wolf, Tübingen 1970–

Heinrich Bullinger Werke, ed. Hans Ulrich Bachthold et al., Zurich 1972–

Joannis Calvini opera selecta, ed. Petrus Barth, 5 vols., Munich 1926–1936.

Collection des ordonnances des rois de France: catalogue des Actes du François I. Académie des sciences morales et politiques, 10 vols., Paris 1887–1908.

Corpus Catholicorum: Werke katholischer Schriftsteller im Zeitalter der Glaubensspaltung, Münster 1919–

Corpus Christianorum. Series Latina, Turnholt 1953–

Corpus Christianorum. Continuatio medievalis, Turnholt 1966–

Corpus Dionysiacum, ed. Günter Heil & Adolf M. Ritter, (PTS 36) Berlin 1991.

Corpus Reformatorum. Vols. 1–28: *Philippi Melanchthonis opera quae supersunt omnia,* Halle 1834–60. Vols. 29–87: *Ioannis Calvini opera quae supersunt omnia,* Braunschweig, 1863–1900. Vols. 88–93.5–97: *Huldreich Zwinglis Sämtliche Werke,* Berlin & Zürich 1905–1991.

Correspondance des réformateurs dans les pays de langue française ... 1512–1544, ed. Aimé-Louis Herminjard, 9 vols., Genève [& Paris] 1866–1897.

Correspondance du card. Jean du Bellay, ed. R. Scheurer, Paris 1969–73.

Correspondence of the Emperor Charles V and his Ambassadors at the Courts of England and France, ed. William Bradford, London 1850.

Deutsche Reichstagsakten unter Kaiser Karl V, ed. Bayerische Akademie der Wissenschaften, Göttingen 1962–

Duns Scotus, John: *Joannis Duns Scoti ... opera omnia,* Editio nova ... patribus Franciscanis ... recognita, Paris 1891–1895.

Erasmus, Desiderius: *Ausgewählte Schriften: Erasmus von Rotterdam,* ed. Werner Welzig et al., 8 vols., Darmstadt 1968–1980.

— *Desiderii Erasmi Roterodami Opera omnia ... emendatiora et auctoria ... studio et opere I. Clerici,* 11 vols., Leiden 1703–1706.

— *Opera omnia Desiderii Erasmi Roterodami,* Amsterdam 1969–

— *Opus epistolarum Des. Erasmi Roterdami denuo recognitum et auctum,* eds. Percy S. Allen et al., 12 vols., Oxford 1906–1958.

Greek New Testament, ed. Kurt Aland & al., London 1966.

Labbé, Philippe [see *Sacrosancta concilia*].

Luther, Martin: *D. Martin Luthers Werke: kritische Gesamtausgabe,* Abteilung 1: *Werke,* vol. 1–, Weimar 1883–. Abteilung 4: *Briefwechsel,* 18 vols., Weimar 1930–1985.

Mansi, J. D. [see *Sacrorum conciliorum*].

Melanchthons Werke in Auswahl, ed. R. Stupperich, vols. 1–7, Gütersloh 1951–75.

Nonciatures de France: Clement VII, ed. J. Fraikin, Paris 1906.

Ockham, William of: *Opera theologica* in: *Guillelmi de Ockham opera philosophica et theologica ...* cura Instituti Franciscani Universitatis S. Bonaventurae, St. Bonaventure, N.Y. 1967–1986.

Ordonnances des rois de France: règne de François Ier, vols. 1–9 (1515–1539), Paris 1902–

Patrologiae cursus completus. Series Graeca, gen. ed. Jacques-Paul Migne, 162 vols., Paris 1857–1866.

Patrologiae cursus completus. Series Latina, gen. ed. Jacques-Paul Migne, 221 vols., Paris 1844–1864.

Politische Correspondenz der Stadt Straßburg im Zeitalter der Reformation, ed. H. Virck & al., 5 vols., Strasbourg & Heidelberg 1882–1933.

Quellen zur Geschichte der Täufer, ed. Manfred Krebs & Hans-Georg Rott, vols. 7–8, 15–16 (Elsaß, Stadt Straßburg 1522–32), (QFRG 26–27, 53–54) Gütersloh 1959–1960, 1986.

Registre des conclusions de la Faculté de Théologie de l'Université de Paris, Tome II: Du 26 novembre 1533 au Ier mars 1550, ed. James K. Farge, (Textes et documents sur l'histoire des universités 3) Paris 1994.

Registre des procès-verbaux de la Faculté de Théologie de l'Université de Paris: *de janvier 1524 à novembre 1533,* ed. James K. Farge, (Textes et documents sur l'histoire des universités 2) Paris 1990.

Sacrorum conciliorum nova et ampissima collectio, ed. Johannes D. Mansi, 31 vols., Florence 1759 [from vol. 14, 1769: Venice] –1792. Rp: Paris & Leipzig 1901–1927.

Sacrosancta concilia ad regiam editionem exacta quae nunc quarta parte prodit auctior studio Philip. Labbei, et Gabr. Cossartii … Lutetia Parisiorum 1671-72.

Textus byzantinos ad iconomachiam pertinentes, ed. Herman Hennephof, (Byzantina Neerlandica A1) Leiden 1969.

Die Vadianische Briefsammlung der Stadt St. Gallen, ed. Emil Arbenz & Hermann Wartmann, (MVG 24–25, 37–30a) St. Gall 1890–1913.

H. Zuinglii opera completa editio prima curantibus Melchiore Schulerio et Io. Schulthessio, 10 vols., Zurich 1829.

II. INDIVIDUAL PRIMARY SOURCES AND HISTORICAL COLLECTIONS

Alciati, Andrea: *A's Al'i I. C. Mediolanensis de verborum significatione, Libri IIII* (1529), Lyon 1565.

Alexander of Hales: *Glossa in quatuor libros Sententiarum Petri Lombardi*, 4 vols., (BFSMA 12–15) Quaracchi 1951–57.

Alger of Liège: *D'i Alg'ii de veritate corporis et sanguinis dominici in eucharistia,* ed. Erasmus, Freiburg 1530, MPL 180.

Altenstaig, Johannes: *Vocabularius Theologiae*, Hagenau 1517. Rp. as *Lexicon theologicum*, Hildesheim 1974.

Ambrose of Milan: *D'i A'ii Episcopi Mediolensis omnia opera ...* ed. Erasmus, Basle 1527.

— *Commentarii in omnes D. Pauli epistolas ex restitutione D. Erasmi ... recogniti ...* Paris 1534.

— *De fide,* MPL 16, CSEL 78.

— *In Epistolam ad Romanos,* MPL 17.

Aquinas, Thomas: [*Summa Theologiae*], 4 vols., Hagenau 1512.

— *Commentum in IV libros Sententiarum,* Taurini edn.

—*Summa contra Gentiles,* Taurini edn.

—*Summa Theologiae,* ed. P. Caramello, Taurini & Roma, 1952-1957.

Aristotle: *Art of Rhetoric, Loeb* 193.

— *Nichomachean Ethics, Loeb* 73.

— *Physics, Loeb* 228, 255.

— *Sophistical Refutations, Loeb* 400.

Athanasius: *Oratio contra gentes,* MPG 25.

Augustine of Hippo: *Prima [-Undecima] pars librorum divi Aurelii Augustini* ... ed. Amerbach, [Basle 1506].

— *Omnium operum Divi Aurelii A'i ... primus tomus [-decimus tomis operum],* ed. Erasmus, 10 vols., Basle 1528–29.

—*Contra Adiamantum,* MPL 42, CSEL 25.

— *Contra duas epistolas Pelagianorum,* MPL 44, CSEL 60.

— *Contra Faustum,* MPL 42, CSEL 25/1.

— *De catechizandis rudibus,* MPL 40.

— *De civitate Dei,* MPL 41, CSEL 40,1/2, CCL 47–48.

— *De doctrina christiana,* MPL 34, CCL 32.

— *De gratia et libero arbitrio,* MPL 44.

— *De spiritu et litera,* MPL 44, CSEL 60.

— *De utilitate credendi,* MPL 42, CSEL 25.

— *De vera religione,* MPL 34, CCL 32.

— *Enarrationes in Psalmos,* MPL 36, CCL 38.

— *Enchiridion ... de fide, spe et caritate,* MPL 40, CSEL 41, CCL 46.

— *Epistolae,* MPL 33, CSEL 34, 44, 57.

— *Sermones,* MPL 38 ff, MPL (Supplementum 2).

— *Tractatus in Evangelium Iohannis,* MPL 35, CCL 36.

Augustine, [pseudo-]: *De ecclesiasticis dogmatis,* MPL 58.

— *Sermones suppositi,* MPL 39-40.

Aylliaco, Petrus de [Pierre d'Ailly], *Questiones mag'i P'i de Ayl'o card'is camer'is super libros sententiarum,* [Louvain] 1500.

Barnes, Robert, *Sentenciae ex doctoribvs collectae, qvas papistae ualde impudenter damnant. Per Anto[nium] Anglum* [pseud.], ed. Johannes Bugenhagen, Wittenberg 1530.

Bede, the Venerable: *Expositio in Lucae evangelium,* MPL 92, CCL 120.

— *De Psalmorum,* MPL 93.

Bernard of Clairvaux: *Divi Bernardi Abbatis Clare vallis doctoris disertissime ac vere melliflui opera omnia* ... ed. Josse Clichtove, 3rd edn., Lyon, 1530.

— *Sancti Bernardi opera,* ed. J. Leclercq et al., Rome 1957-1974.

Bessarion: *B'is Cardinalis Niceni ...oratio de Sacramento Eucharistiae, et quibus verbis Christi corpus perficiatur,* Strasbourg 1513.

Biblia sacra, cum glossis interlineari et ordinaria, postilla et moralitatibus Nicolai Lyrani, additionibus Pauli Brigensis, et replicis Matthiae Thoringi, 6 vols., Lyon 1545.

Biel, Gabriel: *Gabrielis Biel Sacri canonis misse expositio,* ed. Heiko A. Oberman & William J. Courtenay cooperante Daniel E. Zerfoss, 4 vols., (VIEGM 31–34) Wiesbaden 1963–1967.

— *Gabrielis Biel Collectorium circa quattuor libros Sententiarum,* ed. Wilfridus Werbeck & Udo Hoffman, 4 tomes in 5 vols., Tübingen 1973–84.

Brant, Sebastian: *Les Annales de [ps.] Sebastien Brant,* FACA 3 & 4.

Brenz, Johannes: 'Underrichtung der zwispaltigen artickel cristenlichs glaubens' (1524/25), BrWF (1), 58-110

— *Libellus insignis de Missah J'is B'ii Ecclesiastes Hall'is Eccl'ae Suev'um,* Hagenau 1526, BrWF (1), 208-219.

— *Syngramma clarissimorum qui Halae Sueuorum conuenerunt uirorum, super uerbis Coenae Dominicae ...ad Iohannem Oecolampadion,* Augsburg 1526, BrWF (1), 234-278.

— *In D. Iohannis Evangelion, I'is B'ii Exegesis per autorem diligenter revisa ac multis in locis locupletata,* Hagenau 1528.

Bucer, Martin: *M'i B'i Scripta Anglicana fere omnia iis etiam, quae hactenus vel nudum, vel sparsim, vel peregrino saltem idiomate edita fuere ...* ed. Conrad Hubert, Basle 1577.

— *Abhandlungen vom äußeren und inneren Wort gegen Bernhard Wacker,* 1533, BDS 5.

— *An die fratres zubringen,* 1536, BDS 6/1.

— *Apologia M'i Bvc'i qva fidei suae atque doctrinae circa Christi caenam ... rationem simpliciter reddit …* Strasbourg 1526. Bibl. 2, no. 13.

— *[XVI Articles of the Strasbourg Synod],* 1533. Täuferakten 8; BDS 5 (not on Contents page there, but see pp. 388-392).

— *Axiomata apologetica M'i B'I de sacro evcharistia mysterio et circa hoc Ecclesiarum concordia, quibus respondet Thematis N. Amßdorfii ... criminantibus,* Augsburg 1535, BDS 6/1.

— *Bekanndtnuß der Vier Frei vnnd Reichstätt ... vff dem Reichstag zu Augspurg ... Schriftliche Beschirmung vnd verthedigung der selbigen,* Strasbourg 1531. Bibl. 2, no. 35, BDS 3.

— *Bericht auß der heyligen geschrift ...* Strasbourg 1534. Bibl. 2, no. 43, BDS 5.

— *Confessio religionis christianae ... in Comitijs Augustae, Anno M.D.XXX. per Legatos Ciuitatum Argentorati, Constantiae, Memmingae, & Lindauiae exhibita,* Strasbourg 1531. Bibl. 2, no. 35c, BDS 3.

— *Consilium Buceri de concordia vera Ecclesiae,* August 1534, *Pollet* 2.
— *De Caena Dominica ad objecta, quae ... Murnerus ... ex Roffensi ... sublegit, Responsio,* Strasbourg 1524. Bibl. 2, no. 4, BOL 1.
— *De regno Christi Iesu seruatoris nostri, Libri II.* Bibl. 2, no. 103, BOL 15.
— *Defensio adversus axioma catholicum, id est criminationem R. P. R'i Ep'i Abr'is ...* Strasbourg 1534, Bibl. 2, no. 45.
— *Dialogi oder Gesprech Von ... den Kirchenübungen ... was jeder Oberkait ... an den selbigen zuuerstehen und zu besseren gehüre ...* Augsburg 1535. Bibl. 2, no. 50.
— *Das einigerlei Bild bei den Gotgläubigen ... nit mögen geduldet werden ...* Strasbourg 1530. Bibl. 2, no. 29, BDS 5.
— *Ein Bericht, was zu Frankfurt am M. geleret* [otherwise known as *Entschuldigung der Diener am Euangelio J. Chr. zu Franckfurt a. Meyn uff ein Sendbrieff D. Luthers* [Frankfurt 1533]. Bibl. 2, no 39. BDS 4.
— *Enarratio in evang. Iohannis, praefatio, svmmam Disputationis ... Bern[ensis] complectens,* Strasbourg 1528, 1530, 1536. Bibl. 2, nos. 20, 28, 28a, 28b, BOL 2.
— *Enarrationes perpetvae in sacra quatvor evangelia ... Epistola ... nvncvpatoria ... de seruanda unitate Ecclesiae ...* Strasbourg 1530. Bibl. 2, no. 28.
— *Enarrationvm in Evangelia Matthaei, Marci, & Lucae, libri duo. Loci communes ...* [*liber primus*], Strasbourg 1527. Bibl. 2, no. 14.
— *Enarrationum in Evangelion Matthaei ... Liber secundus ...* Strasbourg 1527. Bibl. 2, no. 14a.
— *Epistola apologetica ad ... sectatores per Friesiam orientalem. Per ministros Euangelij, ecclesiae Argentoraten,* s. l. 1530. Bibl. 2, no. 30, BOL 1.
— *Epistola D. Pavli ad Ephesios ... In eandem Commentarius,* Strasbourg 1527. Bibl. 2, no. 17.
— *Erlüterung der Wittenbergischen Artickel,* 1536, BDS 6/1.
— *Florilegium patristicum,* cumulative dates, BOL 3.
— *Furbereytung zum Concilio, wie alle ... zu Einigkeit Christlicher kirchen kommen, vnnnd sich darinn vnbewegt halten mögen, etliche Gotsförchtige gespräch ...* Strasbourg 1533. Bibl. 2, no. 41, BDS 5.
— *Gegenantwort auf Schwenckfeld,* 1533, Täuferakten 8/2.
— *Getrewe Warnung der Prediger des Euangelii zu Straßburg ...* Strasbourg 1527. Bibl. 2, no. 16, BDS 2.
— *Grund und Ursach auß gotlicher schrifft d' neüwerungen, an dem Nachtmal des herren, so man die Meß nennet ...* [Strasbourg] 1524. Bibl. 2, no. 8, BDS 1.
— *Handlung gegen Hoffman,* Strasbourg 1533. Bibl. 2, no. 40. BDS 5.

— *Ein kurtzer ... bericht ... von handel ... zwisch. Cunrat Treger ... vnd den predigern ... zu Straßburg* ... Strasbourg 1524. Bibl. 2, no. 7, BDS 2.
— *Gutachten über die Confessio Augustana*, 1533, BDS 4.
— *In sacra qvatvor Euangelia, Enarrationes perpetvae ... adiectis etiam aliquot locorum retractionibus* ... Basle 1536, Geneva 1553, Bibl. 2, nos. 28a, 28b.
— *Kirchenordnung*, Strasbourg 1534, BDS 5.
— *Martin Butzers ... Summary seiner Predig* ... [Strasbourg 1523]. Bibl. 2, no. 2, BDS 1.
— *Metaphrases et enarrationes perpetvae epistolarvm D. Pauli Apostoli ... ad communem ecclesiarum restituendam concordia modis omnibus accommodata* ... Strasbourg 1536, Geneva 1562. Bibl. 2, nos. 55, 55a.
— *Ob zuuerhoffen, das den kirchen Christi aufbawlich seine werde* ... 1536, BDS 6/1.
— *Praefatio in tomum tertium Postillae Lutheri*, Strasbourg 1526. Bibl. 2, no. 10 (3), BCor 2, no. 121.
— *Praefatio M. Bvceri in qvartum tomum Postillae Lutheranae ... Responsio,* Strasbourg 1527. Bibl. 2, no. 15, BCor 2, no. 135.
— *Propostiones novem de sacra eucharistia*, 1530, WA Br5.
— *Qvid de baptismate infantivm ivxta scripturas Dei sentiendum ... Epistola ad quendam hac in re impulsum* ... Strasbourg 1534. Bibl. 2, no. 42.
— *Refutatio Locorum Eckii*, 1538, BOL 1.
— *Tzephaniah ... commentario explanatus*, Strasbourg 1528. Bibl. 2, no. 22.
— *Vergriff seiner handlung wegen einer Concordia mit Philippo Melanchthone zu Cassel*, 1534, BDS 6/1.
— *Vergleichung D. Luthers vnnd seins gegentheyls, vom Abentmal Christi, Dialogus* ... Strasbourg 1528. Bibl. 2, no. 21, BDS 2.
— *Vnderricht deß Sacraments halb vnd der vier stett Confession* [for Zurich] 1530, Pollet 1, BDS 3.
— [Preface:] *Vom Ampt der oberkait* ... [Augustine / Musculus], Augsburg 1535. Bibl. 2, no. 49, BDS 6/2.
— *Widerlegung des Berichtes von Engelbrecht*, 1533. BDS 5.
— *Wormser Buch*, 1542, Bibl. 2, no. 69, BDS 9/1.
— *Zwischen frommen verstendigen lüten*, 1536, BDS 6/1.
Budé [Budaeus], Guillaume: *Omnia opera G'i B'i par'is, consiliarii regii* ... Basle 1557.
— *Annotationes in quattuor et viginti Pandectarum libros*, edn. Paris 1551.
— *Commentarii lingvae graecae*, Basle 1530.
— *De asse et eius partibus libri quinque*, edn. Paris 1532.
— *Le passage de l'Hellénisme au Christianisme / De transitu Hellenismi ad Christianismum* [1535], Lat. & Fr., text ed. & trsl. by Marie-

Madeleine de la Garanderie & Daniel F. Penham, (CHAGB 9) Paris 1993.

Bullinger, Heinrich: *De origine erroris in divorum ac simulachrorum cultu*, Zurich 1529.

— *Briefwechsel*, in: BullBr.

Burkhard of Worms: *Corrector et medicus*, MPL 140.

Calvin, Jean: 'Epistola ad Franciscum I', in: *Institutio* ... Basle 1536 ff., *Opera selecta* I & III. CR 29.

Cajetan de Vio, Thomas: *Epistolae Pauli ... iuxta sensum literalem enarratae*... Paris 1532.

— *In quatuor Evangelia ... ad sensum quem vocant literalem commentarii ... recens in lucem editi,* Paris 1532.

—*Tractatus de indulgentiis* (1517), CCath 42.

— *Th' de V' C'i Cardinalis S'ti Xisti De quatuor Lutheranorum erroribus tractatus*, Cologne 1532.

Carlstadt, Andreas Bodenstein von: *Von abthuung der Bylder* (1522), ed. Hans Lietzmann (KLT 74), Bonn 1911.

— *De coelibatu, monachatu, et viduitate*, [Basle] 1521.

Cassiodorus, *In Psalterium*, MPL 70.

Cassiodorus [pseudo-, or 'discipulus' of]: *Ad Galatas*, MPL 68.

De Castro, Alfonsus: *Fratris Alfonsi de C'o Zamorensis, ordinis Minorum, adversus omnes haereses* (1534), Paris 1543.

Catharinus, Ambrosius [*aka* Lancelotto dei Politi], *Apologia pro veritate catholicae et apostolicae fidei adversus ... Lutheri dogmata*, 1520, CCath 27.

Ceneau [Cenalis], Robert: *Axioma catholicvm ... aduersus Bucerum, Berengarianae haeresis instauratorem* ... Paris 1534.

— *Appendix ad coenam dominicam seu catholicorum responsio in Buceri offensionem* ... Paris 1534, 1535.

Centuria epistolarum theologicarum ad Iohannem Schwebelium ... Ecclesiarum Illustrissimi Ducatus Bipontini Praesidem ... ab ... 1519 usque ad Annum 1540... Zweibrücken 1597.

De Chatillon, Gautier: *Galteri de Castellione Alexandreis,* ed. Marvin L. Colker, (Thesaurus mundi 17) Padua 1978.

Chrysostom, John: *D'i I's Chr'mi Archiep'i Const'i, quae hactenus versa sunt, opera omnia* (1517) .... ed. Erasmus, 5 vols., Basle 1530–31. Vol. 3 contains George of Trebizond's Latin version [hom. 26–88] of Chrysostom's *Homiliae XC in Matthaeum.*

— *Beati J's Chr'mi ep'i Const'i expositio in epistolam B. Pauli Ap'i ad Hebraeos ... Mutiano Scholastico interprete*, Basle 1517.

— *Homeliae,* MPG 53–63.

Chrysostom, [pseudo-]: *Opus imperfectum in Matthaeum,* MPG 56, 59.

Cicero: *Catiline orations, Loeb* 324.

— *De inventione rhetorica, Loeb* 386.

— *De re publica, Loeb* 213.

— *De finibus et bonorum et malorum, Loeb* 40.

— *Verrines, Loeb* 221, 293.

Clichtove, Josse: *Antilutherus Iud'ci C'ei N'is, Doctoris Theologi, tres libros complectens*, Paris 1524.

— *Compendium veritatum ad fidem pertinentium, contra erroneas Lutheranorum assertiones, ex dictis et actis in concilio provinciali Senonensi, apud Parisios celebrato, anno 1528, per I'm C'm N'm ...* Paris 1529.

— *De sacramento Eucharistiae, contra Œcolampadium, opusculum per I'm C'm N'm ... duos libros complectens* (1526), Cologne 1527.

— *De veneratione sanctorum oposculum, libri duo J'i C'ei ...*, Cologne (1525), 1527.

— *Propugnaculum ecclesiae adversus Lutheranos, per I'm C'm N'm ... elaboratum, et tres libros continens ...*, Paris 1526.

Cochlaeus, Johannes: *Philippicae Quatuor I'is C'aei, in Apologiam Philippi Melanchthonis ...* (Leipzig 1534), ed. Ralph Keen, 2 vols., BHRef 54.

— *Adversus cucullatum Minotaurum Wittenbergensem. De sacramentorum gratia iterum*, 1523, CCath 3.

— [ed.] *De veneratione et invocatione sanctorum ac de honorandis eorum reliquiis brevis assertio [Arnoldi Wessaliensis* (= Haldrein)], Leipzig 1534.

— *Ein grundtlich vnd lieplich vnderweisung Wie man die heiligen im himel Christlich nach ausweisung der schrift ausruffen soll*, Leipzig 1536.

Confutatio der Confessio Augustana vom 3. August 1530, CCath 33.

Contarini, Gaspare: *G'i C'i Cardinalis opera*, Venice 1578.

Crabbe, Petrus M.: *Conciliorum omnium tam generalium quam particularium, quam iam inde ab Apostolis in hunc usque diem celebrata ... tomus primus et secundus* (1538), Cologne 1551.

Cyprian: *Divi Caecilii C'i, episcopi Carthagensibus ... opera, iam quartum repurgata per Desiderium E' m Roterodamum*, Basle 1530.

— *Epistolae*, MPL 4, CSEL 3.

Cyril of Alexandria: *Divi Cyrilli ... Alexandrini in evangelium Ioannis commentaria ... quatuor libris intermediis ... per Iodocum Clichtoveum ... superadditis. Opus insigne ... Gregorio Trapezuntio interprete ...* Basle 1524, MPG 73.

— *Divi C'i ... A'ini Opera ...in tres partita tomos, in quibus habes non pauca antehac Latinis non exhibita*, ed. J. Oecolampadius, Basle 1528.

[*Decrees of the Council of Sens*] 1528, *Mansi* 32, 1149-1202, Labbé, *Sacrosancta concilia* 14, 432-483.

Decretum Gratiani cum glossis domini Joannes theutonici ... et annotationibus Bartholemei brixiensis ... divisionibus Archidiaconi, casibus ... ed. Beatus Rhenanus, Basle 1502.

Dietenberger, Johannes: *Christliche underweisung, wie man gotes heiligen in dem hymel anrüfen und das heilthum auff erden eeren sol*, Strasbourg 1524.

— *Phimostomus scriptuariorum*, Cologne 1532, CCath 38.

*Digestum vetus, seu Pandectarum libri xxiv priores cum glossis ...*Lyons 1542.

[Ps.-]Dionysius the Areopagite: *Dionysii Celestis hierarchia, Ecclesiasticae hierarchia ...* Strasbourg 1502, MPG 3.

Eck, Johannes: *Enchiridion locorum communium adversus Lutherum et alios hostes ecclesiae (1525–1543)*, CCath 34.

Emser, Jerome: *Das man der heyligen bilder yn den kirchen nit abthon, noch unehren soll ...* n. p. 1522.

— *Ausz was gründ unnd ursach Luthers dolmatschung uber das nawe testament dem gemeinen man billich vorbotten seyn*, n.p. 1523.

— *Canonis missae contra Huldricum Zuinglium, Defensio*, Leipzig 1524, CCath 28.

Epiphanius of Salamis: *Epistula E'i Cyprii missa ad Iohannem episcopum a S. Hieronymo translata*, MPG 43, MPL 22, CSEL 54.

Erasmus, Desiderius: *Adagiorum chiliades quatuor*, LB 2, ASD II, 5, 6–

— *Adiagorvm des. Erasmi Roterodami chiliades qvatvor ... his accesservnt ... Adagia selectiora ex opere Polydori Vergilii Vrbinatis*, Cologne 1612.

— *De libero arbitrio, Diatribe seu collatio,*1525, LB 9.

— *Des. Er'i ... in Novum Testamentum ab eodem tertio recognitum, annotationes ... locupletae ...* Basle 1522, LB 6.

— *Des. Er'i Rot'i liber de sarcienda ecclesiae concordia deque sedandis opinionum dissidiis, cum aliis nonnullis lectu dignis*, Basle 1533, LB 5, ASD V-3.

— *En novum testamentum ex Erasmi Roterodami recognitione iam quartum damus ... adiecta vulgata translatione*, Basle 1527.

— *Epistola contra pseudoevangelicos*, Freiburg i. Br. 1530, ASD IX-1.

— *Precatio ad Dom. Iesum pro pace ecclesiae*, LB 5.

— *Utilissima consultatio de bello Turcis inferendo*, Basle 1530, LB 5, ASD V, 3.

Fabri, Johannes: *Malleus in haeresim Lutheranam*, 1524, CCath 25–26.

— *De intercessione sanctorum adversus Oecolampadium*, [1528], in: *Opuscula ... J'is F'ri* (Leipzig 1537), f. c—f iiij v.

Fisher, John: *R. D. D. I'is Fischerii* [sic!] *Roffensis in Anglia episcopi, opera ... omnia*, Würzburg 1597.

— *Assertionis lutheranae confutatio* ..., Antwerp 1523 in: *Opera*, 272-745.

— *Assertionum Regis Angliae de Fide Catholica adversus Lutheri Babylonicam Captivitatem Defensio*, 1525, in: *Opera*, 101-271.

— *I'is Rof'is ep'i de veritate corporis et sanguinis Christi in eucharistia libri quinque adversus I'em Oec'um recens editi*, Cologne 1527, in: *Opera*, 746-1231.

Gaguin, Robert: *Compendium super gestis francorum* (1495), Lyon 1514.

Gast, Johannes: *Concordantiae maiores sacrae Bibliae, summis vigiliis iam recens et castigatae et locupletae* ... Basle 1525.

Gellius, Aulus: *Attic Nights, Loeb* 195, 200, 212.

Gerson, Jean: *De necessaria communione laicorum sub utraque specie*, in: *Oeuvres complètes* 10 (Paris 1973), no. 498, 55-78.

Gregor of Rimini: *G'ii Ar'is* OESA *Lectura super primum et secundum sententiarum*, eds. A. Damasus Trapp & Venicio Marcolino, 7 vols, Berlin & New York 1981-1982.

Gregory of Nyssa: *Oratio catechetica magna*, MPG 45.

Gyraldus, Lilius Gregorius: *De Poetis nostrorum temporum*, ed. Karl Wotke, (LLDJ 10) Berlin 1894.

Hangest, Jérôme de: *De Christifera Eucharistia adversus nugiferos symbolistas,* Paris 1534.

Hedio, Caspar: *Itinerarium* [minute of Marburg Colloquy], 1529, BDS 4, 330-351.

Herborn, Nicholas: *Locorum communium adversus huius temporis haeresis enchiridion*, 1529, CCath 12.

Hilary of Poitiers: *Divi Hilarii lucubrationes per Erasmum Roterodamum non mediocribus sudoribus emendata* ... 2 vols. in 1 t., Basle 1523.

— *De Trinitate*, MPL 10, CCL 62.

— *In Evangelium Matthaei*, MPL 9.

Homerus Latinus [*Ilias latina*]*,* ed. Aemilius Baehrens & Fridericus Vollmer, (BSGRT, Poeta latini minores 2, fasc. 3) Leipzig 1913.

Hoogstraten, Jacobus van: *Dialogvs de veneratione et inuocatione sanctorum, contra perfidiam Lutheranam ... Authore I[acobo] Philalethe ... haereticae prauitatis inquisitore*, 1524, ed. S. Cramer, BRN 3 (1905), 491-498.

Horace: *Satires, Loeb* 194.

Irenaeus of Lyons: *Adversus haereses omnes*, MPG 7.

— *Opus eruditissimum d'i I'i episcopi Lugdonis ... denuo recognitum,* ed. Erasmus, Basle 1528.

Jerome [or Hieronymus]: *Omnium operum d'i Eusebii Hier'i Strid'is tomus primus [– nonus]*, ed. Erasmus, Basle 1533.

— *Commentarius in Evangelium secundum Matthaeum*, MPL 26.

— *Contra Vigilantium*, MPL 23.

— *Commentarius in Epistolam ad Ephesios*, MPL 26.

John of Damascus: *De his qui in fide dormierunt*, MPG 95.

— *Quantum defunctis prosint viuentium bona opera: sermo Ioannis Damasceni I'e Oecol'io interprete*, Augsburg 1520.

Jonas, Justus: *Adversus I'm Fabrum ... defensio pro coniugio sacerdotali I'i I'ae defensioni*, Zurich 1523.

Le Journal d'un bourgeois de Paris sous le règne de François Ier (1515– 1536), ed. V.-L. Bourilly, Paris 1910.

Die Konfutation des Vierstädtebekenntnisses: ihre Entstehung und ihr Original, ed. Alfred Paetzold, Leipzig 1900.

Lactantius: *Divinae Institutiones,* MPL 6, CSEL 19.

Lambert d'Avignon, François: *Farrago omnium fere rerum theologicarum ...*, [Strasbourg 1525/26].

— *F'i L'ti A'is commentarii de causis excaecationis multorum saeculorum ac veritate denuo et novissime Dei misericordia revelata*, Strasbourg [c. 1525].

— *F'i L'ti A'is de prophetia ...*, Strasbourg 1526.

Latomus, Jacob: *Libellus de fide et operibus et de votis atque institutis monasticis*, Antwerp 1530.

— *Opera quae praecipue adversus horum temporum haereses*, Louvain 1550.

Livy, *Ab urbe condita, Loeb*, vols. 114, 133, 172.

Lombard, Peter: *Quatuor Sententiarum volumina cum doctissimis Nicolai de Orbellis interpretationibus*, Venice 1507, MPL 192.

— *Sententiae in 4 libros distinctae*, 2 vols., (*SpicBon* 4–5) Rome 1971– 1981.

— *Collectanea in Epistolam ad Colossenses*, MPL 192.

Luther, Martin: *Daß diese Wort Christi, Das is mein Leib noch fest stehen, wider die Schwärmgeister*, Wittenberg 1527, WA 23.

— *Die Deutsche Bibel*, Wittenberg 1522ff., WA *Die Deutsche Bibel*.

— *De captivitate babylonica ecclesiae praeludium*, Wittenberg 1520, WA 6.

— *De instituendis ministris*, Wittenberg 1523, WA 12.

— *De libertate christiana*, Wittenberg 1520, WA 7.

— *De votis monasticis*, Wittenberg 1521, WA 8.

— *Die sieben Bußpsalmen*, Wittenberg 1517, WA 1.

— *Ecclesiastes Solomonis, cum Annotationibus D. Martini Lutheri*, Wittenberg 1532, WA 20.

— *Ein Sendbrief an die Frankfurter*, 1533, WA 30/3.
— *Ein Sendbrief von Dolmetschen und Fürbitte der Heiligen*, Wittenberg 1530, WA 30/2.
— *Rationis latomianae confutatio*, Wittenberg 1521, WA 8.
— *Resolutiones disputationum de indulgentiarum virtute*, Wittenberg 1518, WA 1.
— *Ein Sermon von Ablass und Gnade*, 1517, WA 1.
— *Ein Sermon von dem neuen Testament, das ist von der heiligen Messe*, Wittenberg 1520, WA 6.
— *Sermo de poenitentia*, 1518, WA 1.
— *Sermon von dem Sacrament des Leibes und Blutes Christi, wider die Schwärmgeister*, Wittenberg 1526, WA 19.
— *95 Theses*, 1517, WA 1.
— *Vom Abendmahl Christi, Bekenntnis*, Wittenberg 1528, WA 26.
— *Vom Anbeten des Sakraments des heiligen Leichnams Christi*, Wittenberg 1523, WA 11.
— *Wider den neuen Abgott ... zu Meissen*, Wittenberg 1524, WA 15.
— *Wieder die himmlischen Propheten*, Wittenberg 1525, WA 18.
— *Wochpredigten über Joh. 6–8,* WA 33.
Mair [Major], Johannes: *Exponibilia mag'i J'is Ma'is Scoti*, Paris 1499.
— *Inclitarum artium ac sacrae paginae doctoris acutissimi Mag'i J'is Ma'is scoti, Libri quos in artibus in collegio Montis acuti Parisiis regentando compilavit* (1506), Lyons 1508.
— *J'is Ma'is ... in quartum librum sententiarum ...* (1509), Paris 1516.
— *Io. M. ... Theologi in quatuor Euangelia expositiones luculentae, et disquisitiones et disputationes contra haereticos plurimae ...* Paris 1529.
— *Prefaces*, ed. Thomas G. Law, in PScHS 10 (1892), 418-451.
Martial: *Epigrams, Loeb* 94–95.
Medieval Handbooks of Penance: A translation of the principal 'libri poenitentiales', eds. John T. McNeill & Helena Gamer, New York 1938.
Melanchthon, Philip: *Adversus furiosum Parisiensium theologastrorum decretum P. M. pro Lutheri Apologia* 1521, CR 1, 398–416.
— *Confessio fidei exhibita ... in Comiciis Augustae. Anno M.D.X.XX. Addita est Apologia Confessionis*, Wittenberg 1531, BSLK, 35-404.
— *Consilium*, 1534, CR 2, 741ff.
— *Libri visatorii / Unterricht der Visatoren*, Wittenberg 1528, WA 28.
— *Loci communes theologici*, Wittenberg 1521–25, CR 21.
— *Sentenciae veterum aliquot scriptorum, de Coena Domini, bona fide recitatae,* Wittenberg 1530, CR 23.
Münster, Sebastian (ed.): *Biblica Hebraica Latina planeque nova Sebast. Munsteri tralatione ... adiectis insuper a Rabinorum commentarijs annotationibus*, Basle 1533–1534.

Netter, Thomas [Waldensis]: *Th'ae W's Anglici Carmelitae ... Doctrinale antiquitatum fidei ecclesiae catholicae .. nunc R'mi P. Ioan Baptistae Rubei ... excussum*, Paris 1521–1532.

Oecolampadius, Iohannes: *In Epistolam Ioannis ... primam I'is Oecol'ii demegoriae, hoc est homiliae una et XX*, Basle 1525.

— *I'is O'ii de genvina verborum Domini, Hoc est corpus meum, iuxta uetustissimos authores, expositione liber*, [Strasbourg] 1525.

— *Apologetica I'is O'ii. De dignitate evcharistiae sermones duo. Ad Theobaldum Billicanvm ... Ad Ecclesiastas Svevos Antisyngramma*, Zurich 1526.

— *Von Anruoffung der heylgen, J'is Ecol'ij vff ettlicher widersecher vnd zuovorab D. Faber ... andtwort*, Basle 1526.

— *Billiche Antwurt ... auff d. M. Luthers bericht des sacraments halb ...* Basle 1527.

— *Ad B. Pyrkaimerum ... Responsio posterior*, Basle 1527.

— *Commentarii omnes in libros prophetarum ...* Geneva 1558.

— *In Minores, quos vocant, Prophetas lucubrationes, quaecunque et ipso editae ...* Geneva 1558.

— *Das der mißuerstand D. Martin Luthers ... nit beston mag. Die ander billiche antwort J'is Ecol'ij*, Basle 1527.

— *Repulsio apologiae sacrificii Eucharistiae, quam Pelargus ... Senatui Basiliense obtulit, per J'm O'm*, Basle 1528.

— & H. Zwingli: *Uber D. Martin Luters Buoch, Bekentnuß genant, zwo antwurten I'is Ecol'ij vnd H'm Z'is*, Basle 1528.

— *Qvid de evcharistia veteres tum Graeci, tum Latini senserint, Dialogus, in quo Epistolae P'i Melanchthonis et I's O'ij insertae*, Basle 1530.

Origen: *Operum O'is Ad'ii tomi duo priores ... [Tertius et quartus tomi operum O'is A'ii ...]*, ed. Jacques Merlin, Paris 1519.

— *Commentaria in Epistolam beati Pauli ad Romanos*, MPG 14.

Philastrii ... haereseon catalogus, cui adjectus est ... libellus Lanfranci ... de sacramento Eucharistia contra Berengarium, ed. Johannes Sichardus, Basle 1528.

Pico della Mirandola, Giovanni: *J'is P'i Mirandulae opera omnia*, Paris 1517.

Politica imperialia, sive discursvs politici, acta publica, et tractatus generales ... de rebus Germanici imperii, ed. Melchior Goldast, Frankfurt 1614.

Pirckheimer, Bilibald: *B'i P'i De vera Christi carne et uero eius sanguine, adversus convicia I'is ... Oecol'ii ... responsio secunda*, Nuremberg 1527.

Politianus, Angelus: *Epistolarum libri xii et miscelleanorum centuria*, Basle 1522.

Politus, Ambrosius Catharinus: *Apologia pro veritate catholicae et apostolicae fidei ac doctrinae adversus ... M'i Lutheri dogmata (1520),* CCath 27.

Prosper of Aquitaine: *Sententiarum ex operibus s. Augustini delibatarum liber,* MPL 51.

Quintilian: *Institutionis oratorianae libri duodecim,* ed. M. Winterbottom, Oxford 1970.

Sacramentarium Gelasianum, MPL 74, CCL 159c.

Sadoleto, Iacopo: *I'i S'i ep'i Carpentoractis in Pavli epistolam ad Romanos commentariorvm libri tres,* Lyons 1535.

Salat, Johannes: *Reformationschronik 1517–1534. Text Band 1, 1517–1527,* ed. Ruth Jorg, Berne 1986.

Schatzgeyer [Sasgerus], Caspar: *Scrutinium divinae scripturae pro conciliatione dissidentium dogmatum,* 1522, CCath 5.

— *De sanctorvm imploratione et eorum suffragiis scriptum,* Munich 1524.

— *Tractatus de missa,* Tübingen 1525, CCath 37.

Sententiæ Phil. Melanthonis, Martini Bvceri, Casp. Hedionis et aliorum in Germania Theologorum de pace Ecclesiae: Ad virum nobilissimum Gvilielvm Bellaium Langaeum, anno CI...I... XXXIIII, ed. Jacques-Auguste de Thou, [Paris] 1607.

Socrates: *Historia ecclesiastica,* MPG 67.

Sturm, Jean: *Classicae epistolae sive scholae argentinenses restitutae,* Traduites et publiées avec une introduction et des notes par Jean Rott, Paris & Strasbourg 1938.

Terence: *Heauton timorumenos, Loeb* 22.

Tertullian: *Opera Q. Sept'i Fl'ii T'ani ... per B'm Rhen'um Sel'em ...* Basle 1521.

— *Adversus Marcionem,* MPL 2, CSEL 47, CCL 1.

— *De oratione,* MPL 1, CCL 1.

Theophylactus of Achrida: *In quatuor evangelia Enarrationes, Graece et Latine, J'e Oecol'o interprete ...* Basle 1528.

— *Enarratio in Evangelium Matthaei,* MPG 123.

Trebizond, George [Trapezentius]: *Dialectica,* Strasbourg 1513.

[Tripartite History]: *Autores historiae ecclesiasticae. Eusebij ... Ruffini ... libri duo ... ex Theodorito, Sozomeno, et Socrate ... libri XII ... versi ab Epiphanio Scholastico, adbrevati per Cassiodorem: unde illis Tripartitae historiae vocabulum ...* ed. Beatus Rhenanus (1523), Basle 1528, MPL 69, CSEL 71.

University of Paris, Faculty of Theology: *Determinatio theologorum Parisiensium super doctrina Lutheriana,* CR 1, col. 366–85; WA 8, 267-290; WA 9, 717-761; Bos, *Luther en het ordeel,* 63-102.

Vehe, Michael: *Wie Vnderschydlicher weiss Gott vnd seine auserwelten Heiligen von vns Christen sollen geehrt werden*, Leipzig 1532. [Cf. Cochlaeus, *Philippicae*, BHRef 54, 205-225 for reprinted later Latin version].

Vergil: *Aeneid, Loeb* 63–64.

Vermigli, Peter Martyr: *Tractatio de sacramento eucharistiae, habita in celeberrima universitate Oxoniensi in Anglia, per D. P'm M'em V'ium Florentimum ... Ad haec*: *Disputatio de eodem sacramento, in Eadem universitate habita*, London 1549.

Von Chiemsee, Berthold: *Tewtsche Theologey* (1528) ed. Wolfgang Reithmeier, Munich 1852.

——*Theologica germanica,* Augsburg 1531.

Wendelstin, Johannes: *Canones apostolorvm, vetervm conciliorvm constitvtiones, et decreta pontificvm antiqviora*, Mainz 1525.

Wimpina, Konrad: *Sectarum, errorum, hallucinationum et schismatum ab origine ferme christianae ecclesiae ad haec usque nostra temora concisioris Anacephalaeoseos ...* Frankfurt a. d. Oder 1528.

Zwingli, Huldreich: *Ad Carolum Romanorum imperatorem fidei H. Zwinglii ratio*, Zurich 1530, CR 93/2.

—*Adversus Hieronymum Emserum ... antibolon*, Zurich 1524, CR 90.

—*Amica exegesis, id est, expositio eucharistiae negocii, ad M. Lutherum,* Zurich 1527, CR 92.

— *Antwort über Straußens Büchelin, das nachtmal Christi betreffend*, Zurich 1527, CR 92.

— *Auslegen und Gründe der Schlußreden*, Zurich 1523, CR 89.

— *Das diese wort Iesu Christi, Das ist min lychnam... ewigklich den alten sinn habend werdend*, Zurich 1527, CR 92.

— *De canone missae H'i Z'i epichiresis*, Zurich 1523, CR 89.

— *De vera et falsa religione commentarius*, Zurich 1525, CR 90.

— *Die Akten der zweiten Disputation*, Zurich 1523, CR 89.

— *Eine freundliche bitte und ermahnung* Zurich 1522, CR 88.

— *Eine klare Unterrichtung vom Nachtmal Christi*, Zurich 1526, CR 91.

— *Eine kurze und christliche Einleitung,* Zurich 1523, CR 89.

— *Christianae fidei brevis et clara expositio,* Zurich 1536, CR 93/5.

— *Subsidium sive coronis de eucharistia*, Zurich 1525, CR 91.

— & Oecolampadius: *Über D. Martin Luthers Buch, Bekenntnis genannt,* Zurich 1528, CR 93/2.

— *Von Klarheit und Gewissheit des Wortes Gottes*, Zurich 1522, CR 88

— *Von erkiesen und fryheit der spysen*, Zurich 1522, CR 88.

III. SECONDARY LITERATURE

Adam, Johann: *Evangelische Kirchengeschichte der Stadt Straßburg bis zur französischen Revolution*, Strasbourg 1922.

Aguesse, Laurent: *Histoire de l'établissement du Protestantisme en France contenant l'histoire politique et religieuse de la nation depuis François I*^{er} *jusqu'à l'Édit de Nantes*, 4 vols., Paris 1886.

Anderson, Charles S.: *The Person and Position of Dr. Robert Barnes, 1495–1540: A study in the relationship between the English and German Reformations* (doctoral thesis, Union Theological Seminary, New York, 1962).

Aubert, F: Recherches sur l'organisation du Parlement de Paris au XVIe siècle (1515–1586), in: NRHDF (1912).

Augustijn, Cornelis: The Ecclesiology of Erasmus, in: Coppens, *Scrinium Erasmianum* 2, 135–156.

— *Erasmus: his Life, Works, and Influence,* transl. by J. C. Grayson, Toronto 1991.

— Calvin in Strasbourg, in: *Calvinus Sacrae Scripturae Professor*, ed. Wilhelm H. Neuser (Grand Rapids 1990), 166-176.

Babelon, J.-P.: *Paris au XVIe siècle,* Paris 1986.

Backus, Irena (ed.): *The Reception of the Church Fathers in the West. From the Carolongians to the Maurists*, Leiden 1997, vol. 2.

— *The Disputations of Baden, 1526 and Berne, 1528: Neutralizing the Early Church,* (SRTH 1,1) Princeton 1993.

— Martin Bucer and the Patristic Tradition, in: Bucer, *Actes* 1, 55–69.

— et al. (eds.) *Logique et théologie au XVIe siècle: aux sources de l'argumentation de Martin Bucer*, (CRThPh 5) Geneva etc. 1980.

— La théorie logique de Martin Bucer, in id. *Logique et théologie*, 27-39.

— et al. (eds.), *Martin Bucer apocryphe et authentique*: *études de bibliographie et d'exégèse,* (CRThPh 8) Geneva etc. 1983.

Basse, Michael: *Certitudo spei: Thomas von Aquins Begründung der Heilsgewissheit und ihre Rezeption bis zum Konzil von Trient ..,* (FSÖTh 69) Göttingen 1993.

Bagchi, David V. N.: *Luther's Earliest Opponents: Catholic Controversialists 1518–1525*, Minneapolis 1982.

Baum, Joannes G.: *Origines evangelii in Gallia restaurati*, Strasbourg 1838.

Baum, Johann W: *Capito und Butzer, Straßburgs Reformatoren,* (LASRK 3) Elberfeld 1860.

Baumgartner, Frederic J.: *France in the Sixteenth Century*, London 1995.

Beaune, Colette: *The Birth of an Ideology: Myths and Symbols of Nation in Late-Medieval France,* transl. by Susan Houston, Berkeley 1991.

Bedouelle, Guy, & Bernard Roussel (eds.): *Le temps de la Réforme et la Bible*, Paris 1989.

Beissel, Stephan: *Geschichte der Verehrung Marias im 16. und 17. Jahrhundert: ein Beitrag zur Religionswissenschaft und Kunstgeschichte*, Freiburg i. Br. 1910.

Bender, Gottfried: *Die Irenik Martin Bucers in ihren Anfängen (1523–28)*, (StIr 5) Hildesheim 1975.

Bernard, Antonius: *De vita et operibus Roberti Cenalis*, Paris 1901.

Bernard-Mâitre, H.: Les 'Theologastres' de l'Université de Paris au temps d'Erasme et de Rabelais (1496–1536), in: BHR 27 (1965), 248–64.

Bohatec, Josef: *Budé und Calvin*, Graz 1950.

Bornert, René: *La réforme protestante du culte à Strasbourg au XVIe siècle (1523–1598): approche sociologique et interpretation théologique*, (SMRT 28) Leiden 1981.

Berthoud, Gabrielle: *Antoine Marcourt, réformateur et pamphlétaire du Livre des Marchans aux Placards de 1534,* (THR 129) Geneva 1973.

Besch, Werner: Martin Bucers deutsche Sprache: Beobachtungen zur Sprachform und zum Sprachstil, in: Bucer, *Actes* 1, 19–35.

Beyerhaus, Gisbert: *Studien zur Staatsanschauung Calvins mit besonderer Berücksichtigung seines Souveränitätsbegriff*, (NSGTK 7) Berlin 1910.

Bietenholz, Peter G.: *Basle and France in the Sixteenth Century: the Basle Humanists and Printers in their Contacts with Francophone Culture,* (THR 112) Geneva 1971.

Bizer, Ernst: *Studien zur Geschichte des Abendmahlsstreits im 16. Jahrhundert,* (BFChTh ser. 2, 46) Gütersloh 1940.

Bodenmann, Rheinhard: Martin Bucer 1491 à 1991: plaidoyer pour une nouvelle bibliographie, in: Bucer, *Actes* 2, 733–752.

Bohatec, Josef: *Budé und Calvin: Studien zur Gedankenwelt des französischen Frühhumanismus*, Vienna 1950.

Bos, Frans T.: *Luther in het ordeel van de Sorbonne. Een onderzoek naar onstaan, inhoud en werking van de 'Determinatio' (1521) en naar haar verhouding tot de vroegere veroordelingen van Luther,* Amsterdam 1974.

Bourrilly, V.- L.: François Ier et les Protestants: les essais de concorde en 1535, in: BSHPF 49 (1900), 337–365, 477–495.

— & Nathaniel Weiss: Jean du Bellay, les protestants et la Sorbonne 1529–1535, in: BSHPF 52 (1903), 97–107, 193–231; 53 (1904), 97–143.

— *Guillaume du Bellay, seigneur de Langey (1491–1543)*, Paris 1904.

Brilioth, Yngve: *Eucharistic Faith and Practice, Evangelical and Catholic,* transl. by A. G. Herberk, London 1930.

Broadie, Alexander: *The Circle of John Mair: logic and logicians in pre-Reformation Scotland*, Oxford 1985.

Bruschweiler, Paul: *Les rapports de Zwingli avec France*, Paris 1894.

Buckwalter, Stephen E.: *Die Priesterehe in Flugschriften der frühen Reformation*, (QFRG 68) Gütersloh 1998.

Büchner, Karl: *Cicero: Bestand und Wandel seiner geistigen Welt*, Heidelberg 1964.

Buisson, Alfred: *Le Chancelier Antoine Duprat*, Paris 1935.

Bulaeus [du Boulay], César-Égasse: *Historia Universitatis Parisiensis*, 6 vols., Paris 1665–1673.

Büsser, Fritz: *Das Katholische Zwinglibild*, Zurich 1968.

Carrière, V.: Les épreuves de l'Église de France au 16e siècle, in: RHEF 11 (1925), 167–201, 332–362.

Casel, Odo: Das Mysteriengedächtnis der Meßliturgie im Lichte der Tradition, in: JLW 6 (1926), 113-204.

Chrisman, Miriam U., L'édition protestante ä Strasbourg 1519–1560, in: *La Réforme et le livre: l'Europe de l'imprimé (1517–1570)*, ed. Jean-François Gilmont, 217–38, Paris 1990, (= BSHPF 130 (1984), 319–44).

Clerval, A.: Strasbourg et la Réforme française, octobre 1925–decembre 1526, in: RHEF 7 (1921), 139–60.

Clerval, Jean-Albert: *De Judoci Chlichtovei Neoportuensis ... vita et operibus (1472–1543)*, Paris 1894.

Coppens, J. (ed.): *Scrinium Erasmianum: mélanges historiques ... cinquième centénaire ... d'Érasme,* 2 vols., Leiden 1969.

Courvoisier, Jaques: *La notion d'église chez Bucer dans son développement historique,* (EHPhR 28) Paris 1933.

Damerau, R.: *Die Abendsmahlslehre des Nominalismus, insbesondere die des Gabriel Biel,* Giessen 1963.

D'Irsay, Stephen: *Histoire des universités françaises et étrangères des origines à nos jours,* vol. 1, Paris 1933.

De Kroon, Marijn: *Martin Bucer und Johannes Calvin. Reformatorische Perspectiven: Einleitung und Texte*, Göttingen 1991.

— *Studien zu Martin Bucers Obrigkeitsverständis: evangelisches Ethos und politisches Engagement*, Göttingen 1984.

— Bucerus Interpres Augustini, in: ARG 74 (1983), 75–93.

— Martin Bucer and the Problem of Tolerance, in: SCJ 19, 2 (1988) 157–88.

— & Friedhelm Krüger (eds.): *Bucer und seine Zeit: Forschungsbeiträge und Bibliographie*, (VIEG 80) Wiesbaden 1976.

— & Marc Lienhard (eds.): *Horizons Européens de la Réforme en Alsace. Mélanges offerts à Jean Rott*, (SSARE.C 17) Strasbourg 1980.

De la Garanderie, Marie-Madeleine: *Christianisme et lettres profane (1515–1535)*: *essai sur les mentalités des milieux intellectuels parisiens et sur la pensée de Guillaume Budé*, Lille & Paris 1976.

— *Contre les tenebrions Lumiere evangelicque* de Jerôme d'Hangest, 'marteau des hérétiques' in: *La controverse religieuse (XVIᵉ–XVIIᵉ siècles)*: *premier colloque Jean Boisset*, Montpellier 1979.

Delumeau, Jean, & Thierry Wanegffelen: *Naissance et affirmation de la Réforme* (8th rev. ed.), Paris 1997.

De Raemond, Florimond: *L'histoire de la naissance, progrez, et decadence de l'hérésie de ce siecle*, lib. 6-8, Arras 1611.

Döllinger, Ignaz: *Die Reformation*: *ihre innere Entwicklung und ihre Wirkungen im Umfange des lutherischen Bekenntnisses*, vol. 2, Regensburg 1848.

Doublet, George: Robert Céneau, évêque de Vence (1523–30) et de Riez (1530–32), in: ASEP (1906), 139–48.

Doucet, Roger: *Les institutions de la France au XVIᵉ siècle*, 2 vols., Paris 1948.

Dupèbe, Jean: Un document sur les persécutions de l'hiver 1533–1534 à Paris, in: BHR 48 (1986), 405–17.

Eells, Hastings: Sacramental Negotiations at the Diet of Augsburg, in: PTR 23 (1925), 213-35.

— The Genesis of Martin Bucer's Doctrine of the Lord's Supper, in: PTR 24 (1926), 225-51.

— *Martin Bucer*, New Haven 1931.

Eire, Carlos N. M.: *The War against the Idols*: *the Reformation of Images from Erasmus to Calvin*, Cambridge & New York 1986.

Elie, H.: Quelques maîtres de l'Université de Paris vers l'an 1500, in: AHDL (1950–51), 193–243.

Evans, Gillian R.: *The Language and Logic of the Bible*: *the Road to Reformation*, Cambridge 1985.

Farge, James K.: *Orthodoxy and Reform in Early Reformation France: the Faculty of Theology of Paris, 1500–1543*, (SMRT 32) Leiden 1985.

— (ed): *Le parti conservateur au XVI siècle: Université et Parlement de Paris a l'époque de la Renaissance et de la Réforme*, (Documents et inèdits du Collège de France) Paris 1992.

Fagerberg, Holsten: *Die Theologie der lutherischen Bekenntnisschriften von 1529 bis 1537*, Göttingen 1965.

Faye de Brys, Edouard: *Trois magistrats français au XVIᵉ siècle*, Paris 1844.

Febvre, Lucien: Un bilan: La France et Strasbourg au XVIe siècle, in: VAls (1925), 239–244; (1926), 32–39.

Féret, Pierre-Yves: *La Faculté de Théologie de Paris et ses docteurs les plus célèbres*: *époque moderne*, 7 vols., Paris 1900–1910.

Fleuri, Adolf: Mathias Apiarius, der erste Buchdrucker Berns (1537–1554), in: NBT (1897), 196–253.

— Mathias Apiarius, Berns erster Buchdrucker, in: Schweizerische Gutenberg-Museum 16 (1930), 6–8, 47–53, 120–124.

Fleury, Claude: *Histoire ecclésiastique*, 36 vols., Paris 1691-1738.

Ford, Philip & Gillian Jondord (eds.): *Humanism and Letters in the Age of François Ier*, Cambridge 1996.

Forsberg, Juhani: *Das Abrahambild in der Theologie Luthers*: *Pater Fidei Sanctissimus*, (VIEGM 117) Wiesbaden 1984.

Fournier, P. & Gabriel Le Bras*: Histoire des collections canoniques en Occident*, 2 vols., Paris 1931–32.

Fraenkel, Pierre: Beatus Rhenanus, Oécolampade, Théodore de Bèze et quelques-unes de leurs sources anciennes, in: BHR 41 (1979), 63–81.

— De Nicée a Ratisbonne: le mémoire du 10 mai 1541 sur la transsubstantiation, et son canon apocryphe, in: AHC (1976), 392–406.

— Ten Questions concerning Melanchthon, the Fathers, and the Eucharist, in: *Luther und Melanchthon: Referate und Berichte des Zweiten Internationalen Kongresses fur Lutherforschung Münster, 8.–13. August 1960,* ed. V. Vatja, 146–164, Göttingen 1961.

— *Testimonia Patrum: the Function of the Patristic Argument in the Theology of Philip Melanchthon,* (THR 46) Geneva 1961.

François, Michel: *Le cardinal François de Tournon*: *homme d'état, diplomate, mécène et humaniste (1489–1562),* (BEFAR 173) Paris 1951.

Franz, Adolf: *Die Messe im deutschen Mittelalter: Beiträge zur Geschichte der Liturgie und des religiösen Volkslebens,* Freiburg 1902.

Franzen, August: *Zölibat und Priesterehe in der Auseinandersetzung der Reformationszeit und der katholischen Reform des 16. Jahrhunderts,* (KLK 29) Münster Westfalen 1969.

Friedrich, Reinhold: *Martin Bucer – 'Fanatiker der Einheit'? Seine Stellungnahme zu theologischen Fragen seiner Zeit (Abendmahls- und Kirchenverständnis) insbesondere nach seinem Briefwechsel der Jahre 1524–1541* (doctoral thesis, Université de Neuchâtel 1990).

Froehlich, Karlfried: Pseudo-Dionysius and the Reformation of the Sixteenth Century, in: *Pseudo-Dionysius: the Complete Works,* ed. Colm Luibheid & Paul Rorem, 33–46, (Classics of Western Spirituality) Mahwah, N. J., 1987.

Ganoczy, Alexandre: Jean Major, exégète gallican, in: RSR 66 (1968), 457-495.

— *The Young Calvin,* transl. by David Foxgrover & Wade Provo, Edinburgh 1987.

Gazzaniga, Jean-Louis: *L'église de France à la fin du moyen âge: pouvoirs et institutions,* (Bibliotheca eruditorum 11) Goldbach 1995.

Gerbert, Camill: *Geschichte der Straßburger Sektenbewegung zur Zeit der Reformatoren 1524–1534,* Strasbourg 1889.

Gerdesius, Daniel: *Introductio in historiam Evangelii saeculo xvi passim per Europam renovati doctrinaeque renovatae,* vol. 4, Groningen & Bremen 1752.

Gerhard P. Wolf: *Das neuere französische Lutherbild,* (VIEG 62) Wisebaden 1974.

Grane, Leif, Gabriel Biels Lehre von der Allmacht Gottes, in: ZThK 53 (1956), 53–75.

— Some Remarks on the Church Fathers in the First Years of the Reformation (1516–1520), in: Grane et al., *Auctoritas patrum,* 21–32.

— & Alfred Schindler & Markus Wriedt (eds.): *Auctoritas Patrum: Contributions on the Reception of the Church Fathers in the 15th and 16th Century,* Mainz 1993.

Grabmann, Martin: *Die Geschichte der Katholischen Theologie seit dem Ausgang der Väterzeit,* Freiburg i. Br. 1933.

Greenslade, Stanley L.: *The Reformers and the Fathers of the Church: an Inaugural Lecture ...,* Oxford 1960.

Greschat, Martin: *Martin Bucer: ein Reformator und seine Zeit,* Munich 1990.

— Martin Bucers Bücherverzeichnis von 1518, in: AKuG 57 (1975), 162-185.

— *Melanchthon neben Luther: Studien zur Gestalt der Rechtfertigungslehre zwischen 1528 und 1537,* (UKG 1) Witten 1965.

Grötzinger, Eberhard: *Luther und Zwingli: die Kritik an der mittelalterlichen Lehre von der Messe – als Wurzel des Abendmahlsstreites,* (ÖTh 5) Gütersloh 1980.

Gryson, Roger: *Les origines du célibat ecclésiastique du premier au septième siècle,* (Recherches et synthèses: Section d'histoire 2) Gembloux 1970.

Hallensleben, Barbara, & Erwin Iserloh (eds.): *Confessio Augustana und Confutatio: der Augsburger Reichstag 1530 und die Einheit der Kirche,* 2nd edn., (RGST 118) Münster Westfalen 1980.

Halmer, Notker Maria: Der literarische Kampf Luthers und Melanchthons gegen das Opfer der Messe, in: DT 21 (1943), 63–78.

Hammann, Gottfried: *Entre la secte et la cité. Le Projet d'Église du Réformateur Martin Bucer (1491–1551),* Geneva 1984. [Ger.: *Martin Bucer 1491–1551. Zwischen Volkskirche und Bekenntnisgemeinschaft,* (VIEG 139) Wiesbaden 1989]

— Zwischen Luther und Zwingli: Martin Bucers theologische Eigenständigkeit im Lichte seiner Auslegung von Johannes 6 im Abendmahlsstreit, in: *Johannes–Studien*: *interdisziplinäre Zugänge zum Johannes-Evangelium*, ed. Martin Rose, 109–134, (Université de Neuchâtel. Publications de la Faculté de Théologie 6) Zurich 1991.

Hauser, Henri: *Études sur la Réforme française*, Paris 1909.

— *Les sources de l'histoire de France: XVIe siècle (1494–1610)*, Paris 1909.

Hazlett, W. Ian P.: *The Development of Martin Bucer's Thinking on the Sacrament of the Lord's Supper in its Historical and Theological Context* (doctoral thesis, Universität Münster 1977).

— Zur Auslegung von Johannes 6 bei Bucer während der Abendmahlskontroverse, in: *Bucer und seine Zeit: Forschungsbeiträge und Bibliographie*, ed. M. de Kroon & F. Krüger, 74–87 (VIEGM 80) Wiesbaden 1976.

— Les entretiens entre Mélanchthon et Bucer en 1534: realités politiques et clarification théologique, in: *Horizons,* 207–226.

— A Pilot-study of Martin Bucer's Relations with France 1524–1548, in: Bucer, *Actes* 2, 513–521.

— Eucharistic Communion: Impulses and Directions in Martin Bucer's Thought, in: *Martin Bucer: Reforming Church and Community*, ed. D. Wright, 72–82, Cambridge 1994.

Hefele, Karl Joseph von: *Histoire des Conciles d'après les documents originaux*, new French trans. by Henri Leclercq & J. Hergenroether, 22 vols., Paris 1907–1952.

Hempsall, David S.: Martin Luther and the Sorbonne, in: BHR 46 (1973), 28–40.

Hendrix, Scott H.: Validating the Reformation: the Use of the Church Fathers by Urbanus Rhegius, in: *Ecclesia Militans*: *Studien zur Konzilien- und Reformationsgeschichte*, ed. W. Brandmüller, H. Immenkötter & E. Iserloh, vol. 2, 281–305, Paderborn 1988 (= id., *Tradition and Authority in the Reformation*, (VarCS 535) Aldershot 1996, no. IV).

— Deparentifying the Fathers: the Reformers and Patristic Authority, in: Grane, *Auctoritas Patrum,* 55–68 (= VarCS 535, no. V).

Heubi, William: *François I ^{er} et le mouvement intellectuel en France (1515–1547),* Lausanne 1913.

Higman, Francis M.: De l'affaire des Placards aux Nicodémites: le mouvement évangelique français sous François Ier, in: ETR 70 (1995), 359–366.

— *La Diffusion de la Réforme en France 1520–1565*, Geneva 1992.

— Bucer et les Nicodémites, in: Bucer, *Actes* 2, 645-658.

— *Censorship and the Sorbonne: a Bibliographical Study of Books in French Censured by the Faculty of Theology of the University of Paris, 1520–1551,* (THR 172) Geneva 1979.

Hilgenfeld, Hartmut: *Mittelalterlich-traditionelle Elemente in Luthers Abendmahlsschriften,* (SDGSTh 29) Zurich 1971.

Hobbs, R. Gerald: *An Introduction to the Psalms Commentary of Martin Bucer* (doctoral thesis, Université de Strasbourg, 1971).

— Le félin et le dauphin: Martin Bucer dédie ses commentaires sur le psautier au fils de François Ier, in: RFHL, n.s. 50 (1986), 217–232.

Hoburg, Ralf: *Seligkeit und Heilsgewissheit: Hermeneutik und Schriftauslegung bei Huldrych Zwingli bis 1522,* (CThM, Reihe B: Systematische Theologie und Kirchengeschichte 11) Stuttgart 1994.

Hoffmann, Gottfried: *Sententiae patrum: das patristische Argument in der Abendmahlskontroverse zwischen Oekolampad, Zwingli, Luther und Melanchthon* (doctoral thesis, Universität Heidelberg 1971).

Hofmann, Manfred: *Erkenntnis und Verwirklichung der wahren Theologie nach Erasmus von Rotterdam,* (BHTh 44) Tübingen 1972.

Holl, Karl: *Gesammelte Aufsätze zur Kirchengeschichte,* 2 vols., Tübingen 1928.

Holt, Mack P. (ed.): *Society and Institutions in Early Modern France.* Athens, Ga. & London 1991.

Hospinian, Rodolph, *Historia sacramentaria … pars altera: de origine et progressu controversiae sacramentariae de coena domini inter Lutheranos …* 2nd edn., Zurich 1602.

Hughes, Philip E.: *Lefèvre: Pioneer of Ecclesiastical Renewal in France,* Grand Rapids 1984.

Imbart de la Tour, Pierre: *Les origines de la Réforme,* 4 vols., Paris (& Melun) 1905–1948.

Immenkötter, Hermann: *Der Reichstag zu Augsburg und die Confutatio: historische Einführung und neuhochdeutsche Übertragung,* (KLK 39) Münster Westfalen 1979.

Iserloh, Erwin: *Die Eucharistie in der Darstellung des Johannes Eck: ein Beitrag zur vortridentischen Kontroverstheologie über das Messopfer,* (RGST 73–74) Münster i. Westfalen 1950.

— *See* Hallensleben.

Jacquart, Jean: *François Ier,* new edn., Paris 1991.

Janse, Wim: *Albert Hardenberg als Theologe: Profil eines Bucer-Schülers,* (SMRT 57) Leiden etc. 1994.

Jacqueline, Bernard: La réforme pastorale au XVIe siècle: autorité pontificale et célibat ecclésiastique d'après Robert Ceneau, évêque d'Avranches, in: RAPG 219 (1972), 81–100.

Jedin, Hubert: *Geschichte des Konzils von Trient*, 4 vols., Freiburg i. Br. 1951–1975.

Jenny, Markus: *Die Einheit des Abendmahlsgottesdienstes bei den elsässischen und schweizerischen Reformatoren*, Zurich 1968.

Jungmann, Josef A.: *Die lateinischen Bussriten in ihrer geschichtlichen Entwicklung,* Innsbruck 1932.

— Jungmann, Josef A.: *Missarum sollemnia. Eine genetische Erklarung der romischen Messe*, 4th edn., Vienna 1958,

Kaufmann, Thomas: *Die Abendmahlstheologie der Strassburger Reformatoren bis 1528,* (BHTh 81) Tübingen 1992.

Kantzenbach, Friedrich W.: *Das Ringen um die Einheit der Kirche der Reformation*: *Vertreter, Quellen und Motive des "ökumenischen" Gedankens von Erasmus von Rotterdam bis Georg Calixt,* Stuttgart 1957.

Kelley, Donald R.: *The Beginning of Ideology: consciousness and society on the French Reformation*, Cambridge & New York 1981.

Kelly, James N. D.: *Early Christian Doctrines,* 4th edn., London 1968.

Kilmartin, Edward J.: *The Eucharist in the West: History and Theology*, ed. Robert J. Daly S.J., Collegeville, Minnesota 1998.

Kisch, Guido: *Erasmus und die Jurisprudenz seiuner Zeit. Studien zum humanistischen Rechtsdenken.* Basle 1960.

Kittelson, James M.: Martin Bucer and the Sacramentarian Controversy: The Origins of his Policy of Concord, in: ARG 64 (1973), 166-183.

Knecht, Robert J.: 'Francis I, Defender of the Faith', in: *Wealth and Power in Tudor England: Essays presented to S.T. Bindoff,* ed. E. W. Ives et al., 106–27, London 1978.

— *Renaissance Warrior and Patron: the Reign of Francis I*, Cambridge 1994.

Koch, Karl: *Studium Pietatis: Martin Bucer als Ethiker* (BGLRK 14) Neukirchen-Vluyn 1962.

Köhler, Walther: *Zwingli und Luthe*r: *ihr Streit über das Abendmahl nach seiner politischen und religiösen Beziehungen*, 2 vols. [vol 2. ed. by E. Kohlmeyer & H. Bornkamm], (QFRG 6–7) Leipzig 1927 & Gütersloh 1953.

— *Das Marburger Religionsgespräch, 1529: Versuch einer Rekonstruktion,* (SVRG 48/1, 148) Leipzig 1929.

Koopmans, Jan: *Das Altkirchliche Dogma in der Reformation,* (BEvTh 32) Munich 1955.

Krieger, Christian, & Marc Lienhard: *Martin Bucer and Sixteenth Century Europe: Actes du colloque de Strasbourg, 28–31 août 1991*, 2 vols. (SMRT 52–53) Leiden etc. 1993.

Krüger, Friedhelm: *Bucer und Erasmus: eine Untersuchung zum Einfluß des Erasmus auf die Theologie Martin Bucers (bis zum Evangelien-Kommentar von 1530,* (VIEGM 57) Wiesbaden 1970.

Laemmer, Hugo: *Die vortridentisch-katholische Theologie des Reformations-Zeitalters aus den Quellen dargestellt,* Berlin 1858.

Lang, August: *Der Evangelienkommentar Martin Butzers und die Grundzüge seiner Theologie,* (SGTK 2,2) Leipzig 1900.

Lardet, Pierre, La rhétorique revendiquée: Martin Bucer contre Robert d'Avranches (1534), in Backus, *Logique et théologie,* 53-75.

Lea, Henry C.: *A History of Auricular Confession and Indulgences in the Latin Church,* 3 vols, London 1896.

— *A History of Sacerdotal Celibacy in the Christian Church,* 3rd rev. edn., London 1907.

Le Bras, G.: Paris, seconde capitale de la chrétienté, in: RHEF 37 (1951).

Le Hamy, P.: *Entrevue de François Ier avec Clément VII a Marseille, 1533,* Paris 1900.

Lehmann, Paul: *Johannes Sichardvs und die von ihm benvtzten Bibliotheken vnd Handschriften,* (QULPM 4,1) Munich 1911.

Leijssen, L.: Martin Bucer und Thomas von Aquin, in: EThL 65 (1979), 266–296.

Lepin, Marius: *L'idée du sacrifice de la messe d'après les théologiens, depuis l'origine jusqu'a nos jours,* Paris 1916.

Lewis, Keith D.: Unica Oblatio Christi: Eucharistic Sacrifice and the First Zurich Disputation, in: ReR 17,3 (1993), 19–42.

Lienhard, Marc [*see* De Kroon, M. *See* Krieger, C. *See* Rott, J.]

Lovy, Réné-Jacques: *L'origine de la Réforme française: Meaux 1518–1546,* Paris 1959.

Mackay, Aeneas J. G.: A Life of John Major, in PScHS 10 (1892), xxix–cxxx.

McCue, James F.: The Doctrine of Transubstantiation from Berengar through the Council of Trent, in: HThR 61 (1968), 385–430.

McLelland, Joseph C.: *The Visible Words of God: An Exposition of the Sacramental Theology of Peter Martyr Vermigli A.A. 1500-1562,* Edinburgh 1957.

— & Gervase E. Duffield (eds.), *The Life, Early Letters & Eucharistic Writings of Peter Martyr,* (CLRC 5) [Abingdon] 1989.

McNeill, David O: *Guillaume Budé and humanism in the Reign of Francis,* (THR 142) Geneva 1975.

Manns, Peter, Die Heiligenverehrung nach CA 21, in: Hallensleben & Iserloh, *Confessio Augustana,* 596-640.

— Luther und die Heiligen, in *Reformatio Ecclesiae,* ed. Remigius Bäumer, 535-580, Paderborn etc. 1980.

Markschies, Christoph: Die eine Reformation und die vielen Reformen oder braucht evangelische Kirchengeschichtsschreibung Dekadenzmodelle? in: ZKG 106 (1995), 70–97.

— Schriftprinzip und Altertumskunde bei Reformatoren und Täufer: zum Rückgriff auf Kirchenväter und heidnische Klassiker, in: ThZ 49 (1993), 229–247.

Martin, J.-P.: La Bibliothèque d'Avranches, in: Normannia 4 (1933), 551–564.

Massaut, Jean-Pierre: *Critique et tradition à la veille de la Réforme en France*: *étude suivie de textes inédits, traduits et annotés,* (De Petrarque à Descartes 31) Paris 1974.

— *Josse Clichtove, l'humanisme et la réforme du clergé*, (BFPUL 183) 2 vols., Paris 1968.

Maugis, Edouard. *Histoire du parlement de Paris, de l'avènement des rois valois à la mort d'Henri IV,* 3 vols., Paris 1913–1916.

Maurer, Wilhelm: *Historischer Kommentar zur Confession Augustana*, 2 vols., 2nd edn., Gütersloh 1978–9.

Mayer, Dorothy M.: *The Great Regent; Louise of Savoy 1476–1531*, London 1966.

Meijering, E. P.: *Melanchthon and Patristic Thought*: *the Doctrines of Christ and Grace, the Trinity and the Creation,* (SHCT 32) Leiden 1983.

Michaud-Quantin, P.: *Sommes de casuistique et manuels de confession au moyen-âge (XIIᵉ–XVIᵉ siècles),* Louvain 1962.

Millet, Olivier: *Calvin et la dynamique de la parole: étude de rhétorique réformée,* Paris 1992.

Moeller, Bernd: *Deutschland in Zeitalter der Reformation,* 2nd edn., Göttingen 1981.

— Luther in Europe: His Works in Translation, 1517–1546, in: *Politics and Society in Reformation Europe: essays for Sir Geoffrey Elton,* ed. E. I. Kouri & Tom Scott, 235–52, Basingstoke & London 1987.

— *Die Reformation und das Mittelalter. Kirchenhistorische Aufsatze,* ed. J. Schilling, Göttingen, 1991.

Montclos, Jean de: *Lanfranc et Bérenger: la controverse eucharistique du XIᵉ siècle,* (SSL 37) Louvain 1971.

Moore, Will G.: *La Réforme allemande et la littérature française: recherches sur la notoriété de Luther en France,* (PFLUS, série bleue, fasc. 52) Strasbourg 1930.

Müller, Gerhard: *Die römische Kurie und die Reformation 1523-1534.* Gütersloh 1969.

Müller, Johannes: *Martin Bucers Hermeneutik,* (QFRG 32) Gütersloh 1965.

L. C. (= Abbé Musselin): Robert Ceneau, Evéque d'Avranches 1532-1560: notice biographique, in RAPG 49 (1972), 242-246.

Neunheuser, Burkhard: *Eucharistie in Mittelalter und Neuzeit,* (HDG IV, 4b) Freiburg i. Br. etc. 1963.

Neuser, Wilhelm H.: *Die Abendmahlslehre Philipp Melanchthons in ihrer geschichtlichen Entwicklung,* (BGLRK 20) Neukirchen 1968.

— Bucers Programm einer «guten leidlichen reformation» (1539-1541), in: *Horizons,* 227-39.

Nicholls, David: France, in: *The Early Reformation in Europe,* ed. Andrew Pettegree, 120–41, Cambridge 1992.

— Inertia and Reform in the pre-Tridentine French Church: the Response to Protestantism in the Diocese of Rouen, 1520–1562, in: JEH 32 (1981), 185–97.

— The Nature of Popular Heresy in France, 1520–1542, in: HJ 26 (1983), 261–75.

Nicole, Julien, *Histoire chronologique des evesques ... du Diocese d'Avranches,* Rennes 1659.

Oberman, Heiko A.: *The Harvest of Medieval Theology*: Gabriel Biel and Late Medieval Nominalism, Cambridge, Mass. 1963.

— Das Wesen der Reformation aus der Sicht der Confutatio, in: Hallensleben & Iserloh, *Confessio Augustana,* 217-231.

— *Masters of the Reformation: the Emergence of a New Intellectual Climate in Europe,* transl. by Dennis Martin, Cambridge etc. 1981.

— *Werden und Wertung der Reformation*: vom Wegestreit zum Glaubenskampf, 3rd edn., Tübingen 1989.

Oursel, C.: La Réforme en Normandie, in: BCTH.HP 1911.

Parker, Thomas H. L.: *Commentaries on the Epistle to the Romans, 1532–1542,* Edinburgh 1986.

Pariset, Jean Daniel: *Les relations entre la France et l'Allemagne au milieu du XVIe siècle d'après des documents inédits,* Strasbourg 1981.

Paulus, Nikolaus: *Geschichte des Ablasses im Mittelalter, vom Ursprunge bis zur Mitte des 14. Jahrhunderts,* 2 vols., Paderborn 1922–1923.

Pelikan, Jaroslav: *The Christian Tradition*: a History of the Development of Doctrine, 5 vols., Chicago & London 1984.

Pesch, Otto H.: *Martin Luther: Thomas von Aquin und die reformatorische Kritik an der Scholastik ...* (Berichte aus den Sitzungen der Joachim Jungius-Gesellschaft der Wissenchaften 12,3), Göttingen 1994.

Peter, Rodolphe: La réception de Luther en France au 16e siècle, in: RHPhR 63 (1983), 43-57.

— & Bernard Roussel (eds.): *Le Livre et la Réforme,* (RHFL 50) Bordeaux 1987.

Peters, Edward (ed.): *Heresy and Authority in Medieval Europe*: *Documents in Translation*, London 1980.

Peters, Robert: Who Compiled the Sixteenth-century Patristic Handbook: *Unio Dissidentium*?, in: SCH(L) 2, ed. G. J. Cuming, 237–250, London 1965.

— The use of the Fathers in the Reformation handbook *Unio Dissidentium,* in: *Studia Patristica* 9, ed. Frank L. Cross, 570–577 (= TU 94,1966).

Pfleger, Luzian: *Kirchengeschichte der Stadt Straßburg im Mitttelalter*, Colmar [1941].

Pfnur, Vinzenz: *Einig in der Rechtfertigungslehre? Die Rechtfertigungslehre der Confessio Augustana (1530) und die Stellungnahme der katholischen Kontroverstheologie zwischen 1530 und 1535,* (VIEGM 60) Wisebaden 1970.

Piton, Michel: *L'idéal épiscopal en France à la veille du Concile de Trent*, (thesis, Pontifical Gregorian University, Rome) 1963.

Plitt, G. L.: Melanthons Wandelung in der Abendmahlslehre, in: ZPK 56 (1868), 65–101.

Pollet, Jacques-V.: *Huldrych Zwingli et le Zwinglianisme: essai de synthèse historique et théologique mis à jour d'après les recherches récentes,* Paris 1988.

— Origine et structure du *De Sarcienda Ecclesiae Concordia* (1533) d'Erasme, in: Coppens, *Scrinium Erasmianum*, 2, 183–96.

Polman, Pontien: La methode polémique des premiers adversaires de la Réforme, in: RHE 25 (1929), 471-506.

— *L'Élément Historique dans la Controverse religieuse du XVIᵉ Siècle,* (UCL.D, ser. 2, 23) Gembloux 1932.

Potter, David: *A History of France 1360–1560: the Emergence of a Nation State*, London 1995.

Prentout, H.: La Réforme en Normandie et les débuts de la Réforme à l'université de Caen, in: RH 114 (1913), 285–305.

Rashdall, Hastings: *The Universities of Europe in the Middle Ages,* new edn. by F. M. Powicke & A. B. Emden, London 1936.

Renaudet, Augustin: Jean Standonck, un réformateur catholique avant la Réforme, in: BHSPF 57 (1908), 1-181.

Reulos, M.: La Normandie et l'Université de Paris au début du XVIᵉ siècle, in: RHDF (1961), 649–50.

Rex, Richard: *The Theology of John Fisher*, Cambridge 1991.

Richter, Klaus: *Johann Eck auf dem Reichstag zu Augsburg 1530,* (RGST 97) Münster Westfalen 1968.

Ritter, Adolf M.: Dionysius Areopagita im 15. und 16. Jahrhundert, in: Grane, *Auctoritas Patrum,* 143–158.

Röhrich, Timotheus W.: *Geschichte der Reformation in Elsaß und besonders in Straßburg*, Strasbourg 1830–32.

Rordorf, Willy: Kritik an Hieronymus. Die Schrift Contra Vigilantium im Urteil Zwinglis und Bullinger, in: *Heinrich Bullinger 1504-1575. Gesammelte Aufsätze zum 400. Todestag*, ed. Ulrich Gäbler & Erland Herkenrath, vol. 1: *Leben und Werk* (Zurich 1975), 49-63. (Also in id., *Lex orandi, lex credendi: Gesammelte Aufsätze,* (UNPFT 11) Freiburg Schweiz 1993, 177-191).

Roth, F. W. E.: Die Buchdruckerfamilie Apiarius zu Straßburg, Bern und Basel 1533–1592, in: AGDB 17 (1894), 26–35.

Rott, Jean: *Investigationes Historicae: églises et société au XVIe siècle. Gesammelte Aufsätze*, ed. Marijn de Kroon & Marc Lienhard, 2 vols., (SSARE.C 31–32) Strasbourg 1986.

— See Sturm, section II above.

Rouschausse, Jean: *La vie et l'œuvre de John Fisher, évêque de Rochester 1469–1535*, Nieuwkoop [1972].

Roussel, Bernard: Martin Bucer et Jacques Sadoleto: la Concorde possible (automne 1535)? in: BSHPF 122 (1976), 507–524.

— Martin Bucer exégète, in: *Strasbourg au coeur religieux du XVIe siècle*, eds. Georges Livet & Francis Rapp, (SSARE.C 12) Strasbourg 1977, 153-166.

— Marguerite de Navarre, les débuts de la Réforme et les troubles d'Alençon (1530-1534), in: *Bulletin de la Société d'Histoire et d'Archéologie de l'Orne* 105, no. 4 (1986), 87-106.

— Histoire et théologies de la Réforme: Ecoles et traditions exégètiques dans l'espace rhenan et en France vers 1530, in: ARPHE.R 96 (1987), 354-358.

— Bucer exégète, in *Bucer*, Actes 1, 40-54.

— See Bedouelle, G. See Peter, R.

Royannez, Marcel: L'eucharistie chez les évangéliques et les premiers réformés français (1522–1546), in: BSHPF (1979), 548–76.

Rubin, Miri: *Corpus Christi. The Eucharist in Late Medieval Culture.* Cambridge 1991.

Rückert, Hans, Das Eindringen der Tropuslehre in die schweizerische Auffassung vom Abendmahl, in: ARG 37 (1940), 199-221.

Rupp, Gordon E., *Studies in the Making of the English Protestant Tradition (mainly in the reign of Henry VIII)*, Cambridge 1947.

Schindler, Alfred: *Zwingli und die Kirchenväter,* (147. Neujahrsblatt zum Besten des Waisenhauses Zürich) Zurich 1984.

Schmidt, Charles: Beiträge zur Geschichte der Reformation in Frankreich, B: Die Unions-Versuche Franz des Ier zwischen katholischen und protestantischen Kirchen, in: ZHTh 20 (1850), 25–69.

— *Gerald Roussel: prédicateur de la reine Marguerite de Navarre,* Strasbourg 1845.

Schnitzler, Norbert: *Ikonoklasmus-Bildersturm: theologischer Bilderstreit und ikonoklastisches Handeln während des 15. und 16. Jahrhunderts,* Munich 1996.

Schottenloher, Karl: *Die Widmungsvorrede im Buch des 16. Jahrhunderts,* Münster Westfalen 1953.

Schramm, Percy E.: *Der König von Frankreich: das Wesen der Monarchie vom 9. zum 16. Jahrhundert,* 2nd edn., 2 vols., Weimar 1960.

Schubert, Hans von: *Bekenntnissbildung und Religionspolitik 1529/30 (1524–1534): Untersuchungen und Texte,* Gotha 1910.

Schulze, Fritz: *Principles of Roman Law,* Oxford 1936.

Schutz, Rudolf: *Martin Butzer's Anschauungen von der christlichen Oberkeit, dargestellt im Rahmen der reformatorischen Staats- und Kirchentheorien,* Zella-Mehlis 1932.

Scultetus, Abraham: *A'mi S'ti Annalium euangelii passim per Evropam ... ab Anno MDXXVI ad Annum MDXXXVI,* Heidelberg 1612.

Seidel, Karl J.: *Frankreich und die deutschen Protestanten: die Bemühungen um eine religiöse Konkordie und die französischen Bündnispolitik in den Jahren 1534/5,* (RGST 102) Münster Westfalen 1970.

Seifert, Arno: *Logik zwischen Scholastik und Humanismus,* (HumB ser. I, 31) Munich 1978.

Sheedy, Charles E.: *The Eucharistic Controversy of the Eleventh Century against the Background of Pre-Scholastic Theology,* (Catholic University of America, Studies in Sacred Theology, 2nd ser., no. 4) Washington 1947.

Spahn, Martin: *Johannes Cochlaeus: Ein Lebensbild aus der Zeit der Kirchenspaltung,* Berlin 1898.

Staehelin, Ernst: *Das theologische Lebenswerk Johannes Oekolampads,* (QFRG 21) Leipzig 1939.

— Die Väterübersetzungen Oekolampads, in: SThZ 33 (1916), 57–91.

Stephens, W. Peter: *The Holy Spirit in the Theology of Martin Bucer,* Cambridge 1970.

— *The Theology of Huldrych Zwingli,* Oxford 1986.

Stirm, Margarete: *Die Bilderfrage bei den Reformatoren,* (QFRG 45) Gütersloh 1977.

Stone, Darwell: *A History of the Doctrine of the Holy Eucharist,* 2 vols., London 1909.

Stockmann-Hovekamp, Christina: *Untersuchungen zur Straßburger Druckersprache in den Flugschriften Martin Bucers,* Heidelberg 1991.

Strasser-Bertrand, O. E.: Die Evangelische Kirche in Frankreich, in: KIG 3, M2, 135–140.

Stupperich, Robert: Die Rechtfertigungslehre bei Luther und Melanchthon 1530–1536, in: V. Vajta, *Luther und Melanchthon,* 73–88.

— Martin Bucers Gebrauch des Kanonischen Rechts, in: *Horizons,* 241–52.

Surtz, Edward: *The Works and Days of John Fisher: an Introduction to the Position of St. John Fisher (1469–1535), Bishop of Rochester, in the English Rennaissance and the Reformation,* Cambridge, Mass. 1967.

Tallon, Alain, *La France et le Concile de Trente (1518-1563),* (BEFAR 295) Rome 1997.

Tavard, George H.: The Catholic Reform in the 16th century, in: CH 26 (1957), 275–88.

— *Holy Writ or Holy Church: the Crisis of the Protestant Reformation,* London 1959.

Taylor, Larissa: *Soldiers of Christ. Preaching in late Medieval and Reformation France,* New York & Oxford 1992.

Tellegen-Couperus, Olga: A *Short History of Roman Law,* London & New York 1993.

Tentler, Thomas N.: *Sin and Confession on the Eve of the Reformation,* Princeton 1977.

Terrasse, Charles: *François Ier: le roi et la règne,* Paris 1948.

Thompson, James W. (ed.): *The Frankfort Book Fair: The Francofordiense Emporium of Henri Estienne,* Chicago 1911.

Thompson, Nicholas J.: *Eucharistic Sacrifice and Patristic Tradition in the Theology of Martin Bucer, 1534-1546* (doctoral thesis, University of Glasgow 2000).

Turner, C.H. (ed.): A critical text of the *Quicumque vult,* in: JTS 11 (1910), 401–411.

Vajta, Vilmos (ed.): *Luther und Melanchthon: Referate und Berichte des Zweiten Internationalen Kongresses fur Lutherforschung Münster, 8.–13. August 1960,* Göttingen 1961.

Van 't Spijker, Willem: *The Ecclesiastical Offices in the Thought of Martin Bucer,* trsl. from the Dutch, (SMRT 57) Leiden etc. 1996.

— Reformatie tussen Patristiek en Scholastiek: Bucers theologische Positie, in: *Kerkvaders in Reformatie en Nadere Reformatie,* ed. J. van Oort, Zoetermeer 1997, 45-47.

Vautier, A.: *Étude sur la vie et les œuvres de Robert Cenalis 1483–1563* (Positions Thèses, École de Chartes, Paris, 1893).

Veissière, Michel: *L'évêque Guillaume Briçonnet (1470–1534): contribution à la connaissance de la Réforme catholique à la veille du Concile de Trente,* Provins 1986.

Veit, L. A.: *Volksfrommes Brauchtum und Kirche im deutschen Mittelalter,* Freiburg 1936.

Vellet, Christophe: *De la marchandise à la prélature: carrière politique d'un homme de robe au service du roi: Antoine Duprat (1463–1535),* (Positions Thèses, École de Chartes, Paris, 1993), 173–83.

Verpoortenn, Albert M.: *Alb'i M'is V's commentatio historica de Martino Bucero, eiusque de coena dominica sententia ... ex Buceri ipsius scriptis, aliisque literarium monumentis fide dignis repetita,* Coburg 1709.

Viollet, Paul: *Histoire du droit civil français accompagnée de notions de droit canonique,* 3rd edn., Paris 1905.

Wandel, Lee Palmer: *Voracious Idols and Violent Hands: Iconoclasm in Reformation Zurich, Strasbourg and Basel,* Cambridge 1995.

Wanegffelen, Thierry: *Robert Céneau: un scholastique contre Bucer: un aspect de la controverse sur l'eucharistie* (Maîtrise d'Histoire, Université de Paris-I, 1987).

— La controverse entre Robert Céneau et Martin Bucer sur l'eucharistie, septembre 1534–1535, in: RHEF 77 (1991), 341-349.

— Un Sorbonniste contre Bucer: la réfutation des idées de Martin Bucer par l'évêque d'Avranches Robert Céneau, in: RHPhR 73 (1993), 23-37.

— *Ni Rome ni Geneve. Des fidèles entre deux chaires en France au XVIe siècle,* (Bibliothèque littéraire de la Renaissance, sér. 3: 36) Paris 1997.

Weiss, Nathaniel: Paris et la Réforme sous François Ier, in: BSHPF (1894) 242–272.

— Note sommaire sur les débuts de la Réforme en Normandie (1523–1547*),* in: *Congrès du Millénaire de la Normandie (911–1911): Compte-Rendu des Travaux,* (Rouen 1911) 212-3.

Wicks, Jared: Pre-Reformation Religion under Judgement at the Diet of Augsburg, in: Hallensleben & Iserloh, *Confutatio Augustana,* 175-188.

Werner, Karl: *Geschichte der apologetischen und polemischen Literatur der christlichen Theologie,* 5 vols., Schaffhausen 1861–1867.

Wolf, G. P.: Luthers Beziehungen zu Frankreich zwischen 1526 und 1546, in: *Leben und Werk Martin Luthers von 1526 bis 1546,* ed. H. Junghans, vol. 1, Göttingen 1983, 663–676.

Wright, David F. (ed.): *Common Places of Martin Bucer,* (CLRC 4) Abingdon 1972.

— (ed.): *Martin Bucer: Reforming Church and Community,* Cambridge 1994.

Zeller, Gaston: *Les Institutions de la France au XVIe siècle,* Paris 1948.

IV. REFERENCE WORKS, BIBLIOGRAPHIES ETC.

Adams, H. M. (ed.): *Catalogue of books printed on the Continent of Europe, 1501-1600, in Cambridge Libraries,* Cambridge 1967.

Altaner, Berthold, & Alfred Stuiber: *Patrologie: Leben, Schriften und Lehre der Kirchenväter,* 8th edn., Freiburg im Breisgau 1978.

Archibald, Arthur (ed.): *Catalogus impressorum librorum in Bibliotheca Universitatis Glasguensis secundum literarum ordinem dispositus,* Glasgow 1791.

Barbier, Frédéric: *Bibliographie de l'Histoire de France,* Paris 1986.

Benzing, Josef: *Bibliographie strasbourgeoise: bibliographie des ouvrages imprimés à Strasbourg, (Bas-Rhin) au XVIe siècle,* vol. 1, (BBAur 80 = Repertoire bibliographique des livres imprimés en France au seizième siècle 148), Baden-Baden 1981.

— *Die Buchdrücker des 16. und 17. Jahrhunderts im deutschen Sprachgebiet,* (BBBw 12) Wiesbaden 1963.

Berger, Adolf, *Encyclopedic Dictionary of Roman Law,* Philadelphia 1953.

Bibliographie annuelle de l'histoire de France, Paris 1953–

Bibliothèque Nationale, France. *Catalogue générale des livres imprimés de la Bibliothèque: auteurs,* 232 vols., Paris 1897–1981.

Blaise, Albert: *Dictionnaire Latin-Français des auteurs chrétiens, revu par Henri Chirat,* Brepols 1954.

— *A Handbook of Christian Latin: Style, Morphology, and Syntax,* trsl. of 1955 French original by Grant C. Roti, Brepols & Washington 1994.

Brignoli, F. M.: L'interpunzione latina, in: *Giornale italiano di filologia* 9 (1956), 24-35; 158-184.

Busa, Robert (ed.): *Index Thomisticus,* 51 vols., Stuttgart-Bad Cannstatt 1974–

Cappelli, Adriano: *Lexicon Abbreviaturarum. Dizionario di Abbreviature Latine ed Italiane,* 6th edn., Milan 1990.

Chassant, Alphonse: *Dictionnaire des abbréviations latines et françaises,* Paris 1884.

Chrisman, Miriam U.: *Bibliography of Strasbourg Imprints, 1480–1599,* New Haven & London 1982.

Cioranesco, Alexandre, & V.-Louis Saulnier: *Bibliographie de la littérature française du seizième siècle,* Paris 1959–

Contemporaries of Erasmus: a Biographical Register of the Renaissance and Reformation, eds. Peter G. Bietenholz & Thomas R. Deutscher, 3 vols., Toronto 1985–1987.

Copinger, Walter A.: *Incunabula biblica ... with an Appendix Containing a Chronological List of the Editions [of the Latin Bible] of the Sixteenth Century,* London 1892.

Dagens, Jean: *Bibliographie chronologique de la littérature de spiritualité et des ses sources,* Paris 1952.

De Kroon, Marijn; Hazlett Ian; Köhn, Mechtild; Rott, Jean: Quellen und Sekundärliteratur zur Bucerforschung (1951–1974), in: *Bucer und seine Zeit,* ed. De Kroon & Krüger, 133–165.

Deferarri, Roy J., & Inviolata Barz: *A Lexicon of Thomas Aquinas*, Washington 1948.

Dekkers, Eligius, & Aemilius Gaar (eds.): *Clavis patrum latinorum ... a Tertulliano ad Bedam*, 3rd edn., Steenbrugge 1995.

Denzinger, Henricus, & Adolfus Schönmetzer (eds.), *Enchiridion symbolorum definitionum et declarationum de rebus fidei et morum,* 26th edn., Freiburg i. Br. 1976.

Dictionnaire de biographie française, 18 vols., Paris 1933–

Dictionnaire d'histoire et de géographie et ecclésiastiques, ed. Alfred Baudrillart et al., Paris 1912–

Dictionnaire de spiritualité: ascétique et mystique, doctrine et histoire, ed. Marcel Viller et al., Paris 1932–

Dictionnaire de théologie catholique, ed. A. Vacant et al., 15 vols, Paris 1899–1950.

Dictionary of Scottish Church History & Theology, ed. Nigel M. de S. Cameron et al., Edinburgh 1993.

Dorez, L.: *Catalogue de la Collection Dupuy. Avec Table alphabétique par S. Solente*, 2 vols., Paris 1928.

Du Cange, Carolus du Fresne: *Glossarium ad scriptores mediae et inifimae latinitas ...* 3 vols., Frankfurt-am-Main 1710.

Du Pin, Louis Ellies: *Nouvelle bibliothèque des auteurs ecclésiastiques ...* 18 vols in 6 tomes, Paris & Amsterdam 1693–1711.

Duelfer, Kurt: *Gebräuchliche Abkürzungen des 16. Jahrhunderts,* (VAM I) Marburg 1966.

Durkan, John: The School of John Major: Bibliography, in: IR 1 (1950), 140-157.

Encilopedia Vniversal Ilvstrada Europeo-Americana, 70 vols., Madrid 1907-1930.

Erichson, Alfred: *Verzeichnis der Litteratur über Butzer*, in: *Zur 400 jährigen Geburtsfeier Martin Butzer*, 175–180, Strasbourg 1891.

Farge, James K.: *Biographical Register of Paris Doctors of Theology 1500–1536,* (Subsidia Medievalia 10) Toronto 1980.

Fischer, Bonifatius (ed.): *Novae concordantiae bibliorum sacrorum iuxta vulgatam versionem*, Stuttgart & Bad Cannstatt 1977.

Fisquet, M. H.: *La France pontificale,* Paris 1870.

Friedberg, Aemilius (ed.): *Corpus iuris canonici: pars prior: Decretum M. Gratiani: pars secunda: decretalium collectiones*, 2 vols., 2nd edn., Leipzig 1879–1881.

Gaffiot, F.: *Dictionnaire Latin Français*, Paris 1934.

Gallia christiana, in provincias ecclesiasticas distributa, qua series et historia archiepiscoporum, episcoporum et abbatum Franciae, ab origine ecclesiarum ad nostra tempora ... ed. Denis de Sainte-Marthe (2nd edn. by Paul Piolain), 16 vols., Paris 1865–1875.

General Catalogue of Printed Books [in the British Library], London 1965–

Germovnik, Francis (ed.): *Index analytico-alphabeticus ad primam partem Corporis iuris canonici (Decretum Gratiani) secundum editionem Aemilii Friedberg* ... Lemont, Illinois-Ottawa 1978.

— *Index analytico-alphabeticus ad secundam partem Corporis iuris canonici* ... Lemont, Illinois-Ottawa 1979.

— *Index biblicus ad primam partem Corporis iuris canonici,* Lemont, Illinois-Ottawa 1978.

— *Index biblicus ad secundam partem Corporis iuris canonici* ... Lemont, Illinois-Ottawa 1979.

— *Sententiae ex Corpore iuris canonici desumptae,* Lemont, Illinois-Ottawa 1980.

Gibaud, Henri: *Un inédit d'Erasme: la première version du Nouveau Testament copiée par Pierre Meghen 1506-1509*, Angers 1982 [privately published], (ErNt & Vg parallels).

Grün, Paul A.: Schlüssel zu alten und neuen Abkürzungen: Wörterbuch lateinischer und deutscher Abkürzungen des späten Mittelalters und der Neuzeit ... in: *Grundriss der Genealogie* 6 (1966) 25-28.

Hain, Ludwig: *Repertorium bibliographicum*, Stuttgart & Paris 1826–1838. *Supplément*, 1895–1902. *Appendices*, 1905–1911.

Hamesse, Jacqueline: *Thesaurus librorum Sententiarum Petri Lombardi.* Series A: Formae. Brepols 1991.

Handbuch der Dogmengeschichte, ed. Michael Schmaus & Alois Grillmeier, 3 vols., Freiburg etc. 1951-1987.

Handbuch der Dogmen- und Theologiegeschichte, ed. Carl Andresen et al., vols. 1–2, Göttingen 1980 –1982.

Heitz, Paul, & Karl A. Barack: *Die Büchermarken oder Buchdrucker – und Verlegerzeichen*: *elsäßische Büchermarken bis Anfang des 18. Jahrhunderts*, Strasbourg 1892.

Hierarchia catholica medii et recentioris aevi, sive summorum pontificum, S. R. E. cardinalium, ecclesiarum antistitum series, eds. Eubel, Conradus & Guilelmus Gulik (2nd edn. by Ludovicus Schmitz-Kallenberg), 5 vols, Münster, 1913–1923.

Histoire littéraire de la France, Paris 1914–

Hoven, René: *Lexique de la prose latine de la Renaissance,* Leiden, New York, Koln, 1994.

Hurter, Hugo: *Nomenclator literarius theologiae catholicae, theologos exhibens aetate, natione, disciplinis distinctos,* 3rd edn., 5 vols., Innsbruck 1903-13.

Ijswewijn, Jozef: *Companion to Neo-Latin Studies*, Amsterdam & Oxford, 1977.

Index aureliensis: catalogus librorum sedecimo saeculo impressorum. Prima pars, tomus 5, Aurelia Aquensis 1974.

Index des livres interdits, dir. by J. M. de Bujanda, 10 vols., Sherbrooke & Geneva 1985-1996.

Katholische Theologen der Reformationszeit, gen. ed. Erwin Iserloh, 3 vols., (KLK 44–46) Münster 1984–1986.

Kolb, Albert: *Bibliographie des französischen Buches im 16. Jahrhundert: Druck, Illustration, Einband, Papiergeschichte,* (BBBW 14) Wiesbaden 1966.

Klaiber, Wilbirgis: *Katholische Kontroverstheologen und Reformer des 16. Jahrhunderts. Ein Werkverzeichnis*, (RST 118) Münster Westfalen 1978.

La France Protestante, ed. Eugène & Émil Haag, 10 vols., Paris 1847–1859. 2nd rev. edn. by Henri Bordier [A-G], 6 vols., Paris 1877–1892.

Law, Thomas G.: Bibliography of John Major, in: PScHS 10 (1892), 399-412.

Lausberg, Heinrich: *Handbuch der literarischen Rhetorik: eine Grundlegung der Literaturwissenschaft,* 3rd edn., Stuttgart 1990.

Lewis, Charlton, & Charles Short: *A Latin Dictionary*, Oxford 1879.

Lienhard, Marc: Strasbourg au temps de la Réforme: travaux parus entre 1981 et 1988, in: RAls 1989.

Maier, Cornelius, et al.: *Augustinus-Lexikon,* Stuttgart 1986–

Martene, Edmond, & Ursin Durand: *Veterum scriptorum et monumentorum [ecclesiasticorum] amplissima collectio,* 9 vols., Paris 1724–33.

Mentz, Ferdinand: *Bibliographische Zusammenstellung der gedrückten Schriften Butzer's*, in: *Zur 400 jährigen Geburtsfeier Martin Butzer*, 101–164, Strasbourg 1891.

Metzger, Bruce M.: *A Textual Commentary on the Greek New Trestament*, London & New York 1971.

Millet, Olivier: *Correspondance de Wolfgang Capito (1478–1541): analyse et index (D'après le Thesaurus Baumianus et autres sources)*, (PBNUS VIII) Strasbourg 1982.

Monfasani, John (ed.): *Collectanea Trapezuntiana*: *texts, documents, and bibliographies of George of Trebizond*, (Medieval & Renaissance Texts & Studies 25) Binghamton, NY 1984.

Moreri, Louis: *Le grand dictionnaire historique ... nouvelle édition ...*10 vols., Paris 1759.

Muller, Jean: *Bibliographie strasbourgeoise: bibliographie des ouvrages imprimés à Strasbourg (Bas-Rhin) au XVIᵉ siècle*, vols. 2–3, (BBAur

90, 105 = Repertoire bibliographique des livres imprimés en France au seizième siècle 148) Baden-Baden 1985–1986.

— Dictionnaire abrégé des imprimeurs / éditeurs français du seizième siècle, (BBAur 30) Baden-Baden 1970.

National Library of Scotland. A Short-Title Catalogue of Foreign Books Printed up to 1600 ... Edinburgh 1970.

Niemeyer, Jan F.: Mediae latinitatis lexicon minus, 2 vols., Leiden 1960–1976.

Nouveau dictionnaire de biographie alsacienne, ed. J. Kientz, Strasbourg 1983–

Ochoa, Xaviero, & Aloisio Diez, (eds.): Indices canonum, titulorum et capitulorum Corpus Iuris Canonici ... Rome 1964.

Orbis latinus. Lexikon lateinischer geographischer Namen des Mittelalters und der Neuzeit, eds. Johann G. T. Graesse, Benedict Friedrich, & Helmut Plechl, 4th edn., Braunschweig 1972.

Otto, A: Die Sprichwörter und sprichwörterlichen Redensarten der Römer, Leipzig 1890.

Oxford Dictionary for Writers and Editors, compiled by the Oxford English Dictionary Department, rev. edn., Oxford 1982.

Paulys Real-Encyclopädie der classischen Altertumswissenschaften, ed. Georg Wissowa & Wilhelm Kroll, 47 & 33 half-vols, Stuttgart 1894–1967.

Panzer, Georg W.: Annales typographici. T[omi] VI–XI: Ab anno 1501 ad annum 1536 continuati ... Nuremberg 1798–1803.

Pegg, Michael: A Catalogue of German Reformation Pamphlets in Swiss Libraries (1516–1550), (BBAur 99) Baden-Baden 1983.

Peronnet, Michel: Les évêques de l'ancienne France, Paris & Lille 1977.

Real-Enzyclopädie fur protestantische Theologie und Kirche, ed. Albert Hauck et al. 3rd. edn., 24 vols., Leipzig 1896–1913.

Renouard, Philippe (ed.): Répertoire des imprimeurs parisiens ... jusqu'à la fin du sixième siècle, Paris 1965.

— Inventaire chronologique des éditions parisiennes du xvie siècle d'après les manuscrits de Philippe Renouard, vol. 4, 1531–1535, ed. Brigitte Moreau, Abbéville 1992.

Ritter, François: Repertoire bibliographique des livres imprimés en Alsace au XVIme siècle de la Bibliothèque nationale et universitaire de Strasbourg, 4 vols., Strasbourg 1932–60.

— Histoire de l'imprimerie alsacienne aux XVe et XVIe siècles, Strasbourg & Paris 1955.

Rose, Herbert J.: A Handbook of Latin Literature from the Earliest Times to the Death of St. Augustine, 3rd edn., London 1954.

Rott, Jean: *Correspondance de Martin Bucer: liste alphabetique des corre-spondants*, (Association des Publications de la Faculté de Théologie Protestante de l'Université des Sciences humaines de Strasbourg, Bulletin no. 1) Strasbourg 1977.

Schmitz, Herm[ann] Jos[eph]: *Die Bussbücher und die Bussdiziplin der Kirche. Nach handschriftlichen Quellen dargestellt*, 2 vols, Graz 1958.

Schottenloher, Karl: *Bibliographie zur deutschen Geschichte im Zeitalter der Glaubenspaltung 1517–1585*, 2nd edn., Stuttgart 1956.

Seiler, Friedrich: *Deutsche Sprichwörterkunde*, Munich 1922.

Short-Title Catalogue of books printed in the German-speaking countries and German Books printed in other counries: from 1455 to 1600 now in the British Museum, eds. A. F. Johnson & Victor Scholdener, London 1962.

Sonnino, Lee A.: *A Handbook to Sixteenth-Century Rhetoric*, London 1968.

Soutar, Alexander: *A Glossary of Later Latin to 600 A.D.*, Oxford 1949.

Staehelin, Ernst, *Oekolampad-Bibliographie*, Rp. Nieuwkoop 1963.

Stupperich, Robert (ed.): *Bibliographia Bucerana*, (SVRG 169, 58, 2) Gütersloh 1952, 43–[96].

Theologische Realenzyklopädie, gen. eds. Gerhard Krause, & Gerhard Müller, Berlin & New York 1976–

Van der Haeghen, Ferdinand: *Bibliotheca Erasmiana: répertoire des œuvres d'Érasme*, Gand 1893.

Verzeichnis der im deutschen Sprachbereich erschienen Drucke des XVI. Jahrhunderts, Stuttgart 1983–

Walther, Hans: *Proverbia sententiaeque Latinitatis Medii Aevi / Lateinische Sprichwörter und Sentenzen des Mittelalters in alphabetischer Anordung*, (CMAPL 2/1–2/6) Göttingen 1963–69.

Wander, Carl F. W.: *Deutsches Sprichwörter-Lexikon*, 5 vols., Leipzig 1867–1880.

Werner, J.: *Lateinische Sprichwörter und Sinnsprüche des Mittelalters aus Handschriften gesammelt*, 2nd rev. edn. by P. Flury, Heidelberg 1966.

Wilhelmi, Thomas; Paul, Bernd; Herrmann, Michael; Fischer, Danièle: *Bucer-Bibliographie / Bibliographie Bucer 1975-1998*, (Travaux de la Faculté de Théologe Protestante de Strasbourg 9) Strasbourg 1999.

INDEX OF BIBLICAL CITATIONS

INDEX OF NAMES AND PLACES

The names of places are in SMALL CAPITALS.

INDEX OF HISTORICAL ALLUSIONS

INDEX[1] OF SELECT TERMS

[1] Includes material from both texts only and other writers quoted by Bucer. Excluded are Deus, Pater, Filius, Iesus Christus, Dominus, & salus, all found *passim*.

INDEX OF SUBJECTS

STUDIES IN MEDIEVAL
AND REFORMATION THOUGHT

EDITED BY HEIKO A. OBERMAN

1. DOUGLASS, E. J. D. *Justification in Late Medieval Preaching.* 2nd ed. 1989
2. WILLIS, E. D. *Calvin's Catholic Christology.* 1966 *out of print*
3. POST, R. R. *The Modern Devotion.* 1968 *out of print*
4. STEINMETZ, D. C. *Misericordia Dei.* The Theology of Johannes von Staupitz. 1968 *out of print*
5. O'MALLEY, J. W. *Giles of Viterbo on Church and Reform.* 1968 *out of print*
6. OZMENT, S. E. *Homo Spiritualis.* The Anthropology of Tauler, Gerson and Luther. 1969
7. PASCOE, L. B. *Jean Gerson: Principles of Church Reform.* 1973 *out of print*
8. HENDRIX, S. H. *Ecclesia in Via.* Medieval Psalms Exegesis and the *Dictata super Psalterium* (1513-1515) of Martin Luther. 1974
9. TREXLER, R. C. *The Spiritual Power.* Republican Florence under Interdict. 1974
10. TRINKAUS, Ch. with OBERMAN, H. A. (eds.). *The Pursuit of Holiness.* 1974 *out of print*
11. SIDER, R. J. *Andreas Bodenstein von Karlstadt.* 1974
12. HAGEN, K. *A Theology of Testament in the Young Luther.* 1974
13. MOORE, Jr., W. L. *Annotatiunculae D. Iohanne Eckio Praelectore.* 1976
14. OBERMAN, H. A. with BRADY, Jr., Th. A. (eds.). *Itinerarium Italicum.* Dedicated to Paul Oskar Kristeller. 1975
15. KEMPFF, D. *A Bibliography of Calviniana.* 1959-1974. 1975 *out of print*
16. WINDHORST, C. *Täuferisches Taufverständnis.* 1976
17. KITTELSON, J. M. *Wolfgang Capito.* 1975
18. DONNELLY, J. P. *Calvinism and Scholasticism in Vermigli's Doctrine of Man and Grace.* 1976
19. LAMPING, A. J. *Ulrichus Velenus (Oldřich Velenský) and his Treatise against the Papacy.* 1976
20. BAYLOR, M. G. *Action and Person.* Conscience in Late Scholasticism and the Young Luther. 1977
21. COURTENAY, W. J. *Adam Wodeham.* 1978
22. BRADY, Jr., Th. A. *Ruling Class, Regime and Reformation at Strasbourg, 1520-1555.* 1978
23. KLAASSEN, W. *Michael Gaismair.* 1978
24. BERNSTEIN, A. E. *Pierre d'Ailly and the Blanchard Affair.* 1978
25. BUCER, Martin. *Correspondance.* Tome I (Jusqu'en 1524). Publié par J. Rott. 1979
26. POSTHUMUS MEYJES, G. H. M. *Jean Gerson et l'Assemblée de Vincennes (1329).* 1978
27. VIVES, Juan Luis. *In Pseudodialecticos.* Ed. by Ch. Fantazzi. 1979
28. BORNERT, R. *La Réforme Protestante du Culte à Strasbourg au XVIᵉ siècle (1523-1598).* 1981
29. SEBASTIAN CASTELLIO. *De Arte Dubitandi.* Ed. by E. Feist Hirsch. 1981
30. BUCER, Martin. *Opera Latina.* Vol I. Publié par C. Augustijn, P. Fraenkel, M. Lienhard. 1982
31. BÜSSER, F. *Wurzeln der Reformation in Zürich.* 1985 *out of print*
32. FARGE, J. K. *Orthodoxy and Reform in Early Reformation France.* 1985
33. 34. BUCER, Martin. *Etudes sur les relations de Bucer avec les Pays-Bas.* I. Etudes; II. Documents. Par J. V. Pollet. 1985
35. HELLER, H. *The Conquest of Poverty.* The Calvinist Revolt in Sixteenth Century France. 1986

36. MEERHOFF, K. *Rhétorique et poétique au XVIe siècle en France.* 1986
37. GERRITS, G. H. *Inter timorem et spem.* Gerard Zerbolt of Zutphen. 1986
38. ANGELO POLIZIANO. *Lamia.* Ed. by A. Wesseling. 1986
39. BRAW, C. *Bücher im Staube.* Die Theologie Johann Arndts in ihrem Verhältnis zur Mystik. 1986
40. BUCER, Martin. *Opera Latina.* Vol. II. Enarratio in Evangelion Iohannis (1528, 1530, 1536). Publié par I. Backus. 1988
41. BUCER, Martin. *Opera Latina.* Vol. III. Martin Bucer and Matthew Parker: Florilegium Patristicum. Edition critique. Publié par P. Fraenkel. 1988
42. BUCER, Martin. *Opera Latina.* Vol. IV. Consilium Theologicum Privatim Conscriptum. Publié par P. Fraenkel. 1988
43. BUCER, Martin. *Correspondance.* Tome II (1524-1526). Publié par J. Rott. 1989
44. RASMUSSEN, T. *Inimici Ecclesiae.* Das ekklesiologische Feindbild in Luthers "Dictata super Psalterium" (1513-1515) im Horizont der theologischen Tradition. 1989
45. POLLET, J. *Julius Pflug et la crise religieuse dans l'Allemagne du XVIe siècle.* Essai de synthèse biographique et théologique. 1990
46. BUBENHEIMER, U. *Thomas Müntzer.* Herkunft und Bildung. 1989
47. BAUMAN, C. *The Spiritual Legacy of Hans Denck.* Interpretation and Translation of Key Texts. 1991
48. OBERMAN, H. A. and JAMES, F. A., III (eds.). in cooperation with SAAK, E. L. *Via Augustini.* Augustine in the Later Middle Ages, Renaissance and Reformation: Essays in Honor of Damasus Trapp. 1991 *out of print*
49. SEIDEL MENCHI, S. *Erasmus als Ketzer.* Reformation und Inquisition im Italien des 16. Jahrhunderts. 1993
50. SCHILLING, H. *Religion, Political Culture, and the Emergence of Early Modern Society.* Essays in German and Dutch History. 1992
51. DYKEMA, P. A. and OBERMAN, H. A. (eds.). *Anticlericalism in Late Medieval and Early Modern Europe.* 2nd ed. 1994
52. 53. KRIEGER, Chr. and LIENHARD, M. (eds.). *Martin Bucer and Sixteenth Century Europe.* Actes du colloque de Strasbourg (28-31 août 1991). 1993
54. SCREECH, M. A. *Clément Marot: A Renaissance Poet discovers the World.* Lutheranism, Fabrism and Calvinism in the Royal Courts of France and of Navarre and in the Ducal Court of Ferrara. 1994
55. GOW, A. C. *The Red Jews: Antisemitism in an Apocalyptic Age, 1200-1600.* 1995
56. BUCER, Martin. *Correspondance.* Tome III (1527-1529). Publié par Chr. Krieger et J. Rott. 1989
57. SPIJKER, W. VAN 'T. *The Ecclesiastical Offices in the Thought of Martin Bucer.* Translated by J. Vriend (text) and L.D. Bierma (notes). 1996
58. GRAHAM, M.F. *The Uses of Reform.* 'Godly Discipline' and Popular Behavior in Scotland and Beyond, 1560-1610. 1996
59. AUGUSTIJN, C. *Erasmus. Der Humanist als Theologe und Kirchenreformer.* 1996
60. McCOOG S J, T. M. *The Society of Jesus in Ireland, Scotland, and England 1541-1588.* 'Our Way of Proceeding?' 1996
61. FISCHER, N. und KOBELT-GROCH, M. (Hrsg.). *Außenseiter zwischen Mittelalter und Neuzeit.* Festschrift für Hans-Jürgen Goertz zum 60. Geburtstag. 1997
62. NIEDEN, M. *Organum Deitatis.* Die Christologie des Thomas de Vio Cajetan. 1997
63. BAST, R.J. *Honor Your Fathers.* Catechisms and the Emergence of a Patriarchal Ideology in Germany, 1400-1600. 1997
64. ROBBINS, K.C. *City on the Ocean Sea: La Rochelle, 1530-1650.* Urban Society, Religion, and Politics on the French Atlantic Frontier. 1997
65. BLICKLE, P. *From the Communal Reformation to the Revolution of the Common Man.* 1998
66. FELMBERG, B. A. R. *Die Ablaßtheorie Kardinal Cajetans (1469-1534).* 1998

67. CUNEO, P. F. *Art and Politics in Early Modern Germany.* Jörg Breu the Elder and the Fashioning of Political Identity, ca. 1475-1536. 1998
68. BRADY, Jr., Th. A. *Communities, Politics, and Reformation in Early Modern Europe.* 1998
69. McKEE, E. A. *The Writings of Katharina Schütz Zell.* 1. The Life and Thought of a Sixteenth-Century Reformer. 2. A Critical Edition. 1998
70. BOSTICK, C. V. *The Antichrist and the Lollards.* Apocalyticism in Late Medieval and Reformation England. 1998
71. BOYLE, M. O'ROURKE. *Senses of Touch.* Human Dignity and Deformity from Michelangelo to Calvin. 1998
72. TYLER, J.J. *Lord of the Sacred City.* The *Episcopus Exclusus* in Late Medieval and Early Modern Germany. 1999
74. WITT, R.G. *'In the Footsteps of the Ancients'.* The Origins of Humanism from Lovato to Bruni. 2000
77. TAYLOR, L.J. *Heresy and Orthodoxy in Sixteenth-Century Paris.* François le Picart and the Beginnings of the Catholic Reformation. 1999
78. BUCER, Martin. *Briefwechsel/Correspondance.* Band IV (Januar-September 1530). Herausgegeben und bearbeitet von R. Friedrich, B. Hamm und A. Puchta. 2000
79. MANETSCH, S.M. *Theodore Beza and the Quest for Peace in France, 1572-1598.* 2000
80. GODMAN, P. *The Saint as Censor.* Robert Bellarmine between Inquisition and Index. 2000
81. SCRIBNER, R.W. *Religion and Culture in Germany (1400-1800).* Ed. L. Roper. 2001
82. KOOI, C. *Liberty and Religion.* Church and State in Leiden's Reformation, 1572-1620. 2000
83. BUCER, Martin. *Opera Latina.* Vol. V. Defensio adversus axioma catholicum id est criminationem R.P. Roberti Episcopi Abrincensis (1534). Ed. W.I.P. Hazlett. 2000

Prospectus available on request

BRILL — P.O.B. 9000 — 2300 PA LEIDEN — THE NETHERLANDS